守望者
The Catcher

阅读 你的生活

FRONTIERS OF JUSTICE

DISABILITY,
NATIONALITY,
SPECIES MEMBERSHIP

正义的前沿

【美】玛莎·C. 努斯鲍姆　著
（Martha C. Nussbaum）
陈文娟　谢惠媛　朱慧玲　译

中国人民大学出版社
·北京·

纪念约翰·罗尔斯

这里存在一个我认为可视为毋庸置疑的公则：它根源于人的自私和有限慷慨，再加上满足人需求的自然条件匮乏，正义从这一起源产生。

——休谟《人性论》

　　并且，把一个幸福的人想象成一个孤独的人是荒唐的：因为人是一个社会的动物，自然要和其他人共同生活。

——亚里士多德《尼各马可伦理学》IX.9

致　　谢

2002年11月,我在堪培拉澳大利亚国立大学承办的泰纳人文讲座(Tanner Lectures in Human Values)上发表了主题演讲,这成为本书的开创源头。2003年,我在剑桥大学克莱尔学院(Clare Hall)的泰纳人文讲座上就该主题继续发表了演讲。因此,我首先要感谢泰纳基金,其慷慨地让我连续两次发表演讲,从而使我有幸获得了大量有价值的评论和讨论。我还要感谢七位评论人,他们仔细阅读了我的讲稿并使我收获了极为宝贵的启发:勒诺·曼德森(Lenore Manderson)、莱斯利·弗朗西斯(Leslie Francis)和伊娃·基太(Eva Kittay)在残障问题上给我提供了很多想法;卓娅·哈桑(Zoya Hasan)和阿玛蒂亚·森(Amartya Sen)在跨国正义问题上让我受益良多；彼得·辛格（Peter Singer）和大卫·德格拉齐亚（David DeGrazia）在非人类动物问题上给了我很大的帮助。另外，我还要感谢参与讨论的其他同人，尤其是罗伯特·古丁（Robert Goodin）和迈克尔·史密斯（Michael Smith），他们让我深受启发。

残障问题也是美国哲学学会太平洋分会的讨论主题，因而我对劳伦斯·贝克尔（Lawrence Becker）、伊娃·基太、安德鲁斯·瑞斯（Andrews Reath）以及安妮塔·西尔弗斯（Anita Silvers）等人极为有益的思想深表谢意。我在康奈尔大学的批判主义与理论学院（School of Criticism and Theory）也做过同样的演讲，我从很多与会者尤其是多米尼克·拉·卡普拉（Dominick La Capra）、玛丽·雅各布斯（Mary Jacobus）、玛格达·罗曼斯卡（Magda Romanska）以及迈克尔·斯坦伯格（Michael Steinberg）等人那里获得了宝贵的意见。

我曾在牛津大学由伊丽莎白女王集团（Queen Elizabeth House, Oxford）资助的奥拉夫·帕尔梅讲座（Olaf Palme Lecture）上做了有关跨国正义的演讲。我对弗朗西斯·斯图亚特（Frances Stewart）的盛情相邀深表感激，同时也非常感谢他和其他同人如苏迪尔·阿南德（Sudhir Anand）、芭芭拉·哈里斯（Barbara Harriss）等人的精彩评论。

最后，我曾经在艾伦·格沃斯（Alan Gewirth）九十周岁庆生学术研讨会上，讨论过本书与动物有关的那部分内容；令人悲伤的是，不到一年，格沃斯就于2004年的春天离开了我们。我感谢他和迈克尔·克雷默（Michael Kremer）以及迈克尔·格林（Michael Green）对我的报告提出的极富挑战性的评论。

我尤其感谢约翰·戴恩（John Deigh）、克雷格·邓肯（Craig Duncan）、伊丽莎白·埃门斯（Elizabeth Emens）、查德·弗兰德斯（Chad Flanders）、莱斯利·弗朗西斯、雪莉·欧文（Sherri Irvin）、查尔斯·拉莫尔（Charles Larmore）、玛莎·米诺（Martha Minow）、亨利·理查森（Henry Richardson）、凯斯·桑斯坦（Cass Sunstein）以及坎迪斯·沃格勒（Candace Vogler）等人，他们阅读了我的初稿并给出了很好的反馈意见，但我知道我并没有回应他们的全部问题。

乔伊斯·赛尔策（Joyce Seltzer）一贯出色地编辑了这本书；我也要特别感谢安·霍索恩（Ann Hawthorne），她一丝不苟地审读了我的书稿；我还要感谢珍妮弗·约翰逊（Jennifer Johnson）和雷切尔·古德曼（Rachel Goodman），她们完成了校对和编纂索引的工作。

这本书的早前版本在一些出版物上发表过，具体如下：

论证内容的三个部分的早前版本发表于 2004 年的《泰纳人文讲座》（*Tanner Lectures on Human Values*，volume 24，Salt Lake City：University of Utah Press，2004，pp. 413 - 508）。

第二章到第三章的早前版本以《能力与残障：有精神障碍的公民的正义》（"Capabilities and Disabilities：Justice for Mentally Disabled Citizens"）为题，发表于 2002 年的《哲学

话题》[*Philosophical Topics* 2（2002），pp. 133 – 165]。

第四章到第五章的早前版本以《超越社会契约论：能力与全球正义》（"Beyond Social Contract：Capabilities and Global Justice"）为题，发表于 2004 年的《牛津发展研究》[*Oxford Development Studies* 32（2004），pp. 3 – 18]。

第六章及之后一些内容的早前版本以《同情与人类：非人类动物的正义》（"Compassion and Humanity：Justice for Non-Human Animals"）为题，发表于 2004 年的《动物权利：当今的争论与新趋势》[*Animal Rights*：*Current Debates and New Directions*, ed. Cass R. Sunstein and Martha Nussbaum, New York：Oxford University Press, pp. 299 – 320]。

此处出版的所有内容都得到了泰纳基金的资助。这些早前版本在任何意义上都不是最终的，我在这本书里表达的很多观点与之前的都不甚相同，但愿是更加充分了。

我的目标是对约翰·罗尔斯（John Rawls）提出批判。我之所以独独挑出罗尔斯的理论进行批判，是因为他的理论是社会契约论传统中最强有力的政治理论，同时也因为他的理论是西方政治哲学传统中最杰出的理论。我关注的焦点是罗尔斯本人认为的那些没有被解决的问题，这些问题对他的理论构成了挑战，他不确定他自己的理论能否解决这些问题。我关注的这个焦点是适宜的，因为罗尔斯已经成功地解决了很多其他的问题。我的最终目标是扩展罗尔斯理论的核心观念，以解决这些新的问题。尽管我认为，这种扩展肯定要在很大程度上改变他源自社会契约论传统的那部分理论；

但我相信，当我们试图解决这些新的棘手的问题时，他这一理论本身、它的那些原则及其直觉性基础，都会给我们提供非常好的引导。我满怀尊敬、友爱以及悲伤之情，将此书献给约翰·罗尔斯。

作品缩略对照

在本书中,约翰·罗尔斯的著述缩写如下:

DL "Kantian Constructivism in Moral Theory"(《道德理论中的康德式建构主义》)(Dewey Lectures),*Journal of Philosophy*,77(1980):515-571

IPRR "The Idea of Public Reason Revisited"(《回顾公共理性理念》),in *The Law of Peoples*,with "*The Idea of Public Reason Revisited*"(Cambridge,Mass.:Harvard University Press,1999)

JF *Justice as Fairness:A Restatement*(《作为公平的正义:正义新论》),ed. Erin Kelly(Cambridge,Mass.:Harvard University Press，2001）

  LHE *Lectures on the History of Ethics*（《伦理学史讲义》），ed. Barbara Herman（Cambridge，Mass.：Harvard University Press，2000）

  LP *The Law of Peoples*，with "*The Idea of Public Reason Revisited*"（《万民法》）（Cambridge，Mass.：Harvard University Press，1999）

  "LP" "The Law of Peoples"（《万民法》），in *On Human Rights：The Oxford Amnesty Lectures*，*1993*，ed. Stephen Shute and Susan Hurley（New York：Basic Books，1993）

  PL *Political Liberalism*（《政治自由主义》），enl. ed.（New York：Columbia University Press，1996）

  TJ *A Theory of Justice*（《正义论》）（Cambridge，Mass.：Harvard University Press，1971）

目 录

导 论 …………………………………………………… 1
第一章 社会契约和三个悬而未决的正义问题 ………… 10
　一、自然状态 ………………………………………… 11
　二、三个悬而未决的问题 …………………………… 15
　三、罗尔斯和悬而未决的问题 ……………………… 23
　四、自由、平等和独立的 …………………………… 26
　五、格劳秀斯、霍布斯、洛克、休谟、康德 ……… 36
　六、三种现代契约论形式 …………………………… 54
　七、能力进路 ………………………………………… 69
　八、能力和契约论 …………………………………… 81

九、寻求全球正义 …………………………………… 91
第二章　残障和社会契约 ………………………………… 95
　　一、关怀需要、正义问题 …………………………… 95
　　二、审慎的和道德的契约版本；公共的和私人的 … 102
　　三、罗尔斯的康德式契约论：首要善、康德式个人、
　　　　大致平等、互利 ………………………………… 106
　　四、推迟残障问题 …………………………………… 108
　　五、康德的个人和精神不健全 ……………………… 126
　　六、关怀和残障：基太和森 ………………………… 138
　　七、重构契约论？ …………………………………… 144
第三章　能力与残障 ……………………………………… 153
　　一、能力进路：以非契约论的方式阐释关怀 ……… 153
　　二、社会合作的基础 ………………………………… 154
　　三、尊严：亚里士多德式的而非康德式的 ………… 157
　　四、善的优先性、契约的作用 ……………………… 159
　　五、为什么是能力？ ………………………………… 162
　　六、关怀与能力清单 ………………………………… 166
　　七、能力抑或发挥作用？ …………………………… 169
　　八、直觉主义的指控 ………………………………… 171
　　九、能力进路与罗尔斯的正义原则 ………………… 174
　　十、尊严的类型和层次：物种标准 ………………… 178
　　十一、公共政策：监护问题 ………………………… 193
　　十二、公共政策：教育与包容 ……………………… 197

十三、公共政策：看护工作 …………………………………… 210
十四、自由主义与人的能力 …………………………………… 214

第四章 互利与全球不平等 …………………………………… 222
　一、不平等的世界 ……………………………………………… 222
　二、《正义论》：被引入的两阶段契约 ……………………… 228
　三、《万民法》：重新确认与修改的两阶段契约 …………… 236
　四、正当性证明与贯彻实施 …………………………………… 253
　五、评价两阶段契约 …………………………………………… 260
　六、全球契约：贝茨与博格 …………………………………… 262
　七、国际契约论的前景 ………………………………………… 268

第五章 超越国界的能力 ……………………………………… 271
　一、社会合作：权利的优先性 ………………………………… 271
　二、为什么是能力？ …………………………………………… 280
　三、能力与权利 ………………………………………………… 283
　四、平等与充裕 ………………………………………………… 290
　五、多元主义与宽容 …………………………………………… 294
　六、一种国际性的"重叠共识"？ …………………………… 297
　七、能力进路的全球化：制度的作用 ………………………… 305
　八、能力进路的全球化：什么样的制度？ …………………… 310
　九、全球性结构的十大原则 …………………………………… 315

第六章 超越"同情与人道" ………………………………… 324
　一、"有权有尊严地存在着的生物" ………………………… 325
　二、康德式社会契约观：间接义务、同情的义务 ………… 327

三、功利主义和动物的繁荣 …………………………………… 337
四、尊严的种类、繁荣的种类：扩展能力进路 …………… 346
五、方法论：理论与想象 …………………………………… 352
六、物种与个体 ……………………………………………… 357
七、评价动物能力：没有自然崇拜 ………………………… 367
八、积极的与消极的、能力与作用 ………………………… 373
九、平等与充分 ……………………………………………… 382
十、死亡与伤害 ……………………………………………… 386
十一、一种重叠共识？ ……………………………………… 390
十二、朝向基本政治原则：能力清单 ……………………… 394
十三、冲突的恒在性 ………………………………………… 404
十四、通向一种真正的全球正义 …………………………… 408

第七章 道德情感与能力进路 …………………………… 410

注　　释 ……………………………………………………… 418
参考文献 ……………………………………………………… 463
索　　引 ……………………………………………………… 482
译 后 记 ……………………………………………………… 520

导　论

社会正义理论应该是抽象的。也就是，它们应该具有总体性，拥有一种使它们能够超越其时代政治冲突的理论力量，即使在这些冲突中它们是其根源。甚至政治辩护也需要这样的抽象：除非我们能表明一种政治理论具有长久的稳定性，能获得公民的支持，而且这种支持远不是出于狭义的自我保护或工具理性，否则，我们就不能为这种政治理论辩护。[1]并且，如果不从即时事件中抽离，这一政治理论也不可能是稳定的。

另外，社会正义理论也必须回应世界及其最紧迫的问题，以及在回应新问题或一些被严重疏忽的老问题时，必须对它们的构想甚至结构上的改变保持开放。

例如，西方传统中的大多数社会正义理论一直以来严重疏忽女性的平等诉求，以及在通往那种平等之路上所存在的许多障碍。这些理论的抽象性尽管在某些方式上是有价值的，但在遭遇世界上最严重的问题之一时却是失败的。充分参与性别正义问题取得了大量的理论结果，因为它牵涉到承认家庭是一种政治组织，而不是与正义无关的"私人领域"的一部分。因此，修正先前理论的疏忽，是要修正理论结构，而不仅仅是把同样的旧理论应用于新问题。

如今，存在三个尚未解决的社会正义问题，在现存理论中，对社会正义问题的视而不见似乎特别成问题。（毋庸置疑，还存在其他这样的问题，一些我们至今都未发觉的问题。）首先，对于那些生理和精神不健全（physical and mental impairments）的人[①]，存在做正义之事的问题。这些人是人，但是在现存社会中，他们还未成为和其他公民一样平等的公民。对于这些人，继续教育、健康关怀、政治权利和自由、平等公民身份的问题，似乎更普遍地成为一个正义问题和一个迫切的问题。因为解决此问题需要一种关于公民是谁的新的思考方式，需要重新分析社会合作目的（不是集中于互

[①] 本书把 impairment 翻译为"不健全"，指一种正常身体功能的丧失，如聋、盲、哑、瘫痪等。另外，disability，出现于本章第二节，译为"残障"，指向一种结果，即不健全之人在所处环境中不能做某事。在本书中，努斯鲍姆的意思是：残障是指由不健全的客观事实所导致的不能做某事的自然后果，如聋导致不能听，盲导致不能看；更是指由社会缺乏相应的正义安排所导致的不健全者不能做某事的人为后果。如一个由于车祸失去双腿、高位截瘫的人，如果社会通过正义的安排，提供一种用手就可以控制油门和刹车的汽车，那么他就可以开车，实现自由移动；如果社会因为太昂贵等理由而不关注这部分人，那么他们就会面临因残疾而不能做某事的障碍。当然，努斯鲍姆也承认，"不健全"和"残障"之间的区分并不十分明显，详见第二章注释 5。——译者注

利），还需要强调作为一种社会首要善的关怀的重要性，因而要更好地面对它，就不仅需要重新应用旧理论，而且还需要重构理论结构本身。

其次，扩展正义到所有世界公民这一紧迫问题，从理论上表明我们如何可能实现一个整体上正义的世界，在此世界中，出生的偶然性和民族起源不会弥散性地、从一开始就影响人们的生活机会。因为西方所有主要的社会正义理论都从民族-国家开始，并把它作为基本单元，新的理论结构似乎也要好好思考这一问题。

最后，我们需要面对的正义问题涉及我们如何对待非人类动物。那些在人类手下遭受痛苦和侮辱的动物，常常被勉强承认为一个伦理问题；它几乎没有被承认为一个社会正义问题。如果我们确实承认它（并且本书的读者将不得不自己判断，对如此做的这个案例是否已被很好地实行），再一次，显而易见的是，这一新问题要求理论的改变。例如，我们将需要重新检视无论何地都要求理性的社会合作和互惠（reciprocity）的设想，并且形成一种新的不同类型的合作的设想。

在西方传统中，有许多达到社会正义的进路。最强和最持久的理论之一是社会契约论，在那里，理性的人们决定离开自然状态并出于互利的目的而聚在一起，根据法律进行自治。这样的理论在历史上有巨大的影响，最近在罗尔斯的杰出著作中以巨大的哲学深度获得发展。这些理论可能是我们所拥有的最强的正义理论。在任何程度上，罗尔斯都强有力地表明这一事实：在阐释、探索和组织我们所考虑的关于正义的判断方面，正义理论比各种形式的功利主义都做得好。

然而，一个理论可能在某一或某些领域的确存在巨大的、仍然还很严重的局限。当开始面对女性平等时，依赖于公-私区分的古典理论就会有严峻的问题，即使罗尔斯对此问题的最机智的方法也存在缺陷。[2]罗尔斯本人承认，我刚才描述的三个问题是他契约理论要解决的特别难的问题。他相信，第二个问题终究可能得到解决，并且在其余生，他的大部分著作都致力于解决此问题；不过他声称，"作为公平的正义是无法解决"（PL 21）第一、第三个问题的。他建议，需要进一步考察这些问题，以便我们能够看看这些问题到底有多严重，解决它们需要做些什么。(21)尽管在本书中，我的课题不是从罗尔斯的自我批判的声明开始，但是那一声明却是详尽阐述我课题意图的一种有益方式。

我一开始就确信，这三个问题的确是严重的、未被解决的正义问题。我认为，即使把这些问题放在古典社会契约理论的最好形式中，也不能解决它们。正是因为这一理由，我专注于罗尔斯的全部著作，在我的头脑中，罗尔斯以最强有力的形式表达了古典社会契约理念，并使其成为超越其他理论的最强有力的例子。正如我希冀表明的那样，如果罗尔斯的杰出理论在这三个领域存在严重缺陷，那么其他没有得到充分发展或没有吸引力的契约教义形式就更可能存在这样的问题。[3]我希望表明，仅仅通过把旧的理论结构应用于新的情形，不可能解决我们将要遭遇的这类困难；尽管罗尔斯理论中的核心要素将继续存在，并给我们提供有益的引导，但是这类困难植根于理论结构本身，并以这种方式引导我们寻找一种不同的理论结构模型。

这些问题不仅仅是出现在学术化哲学中的问题。社会契约在我们政治生活中存在着广泛深入的影响。关于我们是谁、我们为什么在一起的设想，形成了关于我们应该支持什么样的政治原则、谁应该被包含在政治原则框架之中的思考。在流行的设想中，一些公民能"养活自己"而另一些却不能，一些人是寄生虫而另一些人"基本上靠自立"，这些共同理念都是作为寻求互利的合作计划的社会理念的产物。无须识别其来源，我们就能在实践的政治中挑战那些设想。然而，它实际上对深入问题的根基很有帮助，可以说：到那个时候，我们更清晰地看到，为什么我们遇到这种困难，如果需要改进，我们必须改变什么。因此，尽管本书在细节上处理哲学理念，并且关注所谈论的这些理论的复杂细微之处，但本书也愿意作为一部实践哲学论著，引导我们回到一些不会陷入此类困境的、更丰富的（旧的和新的）社会合作理念。尽管没有这种详细的哲学探究，人们当然也能从事有关所有这些问题的实践政治，但我相信，详细的探究是有帮助的，这既是因为它显示了对正在批判的人的尊重，也是因为它在看清楚问题之所在方面常常大有裨益，以至于一个人能改变正确的事情而不是错误的事情。实际上，我怀疑较少细节的哲学探究会有更多的实践意义，当问题很复杂时，理论结构可对此进行详细阐述。如果我们太快达到"底线"，那么我们会失去哲学所具有的启蒙特质。当然，由于缺乏细节，政治哲学中的伟大实践著作并不伟大。约翰·斯图亚特·密尔的《论自由》（*On Liberty*）尽管令人沮丧地缺乏细节，但仍不失其伟大，如果它花了更多的时间来解决基础问题，比如伤害的理由、自由与偏好的关系、自由与权利的关系，那么它会更出色。罗尔斯的两部著作补充了特别有价值的实践引导，因为它们的确试图用严格的、令人满意的细节来回答艰难的基础问题。

这里，我的计划既是批判性的，也是建构性的。因为我会论证，对所考虑的这三个问题，我长期所致力于的"能力进路"（capabilities approach）版本暗示着充满希望的洞见，这些洞见优于那些为了解决这些问题的社会契约传统所暗示的洞见。（正如我们将看到的那样，我也坚持认为，我的方法与一种不同类型的契约论——纯粹基于康德的伦理思想，而没有互利理念的契约论——在很大程度上有重合。）我先前在《女性与人类发展》（*Women and Human Development*）一书中所做的关于能力进路的解释，概括了这一观点，谈及了方法和合法性问题，并且在细节上讨论了两个特别困难问题——宗教问题和家庭问题——的对策。在细节上，与基于偏好的功利主义相比，这一方法被认为更为优越。

随着时间的推移，在通往"反思平衡"[4]的过程中，下一个逻辑步骤是对能力进路和其他强理论进路进行比较，论证能力进路至少在某些领域要优于其他进路。通过表明在那三个悬而未决的问题上能力进路做得更好，这本书涉及下一个步骤的部分内容。我不是要声称能力进路总体上更好，因为在其他问题上，它比契约理论做得更糟。我关注罗尔斯的理论，总体上是因为我相信对于它那些考虑的问题，它传递的答案基本上正确（尽管在关于首要善理论的清晰表达方面，我在一些细节上与其存在差别），而且正是如此，我有兴趣力图指出,为什么用罗尔斯自己的解释很难解决那三个悬而未决的问题。我的能力进路是否真的总体上比罗尔斯的理论更优,也是我不能详述的一个问题;它必须要等待更深入、更长期的检验;现在,由每个读者来决定(实际上,最终它常常如此)。

读者将看到,在这里,我会像在《女性与人类发展》中一样,详细阐述我自己的能力进路,我借用了罗尔斯的一些核心理念:政治自由主义理念(一种不是基于多元宗教和形而上学原则的自由主义形式)和重叠共识理念(具有不同形而上学和宗教观念的人能够接受的核心政治观念)。罗尔斯经常强调,并在其生命的最后生涯越来越多地加以强调,《政治自由主义》关注的不是他自己的正义观念,而是一系列自由观念,他自己的观念只是这一自由观念家族中的一员。我希望,我的能力进路是这一家族中的另一成员,因此,我把能力进路补充到罗尔斯的观念中的建议,是提升而不是替代罗尔斯的宏大计划。

在论证能力进路能处理三个特殊的正义问题的过程中,我也对此进路加以扩展和修正——最明显的是在第五章和第六章,我把它扩展到处理跨国正义问题和涉及非人类动物的正义问题。然而,通篇都有其他对此进路的更细微的修正和详细阐述,那些对进路发展感兴趣的读者,可能想要密切关注以下方面:

1. 在第一、三、五章,我讨论了进路的直觉起点,论证一种既定能力应该出现在清单上的方式;尤其是参见第五章第一节对教育案例的处理。

2. 在第三章第四节和第九节,我讨论了进路中所使用的人类尊严概念，也可参见第五章第三节。我讨论了在思考尊严时物种规范的作用，论证了尊严不依赖个人的实际财产，例如拥有理性或其他特殊能力；这一解释表现出早期关于"基本能力"的讨论的变化。我不认为，尊严是一种独立于能力的价值，而是论证包括能力在内的政治原则阐释是对包括人类尊严在内的生命概念的（部分）阐述。

3. 在第一章，也在第五章第二节、第六章第三节，我（再一次）讨论了能力进路和功利主义的关系。这些讨论都没有任何新奇的材料，只不过有一些新的论证以及对旧论证的重新组织。

4. 在第五章第三节，我讨论了能力和权利的关系。显然，能力进路是一种人权进路，关于为什么能力语言似乎优越于（纯粹的）人权语言，我也给出了一种较好的说明。

5. 在第一章第六节和第五章第五节，我（再一次，但也许更简明地）讨论了能力进路与多元主义和文化多样性问题之间的关系。

6. 在第五章第四节和第六章第九节，我讨论了能力进路中平等概念的地位。由于这些论证既新且复杂，我不想在这里对它们加以总结。

7. 在第三章第四节、第五章第六节、第六章第十一节，我讨论了罗尔斯的"重叠共识"理念与能力进路的关系。我表达了这种担忧，即在拥有不同历史和传统的民族之间是否可能存在重叠共识，我甚至阐述了更难的问题，即把一些基本权利扩展到动物时，我们能否期待一种重叠共识。

8. 在第五章第一节，我讨论了作为资格（权利）的能力与获得那些资格所要承担的义务之间的关系。

因此，本书不仅要扼要地重述在《女性与人类发展》中所给出的建构性解释，而且要把它扩展到新的领域。它在许多领域开辟新天地，更充分地界定已有区分，并试图阐述一些读者和批评家提出的诸多问题。这并不令人惊奇，因为先前进路阐述的不完美特性，而且因为它对世界负责的特征：新问题导致理论结构自身的改变。因此，尽管对我而言，期待那些总体上对正义问题不感兴趣的人来担忧这些问题，是非常奇怪的，但是对那些对本书所关注的三个问题不是特别感兴趣的人而言，我的论证应该是有趣的。

第一章　社会契约和三个悬而未决的正义问题

　　如前所述，人类天生都是自由、平等和独立的，没有他本人的同意，不能把任何人置于这种状态之外，使其受制于另一个人的政治权力。任何人放弃其自然自由，并受制于社会的种种限制的唯一方式，就是同意与其他人协议联合组成一个共同体，以谋求他们彼此间的舒适、安全与和平的生活，以便安稳地享受其财产，并且获得更大的保障来防止共同体以外的任何人的侵犯。

——约翰·洛克《政府论（下篇）》

一、自然状态

　　设想一个没有政治政府的时代,没有主权、法律、法庭、财产所有权或契约。人类可以生活在这样一种状态,但生活不可能过得好,正如托马斯·霍布斯在标志着古典西方社会契约传统开端的著作中的著名论断:

> 在这种状况下,产业是无法存在的,因为其成功不稳定。这样一来,举凡土地的栽培、航海、外洋进口商品的运用、舒适的建筑、移动与卸除需费巨大力量的物体的工具、地貌的知识、时间的记载、文艺、文学、社会等都将不存在。最糟糕的是,人们不断处于暴力死亡的恐惧和危险中,人的生活孤独、贫困、卑污、残忍而短寿。[1]

　　因此,人们相互签订契约,同意放弃对获得他人财产的强力和能力的私人使用,来交换和平、安全和对互利的期望。正如约翰·洛克所指出的,通过考虑被设想为"自由、平等和独立的"[2]人们在初始状况(initial situation)中缔结的契约,我们能够洞察政治原则的合法性。通过思考政治社会的结构——这一在初始状况中所缔结的契约的产物——在某些至关重要的方面的公正,甚至平衡,我们获得一种对正义之所需的更深理解。[3]因此,通过一种假设在任何个人中都不存在先天优越性的程序,我们抽象出一系列正确地保护所有人利益的规则。

基本政治原则理念作为社会契约的产物——是西方传统中自由主义政治哲学的一个主要贡献。在它的各种形式中,传统做出了两大标志性贡献。第一,它清晰、严格地阐明,政治社会——这个把权力置于法律之下并正确地形成权威的社会——能更好地服务于人类利益本身,即使我们从一种对这些利益人为简化的观念出发。第二,甚至更重要的是,它向我们表明,如果人们被剥夺了某些人在所有现实社会中所具有的人为优势——财富、地位、社会阶级、教育,等等[4],那么他们会同意某种特定形式的契约,随后,理论将对此进行阐明。假如在那种意义上,起点是公平的,那么通过讨价还价所得出的原则将会是公平的。因此,传统遗留给我们的是一种对政治社会[5]——在此社会中,人的平等价值和他们之间的互惠价值是核心特征——的程序上的理解。

这种对政治社会的理解是古典自由主义攻击封建传统和专制传统的一个杰出部分。[6]从在自然状态中我们所有人大致平等的事实出发,展开对把财富、地位、身份作为不同社会和政治权力来源的政权的复杂批判。因此,在自然状态中签订契约的理念,不仅提供了对政治原则内容的解释,而且提供了政治合法性的基准。任何社会,只要其基本原则远离在自然状态中自由、平等和独立的人们的选择,在那种程度下就被认为是有问题的。

因为在平等的人之间,传统提供了一种生动、严格、富有启发的关于正义的思考方式,所以在哲学上它仍然是多产的。20世纪最强大、最有影响力的正义理论——罗尔斯的正义理论,明确地把自身置于这一传统中;也许,罗尔斯比迄今为止的任何理论家都更严格、更完全地追求契约理念的含义。

在《正义论》的开篇，罗尔斯强调他忠实于社会契约理论，"我的目标是呈现一种正义观念，它把比如说在洛克、卢梭和康德中所发现的，我们熟悉的社会契约理论普遍化和带到一种更高水平的抽象"[7]。"指导性理念是，正义原则……是在一种平等的初始状况下，关注提升其自身利益的、自由而理性的人们会接受的那些原则。"（TJ 11）为防备潜在的反对意见，罗尔斯为他所使用的"契约"术语辩护，他总结道，"最后，存在一个长期的契约教义传统。表达与这一思想线索的联系，有助于定义理念和与自然的虔敬保持一致"（16；cf. 121）。（关于"自然的虔敬"的奇怪评论是罗尔斯对他理论前辈——无论是在教学中还是在写作中——保持终生尊敬的一个例子、一个标志。）

罗尔斯的历史联系比这些评论所暗示的要更复杂。尽管大卫·休谟不是社会契约思想家，但是罗尔斯大量描述休谟关于"正义环境"的观点，充实了在古典契约论思想家那里不甚明确的要素。然而，既然休谟在这些问题上的观点和洛克、康德的观点能很好地吻合，那么这一复杂来源就并不会导致困难。罗尔斯解释，之所以选择休谟，是因为休谟对正义环境的解释"极其明白易懂"（TJ 127），与洛克和康德在那些问题上的观点相比，休谟有更多的细节描述。

然而，在两个至关重要的方面，罗尔斯的理论和所有以前的社会契约论存在差别。因为罗尔斯的目标是从一系列假设中产生基本政治原则，又因为它是一个被罗尔斯称为正确程序确定正确结果的"纯粹程序正义"的例子，所以罗尔斯通过不假定自然状态中人类拥有任何自然权利，从而与历史传统分道扬镳。因此，与背离洛克和康德的理论相比，他的观点更彻底地背离了格劳秀斯（Groutius）和普芬道夫（Pufendorf）的自然法观点。

第二个差别在于契约程序中道德因素的作用。罗尔斯的选择状况包括霍布斯、洛克甚至康德（在其政治著作中）回避的道德假设。[8]无知之幕代表着一种道德公正，这与康德关于人不能成为达成他人目的的纯粹手段的理念具有高度相关性。

罗尔斯的双重忠诚——对古典社会契约教义的忠诚和对康德道德哲学核心理念的忠诚——既是罗尔斯理论富有启发性的源泉，也是其具有深度张力的源泉。然而，毫无疑问，尽管罗尔斯对平等的尊敬和互惠的道德理念深信不疑，但是当罗尔斯重构和解释其目标时，他一直把其目标理解为社会契约传统的一部分。[9]即使在明显存在重要分歧的地方，罗尔斯也向读者指出隐含的相似性。因此，尽管罗尔斯表面上看似没有使用自然状态的虚构，但是他告诉读者事实上他这样做了。"在作为公平的正义中，平等的原初状态（the original position）与传统社会契约论中的自然状态（the state of nature）类似。"（*TJ* 12）总体上，正如我们所看到的，只有关注这些联系，才能很好地理解他的大多数观点。通过罗尔斯的工作，当我们从平等的人、这些人的价值、他们的能力开始思考正义的要求时，传统做出了最深思熟虑的贡献。

我论证中的批判部分将集中于罗尔斯，也有一小部分涉及其他现代社会契约论思想家［例如，大卫·哥瑟尔（David Gauthier）］。我的论证不会讨论更纯粹的、整体上与专注互利的社会契约传统相分离的康德契约论形式——尽管在第二章我讨论了我的能力进路和这种契约论教义［如托马斯·斯坎伦（Thomas Scanlon）在伦理学和布莱恩·巴里（Brian Barry）在政治学中的那些契约论教义］之间的潜在趋同。在我们时代，部分是通过经济学中的讨价还价理念对我们整体的政治文化的渗透性影响，社会契约传统假设了一个与众不同的方面。哲学中的契约论者批判这些理念，但他们在解释和改造古典社会契约理念时，也在某些方面深受这些理念的影响。罗尔斯反对功利主义在经济学中具有如此强大的支配性，以及通过经济学功利主义在公共政策中具有如此强大的支配性；但是，他却使用古典社会契约理念，使其读者（尤其包括经济学倾向的读者）相信，关于政治原则的正确思考方式是一种更丰富、更道德化的方式。

因此，形成现代契约论的影响是复杂的。尽管我打算勾勒对罗尔斯的框架具有影响的每一个主要思想家的脉络，但是除了罗尔斯，我不会对任何特殊的历史人物进行细节解释。然而，我认为，可以公平地说，无论每一个思想家如何微妙和复杂，在"自由、平等和独立的"人们中，传统遗赠给我们的都是一个社会的总体形象，即为了互利而缔结契约（人们通过在一起而干成某事，而此事仅依靠一己之力是无法达成的）。我要检审的对象，正是这一深深植根于我们政治文化之中的理念。

二、三个悬而未决的问题

1. 不健全和残障。[10]尽管传统做出了主要贡献和具有持续性的价值，但其现代模范却证明，在当代世界中，它不能充分阐释三个最紧迫的正义问题。传统理论家都假设，他们的契约主体是能力上大致平等、能进行富有成效的经济活动的男人。因此，他们区别于存在争议的女人（被理解为无"生产力的"）、儿童和老人——尽管契约各方可能会代表他们的利益。[11]在17、18世纪，这些忽视已经很突出，在当代契约教义中，它们得到了某种程度的矫正，尽管家庭是一个不受法律和契约影响的私人领域的理念常常没有受到它应得的全面批判。[12]

然而，在选择政治原则的群体中，没有哪一个社会契约教义包括严重的、非典型的生理和精神不健全的人。当然，在最现代的社会，直到最近，这些人仍不被社会接纳。他们被排除在外，并遭受侮辱；任何政治运动都不包括他们。尤其是那些严重精神不健全的人，甚至不能受教育。他们隐藏在制度之中，被抛弃，在忽略中死去[13]；他们从未被视为公共领域的一部分。[14]因此，毫不奇怪，古典社会契约理论家不会把他们想象为政治原则选择中的参与者，实际上，也毫不奇怪，他们愿意签署一些基本的设定（如权力、身体能力和心理能力的大致平等），最终，在初期和奠基性阶段，这些人也未被包括进来。

从正义的角度看，对那些不能完全参与政治选择的不健全和残障的人而言，这一来自基本选择状况的忽略似乎是一个缺陷。他们没有被当作和其他公民一样平等的人来对待；当选择基本原则时，他们的声音也不能被听见。当我们意识到，有时把不健全的人排除在参与政治选择之外的各种原因是社会性的和不可避免的时，这一问题似乎总体上变得更严重。在一个不打算假设任何特殊的社会制度的设计中，没有原则性的理由来解释，为什么他们不被纳入选择状况。无论我们如何慷慨地评价一些有严重精神不健全的人有潜能对之做出贡献，他们都被直接排除在政治选择者的群体之外。对于那些人而言，只要存在其他方式考虑他们的利益，那么不把他们纳入选择者的角色，似乎不像是一件不正义的事。

然而，一旦我们考虑所有契约理论的显著结构特征，那么把不健全和残障的人从契约状况中遗漏就变得更具破坏性。社会契约传统把"社会的基本原则由谁来设计？"和"社会的基本原则为谁而设计？"这两个原则上不同的问题混合起来。[15] 签订契约的各方被设想为一个整体，等同于那些愿意居住在一起的、他们的生活被其所选择的原则制约的公民。传统的核心道德理念是需要缔结契约的人之间的互利和互惠的理念。在第一个例子中，被选择的原则规范着他们彼此之间的相处。要么通过各方自己的关怀和奉献，衍生出其他利益和人（或其他生物），要么在随后阶段，在已经选择原则之后，把其他利益和人（或其他生物）纳入其中。但是，正义的首要主体就是那些选择原则的人。因此，当传统指定某种能力（理性、语言、生理和精神能力的大致平等）作为参与选择原则的程序中的先决条件时，在随之而来的社会，对于把不健全和残障的人作为正义的接受者或者主体来对待来说，这些要求就具有极大的重要性。他们未被纳入选择者群体的事实意味着，他们也未被纳入（除了被衍生地纳入或在随后阶段被纳入）原则为之选择的群体。

在这一点上，罗尔斯的理论更细微，因为他明确区分了原初状态中的各方和最终设计社会的公民。(公民没有无知之幕的信息限制;在他们那里,他们接受广泛的、被设计用来培育使社会稳定的情感的道德教育。)但是,就我们关于残障和物种成员资格的问题而言,这一区分并不重要。各方好像是为一个他们自身将居住于其中并在其中优化其计划的社会而选择原则。在那一思想实验下,公民生活在由各方所选择的原则中。因此,尽管为满足未被纳入原始契约群体中的人和动物的需要,他们可能制定实际的安排,但是,即使意识到这些问题,他们也无权为他们自己重新设计正义原则。在《政治自由主义》中,罗尔斯以一种与众不同的方式提出问题,明确表达了他对历史传统的基本忠诚:在原初状态中的各方现在被设想为公民的"代表"或为公民服务的理事。然而,公民——他们是为公民服务的理事——的特征,现在仅仅明确包括从残障议题的观点来看引发问题的《正义论》中各方特征的那些特征:像《正义论》中各方的能力一样,他们的精神和生理能力据说都要存在于"正常"范围之内。因此,最终,各方为公民——像他们一样,公民是没有严重的精神和生理不健全的人——设计原则。

但是,不需要以这种方式把"由谁"和"为谁"的问题联系起来。应该有一种理论,主张无数的生命体,无论是人类还是非人类,都是主要的正义主体,即使其不能参与选择政治原则的程序。如果从这一理念开始,即任何生命都有尊严并值得尊敬,那么应该有强烈的理由寻求这一理论,并把这两个问题分开。如果一个人思考那种方式,那么他就会承认,从一开始,签订契约的能力和拥有在随后社会中有利于互利的那些能力,并非成为一个有尊严的和基于众生平等而值得被尊重的公民的必要条件。

因此，更一般地说，经由社会契约论的独特结构，在基本政治原则的初期选择中忽略残障者，会对他们的平等公民身份带来严重后果。今天，当残障者的正义问题在任何体面社会的议程表上凸显出来时，考虑到即使不是他们中的大多数也至少是他们中的许多人的显而易见的选择能力，那么在参与基本政治选择的情形中遗漏他们所有人看起来是有问题的；而且不把他们列入此人群——社会最基本的原则是**为他们**而选择的——更有问题。即使可以通过衍生和在随后阶段来考虑他们的利益，但是我们自然疑惑为什么这种推迟是必需的，即使这种推迟本身不是以一种不平等的对待方式进行的，那么是否不会影响对这些公民的完全平等的对待。正如我们将看到的那样，在这一点上，罗尔斯承认其理论的缺陷并对此表示担忧。我将论证，罗尔斯对残障问题的考虑不充分，并且还不容易矫正。把有精神和生理不健全的公民全部包含进来，提出了触及正义和社会合作的古典契约论解释核心的问题。

2. 国籍。社会契约传统的第二个困难是影响人们的基本生存机会的国籍或出生地的作用。在这个日益相互依赖的世界，我们需要考虑由影响该国公民生存机会的富裕国家和贫困国家之间的不平等所引起的正义问题。契约模型特别适用于构建一个独立的社会，它被设想为自给自足并且独立于其他社会。康德和罗尔斯确实认识到国家之间所面对的正义问题的重要性。但是，他们理论的逻辑导致他们在第二阶段提出这一问题，并且是衍生性的。他们设想，国家在建立之后的关系仍然类似于一种自然状态；因此，必须选择进一步的原则来规范、处理它们之间的相互关系。

因此，在这种两阶段进路中，国家被视为与在论证第一阶段的"自由、平等和独立的"人同构。那么，再一次，如果我们打算用一种契约理论的术语来思考违背了第二阶段的自然状态，那么我们将不得不询问：谁被纳入了签订契约的群体？为了使契约模式得以实施，必须假设什么样的独立、自由和大致平等的情况？在一个强势的全球经济使所有经济选择相互依赖并常常在贫困国家强加各种条件，从而增强和加深现有不平等的世界，可以怀疑假设国家间的独立和平等是否有意义。而且，这样的假设必然包括，那些和支配性国家相比在权力上非常不平等的国家——尤其是那些仍处于或部分处于前工业社会发展阶段的国家——将被排除在最初的契约群体之外。它们的需要将不得不在随后阶段、在选择和修正了深远影响其人民生活的基本原则之后才会被处理，并且它们的需要是出于仁慈而不是作为基本正义的组成部分被予以讨论的。（在此意义上，贫困国家的情况类似于在社会契约第一阶段中的不健全的人。）

早在17世纪，胡果·格劳秀斯就对国家间的相互依赖性发展出一种差别细微的解释，他论证道德规范限制了所有国家行为和"国际社会"中人的行为。格劳秀斯认为，在某种情形下，个体的人权能够证明干涉另一个国家的内部事务具有正当性。甚至更重要的是，他论证，关于谁拥有什么样的财产的最终决定，期待一种对需要和剩余的全面检审，在某些例子中，一个国家的穷人对另一个国家的剩余之物拥有所有权。[16]但是，格劳秀斯不是社会契约理论家，而且假使从一些后来成为社会契约传统标准的理念出发，他也不可能得出这些结论。因为追求互利的契约的真正逻辑表明，如果一个人对整个社会福利的贡献似乎远远低于其他人，那么他就不会被纳入第一阶段契约主体。当我们谈论国家之间的契约时，极端贫困国家就处于那种状况：当富裕国家在已经选择基本原则之后，能够用其他方式处理与贫困国家之间的关系时，追求互利的富裕国家为什么想把贫困国家纳入契约群体呢？而且，由于在进入国家间的第二阶段契约之很久以前，相关国家已经界定了财产资格，并且那些原则被理解为固定的，因此，根本不会有诸如格劳秀斯的所有权和需求理念等激进的想法。

在古典社会契约教义的世界中，国家之间的正义问题在某种意义上是不可避免的。主要的理论家对国家之间的战争、贸易现象和殖民扩张非常熟悉。但是，似乎可能采取一种薄的进路（a thin approach）来解决国家之间的关系问题，即只关注战争与和平问题，而不讨论经济再分配和保护基本人权。（然而，请注意，格劳秀斯已经论证，如果不考虑经济再分配的需要，和平不可能持久。）今天，这一已在富裕国家实践中和我们国际法系统中牢固确立的薄的进路，日益证明它对我们所居住的世界是不充分的。在一切基本生存机会最核心的领域，如死亡率、健康、教育和其他方面，富裕国家和贫困国家之间都存在难以置信的差异。即使我们把其归类为由殖民主义遗产产生的回溯性正义问题，但是当人们批判性地思考全球经济系统——由极少数国家控制但却对所有国家具有决定性影响——运行时，这就是紧迫的、摆在台面上的前瞻性正义问题。即使通过社会契约传统来解决这些问题的最佳尝试——约翰·罗尔斯的《万民法》、托马斯·博格（Thomas Pogge）和查尔斯·贝茨（Charles Beitz）所做的相关工作——也证明不足以指导我们解决所面临的复杂问题。能力进路，在许多方面复兴了格劳秀斯的自然法传统，提供了更有效的指导。

3. 物种成员资格。 当我们思考全球正义概念时，我们通常想到的是在地理上扩展我们的正义理论，以便它们能够包括在地表上生活的更多人类。我们也想暂时把它们扩展到考虑未来人们的利益——尽管那一系列问题只会在这几页被简明扼要地提及，我也会粗略地讨论其原因。较少进入我们头脑中的问题是：尽管现在我们要比前辈人思考得更多，有必要把我们的正义理论扩展到超出人类的领域，讨论包括非人类动物在内的正义问题。在这一领域，社会契约论具有明显的缺陷。因为社会契约论对正义原则起源的核心形象是，在理性成年人中间签订契约，因此，至少在其对基本社会正义的解释中，社会契约论没有为非人类动物（甚至那些在某些方式中是理性的动物）的利益留有空间。再一次，这些理论混合了"由谁制定正义原则？"和"这些原则为谁制定？"这两个问题的事实意味着，考虑到动物不能参与制定契约，这些理论不可能把动物纳入理论为之制定的主体群体中。

这一传统中的理论家的典型观点是：要么我们对动物没有直接的道德义务（康德），要么如果我们有，也是出于仁慈或怜悯的义务而不是正义的义务（罗尔斯）。这一立场似乎很不充分（尽管我将需要更多地区分正义问题和仁慈问题，并说明为什么动物遭遇的错误之事应该被视为产生正义问题）。我们的选择影响到非人类物种每一天的生活，常常使它们遭受巨大的痛苦。动物不仅仅是我们世界的装饰品部分；它们是试图过好它们生活的积极生命体；并且，我们常常阻碍它们的生活。那看起来像一个不仅仅是出于仁慈的理由的正义问题。因此，一种理论如果不能把人与动物的关系归类为它似乎是的那种关系，包括它显而易见似乎包括的问题，那么这就是这一理论的另一个重大缺陷。

我提到的这三个正义问题都是不同的。每一个都要求单独对待，每一个都以不同的方式向契约教义施加压力。然而，所有问题具有一个共同的重要特征：它们都包含着生物——我关注它们的权利资格——与某一具支配性的群体之间的权力和能力的严重不对称。在每一种情形中，那种不对称都能够解释为什么传统契约路径不能很好地处理这些问题。

所有这三个问题现在被广泛地认识到其重要性，尽管先前它们不是如此。因此，社会契约传统中过去常常被视为微不足道的缺陷，现在开始被视为主要缺陷。它们促使我们超出社会契约而看到，可能有什么其他方式详细阐述真正的全球正义的基础。

三、罗尔斯和悬而未决的问题

罗尔斯自己认识到，在这些领域他的理论遇到一些困难。在《政治自由主义》一书中，他提到了他的正义观很难处理的四个问题：什么是属于残障的人的（既包括暂时的和永久的，也包括精神上的和生理上的);跨国正义;"对动物和自然界其他生物应该负有什么义务"(正如我们所见,罗尔斯不认为这些是正义问题);为后代留下什么。所有这些,他得出结论,"尽管我愿意最终回答所有这些问题,但是我非常怀疑在作为一种政治观念的公平的正义领域内回答这些问题的可能性"(PL 21)。他继续谈到,他相信他的观念能够扩展到对后代问题给予合理的回答(我同意,并且因此我在这里不会讨论这类问题)。他声称,与此相似,他的观念可能扩展到处理国际正义问题;他的最后一本书——《万民法》,代表了他要很好地处理国际正义问题的尝试。然而,实际上它并未对那些问题给予一个合理的解释。对于另外两个问题,罗尔斯说,它们是"作为公平的正义可能无法解决的问题"。关于作为公平的正义"可能失败"的那些情形,他看到了两种可能性。一种可能性是,"政治正义理念不能涵盖一切,我们也不能期望它涵盖一切"。另一种可能性是,这些问题实际上需要另一种正义论,"无论作为公平的正义在其他情形中处理得如何好,但它在这一情形中不可能正确。错误究竟有多深,还有待于这一情形本身能够得到检验"(21)。[17]

尽管我的计划实际上并不是从罗尔斯的这一评论开始的,但是把我的论证视为应对罗尔斯为自己和他人提出的挑战的一种尝试是有益的。为了审查他的这类理论(既包括康德式的也包括社会契约)能解决这些问题到何种程度,我会一个接一个地研究这些问题。我将论证,对这三个问题中的任何一个,罗尔斯的理论最终都不能传递令人满意的答案,尤其是(如其自己所言)不能把它们作为基本的正义问题;我在《女性与人类发展》[18]中提出的能力进路版本，就能更好地处理此类问题。

这一结论相当有益，因为我相信，罗尔斯的正义论是我们所拥有的最强有力的政治正义理论。关于它所处理的主题，它提供了强有力的、引人注目的结论。它提出的两种正义原则是合理可行的。尽管我将对以此方式来制定原则的首要善理论提出一些批评，但是我相信它们基本上是正确的，而且我从不同起点所发展出的理论也和它们有很大部分重合。然而，从一开始就看到罗尔斯的正义论对前面所提到的三个未解决的问题**没有提供丝毫原则**，这一点很重要。的确，罗尔斯后来运用独立的原则来考虑国家间的情形。但是，他的理论假设意味着，他所呈现的正义原则不仅不涵盖而且也不打算涵盖我们的另外两个问题。罗尔斯邀请对这两个情形进行更进一步的检查，并暗示如果更进一步的检查清楚地表明它们就是未解决的正义问题，那么就需要对其理论进行一些补充或重估。我希望能提供一些检查以及他所邀请的补充。

在《正义论》的开篇，罗尔斯提到所有契约教义都有两个可以独立评估的部分：一部分是原初选择状况的设计；另一部分是随之而来的一系列原则。"一个人可能接受理论（或一些它的演变）的第一部分，而不接受另一部分，反之亦然。"（TJ 15）我的结论是：原则本身或一些和原则非常相似的东西，不仅对那些罗尔斯把其应用于其中的情形，而且对那些他根本没有提出原则的其他情形，是好的原则。（参见第三章第九节）而且，这些原则所体现与明确传递的公平和互惠理念，本身是极其具有吸引力的伦理理念（撇开一些内在于尤其是罗尔斯给予这些理念的康德形式的困难不说）。把这些原则和理念扩展到我们尚未解决的正义问题，会是很好的。尽管当我们抓住我所关注的这三个特定问题时，原初选择状况包含着严重的问题，然而在罗尔斯把其所应用于其中的领域却做得很好。如果我们能够通过另一进路达成与罗尔斯的那些原则相关的原则，正如我将要做的那样，通过适当地扩展互惠和尊严的观念，那么我们将能够把那些原则扩展到那些罗尔斯相信他自己的理论不能触及的情形中。我的结论不是我们应该拒绝罗尔斯的理论或任何其他的契约论，而是我们应该继续寻找另外能提升我们对正义的理解并使我们能够扩展那些理论的替代理论。

四、自由、平等和独立的

社会契约传统是复杂的。它包括一些人物，例如让-雅克·卢梭，他不把社会契约看作一种独立个体之间的契约。我的论证不会直接言说以《社会契约论》为代表的非自由主义类型，包括其公意概念以及它对个体自由关注的相对缺乏。就卢梭的理论确实影响了罗尔斯和其他现代契约论者而言，我相信在自由主义理论家洛克和康德那里，也存在那种影响的素材；在这一特定领域，卢梭的**公意**将带领我们远离对一种与众不同的自由主义传统的检验。给这一自由主义传统提供素材的历史人物是洛克和某些方面的康德。一位主要的先驱是托马斯·霍布斯，他对现代社会契约教义（尤其是大卫·哥瑟尔著作中的）也具有重要性。[19]但是，霍布斯不是一个自由主义者,并且他的主权教义将使我们远离我们的主题;而且,他观点中的细节是臭名昭著地模糊。因此,我仅仅在这种程度上关注霍布斯,即他对社会契约——绝大部分由更多地存在于我头脑中的传统中的其他人得出——的某些特征提供了明白易懂的解释。尽管大卫·休谟不是一个契约论者,但是因为罗尔斯借用了休谟对正义环境的解释,并围绕它建构其契约论解释的重要特征,所以对这项计划来说,他也比较重要。

这部书不是一个历史计划,并且我也不打算对任何一个当代以前的理论家提供一个穷尽的甚或细节的解释。我谈论了一系列非常具有普遍性的假设,不仅在哲学而且在公共政策和国际关系的西方传统中,这些假设深深地形塑着我们对正义的思考。然而,既然我谈及传统,并常常暗示传统的主要反对者的观点,那么把我将关注的这类理论的构成性要素以一种抽象的方式孤立起来,就似乎很重要。

这包括对正义环境——在此环境中,制定相关政治原则的契约才有意义——的解释;相应地论述契约各方的品性;论述通过签订契约他们想获得什么——社会合作的观点;论述契约各方的道德感。更清楚地了解这些特征,将有助于我们随后澄清和比较能力进路的相关因素。

1. 正义环境。[20] 社会契约理论家坚持,对基本政治原则的寻求,不会出现在随便哪个和每一个环境中。对那些认为基于政治社会原则聚集在一起是有意义的人而言,他们不得不发现自身处于一种特定类型的状况中。对这一状况的描述是罗尔斯的绝对中心,正是在其关于原初状态的讨论的开始,他介绍了这一描述。遵循传统,罗尔斯认为,这些环境体现了"在其之下人类合作既是可能也是必需的正常状况"(*TJ* 126);除非这些环境已被获得,否则,"就不可能有正义的美德,就好像如果生命和肢体没有受伤的威胁,就不可能有身体的勇气"(128)。

跟随罗尔斯(这里他追随休谟),我们能把环境分为两种类型:客观的和主观的。各方进行讨价还价的客观环境基本上是那些使他们进行合作得以可能和必要的环境。罗尔斯规定,他们必须"同时在一个确定的地理区域内"(*TJ* 126)共存。他们在生理和精神的力量上大致相似,用这样一种方式,就没有人能够控制其他人。他们对侵犯行为很敏感,并且所有其他人的联合力量能阻止任何一个人的侵犯。最终,这些是"适度缺乏"(moderate scarcity)的状况:资源不足以丰富到使合作变得多余,同时也不是"状况是如此严峻,以至于有成效的冒险不可避免必定是失败的"(126-127)。

主观上讲,各方有大致相似的需求和利益,或至少互补的利益,结果他们之间的合作是可能的;但是,他们也有不同的生活规划,包括宗教、综合的社会信条或伦理信条的差异,这潜在地在他们之间产生了冲突。尽管对罗尔斯而言,把这些方面规定为"正常范围"(*PL* 25)非常重要,但是各方也存在知识和判断的偏好。

社会契约传统的理论家相信,人们确实能发现他们自己置身于这些环境中——至少如果我们抽去财富、社会阶级和现存政治结构的人为优势。因此,自然状态的神话——这已经被明确表达为一种想象的假设,而不是对遥远历史时代的解释[21]——只不过被视为对真实世界中一些尤其重要的人类相互行为特征的一种诚实的解释。但是，这一描述排除了这些人，他们的精神和身体力量与那些"正常人"相比非常不平等；基于相关的理由，它似乎必然排除了某些国家及其居民，他们的权力和资源与那些支配性民族或国家相比也非常不平等；最终，很显然，它排除了非人类动物。此传统的理论家意识到了这些忽略。他们仅仅认为，对选择基本原则阶段的理论而言，这些忽略不是主要问题。

2．"自由、平等和独立的。" 罗尔斯对正义环境的解释包括签订契约各方的三个特征，这些特征对传统而言尤其突出；即使当一个思想家（正如罗尔斯）并不对正义环境提供系统解释时，这些特征也非常明显。因此，我把它们单列出来进行专门研究。第一，签订社会契约的各方是**自由的**：没有人拥有任何其他人，没有人是任何其他人的奴隶。自然自由的假设是传统攻击各种形式的专制和暴政的最重要的方面。在坚持除非通过同意，否则没有人可以从属于另一个人的权力这一点上，并非只有洛克一人。[22]康德可能是对这一状况解释得最详尽的思想家，把它理解为人们有权追求他们自己的幸福观，只要他们不侵犯"其他追求相似目的的人的自由，在普遍法则之中，这一自由能够和每个其他人的自由相容"[23]。换言之，按照你获得幸福的方式强迫他人变得幸福，即使你是一个仁慈的专制者，也是错误的。所能要求的只是每个人通过他人的自由来限制自身的自由。前政治传统就是这样理解这一权利的。"这一自由权利属于作为人的、共和国中的每一个成员，只要每个人都有能力拥有权利。"[24]（正如我们将看到的是，罗尔斯并不接受这一传统,因为他不认为存在前政治的自然权利。然而,他的确坚持平等植根于自然能力,尤其是植根于正义感的能力;TJ 504 ff。)

传统的这一特征(自由)看起来很普通,而且它实际上确实具有非同寻常的道德和政治重要性。但是,在我们问及,当自然自由遭遇那些严重精神不健全的公民生命,和以一种截然不同的方式让它遭遇非人类动物的生命,自然自由预先假设了什么能力时,它就变成潜在的问题了。传统中有这样一个暗示:一定的积极的能力是有权利不成为他人奴隶的先决条件,并且那些能力至少包括进行理性道德选择的能力。这是否意味着,没有这些能力的生物就能被奴役呢?并非必然,但是也不容易在契约教义中找到任何经典的、充分发展的理由,来阐释这种情况下的奴役违反了自然自由。理论家也不会对动物的奴役产生疑问。(这已经存在于康德的一生中,边沁把非人类动物的对待比喻为奴役。)因此,我们应该意识到,为了充分地处理这些问题,我们应该要求更新和扩展自由观和它的必要条件。

第二,也是尤其重要的一个特征,社会契约教义坚持各方在一个大致**平等**——是权力和资源的大致平等,而不仅仅是道德平等——的状况下开始讨价还价。由财富、出生、阶级等创造的人类之间的优势和等级都被设想为消失了,因此,仅仅剩下赤裸裸的人。正如此传统中的思想家经常评论的那样,人类在基本权力、能力和需求上没有巨大的差异。霍布斯发现:

> 自然使人在身体和心灵能力上如此平等,以至于有时某人的体力虽显然比另一个人强,或者脑力比另一个人敏捷,但

是，当这一切加在一起时，也不会使人与人之间的差别大到使这个人能要求获得人家不能像他一样要求的任何利益。因为就体力而论，最弱的人运用密谋或者与其他处在同一危险下的人联合起来，就能具有足够的力量杀死最强的人。

至于智力……我还发现，相比于力量这种能力，人与人之间更加平等……可能使这种平等不可思议的，不过是人拥有智慧的徒劳观念，在这一方面，几乎所有人都认为他们比一般人强。[25]

与此相似，洛克也坚持，在自然状态下显而易见"同一物种和相互混杂在一起的生命，生来就具有同样的自然优势，使用相同的能力，此个体与彼个体之间应该是平等的，没有从属，也没有依附"[26]。在18世纪哲学界，坚持人与人之间的巨大差异乃是当前社会状况的人为产物，这变成了一个无所不在的话题。例如，亚当·斯密强调一个哲学家和一个道路搬运工人的差异主要是由他们的习惯和教育形成的；卢梭暗示对人类的共同弱点和易受伤害性的反应，揭示了隐藏在阶级和等级区分下的一种复杂相似性。[27]

把这种权力和能力的大致平等与道德平等区分开来很重要，尽管传统的思想家几乎未在两者之间做出任何清晰的区分。一个不赞同生物在权力和能力上大致平等的人，可能赞同它们是道德平等的。可能也有人持有相反的观点。我们能看到这两种平等的联系方式：如果人类真的或多或少在权力和能力上是平等的，那么给予一些人比另一些人更大的权威和机会，似乎就是相当武断的。（尤其是洛克，诉求于一些这样的联系。）但是，人们可以承认这一点，即使他们不承认权力和能力的自然不平等在人们生活的基本道德领域中实际上会对人类予以差别对待（进行适当修改后也适用于其他感觉存在物）。罗尔斯的巨大贡献就在于他仔细地区分了这两种类型的平等。然而，我们不应该忘记，为了让其理论顺利展开，他既要权力和能力的平等，也要道德平等。

（权力和能力）平等的假设打算向我们表明与人类相关的一些重要的、真实的事情，这将导致对现存等级制的批判。但是，在每一个社会契约理论中，通过解释政治原则是如何规范人们的行为方式的，平等的假设也做了至关重要的工作。在理解各方为何要相互签订契约、在第一步为什么他们能够制定契约、从社会契约中他们希望得到什么这些问题上，各方的大致平等至关重要。因此，看看这种平等的假设如何要求我们去搁置一些重要的正义问题，是非常重要的。尤其是，在一种被如此构建的契约状况中，不能合理解决对严重精神不健全者和非人类动物的正义问题。正如我们会看到的那样，罗尔斯承认这一点，他的作为公平的正义理论在那些领域存在问题。

丝毫不奇怪，古典社会契约思想家乐于搁置这些问题。他们是否关注过它们尚且存有疑问。但是，即使他们关注过这些问题，消除专制的、等级制的政治观的基础的迫切要求，也为那种决定——重点放在权力和资源上大致平等的人身上的——进行了解释和相当大程度的辩护。现在，我们已经生活在不同的世界，在设计基本政治原则的过程中，我们再没有这样的理由不面对出现在我们面前的这些问题。

至于贫困的国家，有这样一种认识，即和社会契约致力于消除的出生和财富的等级一样，现存于国家之间的财富和权力等级也是人为的。因此，契约传统包含一种与批判地思考全球不平等高度相关的重要洞见。然而，对国家之间等级的适当批判，要求一种对国家边界和基本经济分配的激进的再思考，如果我们仅仅设想把契约教义再一次应用于已经形成的国家，就像在大致平等的真实的人之间设想契约是为了实现最好的合作一样，那么基本经济分配是不可能实现的。

第三，社会契约的各方被设想为**独立的**，即个体不会处于任何他人的控制之下，或者不对称地依赖任何其他人。在一些版本中，这一假设包括这一理念，即他们仅仅感兴趣于培育其自身的幸福观，而不是另外一些人的幸福观。在一些版本中，这些幸福观被设想为拥有仁慈的兴趣，或者甚至（在洛克那里）是仁慈的自然义务。但是，核心观点在于，每个人被设想为同样受到尊重的独立体，并且每个人都是各种诉求和事业的独立来源。洛克给出了如此生活的人的反面例子：他认为本土美国人就是这样的人。每个人也是社会合作的独立来源，或正如罗尔斯所指出的，"是一个过完整生活的完全合作的社会成员"。罗尔斯通过假设在原初状态中的各方对任何其他人的利益不感兴趣，把这一传统特征模式化。他们不必然是自我主义者，但是他们关注于提升自己的而不是他人的善观念。(*TJ* 13)

有人可能开始注意到，在这些理论中，对政治领域的解释缺乏儿童和老年人——并且甚至是成年女性，大多数思想家认为这些人是男人的附属品（既然他们不把家庭中所做的工作视为生产性工作）。即使我们假设那些忽视对这些理论而言不是一个严重的问题，我们也注意到这些理论没有为那些人——那些生命中的大多数时间或整个生命与其他人相比在生产力贡献上极端不平等的人，或那些生活在严重不对称的依赖状况中的人——留有空间。这些人被明确地排除在契约群体之外，而且，考虑到我所强调的混合，他们因此被排除在正义原则为之制定的公民群体之外。他们的利益有可能在随后的阶段被考虑。但是，他们的需求不会影响各方对基本政治原则的选择，甚或是他们关于人生的首要善观念，因为他们被设想为基于互利与其他处于相似地位的人签订契约。因此，对社会正义似乎极其重要的问题——关于关怀分配的问题，涉及关怀的劳动，以及对残障公民提升更全面服务的社会成本问题——不能引起关注，或出于往后的考虑而被明确推延。（为了能设法解决为后代节约的问题，罗尔斯允许他的各方呈持续轨迹。但是，**在原初状态中**，他没有以任何其他方式放松关于相互不利的假设。）

与平等的假设一样，若不改变整个社会契约观以及它所追求的目标，独立的假设就不容易改变。情况是，各方中的每个人都是生产性的个体，为了获得社会合作的报酬，他们愿意牺牲一些特权。

3. 作为社会合作目的的互利。 为了寻找一种共同利益，各方被设想为相互合作，没有合作，就不能获得一些东西。基于各方在社会契约中所处的位置，罗尔斯回避了利他主义或仁慈的假设，尽管他在其理论更广义的结构中以其他方式处理了这一问题。因为这一复杂性导致了罗尔斯与互利理念的关系这一难题，我将把这一问题推到第六节来考察。其他一些契约论者，比如哥瑟尔，完全把利他主义排除在外。甚至洛克，他集中讨论过仁慈，也把社会契约本身的要点描述为"以谋求他们[各方]彼此间的舒适、安全与和平的生活，以便安稳地享有其财产，并且获得更大的保障来防止共同体以外的任何人的侵犯"[28]。因此，在这一点上而不是在其他方面，洛克和霍布斯极其相似，霍布斯认为，导致一个人放弃他在自然状态中所享特权的唯一方面是某种与他自身的福宁相关的特权。[29]诉诸正义是出于自身的理由，而不需要任何关于他人善的内在的、非工具性的考虑。

4. 各方的动机。就我们先前观察到的而言，几乎没有什么可补充的地方。在社会中讨价还价的各方被设想为有动机的，这些动机很好地适应于他们的逐利性：他们试图提升他们的目标和事业，而不论这些目标和事业是什么。这种考虑自身的逐利性假设，并不意味着被谈论着的哲学家都是道德情感上的自我主义者，尽管霍布斯的确如此。各方可能有许多不同的利益观，并且在某些情形（尤其是洛克）中，可能包括一种对他人善的强烈关注。而且，在某些情形（比如大卫·哥瑟尔）中，在讨价还价阶段，只包括自我目标导向的动机和情感，可能仅仅是一种把其他关注的结果从斤斤计较的起点中抽出来的设置。罗尔斯出于相关的理由忽略了仁慈。但是，在此我们应该提出问题。我们不能确保这一斤斤计较的起点最终将和富有同情的、对他人负有义务的起点导致同样的方向。追求互利和一个人自己事业的成功，至少对所有人类的福宁有一种同情心的义务；这仅仅是不同的。它进入了一个非常不同的方向——除非假设所有各方都把所有其他人的福宁视为他们追求其自身福宁实现的一部分。洛克的确有过一些类似的假设，尽管结果是使我们对他理论的整体连贯性存在一定的疑问。罗尔斯和大多数其他的契约论者感觉到，要避免一种强烈的仁慈的假设，并且应该从既具有较少需求又具有较多限定的起点出发来抽出政治原则。

五、格劳秀斯、霍布斯、洛克、休谟、康德

既然我们对随后章节要集中讨论的社会契约传统有了一个大致的轮廓，那么增加一些对每个思想家所做出的适当贡献的更全面的解释似乎就是有用的，因为在随后的论证中，我们将不再涉及这些历史问题。当我们按照年代序列来评价现代契约论者的理论时，我将集中讨论每个思想家最杰出的观点。

我从胡果·格劳秀斯开始，因为他从自然法进入国际关系的基本原则是我打算要复兴的一种进路；但是，格劳秀斯的进路也暗示了思考国内问题的普遍模板，尽管他没有如此应用它。在《战争与和平法》（*On the Law of War and Peace*，1625）中，格劳秀斯阐释了国际关系的基本原则，并把它追溯到古希腊罗马的斯多葛学派（首先是塞涅卡和西塞罗）。非常简单，这一进路认为，当我们思考基本原则时，开始的方式是把人类思考为一种生物，这种生物的特征是既具有尊严或道德价值，也具有社会性：有"一种强烈的愿望要寻找同伴，这是为了共同生活，但不仅仅是随便哪种共同生活，

而是一种宁静的生活，并且按照其智力的尺度，把和他属于同一类的生物组织起来"。格劳秀斯认为这些特征极具自然性；他把它们和一种人性的形而上学理论联系起来。然而（和西塞罗一起，在形而上学上，他是不可知论者），我们可以把这些诉求看作独立的伦理诉求，从这种诉求出发，我们能建立一种个人政治观，这种政治观能被在形而上学和宗教上持有不同观点的人接受。

格劳秀斯自然法理论的总体观点是：人的这两个特征和它们的伦理价值，暗示着每个人都有资格得到许多善意对待。因此，政治理论从一种抽象的基本资格理念开始，这一理念基于尊严（人是目的）和社会性的双重理念。就像和人类尊严联系在一起的必要的生活条件一样，随后要论证的是从这些理念中产生出来的一些特定的资格。

格劳秀斯没有探寻人们该如何使用这些洞见来思考单个国家的正义结构。相反，他关注的是国家之间的关系。尽管国与国之间的空间是一个没有主权的空间，这里他坚持这绝不是一个道德秩序领域，在这一领域，一系列非常特殊的原则塑造着人们的相互行为。（他努力论证反对原初的霍布斯理念，即国家之间的空间是一个权力和武力的空间，在那里，所有国家都在追逐的高于一切的本国安全是合法的。）从这些观点出发，格劳秀斯得出了著名的、关于开战正义和战时正义（*ius ad bellum* and *ius in bello*）的新西塞罗式阐释。[30] 开战具有正确性，只能是当其回应一种错误的侵略时；禁止所有先发制人的战争和防御性战争，因为它是一种为了实现其自身利益而把人类作为工具的方式。在战争中，出于同样的理念，也有必要制定非常严格的行为限制：没有过度的、严厉的惩罚，尽可能少地损坏财产，战争结束后对财产和主权进行适当赔偿，不能杀戮平民。（西塞罗增加了一条禁令，即战争中不得欺骗，因为使用他人作为手段是一种违反人类尊严的方式；在这一点上，格劳秀斯没有跟随西塞罗。）

关于格劳秀斯的理论，我想指出的是，在解释人类的基本资格的履行要求通过正义这个意义上，它从作为结果的内容开始；如果这些资格被履行，那么这个社会（在这一案例中，"国际社会"）是最低限度正义的。为资格设置进行辩护不是程序上的，而是包含着一种人类尊严的直觉理念以及论证如下的结果，即在人类尊严的理念中某些资格是不言而喻的。格劳秀斯清晰地论证，我们不必尝试从互利理念本身来推出我们的基本原则；人类的社会性意味着利益不是人类正义地行为的唯一理由。格劳秀斯显然相信，基于社会性和尊重而非基于互利的社会，能在岁月中保持稳定。

格劳秀斯观点中还有一些其他特征，在这里我不打算与之争论。尤其是，和斯多葛学派一样，他的政治个人观非常理性，并依赖于人和动物之间的明确区分。随后，我会批判这些观点。但是，他观点的基本结构与我所要辩护的非常相似。

注意，对格劳秀斯而言，人们之间最重要的平等是道德的平等，这使尊重和资格的平等成为必要。在其论证中，能力的平等不具有重要性。一个在身体能力上与那些"正常"人截然不同的人，将得到和其他人一样的对待。（因为他的理论是如此理性，精神能力的不平等可能会得到不同的对待：格劳秀斯没有对这一问题进行评论。因此，我们不知道，对平等的尊严而言是否存在经验上的前提条件，或者是否格劳秀斯如我一样，坚持认为父母的每一个小孩都完全平等地获得属于每一个人的尊严。）因此，在他的理论中，没有休谟的正义环境这样的类似物，也没有霍布斯、洛克、康德理论中的相似假设这样的类似物。无论人们生活在哪里，在他们之间已经形成正义环境，仅仅因为他们是人类和社会性的。

格劳秀斯的理论具有很大的影响力，就像萨缪尔·普芬道夫的相关自然法理论一样。[31]这里我不会讨论普芬道夫的理论，因为我想要呈现的主要特征在格劳秀斯的理论中已经呈现了，并且，正是格劳秀斯的理论——几乎是从古希腊罗马的斯多葛学派模式中衍生出来的——是我自己的思考的主要来源。

当我们进入社会契约理论时，我们必须非常谨慎，不要在两种理论间做出过于简单的比较。尽管现代契约论确实尝试摒弃所有自然权利或自然法的理念，但是古典契约教义都包含着显著的自然法和自然权利因素，把自然状态思考为包括有约束力的道德规范和道德上可辩护的个人资格，而无论它们对于行为的组织是否充分。之所以产生对契约的需要，是因为资格是不安全的，而不是因为不存在前政治和前程序的资格。而且，在评估没有法律状态中的人类不安全性上，两种类型的观点区别不大。例如，普芬道夫以一种非常接近于霍布斯的轻蔑描述的方式来描述自然状态，强调竞争的有害影响。从现代辩论的有利观点来看，古典时期理论类型的重叠是非常令人吃惊的。

托马斯·霍布斯的《利维坦》（*Leviathan*，1651）可能被视为格劳秀斯所赞成的一切的对立面,但是这样一种推测显然会导致误解。实际上,对那些从自然法传统开始来考察社会契约传统的人而言,最令人吃惊的是,这些理论家在多大程度上同意格劳秀斯和与他同辈的自然法思想家。也就是说,霍布斯认为,存在着命令"**正义、平等、谦虚、仁慈以及(总的说来)服务于他人,正如我们应该要做的那样**"(XVII)的自然道德法则。但是,他相信这些道德法则永远不能产生一种稳定的政治秩序,因为它们"与我们的自然情感相悖,这将导致我们的偏见、傲慢、仇恨以及相似的东西"(XVII)。自然社会性能够在蜜蜂和蚂蚁中观察到,但是在人类中不存在没有压迫的、可靠的社会性。因为我们的自然情感基本上是竞争性的和利己主义的,恐惧扮演一个中心的情感角色,自然状态——缺乏一种强有力的压迫下的主权的人类关系状态——是一种战争状态。霍布斯做出著名的描述,即这是一种真正悲惨的状态。

在这一战争状态中,存在权力和资源的大致平等。当考虑身体力量时,通过秘密行动,身体最差的人也能杀死身体最强壮的人;当考虑精神能力时,这一大致的平等可能会被那些对自身智慧有一种"自负观念"(vain concept)(XVII)的人质疑。(霍布斯并没有讨论残障的人。)尽管表面上看来,霍布斯把人类也思考为道德平等物(在任何程度上,他理论中的自然法部分都强烈地暗示了这一点),但在其论证中,占据突出地位的却是权力和能力的平等。在使自然状态变得如其所是的那样糟糕方面,能力平等扮演了大部分的角色:因为它产生了一种平等的希望,这转过来又激发了人们进入下一步的竞争。

就权力的自然平等而言，我们的情感倾向于我们与其他人和平相处，结果是在可容忍的安全范围内，我们能过自己的生活。"倾向于让人们保持和平的情感是对死亡的恐惧；对这些东西的欲望是我们舒适生活的必需品；并且，通过它们的生产产生获得它们的希望。理性暗示着便利的和平条款，通过它人们达成一致同意。"（XIII）

霍布斯没有把他的社会契约描绘成产生了正义原则。他用难以一致的方式来谈论正义，时而论证没有强制性权力的地方就没有正义（XV），时而论证存在自然正义原则，尽管考虑到我们的自然情感是无效原则。[32] 但是，社会契约的确产生政治社会的基本原则。契约就是一种让渡自然权利的、互惠性的协议。（XIV）其目标对每个人而言是"对他自己好"，对人类群体而言是一种互利，"这就是说，让他们脱离战争这一悲惨的境况"（XVIII）。基于契约模式来想象政治社会的基础，使霍布斯基本转向我要提醒大家注意的方向：他把契约制定者群体与为他们、围绕他们而制定契约的群体混同起来。（在此过程中，他评论到，与"残忍的野兽"签订契约是不可能的；XIV。）人们之间签订契约是为了寻求安全地生存。

不像他的那些自由主义后继者，在霍布斯看来，这种契约所能采取的唯一合理的形式是那种把所有权力都给予一个主权，并且主体不保留任何自身权利的形式。由于惧怕惩罚，主权的作用就是在检审中保持人们的激情，并据此维持所有人能生活在一起的安全。在任何没有主权存在的地方（例如在国与国之间的地方），战争状态就会流行。和那些在许多方面都追随其引导的现代国际关系现实主义者不同,霍布斯坚持战争状态是不道德的,也是不安全和不幸的。在自然中存在有约束力的道德规范,并且在战争状态中,这些道德规范常常被违反。但是,在他看来,道德在人类关系中是最无能的力量。它不可能作为寻求稳定而有效的政治社会的政治原则的基础。

约翰·洛克的社会契约论是这一传统中最具影响力的理论,也是其中最令人恼怒的理论。它包含各种各样的因素,使我们很难把其组成一幅单一的、前后一致的图景——这既是因为洛克关于契约和权利的理念出现在不同时期的著作中,并且不能清晰地辨别在多大程度上改变了他的想法,也是因为我们关于他的社会契约阐释的主要资源,即《政府论(下篇)》本身存在各种各样的因素和许多很难解释的问题。而且,若不密切关注其论辩性的语境,要完全理解洛克的教义是极其不可能的。因此,在这里,我所说的几乎是一系列推测。然而,我希望能呈现洛克契约论中的一些在接下来的讨论中对我们而言至关重要的方面。

洛克关注的焦点是建立一种没有政治社会的假设状态,即在自然状态中,人类生来是"自由、平等和独立的"。自由的,意味着没有人生来就是任何人的主人,并且自然让每个人支配自身;平等的,意味着没有人有资格在其他人之上实行统治,并且所有司法权是"相互的,没有人享有多于别人的权力"(4);独立的,意味着和自由的一样,所有人都不存在与其他任何人的等级关系,都有资格追求个人的事业。和霍布斯一样,洛克坚持人们具有大致相似的身体和精神的权力。和霍布斯不同,洛克把这一平等与道德资格紧密联系起来："既然我们被赋予同样的能力,在一个自然共同体中分享一切,那么就不能假设在我们中间存在任何**从属关系**,可使我们有权彼此毁灭,就好像我们生下来彼此利用,如同低等生物生来是供我们利用一样。"(6)洛克似乎坚持,对于目的本身而言的互惠身份和把另一个人当作手段来对待的错误性而言,权力的相似性已经足够。对于那种身份而言,权力的相似性可能也是必需的,因为洛克的确似乎认为,我们(所谓的)高级的能力给予了我们把动物当作纯粹的手段来使用的通行证。

在洛克的论辩性语境中,既然他论证要反对把一种统治的自然权利归结为一定个体的人,那么他在权力平等和道德平等之间做出的关联就是可理解的;但是,这留给我们一些难题要解决。当然,我们不应该赞同洛克的观点,即极大的不平等权允许把处理方式仅仅当作手段。我们是否应该承认,平等权力使获得平等成为必要仍是相当复杂的且是不明晰的。为道德平等建立基础的正确方式,几乎当然不包括对假定的权力平等的依赖。

毫不奇怪,洛克没有讨论残障的人的问题;考虑他的论辩性语境,在论证中出现这些只会使其概述变得模糊。

在洛克的自然状态中,存在一些有约束力的道德义务,其包括自我保存的义务,考虑到自然平等和互惠而产生的保护他人的义务,不剥夺另一个人生命的义务,以及不通过损坏他人的自由、健康、财产而试图毁灭他人的义务。(这些义务似乎源于基本的自然法,即人类的保存。)[33]通过引用理查德·胡克尔(Richard Hooker)的观点,洛克坚持认同道德平等也产生仁慈和恩惠的积极义务。我把其他人看成我的平等物，那么我就明白我有义务像爱自己一样爱他人。这意味着，如果我有一种欲望，除非同时在其他人中间相似的欲望得到满足，否则我就不能诉求这一欲望的满足。(5) 在那种意义上，道德互惠和支撑它的道德感就不需要为它们而签订社会契约。它们被设想为在自然状态中已经存在。(洛克关于女性依附的观点很难与其论证的总体特征相容。)

和这些我们的自然义务理念混合在一起的，还有另一个与格劳秀斯的自然法传统非常相关的理念。我们都有一种自然尊严。这由上帝创造，我们被注入了"尊严和权威"(I.44)；我们是"工艺制作"中"奇妙的和精彩的"(I.86)部分。[34]正是这一点，我们正确地想要一种"适合于人类尊严的"(15，引自胡克尔)生活，一种"适合于理性动物的尊严和优越性的"[35]生活。然而，我们中的每个人也是贪婪的；我们不能依靠我们自己稳定地获得这种生活。因此，"我们自然地倾向于寻求联合以及与他人相伴，这就是人们首先要在政治社会中联合起来的原因"(同上，再一次引自胡克尔)。换言之，我们的尊严是资格的合法性来源；幸运的是，我们拥有一种使富有成效的公共生活得以可能的合作性的道德感，并且这样一种生活的主要任务应该是确保我们都有机会按照人类尊严来生活。

洛克没有讨论导致人们形成政治生活的自然情感和源于自然平等的互惠义务之间的关系。连同跟人类尊严相称的生活一起，前者与需要和弱点相联系，后者与自然平等相关的自然权利相关。鉴于在任何情形中，洛克在一些至关重要的段落都借用胡克尔，他从来没有完全清晰地说明所有这些不同的理念该如何相互关联。但情况似乎是这样的，尤其是在与胡克尔最接近的地方，洛克也有许多格劳秀斯关于政治社会起源的自然法理论的因素：我们在一起，是由于积极的仁慈感和积极的互惠（源于对人们之间的人类尊严的相互认同）的道德义务；我们加入寻求一种用人类尊严来衡量生活的社会。如果这是洛克理论关注的焦点，那么它在很大程度上与格劳秀斯的理论和我将要发展的理论相似。

然而，当洛克在实际详细阐述社会契约背后的理念时，他转向了不同的方向。尽管他不承认自然状态就是战争状态——他坚持自然状态比这更丰富；然而，缺乏政治社会，就没有什么能够防止自然状态回归到一种战争状态。因此，他的契约解释集中于把互惠作为目标，为了互惠的目标，各方同意接受法律和制度的权威。他们同意接受对他们自由的限制，"以谋求他们彼此间的舒适、安全与和平的生活，以便安稳地享有其财产，并且获得更大的保障来防止共同体以外的任何人的侵犯"（95）。再一次，"因此，人们联合起来形成国家，把其置身于政府之下，最大的和**最主要的目的是保护他们的财产**"（124）。在这些段落中，我们看不到任何关于仁慈和寻求人类尊严的相互支持。

然而，对于我要辩护的理论和我要批判的理论而言，洛克是一个非常重要的先驱。他基于创造一种有人类尊严的生活的可分享的欲望，进一步发展了他的（和胡克尔的）关于社会的理念，因此，他的理论可能是一种基于资格的理论，不需要（或至少不是同时需要）基于互利理念的社会契约。如果对基于人类尊严的资格的解释是政治原则的来源，那么契约神话就不是必需的了。相反，论辩的转移（他的政治理论最著名之处）依赖互利，并与自然平等和不安全相联系，因为它产生政治原则。另外，当他最终拒绝了霍布斯既不合适也不必要状态的解释时，他的社会——强烈保护个体对生命、自由、财产和宗教自由的资格（这些在自然权利中被视为具有前政治的基础）——的最终形成，当然表明了他观点中以资格为基础这方面的影响。

强调现代契约论只源于洛克理论的一个方面，即在自然状态中寻求互利的契约神话，而不考虑他的自然权利教义，以及与此相关的对仁慈和人类尊严的强调，这是不够的。

大卫·休谟的《人性论》(*Treatise of Human Nature*, 1739-1740) 和《道德原则研究》(*An Enquiry Concerning the Principles of Morals*, 第一版，1751；作者身后版，1777) 对罗尔斯而言是最重要的来源，罗尔斯说，它们陈述了他要采取的境况，在此境况下正义是可能且必要的。(TJ 127) 休谟不是一个契约论者；他对正义的解释基于风俗 (convention)。但是，当他思考为什么正义能从一种没有正义的状态中产生，是什么使正义吸引人时，休谟与契约论者（尤其是现代契约论者，这些人在任何时候都丢掉了洛克的自然权利）有诸多共同的地方。（罗尔斯能够把休谟和社会契约传统联系起来，是因为他自己关于正义的解释没有考虑自然权利，并且在那种意义上，更接近于休谟的传统主义。）和契约论者一样，休谟诉诸互利，并把它作为产生和维持正义的关键。他相当明确地阐释一种境况，在此境况下，人们期待互利。而且，他把其洞见明确地应用于残障的情形。我将集中于《道德原则研究》(III.1)，在此,它更清晰地阐述了相关因素。

休谟从设想古典的黄金时代开始,在那时,没有匮乏,不需要工作,没有竞争机会,因为每一个个体都能获得他或她需要的东西,即使最"贪婪的"欲望也能得到满足。他论证,在此境况下,不需要正义,因为甚至没有在人们之间进行物品分配的需求:一切事物都是公共享有,正如我们现在所拥有的水和空气一样。

接着,再设想一下这种境况,在那里,就像现在一样存在匮乏,但人是不同的:他们的慷慨是无限的,每一个人"和他的同胞一样,不关心他自己的利益"。再一次,这种"延伸的仁慈"使得正义不必要,因为所有人都愿意提供满足所有人需要的东西。

现在,休谟考察了这两种情况的极端对立面。假设人类境况是如此悲惨,并且有极端的需求,那么从合作中也不能得到任何东西。再一次,在此境况中,正义没有立足点:每个人都理性地、尽其可能地攫取活下去所需要的东西。第四种可能性,如果我们设想人类极度邪恶和贪婪,并且也不能按照道德和法律规范他们的行为,那么在这里,正义也是徒劳。

简言之,只有当环境是适度的但没有令人绝望的所有物匮乏时,只有当人类是自私的和竞争性的,但又具有有限的慷慨,还能限制其行为时,正义才有意义。休谟相信那就是我们的实际境况。(又见《人性论》,III. II. ii)他强调,自私(selfishness)并非全能的:实际上,在大多数人中,"爱的情感总体上来讲要超过所有的自私",尽管它"很难遇到爱别人超过爱自己的人"(同上)。[36]但是,友善(kindness)却是不对称的和偏袒的,对自己的家庭有强烈的情感,而对远距离的人只有偶尔的情感。所有这些意味着,正义在人类事务中能扮演一个有用的角色。"因此,平等或正义法则完全依赖人所处的特定状态和境况,它们的起源和存在归结于那种效用,对公众而言,这源于他们通常严于律己。"(《道德原则研究》)

当人们用一种愉悦的眼光来看待正义法则的应用时,当"政治家的技艺"产生"一种对正义的尊重和对不正义的憎恨"(《人性论》)时,一旦正义法则是合适的,就会产生依附正义法则的新情感。

那么,正义就是一种风俗,其应用直接与我们所处的身体和心理环境相关。休谟进一步强调,在那些环境中人们之间的权力大致平等。在一段对我随后讨论极其重要的话中,他观察到:

> 存在一些和人类混居在一起的生物,它们尽管也有理性,但在身体和心灵的力量上都比我们低级,对于施加于其上的最高挑衅,它们从来不能实施任何抵抗,这使我们感觉到它们的愤怒感受;我认为,必要的结果是,我们应该要受到给予这些生物温柔对待的人道法律的制约,但恰当地讲,我们不应该在任何有关它们的正义限制之下,它们除了拥有专横的主人,并不能拥有任何权利或所有权。我们和它们的交集不能被称为社会,社会预示着一定程度的平等;但是,这里一方面是绝对命令,另一方面是奴役性的服从。凡是我们觊觎的东西,它们必须立即拱手相让;我们的允许是它们用以保持它们占有物的唯一途径;我们的怜悯(compassion)和友善(kindness)是它

们用以勒制我们无法无规的意志的唯一牵制；正如对大自然所如此坚定地确立的一种力量的运用绝不产生任何不便一样，正义和所有权的限制如果是完全**无用的**，就绝不会出现在如此不平等的一个联盟中。

休谟接着说，这实际上是我们关于动物的情形：它们可能有一些智力，但是它们明显比我们低级。他补充到，这也是世界上一些被殖民的人们的情形；但是，休谟至少暗示，这是一个产生于贪婪诱惑的错误。休谟写到，至于女性，她们极其不平等的身体弱点，似乎使她们不是正义的主体；然而，女性确实设法通过诱惑性的欺诈接近男性，允许她们"分享社会的所有权利和特权"。

由于休谟不是一个契约论者，他并没有假设正义规则的制定者必须是为之制定规则的同一人群。他把严重残障的人和女性（她们从未得到**正义**，尽管她们可能通过引诱的方式获得某些利益）排除在外，这仅仅是由于他关注于正义环境中的大致的权力平等。尽管他强调人类中的友善情感，但是他相信更强者对更弱者的行为常常缺乏基本的文明礼仪（decency）：是一种纯粹的力量专制，除非性别诱惑干预其中，阻止武力的使用。（当然，休谟必定没有很好地意识到，女性的性别吸引不总是给予男性理性，让他们不使用武力来反对她们，实际上，它常常更加刺激男性使用武力。）

简而言之，无论是身体上还是心灵上的更弱者，都不是政治社会的一部分，也不是正义的主体。即使女性能获得一定的优势，她们也不是受政治规则保护的成员，她们不会比家庭宠物好到哪里去，由于家庭宠物的讨人喜爱的特征，它们常常可以逃脱不好的对待。休谟依赖权力的大致平等，给他的正义理论带来了非常强的后果。对那些残障的人和女性而言，不存在正义的、文明的对待的基础。实际上，考虑到前者，解释似乎使我们对他们实施专制是必要的。关于动物，我们当前所实施的专制——针对《道德原则研究》，边沁和反对残忍对待动物的萌芽状态的运动曾予以有力挑战——仅仅被确证为不可避免的，除非人类情感介入特定的案例。但是，休谟已经说过，这些情感可能是偏袒的、不对称的和不可靠的。（因此，他的理论预测，我们可能非常理性地对待我们的宠物，但是却不会这样对待我们吃的动物；风俗习惯从来都没有改变过这一状况。）表面上看来，就他们依赖大致平等并把其视为人们之间正义的必要条件而言，古典的契约论理论家必定会得出同样的结论。

在许多方面，卢梭的社会契约版本不是一种自由主义理论，因此，我已经说过，除非涉及他与洛克和康德的理论的重合之处，否则我不会在我的论证中对之进行处理。值得一提的是，在大致和休谟的《道德原则研究》同时代的《社会契约论》（*The Social Contract*，1762）中，卢梭接受在休谟和社会契约传统中的大致平等的假设。尽管他坚持，社会契约用一种"道德的、合法的平等"代替了"可能已经强加于人们的任何身体上的不平等特性"（I. ix），他立即在一个脚注中限定了这一论断，他说："只有在人们都拥有一些东西和他们中没有人拥有太多东西这个意义上讲，社会契约才是有利的。"尽管他没有进一步评论这一问题，但他非常明确地坚持，由于女性在身体上与男性迥异，所以她们不是公民。

在《理论与实践》（"Theory and Practice"，1793）一文和《道

德形而上学》(The Metaphysics of Morals，1797）一书中，康德最突出地讨论了社会契约理论。康德政治哲学与其道德哲学的关系是复杂的和易于引起争论的；因此，突出地服务于我们目的的任何特征的概述必定是不完全的。康德道德哲学的核心理念是，人应该总是被当作目的，永远不能被当作手段，约翰·罗尔斯显然主要是从这一理念出发的。对罗尔斯的整个理论事业（参见 TJ 2）而言，人的神圣不可侵犯（human inviolability）是一个直觉起点，尽管罗尔斯显然很清楚，政治原则要给予这一理念更确定的内容。但是，康德的政治哲学不仅仅是那一核心道德理念之政治领域的成果（the working out）。实际上，康德紧紧地把自己和古典社会契约理论联系起来。因此，他的政治哲学具有混合特征：他对自然自由的处理确实把政治哲学与道德哲学紧密地联系起来，但存在一些其他因素导向了一些稍微不同的方向。（在对康德政治哲学的更系统的分析中你能发现的这种张力，与在混合了康德伦理概念和古典社会契约教义的约翰·罗尔斯的混合理论中我能发现的那些张力是不同的。）

　　本质上讲，康德的社会契约理论与洛克的非常相似——在洛克的理论中，没有出现上帝的角色，这在任何时候也不会在我的计划中予以讨论。自然自由被解释为平等的自由，是自然状态中人的关键特征，并且当人们选择逃离自然状态时，社会契约开始产生（这更像洛克的理论，而不是霍布斯的理论，这里不总是战争状态），随之，"和所有其他人一起进入一种司法事务状态，即一种分配法律正义的状态"〔《正义的形而上学原理》(Metaphysical Elements *of Justice*, Akademie), 307]。那么，再一次，康德的理论包含了自然资格，并且不是现代意义上的纯粹契约理论或一种"纯粹程序的"理论；因为在自然状态中，资格是不安全的，所以要求契约。

康德似乎坚持，所有人加入契约不仅是有利的而且是道德的。一方面，在自然状态中，侵犯别人的所有物并不是错误的（同上）；另一方面，康德似乎认为，人们仍想停留在那种在暴力面前没有人是安全的状态下则是错误的。（308）他坚持这一点的理由似乎是，选择停留在自然状态，是一种"把一切事务都交给野蛮的暴力……并且因此从总体上颠覆人类权利"（308n）的选择。在这一点上，康德的契约和洛克的契约有什么区别吗？尽管洛克自己对契约的态度是复杂的，但是这里可能存在差别。然而，他们俩也都强调契约的互利性，并且互利提供了进入契约的充足动机。

在康德的契约中，签订契约各方的群体与那些政治原则为之选择的公民群体一样，被设想为自由、平等和独立的。然而，不像洛克，康德承认，在社会中存在一些公民，他们不是积极的契约签订方，他们的特征也不是独立。这样的人是女性、少数人以及任何不能靠自己的能力养活自己的人，包括那些利用其他个体、依赖那些个体而生存的人——比如和农夫相比的佃农。他们因为不是独立的，所以都"缺乏公民性"。这一思想导致康德在"积极"公民和"消极"公民之间做出区分。积极公民（我理解为那些社会契约制定者的群体）由于是独立的，所以有权投票。其他群体的成员仍然保留作为人类的一定权利；他们像人一样自由和平等，但他们仅仅是"共同体的最底层"（315）。他们没有权利投票，不能占据政治席位，甚至没有"组织和为采纳特定法律而工作"（同上）的权利。因此，康德清晰地坚持，持续的依赖是一种不属于社会中大多数成年男性的状况，是一种不让一个人获得大多数政治权利的状况。康德只在他的前政治权利的教义中给予这些个体所有权利。

以这样一种方式，在自然状态中各方的大致平等进入了康德的理论，创造了两种不同层次的公民身份。某些人在权力上的不平等注定他们得到的是消极身份：他们不能靠自己来养活自己。康德的范畴是复杂的：一些"消极公民"群体的成员随着时间的推移，也许能够逃离那种身份，并且他强调这一事实。（315）然而，很明显，女性和残障的人[37]永久地保留在消极范畴内。这不意味着不以某些方式来兼顾他们的需要；但是，在政治制度创建中，他们却不是完全平等的参与者——即使在那些制度被原初契约创造出来之后。

现在，我们能够对历史传统中的构成性理念进行概要性的传达。这一概要仅仅希望能对传统中的某些困难的领域予以阐释：制定者群体和最终的公民群体的等同；它依赖一种权力和力量的大致平等，这奇怪地与截然不同的道德平等理念同时进行；它集中把互利作为契约的要点；它在处理随之而来的女性和具有不平等生理和精神力量的人们的公民身份方面的困难。这些难题仍然存在于现代契约理论中。另外，我们也能看到传统包含着力量之源和被现代契约论者抛弃的阐释，尤其是自然状态中的道德资格和义务理念，所有人应该承认和尊重其他人过一种以人类尊严来衡量的生活。在现代契约思想——它试图从契约状况本身程序性地得出政治原则——

的一开始，这些理念就被忽略了。（罗尔斯通过无知之幕，用程序的形式恢复了这些道德因素中的一部分。）

另外一个仍然被讨论的传统的特征——由于它贯串于所有这些文本中——是：它的强烈的理性主义。契约各方——结果是，在最终社会中的公民——被设想为具有理性特征，具有大致平等的理性特征。已经足够明显，没有某种理性，人们就不能制定契约，因此，考虑到公民身份已经被进入契约的能力联系起来，传统有很好的理由集中把理性作为公民身份的特征。但是，没有相应的理由把理性和成为一个首要的、非衍生性的正义**主体**联系起来：它仅仅是一种混合，基于这种混合，我强调把这种传统引向那一状态。因为休谟没有采用契约设置，所以，只有他能够满足这种可能性，即拥有意识或智力的其他生物，比如非人类动物，可能是正义的主要受益者；但是，随后，他关于互利的观点最终排除了这种可能性。当我们讨论精神残障时，我们将看到公民身份和（谨慎的、道德的）理性的等同，如果不丢掉它们与社会契约传统的构成性联系，那么它将成为即使最出色的当代理论家也不能战胜的一个障碍。

六、三种现代契约论形式

现在，我们转向社会契约教义，或更广义地讲，契约论的现代版本，那是我们讨论的真正核心。现在的哲学传统包括许多不同形式的契约论，对于我们关心的问题，它们有非常不同的含义。[38]现在，我想描述三种形式的契约论。第一，纯粹的自我主义形式，在此形式中，具有道德内容的政治原则只源于没有道德假设的互利。大卫·哥瑟尔的政治理论是这种类型观点的杰出代表。第二，约翰·罗尔斯的混合理论，它把古典社会契约理论因素和对将要选择的道德原则提供重要限制的、康德的道德因素联系起来。第三，纯康德式的现代契约论，在它那里，没有互利的理念，只有源于康德的公平理念和相互承认的理念。这种理论在伦理学领域被托马斯·斯坎伦发展，并且布莱恩·巴里通过借用斯坎伦的道德理论将其应用于政治理论中。

这三种形式的理论都是程序理论：它们假设一种以某种方式构建的原初选择状况，并且那种结构被设定为产生从定义上讲是充分的原则。原则不会被作为反对任何预先的或独立的权利或资格解释的样本。（以那种方式，它们全部都非常令人吃惊地与历史上的社会契约传统分道扬镳。）

哥瑟尔的《协议道德》（*Morals by Agreement*）设想，社会契约中的各方替代了真正的人类，并且无论是对真正的人类还是契约中的各方，社会合作的焦点是互利，互利的人被他用一种相对狭义的方式理解为关注自身的财产和安全。如果能实际有效，那么这种形式的社会契约教义有一些真正的力量：因为它以一种非常斤斤计较的假设来运行。如果合理的正义原则能够从仅仅是审慎和没有道德假设或道德目标的起点产生，那么可以推理出，如果我们包含了道德假设，那么我们也能得出相似的或者更加有力的这样的原则。因此，比起选择一种更厚重、更道德化的起点，选择一种纯粹审慎的、实际上是自我主义的社会合作目标的解释,似乎把正义理论放在了一种更有力的立足之处。在任何程度上,那是用这一方式进行推理的一些人(当然包括哥瑟尔)相信的。

因此,即使这些理论不合理地假设人类是自我主义的或纯粹是自利的,我们也不应该批判;至少没有进一步的证据表明这些处于争议中的理论家相信人们就是那样的人,我们就不能批判。因为他们可能仅仅是想看看基于一小部分毋庸置疑的假设,我们到底能走多远。然而,以这样的方式发展下去,会存在一些危险。抛开这些策略是否有效——罗尔斯和其他批评家对此表示否定——这一问题不谈,在正义理论的框架中,这种策略真的能够显著地表明,通过诉诸理性的自利,任何政治原则都能得到辩护。因此,毫不奇怪,哥瑟尔认为生理和精神的不健全是一个政治理论要予以解决的难题。毕竟,他以一种实际上很难解决这一问题的方式,框定了起点和目标。在这一点上,他也许说过,"当然,真正的人不会是像这样的人,并且真正的社会必将包括由其他目标主导的原则"。然而,这一事实——他的基本结构原则来自聚焦于互利的社会合作的图景——使他很难出尔反尔:难道他无须说,其他一些非常不同的原则,也许是具有同等的基础性地位的原则,要被包括进这一领域吗?并且,这一理论声称出于毋庸置疑的素材,产生了一系列相对而言竞争性的政治教义,这难道不使其感到烦扰吗?

而且,可以说,我们不能假设,自利起点的假设真的就比不上不同的、更多道德性的假设。也就是说,我们不能可靠地假设,如果我们只要审慎就能得到 X、Y 和 Z 原则,那么一个更丰富的道德起点就能得到 X、Y 和 Z 甚至比这更多的原则。因为更丰富的道德起点可能实际上对 X 或 Y 表示怀疑，或者暗示一种完全不同的思考社会的方式。因此，除非你这样理解它，即除非你和霍布斯一样并且可能和哥瑟尔一样确实相信，人们若不预见合作对他们的有利性（一种相当狭隘的、物质意义上的利益），就不会同意制定政治原则，否则似乎最好不要从这种对社会合作的弱解释出发。

由于这样的理由，约翰·罗尔斯异常不同地设计他的起点。在罗尔斯原初状态中的各方本身就是审慎的自我利益寻求者。他们并不追求作为目的本身的正义；他们被设想为关心提升他们自身的善观念，并且不存在需要包括任何利他因素规定的观念。但是，正如罗尔斯一再指出的，在原初状态中，关于各方的解释只是人的双重模式中的一部分。另一部分由无知之幕提供，并且它对各方有信息限制：他们不知道他们自己的种族、阶级、出生、性别，甚至善观念。信息限制倾向于塑造道德公正，如果他们致力于此，现实中的人们就能获得道德公正。罗尔斯得出结论，《正义论》要陈述，在任何时候，无知之幕下各方所处的特定状态都能为现实中的人们所设想，并且那就是道德纯洁的典范："心灵的纯洁，如果一个人能够获得它的话，就是从这一观点出发，清楚地看，优雅地行动，并且自我支配。"（*TJ* 587）良序社会中的公民被理解为从以下这种观点出发去支持社会的原则，这种观点既包括关心他们自身的幸福，也包括无知之幕塑造的公平感。因此，对公正本身就是一种善的信奉，就进入了社会契约的图景中。各方想要追求他们自身的利益；但是无知之幕确保了他们只能按照对所有人都公平的条件去做。

如果正义原则是你所追求的,那么这似乎是实施社会契约传统的最好方式。我在整本书都集中于罗尔斯理论的理由是:我认为,很大程度上由于其原初选择状况中所蕴含的更丰富的道德特征(以及这一状况所包含的道德直觉),所以它是这一传统中最强有力、最令人信服的理论。我以为,设想这一点——一个人能从不以某种形式包括正义的起点中抽出正义——是不合理的,并且我相信,纯粹审慎的起点有可能导致走向这一方向,这一方向不同于如果我们从起点就关注伦理规范所可能采取的方向。然而,罗尔斯仍然是社会契约传统中的一员,并且我将论证,他对社会合作的解释在许多方面受制于他强烈忠实的契约理念。

罗尔斯的理论有一种混合的特征。一方面,尤其是在他关于原初选择状况的设计中,他的理论试图捕捉的、可分享的道德判断是非常复杂的康德式的,这突出体现在其包含了直觉理念,"每个人都拥有一种基于正义的不可侵犯性,即使以整个社会的福利之名,这种不可侵犯性也不能被逾越"(TJ 3)。这和直觉起点非常相似,我自己的能力进路将从直觉起点开始。一旦契约形成的假设过程势在必行,出于公平的考虑,就要求把每个人作为平等的人和目的而予以尊重。另一方面,在建立初始契约状况和决定谁被包含于其中——作为原则的制定者,以及考虑到契约教义的结构,在第一阶段,所制定的这些原则所要服务的人——这方面,罗尔斯对古典社会契约传统的忠诚,以及将其理论重点放在作为社会合作目标的互利之上,起了很大的作用。在整本书中,我对罗尔斯的处理的目标是:证明他理论中的这些异质因素对我集中关注的问题所造成的紧张。为什么人们要与其他人签订契约？对罗尔斯而言，对正义本身的热衷不会也不能回答这个问题。尽管在这一理论的直觉的、潜在的理念中，对正义的热衷是当下的；但是，只有当签订契约势在必行时，并在对各方的知识形成和限制他们选择方面进行正式限制的形式中，它才进入选择状况。[39]但是，一谈到为什么有这样一个契约，答案仍然是，基本上是互利，而不是仁慈或对正义的热衷。[40]

因为这一问题是如此复杂，也因为罗尔斯谈论社会合作的方式随着时间而出现了微妙的转变，在这一点上，似乎需要更多地集中于文本。在《正义论》中，罗尔斯把社会定义为"一种为了互利的合作事业"（4，126）。通过说"社会合作使所有人都有可能过一种比他仅仅靠自己的努力独自生存所过的更好的生活"（4；在第126页他用了几乎相同的字眼），罗尔斯详尽地阐述了这一点。通过描述他理论中主要理念的特征，他表明，"主要理念就是，当一定数量的人按照规则从事互利的合作事业时，并且因此以一种必须服从于所有人利益的方式限制他们的自由时，那些遵从这些限制的人有权得到一种与从他们的屈从中获益的人一样的默许"（112）。同样，以另外的方式，他描述了通过他们共同合作的决定来追求互利的各方（例如，参见第128页，在各方中否认优先的道德联系；第119页，通过注释指出他们获得其所需的能力为其他人的存在所限制）。罗尔斯也把他自己的理论紧密地和广为人知的理性选择理论联系起来，坚持他自己理论的独特之处在于其包含了道德假设。

然而，在《政治自由主义》一书中，"一种为了互利的共同事业"这个惯用语，被置换为"长期传延的公平合作系统的社会"

(第 14 页和一些别的地方),而且没有提到互利。实际上,在一个非常奇怪的段落中,罗尔斯回顾了《正义论》,并简单地否定了互利是思考他早期理论的正确方式:"最终,从这些观察中,很清楚互惠的理念不是互利的理念。"[17,指的是吉巴德(Gibbard)和巴里关于《正义论》的争论]因此,这不仅是处于争论中的新工作:它是罗尔斯对自己早期著作的理解。这段话很奇怪,因为人们可能认为,罗尔斯要么在我先前所提到的《正义论》的著名段落中说错了,要么改变了自己的观点;但是,他对于这种明显的矛盾仅仅是保持沉默。

我相信,这里实际上没有矛盾,因此,罗尔斯不注解和阐明这一问题也不是罗尔斯的缺陷。之所以如此,是因为罗尔斯在谈论两个不同的问题。在《政治自由主义》的段落中,罗尔斯谈论的是在良序社会中公民的态度:当他们把公平的方案和那些他们可能设想的不公平合作方案进行比较时,他们不期望每个人从公平合作中有所得。(他们不期望这一点,因为他们拥有良序社会所提供的道德教育。)罗尔斯说,如果我们设想,一个人从一个不是由正义原则所良好组织的社会过渡到良序社会,那么我们就不能向他表明他能有所得,因为他有可能无所得;他将不得不形成关于互利的理解,互利并不包括每个人从他自己的社会进入良序社会后就应该有所得的理念。

关于古典社会契约传统,这一点和《正义论》中所得出的要点完全不同。在这里,要点在于:出于互利的理由,合作比**不合作**更值得欲求。比较是在一些合理的原则和无原则之间做出的,而不是在任一存在的社会（各方不知道他们所处的社会）和其他一些社会之间做出的。要明白合作比不合作更值得欲求，各方并不必须要经过某一特定的道德教育。他们只需要知道，正义环境产生于他们之间。

然而，罗尔斯在《政治自由主义》中所说的是，根据过去的经济发展情形，良序社会中的公民必须发展和获得一种互利的理解，这种理解将支持他们对这些原则——对他们中的一些人而言，这些原则可能和其他更少平等性的原则一样对个体不利——的持续忠诚。但是，那并不意味着，原初选择状况的形成不包括与不合作状态相比较的互利的考虑。在《政治自由主义》中，罗尔斯对社会契约教义并未表现出和在《正义论》中一样的过多兴趣。但是，他坚持，他是在《正义论》的论证之上建立它们的，并且只有在那些他明确表达的地方才会改变它们。

正如所有古典理论家所强调的那样，互利的目标紧密地与对签订契约的最初群体的限制联系在一起，这已被休谟雄辩地予以探讨。正如休谟所说，如果存在一个与群体中大多数人的权力和资源非常不平等的群体，那么"基于公平条款与**那些人**合作是有利"这一点就并不明了——存在着相反的意见，要么支配那些人，要么通过个人慈善处理和他们的关系。我觉得没有任何理由认为罗尔斯在这个问题上和休谟分道扬镳了。他一再坚持，从《正义论》到《政治自由主义》，他对原初状态及其限制的理解从未改变，并且《政治自由主义》本身也一再明确重申，休谟的限制在于其坚持公民具有"正常的"能力。我得出结论，在古典理论家所使用的意义上，互利从理论中从未被取代过,尽管一旦选择了正义原则,在良序社会中,康德的互惠理念就将被证明是支配性的。

但是,原初选择状况是一种虚构。人们实际上永远不会面对合作和不合作之间的选择。因此,说良序社会中的公民之间存在互惠,以及在思考社会基本原则的起源上存在对休谟正义环境的证实,这究竟意味着什么?现实——虚构与之对应——被休谟很好地抓住了:我们不**需要**与那些比正常人更弱的人合作,因为我们能仅仅支配他们,正如我们现在支配着非人类动物。支配,并不必然要残忍:正如我们常常所做的那样,我们可以友好地对待他们。而且,这种理论甚至能坚持,残忍是道德上坏的:在这一点上,其他道德美德和它们的原则进入其中。然而,考虑到与"正常"人相比他们所表现出的极大弱点,**正义**不是与他们相关的恰当关系。对休谟而言,同样对罗尔斯而言,正义的理念仍然与这一理念相连,即存在一些我们所有人可以通过合作而非通过支配来获得的东西。

就良序社会中的公民和他们的知识而言,要求公民信奉互惠,存在一些局限性。基于正义的理由,他们被要求接受一种可能比他们在不平等的社会中更为不利的状况。但是,他们只有可靠地知道其公民同胞全部都是"终生完全合作的社会成员",才会接受这些"义务的限制"(strains of commitment)。如果他们认为,那些公民不具有同样的生产力,因此可能会被支配(尽管其他伦理美德可能表明他们不应该被支配),那么他们就不会接受超出他们义务的额外限制。在被休谟状况设定的范围内,他们准备给每个人严格的正义。

这一起点使罗尔斯在设计基本正义原则时，很难把那些特殊的生理和精神不健全的人的利益全部包括进来。正如我们已经看到的那样，尽管他不相信这个问题可能会导致我们拒绝其理论，但他清楚地意识到了这一事实，并强调这一点。同样，当有人思考跨国正义和我们应该对非人类动物负有何种义务而试图使用其理论时，他对社会合作的理解也导致了一些困难。此外，尽管罗尔斯指出，由于无知之幕的解释，各方就没有基础"和在平常意义上一样去讨价还价"（*TJ* 129），但他从未否认——并且这一评论暗示——他们确实讨价还价过，即使是在一种非同寻常的意义上。通过无知之幕的限制，每个人都"被迫为任何人去选择"（140），这的确非同寻常；但即使在公平的限制框架中，他们的目的仍然是互利。

然而，尽管存在这些局限性，但是在《政治自由主义》的一些成问题的段落中，植根于罗尔斯的公民特征的互惠和公平理念，向我们表明了为什么**我们**想要解决这些问题，并且，我们通过进一步发展罗尔斯的不可违抗性和互惠的理念扩展了其理论。确实，对罗尔斯而言，这些直觉理念并不单独代表正义原则，并且，对那些与我们相关的三种情形（除了《万民法》中解决国际问题的进路之外），也不提供任何正义原则。但是，我们可以一边尝试着在仍然保持与正义原则有着紧密联系的直觉理念之时，既扩展原则也扩展直觉，一边质疑其理论的其他部分，即原初选择状况（罗尔斯把这部分称为独立的）。如果我们从这一直白的理念——"每个人都拥有一种基于正义的不可侵犯性，即使以整个社会的福利之名，这种不可侵犯性也不能被逾越"——出发，那么我们就明白我们应该寻求赋予残障的人、所有国家的公民、非人类动物（在广义上能被视为人类，尽管罗尔斯并没有这样看待它们）完全的正义和平等的正义原则的强烈理由。罗尔斯的直觉起点以及由此产生的原则，将被证明是通向这些未解决难题的正确向导，有助于我们明白为什么解决它们是重要的，尽管解决它们所需的经济负担可能要求具有"正常生产能力"的公民去承受。

就道德感而言，罗尔斯的理论仍然是微妙的和复杂的。罗尔斯倾向于把无知之幕作为仁慈的一种抽象模型。他明白地说，他希望通过把自利和无知混合起来，得到这样的结果，即大致等同于拥有完全信息时我们可能从仁慈中得到的东西（TJ 148-149；并在第二章加以全面讨论）。那么，为什么不直接包括仁慈感呢？罗尔斯说，那样做会导致更不明确的结果；相反，通过引入信息限制，他希望得到精确的、特定的政治原则。因此，仁慈感尽管在原初状态中不属于任何一方，但仍然可以属于作为整体的模型；并且，良序社会中的公民被视为拥有这样的仁慈感。实际上，《正义论》处理道德感及其教育的章节是其最丰富和最有吸引力的部分。然而，各方共存并形成政治原则的理由根本不是仁慈，一旦开始实践，仁慈就仅仅限制他们如何运作。

既然我可以发现在所有方面存在的难题，既然在某种程度上它们相互之间是彼此独立的，那么罗尔斯原初选择状况的四个方面就需要被持续关注会产生什么。我相信，为了把其原则和隐藏在原则之后的直觉理念扩展到我将要考虑的新情形中，就需要对其进行全面的修正。第一，我们必须详细审查罗尔斯关于首要善的解释，罗尔斯是用首要善的信念而不是通过一系列更异质的、多元的指数（如能力）去衡量相对的、与财富和收入相关的社会地位（一旦自由的优先性被固定）。那种信念对罗尔斯很重要；它是罗尔斯对差异原则（这一原则表明，不平等只有提升了最少数人的福利水平，才是可接受的）进行论证的关键因素，并且，他毅然坚持对此进行辩护以反对森（Sen）对能力的坚持。但是，对罗尔斯类型的康德式/契约式理论而言，这种信念并非基本的。因此，我在这一理论领域所识别出的问题，并未对契约论提出严重的问题，尽管（我将论证）它们确实给罗尔斯造成了难题。

第二个问题领域是罗尔斯的康德式政治个人观，这是其理论许多方面的关键；和关于首要善地位的解释一样，他对自由和互惠的分析与此相关。因为在这一观念中，个人被视为要求一种相当高的理性（道德的和审慎的），因此，觉察到严重精神不健全的人也具有和其他人一样的平等公民身份、非人类动物也具有平等权利，就变得不可能。我认为，这种观念会对充分理解从出生、成熟到消亡的"正常"人造成问题。

尽管在《政治自由主义》中，罗尔斯的这些康德式因素尤其突出，但《正义论》已经展示了这一理念，即一定的实际存在的自然能力是公民获得平等的基础。在冠以"平等的基础"标题的重要章节（504－512）中，罗尔斯论证，在政治哲学中，许多关于人类平等的基础的解释——坚持区别于政治资格的不同程度的智力或道德能力基础——是错误的。相反，即使不放弃使用自然能力来提供对平等基础的解释的事业，也可以论证相关的所有物是一种"系列所有物"：所有物的确产生于程度的不同，但对所有物具有一些基本的、最低程度的拥有，对平等而言是足够的。"自然特征极大地影响到某些方面，并且因此成为区分不同等级公民身份的可能基础，但我们并不直接寻找自然特征方面的差异。"（509）然而，我们的确寻找某些最低程度的能力，它被理解为一种寻求正义感的能力，或者"按照与初始状况的公共理解一致的方式参与和行动"（505）的能力。这一状况不是严格的。"我假设，寻求正义感的能力为压倒性的大多数人类所拥有，而且，因此这一问题不会产生一种严重的实践问题……不存在缺乏这一特征的种族或公认的人类群体。没有这一能力或者没有在最低程度上实现这一点，那么个体就仅仅是分散的。"（506）

然而，严重精神不健全的人恰恰是罗尔斯心中的那些"分散的个体"。为什么"他们是一个相对小的少数人群"这一事实意味着这里没有严重的问题，这一点并不清楚。罗尔斯只说过，拥有最低程度的能力对平等而言是足够的，而不是说这是必要的。但是，随后，在讨论动物时，他的确说过，"虽然为了要负担正义的义务，我不坚持具有正义感的能力是必要的，但是似乎并不要求我们对缺乏这一能力的动物给予任何形式的严格正义"（TJ 512）。在这一重要讨论中（在《政治自由主义》第19页予以总结），罗尔斯使这一点很清楚，他把其政治正义理念与通过一致同意而制定和遵守的能力紧密联系起来。这里可能存在道德义务——在那里，这一基本能力是缺乏的，但不存在正义的义务。

与强调收入和财富一样，这种个人观对罗尔斯非常重要，但对一般的契约理论而言却并非必需。所有契约理论都必须依赖讨价还价过程中对理性的一些解释，并且都假设社会契约的制定者与所制定原则要指向的公民是同一群体。因此，这种理论不能完全把严重精神不健全的人纳入第一阶段中所制定原则要指向的公民。然而，一个社会契约论思想家可能采用一种个人的解释，即比康德还要更加将理性视为完全植根于需要和动物性。尽管有一种完全的对社会契约进路的重新界定，但这种理论不可能解决我要阐释的所有问题。然而，它至少指明了一种解决方向。

最后，在全部社会契约传统的核心存在两种信念：社会契约各方在权力和能力上大致平等的理念以及与此相关的互利理念，互利是各方通过合作而非不合作所追求的目标。尽管罗尔斯给他的理论增加了很多道德因素，从而使之更丰富、更充分，但他从未放弃社会契约的起点。正如他本人所陈述的，因为这一原因，他很难处理我们所关注的问题。总之，为了扩展他理论中的直觉理念以及其理论应用于我们新情形中所产生的原则，我认为我们需要放弃那两种理念。

还有另外一种当代契约论（contractarianism）形式[41]，它没有上面那两个成问题的特征。从康德式理念出发，即为了公平，原则必须被所有受其影响的人理性地接受，这一进路发展了一种道德原则之可接受性的系统的康德式解释。托马斯·斯坎伦的《我们彼此负有什么义务》（*What We Owe to Each Other*）是这种进路最重要的、最近的例子。[42]斯坎伦的著作处理了伦理原则，但没有讨论政治理论。因此，它无须详细讨论政治分配善物品的理论，也无须面对多元主义和宗教文化差异的问题。如果它的确要面对这些问题，理论就需要采用一些对基本善的相对决定论式的解释，这在很大程度上和罗尔斯的理论差不多；只有在那一点上，它才能真正和我要考虑的理论相比较。

在此书中，我做出的论断对斯坎伦的理论没有任何批判——尽管我对康德式个人观所提出的问题也可能适用于他的理论，尤其是适用于它对欲望的批评。[43] 斯坎伦没有做出关于环境的假定（比如，大致平等），即人们为了寻求政治原则而聚集在一起，因为他没有讨论这些原则的制定。他也没有假定制定原则的人是为他们自己制定；实际上，在严重精神不健全的人——这些人的利益不能以任何方式被推迟——的情形中，他问了一个监护权会起作用的好问题。最后，他没有假定互利是伦理契约的目标；当然，提供一种这样的对所有伦理选择的要点解释，可能是最没有说服力的。因此，他的事业以其自身正确的方式予以阐明，就不容易遭受到我针对社会契约传统和对此传统表达忠诚的罗尔斯理论的某些方面所提出的批评。

作为一种政治原则的来源，斯坎伦的伦理进路在布莱恩·巴里的《作为公正的正义》（*Justice as Impartiality*）中得到了发展。[44] 巴里明确地批评了古典社会契约教义和罗尔斯对互利的依赖。他指出：对残障的人的处理使这样进路中的缺陷尤其突出，尽管他没有详细发展这一点。在第二章结尾处，我将讨论巴里和斯坎伦，我以为，在原则上，这样的契约论形式作为政治原则的来源是有吸引力的，而且它们与我钟爱的进路具有很大的相似性——然而，我的进路在第一阶段集中于对一种善理论的详细阐释，随后，把理性可接受性放置在理论中的一种相当不同的位置。在任何情形中，在这一点上，我们都已经远离了古典社会契约教义和它的现代倡导者。尽管斯坎伦/巴里的契约论分享着对使古典教义富有生气的个人**道德**平等的信奉，但它没有分享在自然状态中对相似能力和权力的强调，因此，它就不存在由这一强调所带来的问题。

正义的社会契约模式具有巨大的力量。它们的政治原则观——作为理性的、独立的成人之间的契约的结果——正确地强调了每个人的价值，以及出于（规范的）政治目的阶级、财富、身份、现存权力等级的人为优势的无关紧要。罗尔斯关于起点的道德化版本，在政治原则从中产生的基础上构建公正和相互尊重，避免了弱版本的一些隐患。我的论证从这一假定开始，即社会契约传统中的正义理论是我们当前所具有的最有力的正义理论。然而，我将论证它们给我们的三个紧急问题提供的解决方案是不充分的。为了把理论扩展到这些情形，我们需要质疑一些它们的核心假定。

七、能力进路

但是，批评一种传统，尤其是一种丰富的、充分发展的传统，如果不提供替代方案，那么当然就是没有成效的。再者，我计划的构建性目的是，要论证存在一种进路能够带领我们比社会契约教义更接近基本正义问题，对下面所讨论的三个领域而言尤其如此。因为这一替代进路与罗尔斯的契约论版本分享着一些直觉理念，又因为它所产生的原则与正义原则具有亲密的家族相似性，所以我们可以把它看作罗尔斯理论在这些被关注的新问题上的扩展和补充。我相信，我们应该认识到替代进路具有至关重要的力量；我们应该致力于此，并进一步发展它，从而恢复格劳秀斯自然法传统中古老的政治理论，同时，我们也要继续追求和发展传统的契约理论。在这一计划的精神方面，不应该简单地全盘放弃对社会正义的核心问题具有重大启发性的理论。我们希望，如果我们继续探究理论类型和它们在广泛领域中所产生的相关结论，那么这一和谐将给我们信心，我们是在正确的轨道上。但我相信，在所讨论的三个领域中，很明显，能力进路为法律和公共政策提供了更合理的指导。

那么，替代物是"能力进路"，这一进路以一种稍微不同的方式由我在哲学上、由阿玛蒂亚·森在经济学上予以发展。森对此进路的运用集中于对生活质量的比较性衡量，尽管他也对社会正义问题感兴趣。比较而言，我运用这一进路为核心人类资格——应该为所有国家的政府作为尊重人类尊严所要求的最低限度所尊重和实施——的解释提供了哲学上的支撑。在《女性与人类发展》一书和其他地方，我论证了集中于**人类能力**——人们实际上能够做什么或能够成为什么样的人——的进路，以一种由具有人类尊严的直觉生活理念赋予的方式，为基本的社会最低限度的理念提供了最佳进路。我认同一系列**核心的人类能力**，论证在有人类尊严的生活理念中，这些能力是不言而喻的。

那么，能力被作为为自由多元社会而制定的政治原则的源泉而呈现；它们被置于一种类型的政治自由主义中，这种政治自由主义专门把它们作为政治目标，以一种免于任何特定形而上学基础的方式呈现它们。我认为，以这种方式来呈现和推荐能力，能力可能变成人们的重叠共识的目标，否则，这些人若没有重叠共识，就会对各种善观念有非常不同的理解。[45]

更进一步，依赖于人类尊严的直觉理念，我会再一次论证遭到质疑的能力应该为每一个人所追求，每个人都应该被当作目的，没有人可以被当作他人目的的纯粹手段。（能力进路的这一方面显然可以应用于性别平等领域，既然女性总体常常被视为他人目的的支持者，而不是她们自己权利的目的。）最后，我的进路使用了一种**能力门槛**（threshold level of each capability）的理念，它坚持，低于这一门槛，公民便无法实现真正的人的活动（truly human functioning）；社会目标应该以让公民高于这一能力门槛的方式来理解。（那也不是唯一重要的社会目标：在那个意义上，我仅仅致力于提供一种对社会正义的偏袒的、最低限度的解释。）

我将比较能力进路和现代契约进路，尤其是罗尔斯的进路。但是，这些进路确实是能力进路的近亲和同盟者。能力进路原初被设计为一种替代物，它要替代一种过去占支配地位、在某种程度上现在仍然是支配性的经济功利主义进路，尤其是替代在对国际发展和政策圈之生活质量的讨论中以一种狭隘的经济方式来理解发展的进路。我们需要暂时停下来简单地探讨一下这部分背景。

在发展经济和国际政策制定方面，对生活质量评估最具影响力的进路是，简单地按照人均国民生产总值（GNP）来对国家进行排名。现在来看，很显然这一进路不是很有启示性，因为它甚至没有问及财富和收入的分配，而且具有相似总量的国家能表现出巨大的分配差异。按照这种衡量标准，南非尽管存在总体上的不平等，但却一度居发展中国家名单的榜首。与能力进路和康德式契约论进路不同，这些进路都没有把每个人考虑为目的，而是为了其他人的富裕实际上可能把一些人作为手段，并愿意以这种方式来提升总体的社会善。

正如南非例子所揭示的那样，以另一种方式来看，GNP 进路也是错误的。它未能仔细考察人类生命的关键要素（能力进路会说，包括关键的资格），甚至在分配时，也并不总是与财富、收入能够完美地相互关联：这些关键要素包括寿命、婴儿死亡率、教育机会、就业机会、政治自由、种族和性别关系平等。正如联合国开发计划署的《人类发展报告》（*Human Development Reports*）中清晰地指出的，当基于一个更广泛的参数来对国家进行排序时，那些在人均国民生产总值上表现好的国家，常常在上面提到的那些不同善的某个方面表现得相当差。

有时，功利主义传统中的经济学家反而强调人口的总效用或平均效用，作为表达满足的衡量标准。再一次，我们遭遇对每个独立个体予以尊重的问题，因为一个集合的数据并不能告诉我们顶端和底端在什么地方。在那种意义上，和原始 GNP 进路相比，它并没有表达出对每个独立个体更多的尊重。平均效用是一个不精确的数字，它并未充分辨别不同类型的人及其相应的社会地位。当我们选择带有一种义务的、把每个人当作目的来对待的基本政治原则时，这种不精确性就使它成为一种极其糟糕的进路。

此外,功利主义经济学家不仅对不同的生活,而且对生活的不同因素予以整合。因此,总体或平均效用之中会存在有关自由、经济福利、健康和教育的信息。但是,这些都是割裂的善物品,在某种程度上,它们彼此之间差别甚大,相互独立。[46]而且,有理由认为它们都至关重要,并且我们不应该仅仅为了获得另一种更大的善而放弃它们中间的任何一个。罗尔斯反对功利主义所使用的一个中心论点就是:由于它信奉多种多样的善物品之间的权衡,所以它对政治自由和宗教自由提供了不充分的保护。为了产生更大的社会总体(或平均)效用,它鼓励在那些善物品和其他善物品之间进行权衡。[47]但是,这种观点在更一般的意义上似乎是正确的:相似地,我们不应该为了获得更多的工作机会而放弃情感健康,或者为了获得更好的健康而放弃自尊。再一次,功利主义对整体的信奉,使很好地思考边缘人群或贫困人群——对这些人而言,功利主义提出的一些机会可能有一种异常紧迫的重要性——产生了困难。

依赖效用还存在进一步的问题:它甚至没有包括所有相关的信息。我们想知道的一件事是,人们对发生在他们身上的事情是什么感觉,他们是否满意。但是,我们也想知道,他们实际上能够做什么或能够成为什么样的人。人们不仅根据他们认为他们能够获得什么,而且根据对像他们这样的人而言,他们的社会告诉他们什么是一种合适的成就,去调节自己的偏好。女性和其他贫困的人经常会展示这种"适应性偏好",这种偏好是在不正义的背景条件下形成的。这些偏好常常认可现状。[48]满意是一件非常重要的事,但显然并非唯一重要的事。

最后,通过集中于满意状态,功利主义表明了对主体性的有缺陷的考虑。在人类生活中,满足并非唯一重要的事;积极力争做某事也很重要。在这一点上,罗伯特·诺齐克(Robert Nozick)引入了著名的"体验机器"的例子:一个人被连接到产生愉快体验的机器上,然而他或她实际上什么也没有做。[49]大多数人会赞同连接到机器上对于福宁是不够的。即使人们会遭遇一些挫折,但是积极生活在这个世界上可能会更好。这种想法具有政治重要性:因为在一个国家中,人们应该如何具有积极性是需要选择的。一些政府不允许人们采取更广泛的选择和行动来提升满意度;另一些政府却提升选择和行动,即使那些被允许选择的人可能犯错误和遭受挫折。功利主义似乎使人的心智远离民主选择和个人自由的重要性。

思考功利主义进路对发展的缺陷,推动我们朝向对一些核心能力和机会(尤其包括选择和行动的机会)进行基本阐释的方向,把它作为相关的空间——不同社会中的生活质量在此空间中做出比较,并且在询问是否一个既定社会对其公民传递了一种最低限度的正义时,把它作为一种相关的基准来使用。我们的批评意味着,这样的清单将包含多元的、不同的物品,它不会把这些物品仅仅简单地视为对一种单一的、同质的善提供了不同的量。这一评价也不仅仅集中于人们对其与这些善物品之关系的感觉;它会询问,人们实际上能够做什么或能够成为什么样的人。

我能力进路版本的基本直觉理念是,我们从一种人类尊严观、从配得上那种尊严的人生观——在马克思《1844 年经济学哲学手稿》(*Economic and Philosophical Manuscripts of 1844*)中所描述的那种意义上,这种人生在"真正的人的活动"中是可能的——开始。(我仅仅使用马克思的政治目的理念,并不把它作为一种综合的人类教义的来源;马克思并未做出这样的区分。)马克思把人类说成是"需要一种总体的人类生命活动"的人,这一进路也从这一理念出发,坚持赋予所有公民的能力是诸多的而非唯一的,是活动的机会,而不仅仅是资源的数量。[50]作为一种福宁指标,资源是不充分的,因为人对资源的需求不一样,把资源转换为活动的能力也不一样。因此,两个具有相同资源数量的人,在与社会正义最相关的方面实际上可能存在巨大差异。当我们面对与不健全和残障问题相关的理论时,这一问题会变得尤其突出。

把这一基本问题作为起点,随后,我试图为一个列有十种能力的清单辩护,把其作为有尊严的人生的核心必要条件。与罗尔斯的原则一样,这里是:政治原则给予尊严的抽象概念形状和内容。(参见 TJ 586)只要社会按照它希望认可的基本资格解释来运行,这十种能力就预计会成为社会能对之予以进一步规定的总体目标。但是,在某些形式中,它们都被视为一种对社会正义的最低限度解释的一部分:一个社会,若不能在某一恰当的门槛层次对其所有公民保证这些能力,那么,不论多么繁华,都不是一个完全正义的社会。尽管出于实际的考虑,可能不得不临时设置一些优先权,但能力既要被理解为相互支持,也要被理解为与社会正义具有核心关联性的全部。因此,一个社会,若忽视其中一些能力而提升另一些能力,就是亏待其公民,在这种不公正对待中就是正义的失败。

能力进路不打算提供一种对社会正义的完备解释。例如，能力进路不打算处理关于正义如何对待门槛之上的不平等。（在那种意义上，它没有回答罗尔斯理论所回答的全部问题。）它是一种对最低程度的核心资格的解释。此外，一旦所有公民都处于门槛水平之上，随之就会产生正义和分配问题。关于如何处理这些正义和分配问题，存在不同的观点，而能力进路与这些不同的观点彼此相容。它并不坚持这一资格清单是对政治正义的全面解释；可能存在其他与正义紧密联系而它没有将其包含进来的重要政治价值。[51]

这个清单本身是灵活开放的，并在过去进行过修正；毫无疑问，鉴于批评，它会经历进一步的修正。但这是当前版本：

核心的人类能力

1. 生命。能活到正常人类生命长度的尽头；不会过早死亡，或者由于不值得活而过早地减短生命。

2. 身体健康。能够有好的健康，包括生殖健康；营养充足；有充足的庇护所。

3. 身体完整。能够自由地从一个地方搬到另一个地方；保护其不受到暴力攻击，包括性侵犯和家庭暴力；有机会得到性满足和进行生殖选择。

4. 感觉、想象和思考。能够以一种"真正的人"的方式，以一种被充分教育所告知和培育的方式（包括但不限于文学、基本数学和科学训练），来使用感觉、想象、思考和理性。在体验和从事出于自己选择的工作和事情时，如宗教、文学、音乐等，能够运用想象和思考。能够以一种保证政治和艺术演讲的表达自由、宗教行为自由得到保护的方式，运用其心智。能够拥有愉快的经历和避免没有收益的痛苦。

5. 情感。能够爱慕除我们之外的人或物；能够爱那些爱我们和关心我们的人，为他们的离去而悲伤；总之，去爱，去悲，去经历长久、感激和适度的愤怒。不要让恐惧和焦虑给你的情感发展蒙上阴影。（支持这一能力意味着，支持某种人类友谊形式在其发展中具有至关重要性。）

6. 实践理性。能够形成一种善观念，并且对人生规划进行批判性反思。（这使得对良心自由和遵循宗教的保护成为必要。）

7. 依存。

A. 能够与别人一起生活，并对其他人类表示认同和关心，从事各种形式的社会交往；能够设身处地地为他人的情境着想。（保护这种能力意味着，保护构成和繁荣这种联系形式的机制，保护结社和政治演讲的自由。）

B. 具有自尊和不被羞辱的社会基础；能够被当作与其他人具有平等价值的、有尊严的个体来对待。这使得基于种族、性别、性取向、种姓、族群、宗教、民族起源的非歧视性先决条件成为必要。

8. 其他物种。能够与动物、植物和自然世界共同生活，并关心它们。

9. 玩耍。能够笑、玩以及享受娱乐活动。

10. 对自身环境的控制。

A. 政治的。能够积极参与控制一个人生活的政治选择；有政治参与权，保护自由言论和自由联合。

B. 物质的。能够拥有财产（包括地产和可动产），基于和他人一样的平等基础拥有财产权；基于和他人一样的平等基础拥有寻求工作权；有免于未经授权的搜查和追捕的自由。在工作中，能够作为一个人而工作，运用其实践理性，并与其他工人达成有意义的相互认同关系。

基本理念是：关于它们之中的任何一个，设想一下没有上面所讨论的能力的生活，我们就能够论证这样的生活根本不是一种具有人类尊严的生活。[52]在每一个情形中的论证都基于设想一种生活形式；它是直觉的和发散性的。然而，我相信，与已经就基本人权所达成的国际协定一样，过程和清单能够汇集广泛的、跨文化的协定。实际上，在我看来，能力进路是一系列人权进路，而人权常常以一种相似的方式与人类尊严理念相联系。

能力进路是完全普适的：所讨论的能力对每个国家的每个公民而言都是重要的，每个人都被当作目的予以对待。以这种方式，能力进路与国际人权进路相似；实际上，我把能力进路看作一系列人权进路。[53]论证赞同一系列跨文化规范和反对文化相对主义的立场，是这一进路的一个重要维度。[54]但是，强调能力进路在重要方面支持尊重多元主义规范也很关键，并且这表现在六个方面。[55]

第一，我把这一清单视为开放的、不断完善的和不断思考的，毕竟任何社会对其最基础的资格的解释都总是需要补充（或删除）的。

第二，我也坚持，应该以一种稍微抽象和普遍的方式来界定在这个清单上所列出之物，这尤其是为了给公民及其立法者和法庭的审查与审议行为留出空间。在一定的参数内，考虑到其历史和特定环境，不同的国家应该采取稍微不同的方式来处理这些事情，这是完全恰当的。例如，因为德国对反犹太人的言论和政治组织有大量的立法规定，所以它对自由演讲权利的解释就和美国的解释有很大差异，美国国会对这些演讲加以保护，除非存在导致公共混乱的紧迫威胁。考虑到这两个国家的不同历史，这两种解释似乎都是正确的。

第三，我把这一清单视为一种独立式的"偏袒的道德观"，借用罗尔斯的短语：它显然只用于政治目的，并且那种把人按照文化和宗教路线进行划分的形而上理念没有任何根据。正如罗尔斯所言，我们能把这一清单视为一种能够为那些对终极的人生意义和目的持有非常不同的观念的人所认可的"标准部件"（*PL* 12, 145）；他们将以各种方式把这一清单和其宗教或世俗的综合教义连接起来。

第四，如果我们坚持恰当的政治目标是能力而非活动，那么我们在这里就再一次保护了多元主义。[56] 如果联合的活动变为基本的，那些愿意支持一种既定能力作为一种基本资格的人就会感到被侵犯了。因此，投票权就获得了宗教公民的认可，那些宗教公民强烈感觉到被强制性投票侵犯了，因为强制性投票与其宗教观对立。（美国的阿米什就在这一范畴内：他们相信参与政治生活是错误的，但是他们似乎对公民有权投票感到高兴。）那些反对建立任何宗教——包括迫使所有公民进入某种类型的宗教活动——的人,也能认可宗教表达自由。在考虑健康的地方,关于恰当的目标是能力还是活动,能力进路的支持者也观点不一。我自己的观点是:人们应该被给予充分的机会去过一种健康的生活,但是选择要留给他们自己;他们不应该因为不健康的选择而受到处罚。[57]

第五,保护多元主义的主要自由是清单上的核心物品:言论自由、结社自由、良心自由。通过把它们放在清单上,我们给予它们一种核心的、没有讨论余地的地位。

第六(最后),我坚持在辩护问题和实施问题之间存在一种相当巨大的分离。我相信,我们能为这一清单辩护,并把它作为全世界政治原则的一个良好的基础。但是,这并不意味着,我们因此就可以干涉那些不认同它的国家的事务。它是劝说的基础,但我坚持军事和经济制裁只能在某些非常严重的情况下才能得到辩护,包括传统所认可的反人类罪行。因此,一旦我们指出它是这种观点——基于人民一致同意的国家主权是整体中的非常重要的部分——的一部分,把这样的一些东西推荐给每一个人似乎就是不客观的。

这是这一进路的核心。它和契约论理论尤其是罗尔斯的理论具有紧密的联系,并且它对功利主义的批评也是同样关键的方面。尤其是,人类尊严和人的不可违背性理念在这两种理论中都是核心的直觉理念,并且都会产生反对某种类型的忽略个体生命独特性的社会整合的论断。这两种进路都反对以从属于某些群体或个体的方式去追求一种荣耀的总体或平均,并且它们在这种反对中联合起来;一个人所超出的福宁不能被允许用来弥补另一个人的痛苦。而且,互相尊重、互惠、自尊的社会基础的理念在这两种进路中扮演了中心角色。

在更广阔的正义领域，能力进路和罗尔斯的契约论是同盟者，并且那些从稍微不同的假设和程序出发产生紧密相关的结论的理论似乎也会受到欢迎。在《女性与人类发展》中，我论证，最好的有根据之欲望进路和能力进路的重合，应该使我们相信，我们是走在正确的轨道上。因此，在这一情形中，如果两种进路分享一些深层次的直觉起点，然而在程序和结构上却有很大的不同，那么它们应该在一系列广泛的可取之处上重合，并且重合应该是自信的来源。另一种处理相同观点的方式是，能力进路能够帮助我们把罗尔斯的进路扩展到罗尔斯不能确认他的理论能够涵盖的三个领域。在那种意义上，让我们更近地审查能力进路和现代契约论之间的一些差异。

八、能力和契约论

能力进路和罗尔斯的契约论之间的最大差异在于它的基本理论结构。和大多数社会契约教义一样，罗尔斯的进路是一种程序正义进路。换言之，它不会直接得出结果，也不检验这些结果的道德充分性特点。相反，它会设计一种程序，以公平和公正的关键特征为模型，依赖于这些程序产生一种充分正义的结果。[58]假如对原初状态进行充分设计，那么根据定义任何原则都是正义的。为了详细阐述其观念的这一特征,罗尔斯使用了分蛋糕的例子。(TJ 85)在一种结果导向的正义观中,我们鉴定一种正确的结果(让我们规定平等的份额就是那种结果);然后,我们设计一种程序来获得那种结果。[59]我们设计的刑事审判的进路与此相似。我们从正确的结果开始(判决犯罪,并且仅仅是犯罪),并且我们尽可能经常地设计产生那种结果的程序。相较而言,罗尔斯的观念中不存在判别正确结论的独立标准:"然而,存在一种正确的或公平的程序,因此,结果相应地是正确的或公平的,无论它是什么,只要恰当地遵循程序。"(86)所有争议性的道德工作都进入了程序设计本身。(正如我们的历史脉络所表明的那样,古典社会契约教义只部分地是程序的,尤其是洛克的教义,包含对人类尊严和自然权利——根据它们正确地衡量最终结果——的严格解释。)

能力进路就像是刑事审判。它从结果出发,对某个特定内容进行直觉捕捉,建立与具有人类尊严的生活的必要联系。然后,它寻求一种政治程序(各种权力分配、某一类型的经济制度),尽可能达到那个结果,尽管这样的程序有可能随着时间而改变,也有可能随着环境和不同国家的历史而改变。[60]正义是在结果之中,程序能提升这一结果,在此意义上,程序是一个好东西。

程序正义解释的辩护者常常感觉到,结果导向观点并不十分复杂,并且没有足够流动的各方。结果导向观点的辩护者同样也感觉到,程序观点是本末倒置的:显然对正义而言,最重要的是人们的生活质量,如果程序不能给我们一个与我们关于尊严和公平的直觉一致的结果,那么,无论程序多么优雅,我们最终都将拒绝任何程序。(罗尔斯的理论在开始就满载着道德内容,可以说,有如此多的道德内容被卷入程序本身,结果在某种程度上避免了这一批评;但是,我们应该对程序而不是对程序所产生的结果有更多的自信,这似乎也是奇怪的。)[61]尽管下面的类比可能有点不公平,并打击一些程序正义的狂热者,但对结果导向的理论家而言,似乎是:就好像一个厨师有一台吸引人的、功能强大的意大利面制造机器,并且向她的客人保证用这台机器做出的意大利面必定是好吃的,因为这台机器是市场上最好的。但显然,结果导向的理论家会说,宾客想要尝尝意大利面并做出判别。他们倾向于基于机器所做出的意大利面来决定支持还是反对这台机器。[62]虽然我在第二章结尾处讨论斯坎伦的伦理契约论的时候对它表达了大量的同情,但我还是要询问:没有对人类善的一种预先的和独立的解释,理性的可接受性这一纯粹的程序理念能否做所有他头脑中想它做的事?当然,在政治理论中,不管怎么说,一些这样的解释是必要的。

然而,对契约论者的这一回答,揭示了可能看起来有问题的能力进路的一个特征。那就是,这一进路比程序进路更依赖直觉。我们刚刚尝试了意大利面,并且看我们是如何喜欢它。没有一个我们能够依赖的强有力的机制,尤其是考虑到直觉是在非理性的背景条件下形成的并有可能包含严重的歪曲这一事实,那么,这些真的足够吗?我们能赞同能力进路的确依赖直觉——尽管正如它对功利主义的批评所明白表示的那样,并非基于未经批判的偏好。鉴于理论中的其他因素,尽管一些深切的道德直觉和关于人类尊严的成熟判断从来都不会免于批评,但这些直觉和判断确实在理论中扮演了基本角色。[63]但很明显，契约论者在设计程序本身时，也依赖直觉和成熟的判断。因此，这种差异的重要性并非一目了然。（我们应该记得，当罗尔斯讨论那种与我们自己的成熟判断对应的方式——无论什么理论，我们每个人都以这种方式来评价——时，尽管没有人依赖未加分类的偏好，但他仍然使用了一种高度直觉的方法。）

罗尔斯表达了对直觉主义的反对，因为直觉主义在**平衡竞争性目的**时依赖直觉。政治原则永远不是最终的，但是鉴于直觉的平衡，它常常承认权衡。罗尔斯相信，赋予权衡如此重要地位的理论不可能提供足够稳定、精确或最终的原则。（这是为什么他注定要以一种精确的方式，通过单独考虑收入和财富——他理论中引发巨大困难的部分——来衡量相对的社会地位。）我们当然能够承认，能力进路包含（实际上强调）数量上有所不同的多元目的，社会计划必须提升所有这些目的。但是，这使理论以一种不可知和不确定的方式变成直觉的吗？这里有一个原则问题。能力进路从一开始就坚持，一种有人类尊严的生活的要素是多元的而非单一的，所以核心社会资格也是多元的。挑选出十个中的任何一个来担负按生活指数来调整相对社会地位的重担，都是一个严重错误：这些都是过一种有尊严的生活的最低限度，并且所有这些在质量上都是有区别的。实际上，认识到它们量的不同，是一种关于体面社会必须给其公民传递什么的更精确而非更不精确、更确定而非更不确定的方式。只有当一种观念的目标本身没有明确限定或是错误目标时，这种复杂的社会目标的观念才会比一种简单的观念更不确定。如果生活实际上包含一种与有人类尊严的生活必然相关的、多元的东西时，那么就要明确地（而不是相反）指出那点。

那么，这一进路阻止了政治原则变得具有有效稳定性、确定性和终极性吗？我们必须回到这个问题。但是，能力清单本身的解释暗示了一种第一反应，它坚持人们应该把**所有的**资格作为正义的核心条件来追求。它可以合理地被定义为正义所要求的一整套资格，没有一种资格可以替代另一种资格。当我们处理这些要求中每一个的门槛程度时，这一进路没有采用并极力禁止均衡和平衡。（例如，试图通过减少工作机会或结社自由来换取自由言论，是对这一进路的灾难性误解。所有这些都是正义所要求的。）

既然我们已经看到了能力进路的总体框架，那么，关于它与我在第四节所概括的契约论进路的主要特征的关系，我们就能做出一些预先的观察。

1. 正义环境。社会契约理论的典型规定是，只有当人们被置于此类情景中，即他们从自然状态中退出和出于互利达成协议就能获得回报时，正义才有意义。罗尔斯（运用休谟）和古典理论家所概述的不同的特定条件——适度缺乏、大致平等，都从那个一般理念出发而汇集在一起。通过比较，能力进路从亚里士多德的/马克思的作为社会的和政治的人——在与他人的关系中实现自身——的观念出发。然而，契约论者尤其把家庭思考为"自然的"，把政治思考为某种具有重要意义上的人为的[64]，能力进路不会做出这样的区分。尽管（作为一种政治自由主义）能力进路避免依赖某种深层次的人性形而上学，但它的确运行了一种个人观，一种为了政治目的而发展出来的、希望成为重叠共识目标的观念。它所使用的政治个人观包括作为"天生"政治人的理念,即作为在政治关系中——重点包括在由政治美德所定义的关系中——发现其完全实现的人的理念。正如亚里士多德所说(那段话可以作为这本书的题词),设想人类在一个这样的关系网络之外能繁荣发展是很奇怪的;这样的观念甚至可能与其形式相冲突,因为这些关系是人类繁荣的一部分。因此,虽然契约论者常常设想某个其善在结果上是非政治的人,尽管这个人将尊重法律限制,但亚里士多德式的解释则坚持一个人的善既是社会的也是政治的。这一理念在罗尔斯的互惠教义中得到呈现,尽管基于社会契约框架的解释,他并未把这一理念扩展到我所关注的难题。

但是,如果就是这样,那么,无论人类身处何地,正义都有意义。人类想生活在一起,并且想更好地生活在一起,这一点他们理解为包括按照正义生活。他们不必相应地置身于由这样的问题产生的秩序中,他们也不必面对适度匮乏的条件。在绝望的条件下不能获得正义,这可能是正确的。然而,这并不意味着正义不能被思考,而且要询问阻碍正义实现的状况是如何产生的。相似地,在一个极度繁荣的情形下,例如古典的黄金时期,正义似乎可能不是那么迫切。此外,正义也需要被思考,既然这些核心善物品的本质是这样的,即核心善物品的分配至关重要:例如,食物、财产和政治权利从来都不只是这样一种共同所有物,即水和空气在一些环境中可能是那种共同所有物。(甚至希腊众神也需要正义,因为它们为婚姻权利、所有物、各种各样的特权和权力而战。)简而言之,正义问题经常处于争论之中。大量的权力不对称,就像在人类和其他动物之间存在的那样,可能使正义问题更加紧迫,而不是像在契约论中那样把这些正义问题从议事日程中抽出来不考虑。

注意到这一更灵活的正义相关性问题,对能力进路来说是可能的,这部分是因为,能力进路是结果导向理论,而不是程序理论。程序理论家需要用一种严格的、相对决定性的方式来构建契约状况,这会产生一系列决定性结果,因此,就有必要以一种相当决定性的方式来具体说明各方的状况。能力进路直接进入结果的内容,审视它,询问它是否与一种遵循人类(或者,后面所说的动物)尊严的生活相容。这一结构允许我们审视一系列广泛的、正义问题可能潜藏于其中的问题和状况。

2."自由、平等和独立的。" 因为能力进路不使用对正义环境的休谟式解释,所以它能够在没有压力的情况下假设社会协议的各方是"自由、平等和独立的"。这意味着,它能够使用一种更贴切地反映真实生活的政治个人观——在处理我们那三个未解决的问题方面,能力可能是一种优势。亚里士多德把人看作"政治动物":不仅是一个道德的和政治的存在物,而且是一个拥有动物身体的人;其人的尊严并不是要反对其动物本质,而是要植根于它,并且植根于其暂时的轨迹。人刚开始是贪婪的孩子,慢慢地长大,在成长过程中需要许多照料。在生命的盛年期,人类拥有社会契约模式所包括的"正常"需求,但他们可能也有其他需求,这些需求源于导致他们或在较短时期或在较长时期处于不对称的依赖地位的事故或疾病。如果他们活到较大年纪,他们尤其需要大量的关怀,并且可能遭遇要么生理上要么精神上,或两者皆有的残障。而且,许多人在整个一生中都处于非典型的残障状况。尽管在一些物种那里，不健全——像盲、聋、瘫痪、严重的认知不健全——可能将注定使生物过一种短暂而悲惨的生活，但人类物种却不会如此，或者至少不必如此。我们这个物种对环境的大量控制的一个额外好处在于，能够构建使这样的物种成员参与社会生活的环境。

将人视为政治动物的个人观包括一种与契约论的"自由"理念相关的理念：人被设想为对选择有浓厚兴趣，包括对生活方式以及管理生活方式的政治原则的选择。这是诸多方式中的一种，以这种方式，能力进路是自由主义传统中的一部分。然而，它提供了一种与契约论传统略微不同的自由观：它强调人类自由的动物性和物质性基础，并且认可一种更宽泛的、能够获得自由的存在者类型。

由于它多姿多彩的、暂时复杂的个人观，能力进路不包括任何类似于契约论在权力和能力上"平等"的个人观。人们在对资源和关怀的需求方面有巨大差异，同一个人在生命不同时刻的需求也有巨大差异。能力进路认识到这一多样性的能力，是使我要首先推荐它而不是其他进路力量之一。人们也没有被设想为"独立的"。因为他们是**政治**动物，他们的利益与其他人的整个人生的利益完全联系在一起，并且他们的目标是可分享的目标。因为他们是政治**动物**，所以他们在其生命的特定阶段会不对称地依赖其他人，并且有的人会在其整个一生中都处于一种不对称的依赖情形中。

3. 社会合作的目标。 正如我们所观察到的那样，社会契约理论坚持，聚集起来形成政治原则的全部要点在于互利，在那里，以这样一种方式来理解善，即把善与对正义的限制和各方所同意尊重的互惠在分析上分割开来。对罗尔斯而言，他的公民在良序社会中具有正义感，把正义视为他们善的一部分——那种正义感仍然被理解为相当突出地与每个人对个人善的追求以及与追求个人善的手段分割开来了。实际上，首要善清单被理解为这样一个达到个人目标之手段的清单。尽管这一清单是异质的，但罗尔斯只是基于收入和财富来排序相对社会地位的决定并不令人惊奇。

这是这样的一个领域，在这里，能力进路对古典社会契约观点有着始终如一的批评，并将迫使罗尔斯的理论站在拒绝那些观点的一些核心方面的方向上。能力进路否认正义原则必须寻求互利。即使在非合作是可能甚至经常如此（因为支配是如此容易）的地方，正义对每个人而言也是好的。正义是有关公正的，并且正义是人类喜爱和追求的事物。如果有人能够表明正义与互利相容，但是却认为正义原则不应该依赖这一希望，那么这是非常好的。如下这种情形是极有可能的：我们给予发展中国家正义、给予我们国内严重不健全的人的安排可能会非常昂贵，并且在狭隘的经济利益的意义上，这不能作为互利而得到辩护。那是非常糟糕的。正义也是我们目的中的一种，并且当我们把正义作为一种追求互利的契约的结果时，我们反而在道德上过多地构建和限制了我们对正义的追求。当我们把互惠设想为只能在大致平等的人中间获得时，我们也限制了自身能给别人提供一种利益。

罗尔斯的理论看起来好像没有这样的问题，因为他所采用的是把道德特征构建到对起点的解释中去的方式。但实际上，在它关于谁在里面谁不在里面，谁能成为契约的签订方，谁的利益必须随后给予或许根本不给予规定的解释中，确实存在这样的问题。罗尔斯很好地意识到了这种局限性。我将论证，这些问题能够得到解释，但是要改变对原初选择状况的描述。

4. 各方的动机。社会契约的古典理论家对于隐藏在政治社会下的道德感的解释具有很大的差异。正如我们所看到的，（尤其是）洛克给予了仁慈很重要的地位。另外，所有人在某种程度上都依赖产生政治原则的互利理念，并且所有人都似乎坚持，其自身的仁慈情感不足以保持政治社会的稳定。休谟比任何一个社会契约论者都更完全、更详细地发展了这一观念。罗尔斯关于这一问题的立场是复杂的，并且，在此，罗尔斯的契约论和能力进路的区别是很小、很细微的。正如我们所说，制定契约通常被设想为追逐个人之自身利益的过程，签订契约各方的情感被视为彼此相关的情感。罗尔斯的各方本身缺乏仁慈和对正义发自内心的热爱；然而，这样的情感为无知之幕所代替。相比而言，在一个良序社会中，人们知晓依赖于原则（principle-dependent）的情感和动机。

在对人们与他们善之间的关系的解释中，能力进路从一开始就能包含仁慈情感。之所以如此，是因为能力进路的政治个人观包括一种基本社会性的理念和包括可分享目的的人之目的的理念。[65]（"独立"是制定社会原则各方的一种品质，目的理念是抛弃了"独立"后而留存的部分。）同情（compassion）被有道德感的人放在显著的位置，我认为这包括如下论断，即他人的善也是个人自我目标和目的框架的一个重要组成部分。[66]因此，当其他人丧失能力时，我所设想的公民将不仅具有道德公正所需要的感情，而且把其视为她追求自身利益的一种限制。相反,她将把他们**作为她自身的善的一部分**而对他们深表同情。这与罗尔斯所塑造的仁慈的方式存在非常细微的差别,但是我相信,这也是一种差别。在(真实的)人的生活中,这样的仁慈情感是普遍存在的;问题在于我们不能一贯地、明智地扩展它们。但是,一种恰当的公共道德教育计划能够支持这些仁慈情感的恰当扩展。[67]

现在,当然这种变动确实产生了罗尔斯提到的问题:仁慈能够产生非确定性的结果。这就是关于人类尊严的独立论断支持能力进路的政治原则的原因。我们不打算单独由同情来产生原则,但是,相反,我们寻求通过发展一种适应于我们所论证的政治原则的同情,来支持原则和保持原则稳定。然而,这似乎是此进路的一个优点,即它能在实际的人类中挖掘出什么是好的——就像罗尔斯的进路挖掘出人类的互惠能力和对公平合作条约的欲求一样。

九、寻求全球正义

形成本书首要主题的所有三个未解决的问题都以不同的方式成为全球化正义理论的问题,即把正义扩展到在这个世界中应该被公正对待的所有人。社会契约正义理论在处理传统的歧视和排外问题上做了极好的工作。这些理论非常适合解释财富、阶级和地位的不平等,并且能够相当容易地扩展到解释种族和在某些方式中性别——尽管我们的历史概述已经表明,从坚持权力平等的起点出发达到性别平等是多么困难——的不平等。[68]

然而，我们的三个未解决的问题证明是抵抗性的，因为它们都以不同的方式包括了权力和能力（并且在某些情形中，是道德理性本身）的极大不对称性。一种对人类正义的令人满意的解释，必须把互惠和尊重扩展到不健全者，包括严重的精神不健全者。一种好的分析要求认识到不健全者的多样性、需求和依赖性，而这些是"正常"人所要经历的，并且，结果是要达到"正常"生活和那些一生都是精神残障的人的生活之间的真正一致。从作为一种社会动物——其尊严并不是完全源于理想化的理性——的个人观出发，能力进路能够帮助我们为那些精神残障的人设计一种完全的、平等的公民身份的充分观念。

社会契约理论把民族-国家作为基本单元。由于这些理论的内在结构，它们必定要这样做。这样的理论不能提供充足的解决全球正义——解决穷国和富国之间的、无论所属何国的人与人之间的不平等——问题的进路。为了解决这些问题，我们必须赞同不同国家公民之间的复杂的相互依赖性，个体和国家对其他国家的道德义务，跨国实体（公司、市场、非政府组织、国际协定）在保护人们过一种完全的人类生活的最基本的机会方面所起的作用。能力进路版本有助于我们很好地思考国际政治应该以什么为目标。

由于社会契约理论从所谓的至关重要的人类理性开始，用人类理性的方式来定义互惠和尊严，所以它们否认我们对非人类动物具有正义的义务，并把这样的义务视为我们可以把它们作为衍生出来的和后发生的。我们能以两种方式修正这种观点：认识到非人类动物的智力程度；拒绝如下观点，即只有那些参与制定社会契约的人是正义理论的完全合格的主体。当我们寻求在这些紧迫的正义问题上做得更好时，强调一系列连续的能力和活动的能力进路，提供了一种既优于契约理论也优于功利主义的引导。

直到当前这一点，我一直在运用能力进路，但没有对其予以较大的修正。使它能够处理我们议程上的头两个问题，只需要对已经形成的理论进行细微的修正。对非人类动物诉求给予正义需要更进一步地发展这一理论。但是，我将论证一种精神上基本是亚里士多德式的进路在这一领域能够给予较好的引导，其引导比康德式进路或功利主义进路所能提供的更好。这一进路为亚里士多德式的意义——在任何复杂的自然有机体中都存在一些美妙的和值得敬畏的事物——所激发，因此，在那种精神下，它准备给予动物尊敬，并认识到它们的尊严。

由于这种认识上的普遍观念，能力进路能够论证，某类生物的独特的幸福安康概念应该给予这一困难领域中的关于公共政策的辩论启发。纯粹的感觉能力是一种太简单的关注：它忽视了动物能力和活动的多样性，结果忽视了未被视为痛苦的对幸福安康的某些领域的破坏。许多困难的问题将不得不被面对；尤其是，因为从一开始，在人类情形中物种规范的使用就被道德化，评估能力而非使所有存在的能力都有效，所以很难知道在非人类动物的情形中一种相应的评价机制该如何实施。能力进路不会不加批判地论证自然崇拜；相反，它竭力主张评估生物的基本权力，询问对于这类生物的善而言哪种权力具有核心重要性。这是一项艰难的事业。而且，在这一领域，我们不可避免地面对冲突和权衡，当我们把重点放在作为一种最低程度的社会善的所有核心能力的组织有序的排列时，在人类情形中我们似乎就能避免这种冲突和权衡。然而，通过寻求这一新的理论进路和观察它能产生什么成果，我们能够提升这一辩论。

必须再一次强调，这一计划并不以从背景上消解社会契约理论（至少所有罗尔斯的伟大理论）为目标，实际上它以各种方式跟随和延伸了社会契约理论。其目标是要看把原本吸引人的正义原则和直觉理念扩展到罗尔斯相信其论证能够阐释的问题，它到底能够带来什么。对我而言，似乎这一扩展需要一种新型的起点和拒绝社会契约传统的某些独特因素。但是，契约理论，尤其是在其道德化的康德式形式中，是能力进路的亲密同盟者。无论（我们最终思考得出）它们可能具有什么样的缺陷，在反思社会正义上，它们都是重要的理论。然而，这些理论本身的支持者陈述或暗示存在一些他们不能解决或通常很难解决的问题。在这一人类历史领域，这些未解决的问题令人忧虑。似乎时间将会见证，围绕社会正义所进行的对这些问题的审查将向我们表明什么，一种替代理论能够提供什么。

第二章　残障和社会契约

　　这里的问题不是关怀老年人,他们通过早年的生产活动支付了其福利。然而,生命延长疗法确实有一种不祥的再分配潜能。首要的问题是要关怀残障人士。当社会服务要求超出任何可能的产品时,委婉地谈及使他们能够过一种多产的生活,隐藏了一个显而易见没有人想要面对的问题。

——大卫·哥瑟尔《协议道德》

一、关怀需要、正义问题

塞莎(Sesha)——哲学家伊娃·基太(Eva Kittay)和杰弗瑞

(Jeffrey)的女儿——是一个近30岁的年轻女性。她既吸引人也富有情感，喜欢音乐和漂亮衣服。她对别人的爱和赞美很开心。塞莎随着音乐节奏摇摆，拥抱她的父母。但是，她从来不会走路、谈话和阅读。因为先天性脑瘫和严重智力迟钝，她常常要完全依赖他人。她需要别人给她穿衣服、洗澡、喂饭、推她到中央公园。除了这些基本的监护照料，如果她想要以自己的方式过得丰富多彩，那么她还需要陪伴和爱——一种对情感和喜悦的能力的看得见的回馈，这是她与别人联系的最强有力的方式。她的父母（有很忙的职业）不仅自己长时间照料塞莎，而且雇用了一个全职看护。在许多场合，当塞莎病了或突然发病，不能说出她伤到哪里时，就还需要其他的帮助者。[1]

我侄儿阿瑟（Arthur）是个10岁的英俊大男孩。他喜欢各式各样的机器，到目前为止，他对这些机器的了解令人惊叹。如果我能像阿瑟那样出色地理解相对论的话，那么我就能和他整天谈论相对论。在电话中讨论艺术，事情常常是"嗨，玛莎阿姨"，然后马上转入吸引他的最新的机械、科学或历史问题。但是，在公立学校的教室，阿瑟却不能学习，当他和他妈妈出去购物的时候，单独留下他一分钟也不行。他几乎没有社会技能，他似乎不能学习这些技能。在家里他很热情，如果有陌生人接触他，他就会变得很受惊吓。就他的年龄而言，他的体型异常庞大；他也常常很笨，不能玩一些比他小的孩子很会玩的游戏。他会有一些身体上的痉挛，也会发出诡异的噪声。

阿瑟既有阿斯伯格综合征（Asperger's syndrome）——这可能是

一类高功能自闭症，也有图雷特综合征（Tourette's syndrome）。[2]他父母都是全职工作，不能提供过多的帮助。幸运的是，他母亲是一个教堂风琴演奏手，这允许她在家练习，如果她把阿瑟带在身边，教堂里的人也不会介意。更重要的是，经过斗争之后，他们的生活状态可以支付阿瑟在私立学校的教育，那里能够处理他的天赋和残障之间的混合。没有人能够知道阿瑟将来是否能够靠他自己生活。[3]

杰米·伯鲁比（Jamie Bérubé）喜欢 B. B. 金（B. B. King）、鲍勃·马雷（Bob Marley）和披头士。他能模仿服务员端来他最喜欢的食物，他非常有语言幽默感。杰米生来患有唐氏综合征（Down syndrome），从出生起，他就一直被许多医生和治疗师照料，更不用说来自父母——文学批评家迈克尔·伯鲁比（Michael Bérubé）和珍妮特·里昂（Janet Lyon）的无尽照顾。在其生命早期，杰米不得不通过插入其鼻子的管子来进食；由一个血液气体机器来监测他的氧气水平。他的父亲描写他时，杰米仅仅 3 岁。[4]一个语言治疗师训练他舌头的肌肉，另一个老师教他美国手语。一个按摩治疗师负责延长他脖子上过短的肌肉，以便他的头能立得更直。运动治疗师负责治疗低肌肉张力，这是患有唐氏综合征儿童运动和说话的主要障碍。同等重要的是，伊利诺伊州香槟市的一个很好的学前学校同意把他编入常规班，激发他的好奇心，并在他与其他儿童——他们对他的良好个性给予很好的反馈——相处方面给予他尤其重要的信心。总之，他的兄弟、他的父母和朋友创造了一个世界，在那个世界，他没有被视为"唐氏综合征患儿"，更没有被视为"一个先天性愚型傻瓜"。他是杰米,一个特别的孩子。杰米极有可能在一定程度上靠自己生活,并能获得一份工作。但是,他的父母知道他将在一生中比别的小孩更需要他们。

精神不健全的儿童和成人都是公民。[5]任何体面社会都必须承认他们需要关怀、教育、自尊、活动和友谊。然而,社会契约论把设计社会基本结构的契约主体设想为"自由、平等和独立的",把那些公民——他们代表其利益——设想为"终生是充分合作的社会成员"[6]。他们还经常设想他们具有相当理想化的理性特征。在处理严重的生理不健全和残障的情形上,这样的进路做得不好。然而,很显然在随后的思考中,在社会基本制度被制定出来后,这样的理论必须要处理严重的精神不健全和与此相关的残障问题。因此,最终精神不健全者并不属于那些人——所设计的社会基本制度为他们制定,并且将受惠于他们。

不能充分处理不健全和残障的公民的需要,是现代理论——把基本政治原则视为以互利为目标的契约的结果——的一个严重缺陷。这一缺陷越大,就越影响它们作为关于人类正义之更普遍解释的充分性。[7]一种关于人类正义的令人满意的解释,要求意识到不健全(包括精神不健全)者的平等公民身份,并且要恰当地支持对他们进行关怀和教育的劳动,并用这样的方式来对待与此相关的残障。它还要求意识到"正常"人所经历的各种各样的不健全、残障、需求和依赖,因此,在"正常"人的生活与终生不健全者的生活之间存在很大的连续性。我将在第三章论证,能力进路能够做得更好。因为它从一种社会动物——其尊严不是源于理想化的理性——的个人观开始,所以它为有生理和精神不健全者以及那些关怀他们的人提供了一种更充分、更完全、更平等的公民身份观念。

通篇我将会讨论生理不健全和精神不健全,但是我将尤其关注后者,后者以一种更本质的方式挑战了疑窦丛丛的理论。出于这一原因,我在这里集中于三个精神不健全的例子;但是随后我也会表明我的论证也暗示着对生理不健全和残障的适用。因为我论证的实际焦点在于教育,所以我集中于儿童;当然,我的论证也具有普遍性,相应地在实践中暗示着适用于成人。

这里,不健全和残障提出两个不同的社会正义问题,这两个问题都很紧迫。第一,存在公平对待不健全者的问题,如果他们打算过一种完整的、富有生产性的生活,那么就需要对这些人进行特殊的社会安排,包括各种各样的关怀。在另一个时代,塞莎和杰米可能在婴儿时期就死了;如果他们只是过着那种受到最基本的看护关照的收容所生活,那么他们永远不可能有机会发展他们爱和欢乐的潜能,并且,在杰米的例子中,永远不可能发展出基本的认知成就和也许是积极的公民身份。[8] 15 年前,阿斯伯格综合征还没有被认识到是一种疾病,阿瑟可能被视为一个聪明的孩子,他父母在情感上让他苦恼。他有可能被送到收容所,没有机会学习,并且他父母可能生活在令人难以承受的负罪感之中。相比而言,一个正义的社会,不会为这些孩子感到耻辱,不会阻碍他们的发展;它会支持他们的健康、教育、完全参与社会生活,甚至如果可能的话,参与政治生活。[9]

[第二,]我们可能会想,一个正义的社会也会看到问题的另

面，即对依赖者提供关怀的人的负担。这些人需要许多东西：认同他们的所作所为也是工作；人力和财力的支持；从工作中得到回报以及参与社会和政治生活的机会。这些问题与性别正义问题联系紧密，因为对依赖者提供的关怀大多数由女性提供。而且，大多数这种对依赖者提供关怀的工作是无报酬的，并且不被市场认可为工作。然而，它对这种工人的生活的其他部分却有着巨大的影响。我的姐姐不能做任何工作，因为没有哪种工作可以允许她在家里工作那么长时间。跟有雄心壮志的职业者的通常情况相比，伯鲁比家和基太家都能够更平等地承担照料孩子的责任，这只对异常具有弹性工作表的大学教学和写作职业才是可能的。他们也能提供许多帮助——正如基太不满地记录到，大多数的帮助都是由女性承担，当她们应该做得像个专家和提供重要的社会服务时，她们本身没有被支付很高的费用，并且不被社会尊重。[10]

不能仅仅因为只涉及一小部分人，就推迟或忽略这些问题。考虑到它们所导致的异常紧迫的平等问题，这是一个以各种形式推迟它们的非常糟糕的理由，就好像基于只涉及非常少的少数人从而推迟种族和宗教依附问题是异常糟糕的一样。但是，我们也应该认识到，残障和依赖发生在各种形式之中。它不仅仅发生在广泛的、终生不健全从而需要大量的甚至是每时每刻都需要来自他人关怀的儿童和成人之中。我刚才描述的所有精神、生理和社会不健全者，大致类似于老年人的境况；比起残障的儿童和年轻人，老年人通常更难得到关怀，更容易愤怒，更具防御性，更容易被激怒，和他们相处获得的身体上的快乐更少。与给一个丧失能力、大小便失禁的父亲或母亲——他（她）讨厌处于这种状况，尤其是当洗澡者和被洗澡者都记得父母的盛年期时——洗澡相比，给一个患有唐氏综合征的小孩洗澡似乎要容易得多。因此，我们思考不健全的和残障的儿童和成年人之需要的方式，就不是一个很容易与"平均的情形"截然分开的特殊的生命部分。它也暗示着以"正常人"（具有一般的缺点和局限性的人）[11]的方式想一想，当父母变老后甚至如果他们足够长寿，他们本身可能会有什么需求。[12]随着生命增加，许多人有时很享受的相对独立性似乎越来越成为一种临时性条件，一段我们逐渐走入而又迅速开始离开的生命旅程。即使在我们盛年期，我们中的许多人也遭遇过或长或短的严重依赖他人的时期——在手术或严重受伤之后，在情绪低落或有严重的精神压力时期。[13]尽管理论分析可能试图把"正常"生命阶段和终生不健全区分开来，但是在真实生活中的此类区分是很难做出的，并且以后将会一直变得更难。[14]

但是，如果我们意识到终生不健全者的情形与"正常人"之生活的各阶段具有连续性，那么我们也必须要意识到，尊重和接纳不健全者的问题以及与此相关的为这些不健全者和残障者提供关怀的问题是至关重要的，最终将影响到社会中的每一个家庭。很多人的健康、参与和自尊对我们在这一领域做出的选择是非常关键的。以保护接受者尊严的方式满足这些需要，似乎是正义社会的重要工作之一。

与此同时，这里有大量的关怀工作要做，通常这些工作是没有报酬的，公众也不认可这是一项工作。以一种不剥削关怀者的方式来安排这样的关怀，似乎也是正义社会的中心工作。[15]它曾经被假设为：所有这样的工作都由那些任何意义上都不是完全的公民、不需要离开家庭去工作的人（尤其是女性）去做。没有人问女性是否愿意做这样的工作：这仅仅是她们要干的活，她们做这样的工作被假设为出于选择、出于爱，尽管她们在面对问题时鲜有选择。现在，我们认为女性是平等的公民，有资格去追求所有职业。我们一般也认为，在她们是否应该承担大量的、不成比例的儿童看护工作或承担照料年迈的父母的工作方面，她们有资格进行真正的选择。如果被问及如下这个问题，即对双亲（父亲或母亲）而言，若不幸生了一个严重不健全的孩子，是否就要放弃过一种丰富多彩的个人生活和社会生活的所有希望，大多数人都会说否。但是，在国家中（在某种程度上所有现代国家都如此），生活现实是：仍然假定这类工作都是免费的、"出于爱"，在整个经济谱系中这仍然给女性增加了巨大的负担，降低了她们的生产力以及她们对公民生活和政治生活的贡献。[16]正常孩子的照料工作仍然是不成比例地由女性来承担，因为女性比男性更可能接受兼职工作和照料工作所需要的职业停滞。而且，同意帮助照顾很快就要入学孩子的父亲，似乎更少可能担负起长期照料极端不健全的孩子或父母的重担。在某些国家，做此类工作的女性常常能指望从别的家庭或社区获得一些支持，但在其他国家，她们却不能。

二、审慎的和道德的契约版本；公共的和私人的

对这些问题，社会契约传统中的正义理论有何看法呢？实际上

什么也没有。这一忽略不容易被修正,因为它内在于我们最有力的理论结构之中。

一些社会契约版本(霍布斯、哥瑟尔)单单从自我主义的理性出发;道德产生于(在它确实如此的程度上)不得不与处于相似情形的其他人进行讨价还价的限制。相比而言,罗尔斯的版本在无知之幕——限制了各方知道其在未来社会中地位的信息——的形式上增加了代表道德公正的东西。因此,尽管罗尔斯的各方本身就追求他们自身的福宁,并对别人的利益不感兴趣[17],但是显然各方都不打算作为所有人的模型,而是只作为某部分人的模型。一无所知的信息限制提供了其余的道德部分。在既是自我主义的又是道德化的社会契约版本中,在设置讨价还价情形时,各方在权力和能力上大致平等的理念扮演了一个非常重要的结构性角色。[18]正如我们所看到的那样,罗尔斯称休谟对正义环境的解释是"人类合作得以可能和必要的正常状况"(*TJ* 126)。尽管罗尔斯如康德般关注公平条件,但他从未停止支持休谟的限制。他的理论在此意义上是一种混合物[19],强调公平条件体现了它是康德式的,强调"自然状态"和互利目标体现了它是古典契约论式的。

权力和能力的大致平等可以用许多方式加以模式化。例如,我们可以把社会契约的各方设想为全部有需求和有依赖性的人,他们和他人有强烈的、不可消除的联系。但是,所有的社会契约理论家都选择把个人设想为完全具有理性的成年人——正如洛克所言,他们在"自然状态"中是"自由、平等和独立的"。[20]当代契约论者尤其采用了一个相关的假设。对大卫·哥瑟尔而言,那些有特殊需求者和不健全者都"不是植根于一种契约理论的道德关系中的一方"[21]。与此相似，在罗尔斯原初状态中的各方了解他们的生理和精神能力是处于一个"正常"范围内的。罗尔斯良序社会中的公民——在原初状态中各方受其委托——"终生是充分合作的社会成员"。

这一强调被深深地植根于契约状况的逻辑：理念是人们会和别人聚在一起，并只在一定的环境下才签订关于基本政治原则的契约，在此环境中，他们能够期待相互受益，并且所有人都支持从合作中有所得。在初始状况中接纳那些异常昂贵的人和可以预见对群体福宁所做的贡献远远少于大多数人的那些人（少于被"正常人"理念所定义的数量，关于罗尔斯所使用的"正常人"，我们会简要地研究），这违背了整个实践逻辑。如果人们出于互利而做出合作的安排，那么他们就会想和那些能够期待与其合作有所得的人聚在一起，而不想和那些需要特殊的、昂贵的关注，却不能为社会物品贡献任何更多的东西，因此会降低整个社会的福宁水平的人聚在一起。正如哥瑟尔所坦率承认的那样，这是人们喜欢提及的契约理论的一个令人不快的特征。[22]因此，正是这样一个契约理念，强烈地导向一个罗尔斯明确支持的方向，即在具有"正常生产力的"公民之间的"正常"变量和那类把一些人推向一种特殊范畴的不健全的变量之间进行区分。[23]

现在，我们当然可以立刻回应，不健全者以及与此相关的残障者并非无生产能力的。当社会为他们创造条件时，他们以各种方式回馈社会。因此，社会契约理论家对事实的理解是错误的；如果他们修正其虚假的事实假设，那么他们就能够把不健全者及其特殊需求包含进来，缓和与这些不健全联系在一起的残障。然而，沿着这一方向为社会契约理论辩护是注定会失败的。

在我转向更近地考察罗尔斯的理论之前，让我提出一个我不会全力以赴去对待的问题。基于以下理由，签订主宰公共文化原则的契约的核心理念，有可能与对一些包括对依赖者予以关怀的紧迫的正义问题的忽视联系在一起。在传统的西方政治思想史上[24]，契约领域被视为公共领域，特征是大致平等者之间的互惠。这一领域与另一领域——所谓的私人领域（或家庭）——直接对立，在那一领域，人们做事情是出于爱或情感而非出于互相尊重，在这里契约关系不存在，平等也不是核心价值。家庭爱的纽带和源于此的活动被设想为某种前契约的或自然的，不属于各方为其制定契约的部分。甚至罗尔斯使用标准话语"自然情感"来定义从家庭中获得的情感。

然而，到现在为止，人们已经广泛地意识到家庭本身是一种由法律和社会制度以一种基础性的方式来定义和形塑的政治机构。[25] 实际上也很显然（并且在伟大的约翰·斯图亚特·密尔那里也已经很明白），家庭所包含的情感本身已经远非自然的：社会背景条件和由此产生的期待和必然性以各种方式塑造着这些情感。然而，在社会契约传统中，没有哪个思想家远离这一洞见（尽管是以不同的方式，但霍布斯和罗尔斯都零零星星地涉及了）。我以为，导致这一失败的一个原因是这一事实，即他们形成政治原则的指南是契约理念，传统上这与公共领域和私人领域的古典区分相联系。在社会契约的真正**理念**中，没有任何东西能阻止我们使用契约来思考关于家庭和家庭中所要做的工作的设计。将契约和讨价还价的理念应用于家庭，有助于我们思考家庭成员之间的关系方面的公平问题。[26] 有人可能会认为罗尔斯也会走向这一步，因为他承认家庭是形成社会"基本结构"的组成部分之一，在那里，它从生命的最开始就渗透到人们的生活机会中，并且他至少在公开场合拒绝承认公共与私人的区分。因此，有人或许认为罗尔斯可能把家庭的内部工作视为社会契约应该予以规范的部分，尽管出于复杂的原因，罗尔斯并没有这样做。[27] 但是，考虑到把家庭视为一个爱和情感的私人领域而不是契约领域的历史，把家庭视为一个政治机构很难得以一贯地实施。基于这一考虑，没有哪个理论用这种方式把家庭视为政治的。结果，关于内在于家庭生活的正义问题，所有理论给出的引导都是非常有缺陷的。[28]

三、罗尔斯的康德式契约论：首要善、康德式个人、大致平等、互利

现在让我们转向对罗尔斯之康德式社会契约理论的进一步审察，我认为它是我们所拥有的最强有力的理论。罗尔斯的理论具有非同寻常的竞争性，因为它不打算从非道德中挤出道德，但是却从一种引人入胜的道德观模型开始。在原初状态中各方的审慎理性与由无知之幕加诸各方的信息限制之间的混合，打算给我们一个关于

现实的人在任何时候都可能持有的道德立场的框架展示，如果他们能够充分忽略其自身利益的迫切诉求。正如罗尔斯《正义论》最后一句激动人心的话，"如果人能获得心灵的纯净，那么从这一观点出发，就能清楚地发现它，并能够优雅地、自律地实行它"[29]（587）。如果我们要为关于精神残障者的正义问题寻求一个好的答案，那么罗尔斯的观念显然比哥瑟尔的更有希望。

然而，罗尔斯的理论是一个混合理论。它的康德式因素常常与它的古典社会契约因素存在紧张。我们应该准备找到这些紧张，并询问在我们所发现的每个有问题的情形中，理论中的何种因素是其来源，比较而言，我们可以抽出何种因素来平息问题。必须探索的四个有问题的领域是：理论用收入和财富来作为相对社会地位的指标，它对康德式个人观和互惠观念的使用，它对正义环境的信奉，以及我们在做出合作优于不合作的决定时对互惠理念的信奉。

我们也要提到第五个问题：罗尔斯对方法之简单性和经济的深度信奉。这一信奉影响着我们处理首要善。但是，它也以一种更一般的方式——例如，通过引导他在原初状态中排除仁慈动机——影响他的契约论的形成。在这一点上，他给出的拒绝与洛克为伍的原因——包括仁慈——是，我们想要"确保正义原则不依赖于强烈假设……在理论基础部分，人们要尽可能少地使用假设"（*TJ* 129）。后面在讨论仁慈的需要时，我将回头讨论这一点。

现在，让我回到罗尔斯对残障的清晰处理，我们要询问，在罗尔斯的论证中，把问题推迟到"立法阶段"，即在社会基本原则已经被设计出来之后，理论的这些方面的每一部分是如何起作用的。

四、推迟残障问题

一直以来，罗尔斯的各方都被设想为理性的成年人，具有大致相似的需要，能够达到社会合作和生产力的"正常"水平。和在《正义论》中一样，在《政治自由主义》中，罗尔斯规定在原初状态中的各方了解他们"多种多样的天赋（如力量和智力）"存在于"正常范围的所有人之中"（25）。此外，在《政治自由主义》中，他们代表着被描述为"终生是充分合作的社会成员"（20，21，183）的公民。再一次，他坚持："我已经完全假设并将继续假设，一旦公民没有平等的能力，那么至少在基本的最低限度，他们具有使其终生是充分合作的社会成员的道德、智力、生理能力。"（183）在他的理论中，"政治哲学的基本问题"就是"如何在被如此看待的人中间详细规定公平合作的条款"（183）。因此，关于正常能力的假设使我们"获得一种关于对于我们而言什么是政治正义的基本问题之清晰而有条理的观点，这个基本问题是：具体规定公民——他们被看作自由平等的公民和终生是充分合作的社会成员——之间的社会合作项目的最合适的正义观念是什么?"[30]（20）

在被如此构想的人那里，罗尔斯把更多人类可能经历的更极端形式的生理的和精神的、永久的和暂时的需要与依赖，从基本政治选择情形中忽略了。这不是失职：它是蓄意的设计。正如我们所看到的，罗尔斯意识到把特殊的不健全的公民包含进来的问题，但是他论证这一问题应该在随后阶段——在基本政治原则被选择出来之后——予以解决。

这一推迟导致了他的政治分配理论的巨大差异。他关于首要善的解释没有给特殊的社会安排——为了尽可能地全部包括生理和精神不健全的人而需要做出的——留出空间,据说,如其所是,首要善的解释是作为一种关于具有两种道德能力和"充分合作"能力的公民需要的解释。在这类安排中,最突出的是我们给予处于特殊依赖时期的人的那种关怀。[31]但是,其他核心问题也要受到影响:因为对"充分合作的"公民的需要而言,理论对自由、机会、自尊的社会基础的理解至关重要。因此,不健全和与此相关的残障公民的特殊需求——享受特殊教育的需求、重新设计公共空间(轮椅通道、轮椅能够上公共汽车、触觉标示,等等)的需求——似乎不被包含在最初阶段,在这一阶段,基本政治原则被选择。很显然,罗尔斯以一种排除严重生理和精神不健全者的方式来理解"充分合作"这个概念。然后,所有残障者的特殊需要仅仅在社会基本机构被设计出来之后才被予以考虑。

现在,罗尔斯当然完全意识到他的理论集中于一些情形,把其他放在一边了。他坚持,尽管对那些在他的意义上不是"充分合作"的人予以关怀的需要,是"一个紧迫的实践问题",但是它可能被合理地推迟到在基本政治制度被设计出来之后的立法阶段:

> 因此,让我们加上,所有公民终生是充分合作的社会成员。这意味着每个人都有足够的智识力量在社会中起着正常的作用,没有人遭遇到特别难以实施的特殊需要,例如特殊的、

昂贵的医疗需要。当然，对有此需要的人进行关怀是一个紧迫的实践问题。但是，在这一初级阶段，社会正义的基本问题在那些完全的、积极的、具有道德意识的社会参与者和终其一生都直接或间接联系在一起的人之间产生。因此，把一些困难放在一边是合情理的。我们如果能够创造一种覆盖基础性情形的理论，那么随后就可以把这一理论扩展到其他情形中。很显然，不能适用于基础性情形的理论是根本没有用的理论。（DL 546）

与此相似，他在《政治自由主义》中指出：

既然我们从作为公平合作系统的社会理念开始，那么，我们假设，作为公民的个人拥有使他们能够成为社会合作成员的所有能力。这样做是为了获得一种关于对于我们而言什么是政治正义的基本问题之清晰而有条理的观点，这个基本问题是：具体规定公民——他们被看作自由平等的公民和终生是充分合作的社会成员——之间的社会合作项目的最合适的正义观念是什么？

当然，我们把这个问题作为基本问题，并不是说任何人在任何时候都不承受病痛和意外，人们可以预期到日常生活过程中的这类不幸，也必须对这些偶然事故做出规定。但是，就我们既定的目的而言，我暂且不考虑那些暂时残障者和永久残障者或精神错乱者，这些状态使他们不能成为通常意义上的社会合作成员。（20）

在这段话之后，他又谈及作为"正常的和充分合作"的个人，并且随后提及,在他迄今为止所发展的正义观念中没有处理的一个问题,"如何对待那些不能满足这些条件的人,他们或暂时不能满足这些条件(因为疾病和意外),或永远不能满足这些条件,这两类情形都包含各种各样的个案情况"(21)。随后,与此相似,他在使人们"高出"或"低于"一种"平均线"的能力变量——这种变量使他们具有"超过"或"不及成为正常合作的社会成员所必须具备的起码的基本能力"(183)——之间做出了明确区分。现在,他说,使人们高出"平均线"的那类变量,尤其是通过机会的公平均等和自由竞争的理念,被所描述的理论采纳了;使人们低于"平均线"的那类变量将在随后的立法阶段得到处理,即"当流行病和种种不幸能被了解,并且人们可以确定处理这些不幸所需花费的代价,并通过总的政府开支来予以平衡时"(184)。

因此,显而易见,罗尔斯相信,我们不考虑"反常的"——要么是生理的或精神的,要么是暂时的或永久的——不健全,就能充分设计出基本政治原则,因此,当询问什么样的首要善应该出现在任何拥有两种道德能力的公民可能想要的事物清单上时,并没有考虑他们。此外,似乎也很显然,他把"正常人"和非典型的不健全者之间的区分等同于充分合作者和不能充分合作者之间的区分——尽管有人可能认为如果社会环境能够极大改变,许多不健全不会导致活动上的残障。因此,概念领域是模糊的,但是似乎能合理地得出结论:那些罗尔斯想要推迟他们的特殊需要的人包括盲人、聋人、轮椅使用者、具有严重精神疾病(包括严重抑郁症)的人,具有像阿瑟、杰米、塞莎那样的严重认知和其他发展不健全的人。而且，这些被排除在外者扩展到那些暂时处于这样状况的人。

现在，我们必须提出两个问题。第一，**为什么**罗尔斯认为我们需要推迟这些情形，他理论中那四个成问题的方面中的每一个在他的决定中究竟扮演什么角色？第二，他认为像他这样的康德式社会契约理论必须推迟这些情形，这一点是否正确？

尽管最终我们将集中于精神不健全的人，这些人对罗尔斯的理论提出了最严峻的挑战，但我们最好还是从显然更简单的生理不健全的情形出发：先是终生不健全，然后是暂时不健全。当罗尔斯说他的理论不能处理这些情形时，似乎他正好犯了个错误。支持这些不健全者的人可能回应：盲人、聋人、坐在轮椅上的人具有在你理论中所描述的精神和道德能力。任何人都可能成为这样的人，因此，对于原初状态中的各方而言，否认关于他们种族、阶级、性别的知识，但却承认关于他们身体能力低于所谓的正常范围的知识，这似乎是武断的。而且，聋人、盲人、坐在轮椅上的人的情形比人们通常所想的更接近于种族和性别的情形。只要社会调整其背景条件，把这类不健全的人包括进来，那么在通常经济意义上，他们常常是极富生产性的社会成员，能够做各种各样的高水平工作。在当前情况下，他们相对缺乏生产性是不"自然的"；它是歧视性的社会安排的产物。只要建筑物有残疾人通道，轮椅能上公共汽车，坐轮椅的人就能自如地四处活动，并能很好地工作。借助于现代语音技术和触觉标识，盲人几乎可以在任何地方工作，只要工作地点具有这些技术。聋人能够利用电子邮件来取代电话，能够利用许多其他的可视技术——再一次，只要设计此类工作时本身包括这些人。

就好像性别歧视不给女性提供产假一样，尽管只有女性能够怀孕是一个生理事实，因此，不给不健全的人提供这类可以进行生产的支持也是对他们的歧视，尽管只有他们才需要这些支持是一个生理事实。由此可见，在原初状态中的各方不知道他们可能会有何种生理不健全；接着，并且是紧接着，他们就要制定公平对待具有这类不健全的人的完全公平的原则。

为什么罗尔斯不能接受这一显然合理的建议？我知道有三个理由，所有理由都深深地植根于其理论。第一个理由源于他的首要善教义。如果在计算首要善的需要时，包括具有生理不健全和相关残障的人，那么罗尔斯就失去了衡量社会最底层人的简明而直接的方式，出于思考物质分配和再分配——现在，他单独把收入和财富与之关联起来（在确保自由的优先性之后）——的目的，他需要做出决定。如果某人与社会环境相关的身体状况现在被视为首要善的极大变量，那么，即使 A 与 B 具有大致相似的收入和财富，在福宁意义上，A 比 B 的处境要差也是可能的。实际上，这是森在推荐把能力作为重点，把能力作为一系列首要善的替代物时一再重复的要点：一个使用轮椅的人和一个可以"正常"移动的人，在收入和财富上可能一样，然而考虑到四处走动的能力，前者的处境更差。随后，我也会讨论森所提议的解决方案，因为它暗含着比罗尔斯理论更多的方面。这里，我仅仅集中于森的提议与首要善教义的关系。[32]

罗尔斯清楚地看到把首要善视为一系列多元价值的能力的吸引力；他对森的提议充满同情，然而最终还是拒绝了。拒绝的理由显然源于他对用一种简单而线性的方式——只单独涉及收入和财富——来衡量相对社会地位的信奉。在论证差异原则时,他赋予用一种肯定而一贯的方式来衡量处境优越和处境糟糕之人的能力极大的重要性。如果衡量方法是多元的、异质的,那么谁的处境糟糕就不甚明确,并且整个差异原则的论证就被抛入了危险之中。

那么,这一特殊问题——我们可以称之为"残障/首要善问题"——与罗尔斯在论证差异原则时以首要善来对相对社会地位进行排序的特殊用法联系紧密。我相信,当罗尔斯选择用一种单一而线性的方式来衡量相对社会地位时,他就已经遭遇到了巨大的困难。因为他坚持,自尊(或甚至是其社会基础)是"最重要的"首要善。[33]然而,当它进入衡量谁处于社会的底层时,罗尔斯忽略了自尊,只单独用收入和财富来衡量社会地位。一定的基本自由和机会已经得到处理,但是自尊还没有。然而,一个社会包括许多从这一首要善来看处于社会底层,但从收入和财富来看却不那么糟糕的人,这似乎是相当可能的。例如,有人会论证,在《劳伦斯诉得克萨斯州案》(*Lawrence v. Texas*, 2003)之前,美国的男同性恋和女同性恋就处于这一社会境况,在那时,他们私人的性行为能被问罪;或许,考虑到对同性婚姻的反对,他们仍然处于那一社会境况。因此,罗尔斯已经表明,我们有理由推迟对复杂而价值多元的相对社会地位的分析,尽管他自己最终拒绝了这一分析。如果他转向这一方向,那么他至少要面对两个更进一步的问题:第一,如果不采用他所坚决反对的"直觉的"平衡,如何平衡这种善和另一种善?第二,如何以一种新的、多元价值的方式——可能是对原初选择状况进行全部设计的某种后果——来思考社会生产力？

以首要善来对相对社会地位进行排序的做法似乎不是罗尔斯这类契约教义的一个必要部分，尽管对他而言是比较重要的。因为有人可能会论证，原初状态中的各方可能更喜欢一个充分的社会最低限度而不是差异原则。[34]在这一情形中，他们不需要为了比较（尤其是一种单一价值之比较）的目的而诉诸首要善。为了了解社会原则要分配什么，尽管他们可能仍然需要一些类似于首要善的东西，但是他们可以使用一系列多元价值的资格，他们甚至不需要把首要善想象为一些容易计量的东西，如收入和财富。（在这一理论中，我为之辩护的能力清单能够作为一种对首要善的解释，正如森很早以前提议的那样。）那么，到此为止，我们还没有看到任何理由能说明，为什么一种在本质上既是契约论的又是康德主义的理论不能承认这一事实，即收入和财富不是可移动性、社会认同这类重要的社会善物品的很好替代物。罗尔斯摆脱残障/首要善的担忧，推迟残障问题，在此意义上，一个契约论者很容易拒绝这一推迟。

然而，罗尔斯不能接受这一显然合理的提议——原初状态中的各方应该不知道他们的生理和精神能力或残障——的第二个理由，直接产生于他对社会契约传统的忠诚。原初状态（正如罗尔斯设计出的那样）中的各方知道关于世界的一般事实，因此，他们知道一些诸如后背受伤的不健全很常见，而其他不健全诸如盲、聋则不那么常见。他们和他们能力的定义中所使用的"正常的"真正理念，就他们对它们的了解而言，只不过是一个统计频率（statistical frequency）的理念。当然，在所有社会中，统计频率的这些事实决定了公共空间和私人空间以及普遍自然的日常生活的形成。不是"正常人"不能有身体上的不健全，比如，一个人的死亡、身高和臂展长度的限制、后背乏力、只能听到所存在的某段频率。[35] 但是，我们没有发现安装有人的耳朵不能听到而只有狗的耳朵能听到的设备的工作地点；在那里，我们也没有发现台阶特别高以至于只有巨人国的巨人才能爬的楼梯。所安排的公共空间满足了"正常"情形中的不健全者。盲人、聋人、轮椅使用者的不同之处在于，他们的能力一般不能得到满足，因为他们以一种不同寻常的方式受到了损伤。当他们被允许在运动场上参加竞争，在运动场上没有任何对他们有利的情况下，事情往往出乎意料：因此，在马拉松比赛中，轮椅使用者所用的时间比用腿跑的人所用的时间常常要短很多。如果有人反对说轮椅是一种假体，那么我们可以观察到"正常人"通常也使用假体，如私家车和公共汽车，并且公共空间是为满足这些假体而设计的。它却没有被设计成满足那些非典型性的残障者。我们筑路、我们专设公交车通道，但常常没有设置轮椅通道、轮椅上公交车的入口。当然，我们不能为了把"正常人"视为具有"生产性的"，从而要求他们展示一种在没有机械辅助的情况下操作所有与工作相关的活动的能力。公共空间是关于接纳理念的人为产物。通过把街道设计成这种样子而不是另一种样子，我们把那些有能力的、富有"生产性的"但可能碰巧是盲人的人排除在外，就像杰出的法学家雅各布·坦布鲁克（Jacobus Tenbroek）在他的文章《在世界的权利：残障者和民事侵权法》("The Right to Be in the World: The Disabled and the Law of Torts"）中所观察到的那样。[36]

然而，对于契约论而言，真正的问题在于非"正常的"不健全相对罕见（被定义为"非正常的"仅仅是指它们相对罕见）；这一罕见必定致使如果要那样起作用就不得不做出昂贵的、困难的安排，公共空间要对所有处于其中的人开放，从而使他们都能具有"正常的"生产性。一般而言，完全接纳所有"非正常的"不健全者，使这样的花费大大超出经济生产力的收益变得可能，因为为了满足非常小部分人的需要，要为所有人重新设计许多设施。因此，正如哥瑟尔所明确指出的，这样的安排在经济上不是互利的。这也不是结束种族和性别歧视安排的例子，最低程度上它可以被认为是经济有效性的例子，因为它们包括在没有昂贵再设计的劳动力方面[37]，大量多产的工人反而可能不被接纳。[38]因此，即使我们承认残障者认为"正常"范围之外的不健全的工人可能是高产的，但是不可能每个人都能普遍表明他们的经济生产力能够补偿完全接纳他们所产生的花费。这里，我们真的面临一个选择：要么合作和完全接纳他们，要么不合作（和在随后阶段延伸的慈善）。罗尔斯关于为什么合作比不合作更值得欲求的原初解释，依赖一种与他关于"正常的"社会合作相联系的互利理念。我相信，如果不从根本上修正罗尔斯理论的这一方面，罗尔斯就不能解释为什么要赋予低于"平均线"的人正义而不是慈善。

现在，社会契约思想家可能加上第三点。尽管如果盲人、聋人和轮椅使用者所处的环境得当，那么他们可能是高产的，但就此认为对于所有具有生理不健全的人而言这一点都是普遍正确，却是不合情理的。一些不健全极大地影响终生发挥功能，因此，在许多社会环境（即使不是大多数）中似乎是残障的。[实际上，那一标准——受到"主要的生活自理能力"的困扰——为了定义残障而在《美国残疾人法案》（Americans with Disabilities Act）中被使用。]在那些受到如此困扰的人之中，至少有一些人很难适应那种使工人在通常意义上充分多产的方式。因此，即使基于可期待的经济生产力而完全接纳一些不健全的工人是可以的，这样的论证显然也不能覆盖所有生理不健全的情形。

这里，我们能看到契约理论赤裸裸的一面。我们可能把起点道德化，底线就是：从自然状态出发的全部要义在于从相互合作中获得收益，并且收益被这些理论家以一种十分熟悉的经济方式来定义。这种合作图景与这一理念——我们必须把最初的讨价还价群体限制为那些具有"正常的"生产能力的人——联系密切。对契约论者而言，在这一最初阶段，谁"在"和谁"不在"并非无关紧要之事，因为正如大卫·哥瑟尔所言，现在我们的社会具有"使利益持续不断地向那些降低［平均福宁水平］的人转移成为可能"的医疗技术。因此，他非常合理地坚持，非典型的残障者必须被排除在起点之外："当所需要的服务超出任何可能的产品时，委婉地说使他们能过一种富有生产性的生活，隐藏了这一问题，即（可以理解）没有人想面对……这些不属于根植于一种契约理论的道德关系中的任何一方的人。"[39]

罗尔斯的理论在这一点上展示了一种深度的紧张。一方面，它的核心目的之一是使正义问题优先于效率问题。每个人都是目的的理念是其理论内核。当然，一旦商议势在必行，它就以这种方式——各方不可能以一种对别的个体不公平的方式来追求全部福宁——来构造,在这种意义上,这一康德内核完全根植于原初状态。另一方面,关于为什么各方更愿意合作而非不合作以及他们追求什么的解释,仍然是一种古典契约论的解释,是用休谟正义环境来代替自然状态。大致平等和互利目标的结构特征,仍然形成关于谁在最初能被包括进来和每一方试图从合作中得到什么的解释。不对这些特征表示怀疑并因此最终切断与古典社会契约传统的纽带,我们就不能把不可违背的核心理念与相关的互惠理念扩展到具有严重生理和精神不健全的人。

罗尔斯很好地意识到了这一点。这就是为什么他会提到下面这个问题——其理论很难回答的问题之一:对于那些不能满足"终生是正常的、充分合作的社会成员"这一条件的人——他们"要么暂时(源于疾病和意外)要么永久不能满足这一条件,所有这些都覆盖广泛的情形",我们应该承担何种义务?回顾一下他所说的这个和其他三个正在讨论中的问题,"一旦我们想要最终回答所有这些问题,我就非常怀疑在作为一种政治观的公平正义领域内它们是否可能"(PL 21)。而且,尽管他对其中的两个问题(国际正义和代际正义)表示乐观,但是对另外两个问题(残障者的问题和"对动物和其他物种具有何种义务"的问题)却保持悲观;他把这些问题称为"作为公平的正义不能应用的问题"。关于这些情形,他看到了两种可能性。一种可能性是"政治正义的理念不能适用于一切,我们也不应该期望它能这样"。另一种可能性是这些问题实际上是正义问题,"只不过公平正义观不适用于这些情形,然而它可以很好地适用于其他情形。这一错误有多深必须要等待它本身被检验"（21）。换言之，尽管他提出了处理问题的方式——把这些问题推迟到立法阶段，但他却不自信这是一种好的解决问题的方法。当然，它不会把这些问题作为基本正义——当社会基本原则被设计出来之后就需要被解决——来对待。我赞同罗尔斯的第二个建议——不健全和残障确实产生了正义问题——并且，我希望这里的分析会提供至少部分的检验，从而表明从罗尔斯直觉理念出发的理论如何可能解决这个问题。

在这一点上，两个问题变得很紧迫。第一，为什么罗尔斯不能仅仅采用一种更具道德性的社会合作利益观，这种利益观包括被纳入其中的善、尊重人类尊严以及各方在社会合作中所要寻求的利益之一的正义本身？第二，正如我们所坚持的那样，考虑到每个人遭遇严重的生理不健全和残障的可能性，为什么他不使用对抗意外的保险理念？

回答第一个问题似乎很有希望。在某种形式中，它似乎仅仅是像罗尔斯这样的康德主义者应该说什么。我们选择尊重不健全的人和接纳他们，因为这样做本身是善的，而无论它是否具有经济效益。利益不应该只考虑纯粹的经济形式，因为正义本身应该被视为最大的善。这一回答显然与罗尔斯思想中的一个深刻的组成部分一致，并且当他谈论重叠共识理念和为什么良序社会的公民协议不仅仅是一种权宜之计时，他经常做出这类回答。（例如，*PL* 208）但是，罗尔斯是否能把这一考虑引入原初状态，给予各方（被定义为尽可能提升其自身目标的人）一系列更广泛的道德化目的来考虑，这是非常不清楚的。说罗尔斯的人性观是人是自我利益最大化者，常常是错误的：因为（正如我所坚持的那样）原初状态中的各方只包括一部分人，另一（道德）部分包含在无知之幕中。但是，原初状态不允许各方知道他们是否要关怀其他人。一些善观念包括关心他人，而另一些善观念却不包括；他们不知道他们持有何种观念。他们被假设能够具有正义感，但是他们甚至不能应用任何特定的正义观念；所有他们能够设想的是，他们将完全理解和遵从最终他们同意达成的任何原则。（TJ 145）他们很少能够知道任何有关他们对他人之爱和他们把其他人包含进来的愿望。他们的利益和目标没有被设想为自利的，但是他们也没有被设想为仁慈的。这些安排是他们所未知的善观念的方方面面。（129）对罗尔斯而言，如此安排非常重要：他论证"一种正义观念不应假设……与自然情感的额外联系"（129）。作为理论的基础，假设应该尽可能地少，尽可能地弱。

罗尔斯反对在原初状态中把无限的仁慈包括进来是一个理论问题，这与他把理论奠定在非常少量的假设上的愿望有关。另一不同类型的契约论就包括了仁慈；洛克是这样做的。但是，究竟多大范围的仁慈最终能与强调互利计划之社会的契约论相容呢？（正如我在第一章第五节所指出的那样，洛克理论在这一点上存在一定的张力。）要求完全接纳不健全者的仁慈是深远的，它要求具有牺牲自己利益和群体利益的意愿。这意味着与那些人——根本不与他们合作既是可能的也是有利的——合作。许多人甚至质疑，如果不预设一种对各方而言缺乏现实度的风险预防，罗尔斯提供的论证实际上就能为他的差异原则——为了提升最底层人的状况，要求各方愿意牺牲群体利益——辩护。但是，在那一论证中，各方至少知道他们的生产能力都处于正常范围之内，因此，他们能够预期从放弃群体利益的意愿中得到回报。要求完全接纳不健全者的仁慈，是类型上不同，而不仅仅是程度上不同。因此，即使罗尔斯打算搁置他对仁慈的理论反对，但如果在原初状态不停止坚持互利是合作的（是不合作的对立面）目标，他就似乎不可能把这类仁慈包含进来。

简言之：罗尔斯接受了契约传统的互利合作理念和其环境——这样的合作只有在此环境中才有意义——的理念。把一系列广义的道德化社会目标包含进来，需要对各方的理性进行再设计，因为现在他们必须知道他们要关心其他人的（而不仅仅是他们自己的）利益。罗尔斯所反对的这一变化是极其复杂的，也许会使整个关于何种原则被选择的问题变得不明确。但是，如果所增加的仁慈足够深入并被包括进来，那么这一变化也要求尽量远离互利契约理念——根本没有必要使用社会契约的隐喻——这一进路。如果不放弃与社会契约传统的联系，那么，假如具有严重不健全的人碰巧存在于社会中，他们的利益就只会在随后的立法阶段被考虑。但是，各方不得不意识到，正如罗尔斯实际上让他们意识到的一样，他们本身不是这样的人。结果，随后考虑他们的利益是出于慈善而不是出于基本正义。

那么保险的理念是什么？甚至理查德·爱普斯坦（Richard Epstein）——他不赞同保护残障者权益的法律——也指出，这些法律在一定意义上是非常合理的。因为我们都意识到我们自己可能会意外地遭受一种不健全，因此，我们有动机去选择一种政治管理体制，去保护我们免于那种偶然性所导致的最糟糕的结果。[40]在阐释这一点时，我们必定同时遇到一个相关的问题：为什么罗尔斯不仅把终生不健全而且把暂时不健全排除在公平正义领域之外，再一次，他明确坚持要在基本原则被设计出来之后的立法阶段来处理这个问题？当然，这种暂时不健全和与此相关的残障是保险能够覆盖的典型案例。

对这个问题有两个回答，它们与我们前面的分析密切相关。第一个回答是罗尔斯在回应阿玛蒂亚·森时给出的。他论证，采用对使人们"低于平均线"的暂时不健全进行弥补的方式来解决问题，使首要善——尤其是用来衡量社会地位的收入和财富——的使用复杂化了（正如森所明白阐述的那样）。当我们考虑终生不健全时，我们更早地看到了这一问题；但是，这一问题也会在暂时不健全的情形中产生。[41]罗尔斯似乎同意森，一旦我们考虑这些情形，用能力而不仅仅用收入和财富来衡量相对的福宁就是有意义的。因此，即使对想要为自身设计原初状态的各方而言，保险体系似乎是一个自然的事物，考虑到人类生命的普遍事实，在基本政治原则设计中包括这部分人的生命的理论代价仍然是非常巨大的。我们失去了使用收入和财富来排序社会地位所提供的明晰，并且我们被要求转向一份更冗长的能力清单，它不可避免地产生一种对生活状况是好还是不那么好进行评价的多元尺度。社会选择似乎被迫进入了罗尔斯十分想要避免的直觉衡量领域。尽管他承认森所提出的问题的重要性，但是他相信，他能把它推迟到立法阶段，并且为了获得理论的明晰以及他所寻求的确定性,为了保持他如此精心设计的差异原则的论证,如果他能,他就必须这样做。[42]

把暂时不健全作为一个孤立的情形——在此情形中,收入和财富是福宁的糟糕代表——来对待也是不合理的。正如森一再坚持的那样,生理需要的变量和不对称性不单单是孤立的或容易孤立的情形,它们是人类生活中的渗透性事实:怀孕和哺乳期的妇女比不怀孕的人需要更多的营养品,儿童比成年人需要更多的蛋白质,非常年轻的人和非常年老的人在他们生活的大多数领域比别人需要更多的关怀。甚至在清晰可辨的"充分合作"领域,如果首要善理论不考虑用这些变量来衡量谁处于最差境况和谁不处于最差境况,而是单独用收入和财富来决定那种地位(正如理论所推荐的),那么它似乎就是有缺陷的。需要方面的变量问题是渗透性的。因此,甚至为了考虑那些(虚构的)公民——永远不会有某种使他们低于"平均线"的即使是暂时的不健全——的生理需要,罗尔斯需要一种衡量福宁的方式,这种方式不单独依赖收入和财富,但却置身于一种更广泛的人类活动来看待公民的能力。

正如我曾经所说,推迟残障问题的这一特殊原因源于对罗尔斯非常重要的理论的一个方面,但却不必然是他这类契约论的特征。

由对抗意外的保险理念提出的第二个问题是罗尔斯没有明确提及的问题,但是它却隐含在其谨慎的、一再重复的陈述——我们经常与那些能力处于"正常"范围的人打交道——中。这一问题是:在罗尔斯基于契约论理由所推迟的终生不健全的情形和由疾病、意外、年老导致的不健全时期之间,确实存在一种连续性。正如哥瑟尔所说，我生活在这样一个年代，在这个年代，医疗使维持一个不富有"生产力"的人变得越来越可能。尽管罗尔斯使用"正常的"术语，并谈及"平均线"，当然他也意识到"平均线"是武断的，但是终生不健全的人和 20 岁瘫痪并且将永久瘫痪的人，比起后一种人和患有严重疾病一个星期后又正常活动的人，具有更多的相似性。一些暂时不健全的人可能比终生不健全的人活得更长。因此，把暂时不健全的人包括进来而不把终生不健全的人全部包括进来，似乎是武断的。尤其是，当更多的人活得更长时，即使有无数的、长期持续的不健全和残障，这一群体和另一群体之间的连续一致性就变得非常巨大。但是，这种连续一致性意味着，思考社会生产力（即使是关于暂时不健全的）需要复杂的个体化计算。正如爱普斯坦所说，认真思考保险就要考虑到如下这些因素：任何人都有变得不健全的可能性，对同一资源的交替使用，所需要的支持程度，当然还有每一种类型的不健全在不同的支持程度上所具有的生产力。各种不同的保险是否有效，依赖于这些经验性的例子，它们随着时间而变化。这似乎是罗尔斯把它们放在立法阶段的一个很好的理由。

不像前面的问题，推迟的原因直接源于罗尔斯的社会契约论逻辑。为什么要进行个体化计算，理由是我们需要指出以经济的方式保险是否就是有效的，并且在何种程度上它具有有效性。但是，在构建基本正义原则和接纳方面我们需要考虑效率的问题，仅仅是因为我们把社会设想为一个互利的合作体系。在原初状态所选择的原则中包含对保险的大量信奉，将会与那种目标相妥协，并且不可能事前判断一个包含大量保险的社会是否可能从根本上实现那种目标。

显然，推迟并非无辜的。各方被要求把自身设想为好像他们代表着"终生是充分合作的"公民，并且因此好像公民在特殊依赖期也没有关怀的需求。这一虚构抹杀了人类生活的许多特征，同样也抹杀了所谓的正常人和终生不健全的人之间的一致性。它偏离了首要善的选择，隐藏了这一事实，即健康关怀和其他形式的关怀对真正的人而言是使福宁可能的核心善；鉴于森给出的理由，收入和财富并非这些善的很好的替代物。更一般地说，对儿童、老人、精神和生理残障的人的关怀，是在任何社会都需要做的主要工作，并且在大多数社会，这是造成巨大不正义的源泉。任何一个正义社会都需要从一开始即在设计基本制度结构时，尤其是在它的首要善理论中，思考这个问题。[43]

五、康德的个人和精神不健全

那么（到目前为止），罗尔斯理论的问题源于他对首要善概念的特殊使用，也源于他对"大致平等"和互利这两个理念的社会契约式的信奉，而不是源于他的康德主义。实际上，正如我所认为的那样，在这一领域中对理论的康德式强调与契约教义之间存在紧张。康德主义要求把每个人当作目的，不能因总体社会福宁的原因而允许任何个体从属于它。而且，在良序社会中，康德式公民明确地思考正义，把正义视为内在善，并且他们关于社会合作利益的概念是丰富的、价值多元的。康德式公民能够**事后**明白赋予不健全的人完全的尊重和接纳的好理由；问题在于**事前**，即在原初状态，社会契约框架阻止选择这一路径。

然而，现在我们必须考虑严重精神不健全的问题。罗尔斯理论在生理不健全那里所具有的所有问题在精神不健全这里都存在。但是，它还存在其他额外的问题，一些直接源于其理论的康德式方面的问题，在其他例子中其理论的康德式方面似乎是支持尊重和接纳的。

有严重精神不健全的人对理论的社会契约/互利方面提出了尖锐的问题。如果作为社会福宁的生产力增量的公民理念不堪承受接纳生理不健全的人，那么当我们面对杰米、塞莎和阿瑟的生活时，它肯定是要失败的。以一种即使从补偿社会为教育他们所产生的费用开始的方式，似乎他们三人中没有人可能具有经济上的生产力。杰米有可能找到某种工作，并且可能在政治生活中扮演一个角色；但是，可以肯定在经济意义上他不能"偿还"他所产生的巨大的医疗和教育费用。[44]如果他的教育过程进展顺利，阿瑟可能找到一个和他高智商相当的工作，因此，他在经济意义上是具有"生产力的"，但是这一幸运结果的可能性是不确定的。与此同时，他所享受的许多好的私人教育是高昂的，并且他的医疗花费也是一个巨大的社会成本。对塞莎而言，她"偿还"照料她所用费用的有限机会是永远不可能出现的。

可以说，这些情形使社会契约论黯然失色，并揭露了常常被这些教义所展示的道德因素隐藏的一面。很显然，现在社会利益的任何计划都有局限性。实际上，要问这样一个问题，比如，国家应该在阿瑟的特殊教育上投入多少。但是，合作——接纳阿瑟、杰米、塞莎，对他们进行教育，在适当的关怀下支持他们的发展——的要点不应该被单独以一种互利的方式从传统上理解（传统上就是这样理解的）。那个问题从一开始似乎就是错误的，并且是对社会合作之首要基础的错误解释。与杰米、阿瑟、塞莎交往并充分支持他们所产生的社会福利是多方面的、发散性的。它包括在最初阶段约翰·斯图亚特·密尔所称之为"拥有由正义而非不正义所规定的最普遍且最广泛的所有人类关系之一的好处"[45]——正如密尔所做的那样，在这里我们谈论的不是婚姻和家庭，而是以某些方式、在某些时候、在某种程度上存在于所有人之中的关怀关系。它包括尊重精神残障的人的尊严和发展他们潜能的好处，而不管这些潜能是否具有狭义上的社会"有用性"。它也包括理解人性，以及基于互相尊重和互惠而与精神残障的人交往所产生的人性多样性。（伯鲁比中肯地论证，由于杰米出现在"正常"教室，其他与杰米一样上学的儿童至少获得和杰米在那里上学所获得的同样多的东西。）它包括关于老年人和当我们变老后我们自身的尊严的新洞见。当然，它包括所有上述的相互作用以及与精神残障的人——如果没有特殊的社会支持，那么他们就会一如从前，过着孤立的、卑微的生活——本身的相互关系的价值。即使对生理不健全的人的支持推动了把这些公民理解为"生产性的"，但那似乎也不是对这些情形的足够充分的回答。当我们进入精神残障的情形时，我们非常清楚地看到，互利理念已经歪曲了我们对社会合作之利益的理解。

我们已经说过，在生理残障的情形中，在罗尔斯的理论中，在他关于互惠的康德式教义形式中，存在一个把其推向另一个方向的推力。然而，在那里，就精神残障的人而言，正是这一教义成为随后困难的源泉。正如我们所见，这一教义以康德式个人观——拥有精神和道德能力是平等的核心与互惠理念的关键——为形式得到了阐述。考虑到它对康德的钟爱，这一观念至少表明了道德人格和动物性相分离的理念。因此，我们应该通过清晰阐述康德式分离所导致的一些成问题的方面，开始对罗尔斯理论的批判性检验，这样我们才能明白罗尔斯的理论在何种程度上会面临这些问题。

康德个人观存在于一个可以追溯至古希腊罗马的斯多葛学派的长期传统中，在那里，个人被定义为理性的（尤其包括道德判断的能力），并且在那里，理性是被如此解释的，即把人类与非人类动物、把人类与其自身的动物性截然分开的人类特征。对斯多葛学派而言，不仅在人和其他动物之间，而且在道德理性起作用的人类生活和其他时候（在他们看来，包括从儿童一直到青少年时期）的人类生活之间，存在一种截然的分离。[46]尽管斯多葛学派思想家意识到存在这样的理论（柏拉图主义、亚里士多德主义、伊壁鸠鲁主义）——看到了人类能力和其他动物能力之间具有相当大的连续性，但是他们本身却坚持一种截然的区分。实际上，他们阐述典型的人的理念的最常见的方式是，表明它是使我们高于"野兽"的东西。对动物的轻蔑评价经常被用来替代他们对人性和人类尊严的解释中的论断。

康德的理论更进一步强化了这一分离。斯多葛学派思想家是调和主义者，他们把人类自由领域同时也视为遵循决定论规律的自然领域。无论正确与否，他们相信我们不需要为了尽可能地珍视自由而从自然法中豁免人类自由。当然，康德也不同意，因此，这使他把人类思考为在两个领域内基本上是分离的人：自然必然性领域和理性/道德自由领域。他认为，所有非人类动物和人类生活的动物方面属于决定性的自然领域。单单是我们的道德理性能力使我们高于那一领域，并且存在于目的领域。因此，对康德而言，人类尊严和尊严之源泉的人类道德能力，基本上是和自然世界相分离的。就我们仅仅存在于自然领域而言，我们本身不是目的，也没有尊严；那个领域的事物仅仅具有价格（正如康德所指出的，价格用途）。就我们进入目的领域而言，我们进入越深，我们越有尊严并且越是无价。道德当然具有提供人类所需的任务，但是被视为人类理性/道德方面的个人是这些任务的目的。动物性本身不是目的。与这一观点保持一致，康德否认我们对动物具有任何道德义务；它们不具有独立价值，仅仅具有与人类目的相关的"相对价值"。[47] 对动物来讲是正确的东西，对于所有缺乏复杂的道德和审慎推理能力——在康德看来这是成熟的人的特征——的人而言也是正确的。

康德把人性和动物性分离开来存在很大的问题。第一，它否认了一个对清楚思考这个问题的人而言是显而易见的事实：我们的尊严就是某类动物的尊严。它是一种动物类型的尊严，并且那种尊严不能为一个非凡的、非脆弱性的人所拥有，就好像怒放的樱桃树之美不能为一颗钻石所拥有一样。如果认为上帝或天使（康德的其他理性存在者）具有尊严（壮丽和令人敬畏似乎是更合适的特征）是有意义的，那么它显然不是那种类型的尊严。[48]为了让事情更加平常，如果我们把人设想为具有纯粹理性和道德，没有动物需要和动物能力（科幻小说给我们展示了关于这类存在者的许多好例子），那么我们相信我们能看见这种存在物的尊严，无论它是什么，它和人——正如马克思所指出的，他被定义为整个一生具有"丰富的人类需求"，尤其是包括对其他人的需要——的尊严不是同一类型的尊严。

第二，这种分离错误地否定了动物性本身可能具有尊严。因此，它导致我们轻视我们自己生命中有价值的方面，并且歪曲了我们与其他动物的关系。

第三，康德式分离至少意味着这一理念，即我们人格的核心是自足的而不是贫乏的，是纯粹积极的而不是消极的。用这样的方式思考，我们极大地歪曲了我们自身的道德和理性的本性，它们本身完全是物质的和动物性的；我们学着忽略这一事实，即疾病、衰老、事故能在多大程度上阻碍其他动物功能，就能在多大程度上阻碍道德和理性功能。

第四，这一分离使我们认为自身的核心是不受时间影响的，因为道德主体性（在康德那里）看起来像是不会成长、成熟、衰退的某物，但更像是在其尊严方面完全不参与这些自然事件中的某物。以这一方式思考，我们可能忘了正常的人类生命周期会带来多次特殊的依赖期，在那时，我们的活动与终其一生具有精神或生理障碍的人的经历非常相似。

注意到这一分离存在两个方面的错误,是非常重要的:正如我所说,它意味着我们的理性独立于我们脆弱的动物性;并且,它还意味着动物性和非人类动物缺乏智力,仅仅是野蛮的和"无声的"。这一分离的两个方面的暗示都将导致问题:在本性上,我们发现了一系列丰富的、连续的智力类型以及许多类型的实践能力;如果不把我们置身于那种连续性中,我们就不能很好地理解自身。

罗尔斯不支持康德立场的形而上学因素,尽管在别处他对这些因素表现出浓厚的兴趣。[49]他也不赞同两个世界的观点,他把他的康德主义理解为经验性的。然而,通过保留基于康德的个人观,通过用道德能力的方式来定义政治平等基础,罗尔斯遭遇到一些康德理论在精神残障那里所明确遭遇到的同样的困难。实际上,严重精神不健全的人似乎是那些"分散的个人"(TJ 506),他们在最低的基本程度上缺乏道德能力,没有资格享受平等。而且,正如康德和罗尔斯明确否定在人类与非人类动物之间存在互惠和正义关系一样,他们也必然会坚持在必要的意义上,"正常"人类与严重精神不健全的人之间不存在互惠。罗尔斯将互惠定义为一种公民——根据康德式个人观来理解——关系。(PL 16)

但是,如果我们考虑精神不健全的人的生活和与他们生活在一起的人的生活,似乎很显然他们的生活包含复杂形式的互惠。杰米以一种充满爱的、嬉戏的、大方的方式与他的家庭和其他孩子相互影响。塞莎与那些关怀她的人拥抱,当他们表演她喜爱的音乐时,她就快乐地跳舞,并向给予她关怀的人表达谢意。

阿瑟的残障也正好处于互惠的领域,然而,在他当前的家庭氛围中，阿瑟是个非常有爱心的孩子，和他的父母、他心爱的小狗、他新被领养的兄弟、来他家看望他的亲戚交换情感。无论何时，他都不害怕，能够信任，他交换情感的能力是很强大的。即使在狭窄的信任圈之外，教育在其扩展互惠能力方面也起了巨大的作用。在本章开头，我描述了在他 10 岁时我们之间的典型电话交流。在接受两年由政府支持的私立教育后，事情变化很大。有一天，他那时刚好 12 岁，我和他谈话，并且出于他自己的意愿，他说："玛莎阿姨，你好吗？你在做什么？"这个简单的问候让我的双眼充满了泪水，这就是他取得的标志性进步。最近，和来自其他学校的另外七名患有阿斯伯格综合征的孩子一起，在录像游戏游乐中心，他成功地度过了 20 岁生日派对。

但是，在罗尔斯的康德式意义上，这些或许都不能被视为互惠。别的互惠类型都没有被认可和被赋予政治重要性。对我而言，那是一个巨大的缺陷。而且，似乎罗尔斯和康德都没有花精力来思考这一问题。杰米可能缺乏形成生活规划和完整善观念的能力。他的父亲曾说过，当被问及长大后想做什么，其他孩子都谈到了他们的职业，而杰米却回答"重要的人"。在那一回答中，存在着洞见，并且其他孩子可以从中学习；但它却不是可以展示杰米在康德道德共同体中的成员资格的那类答案。阿瑟可能具有也可能不具有康德意义上的正义感的能力。塞莎显然不可能拥有两种道德能力。而且，这三个公民缺乏（或部分缺乏）两种道德能力，他们也不可能与罗尔斯的社会合作观——也是以康德式个人观的形式来定义的——一致。最终，他们也不能获得罗尔斯意义上的自由，因为在他的理论中，自由也具有康德式偏好，并且包括成为"有效诉求的自证之源"（PL 32）。[50]

因此，精神不健全和残障的人对罗尔斯的理论提出了双重挑战。出于社会生产力和针对所有不健全的人的花费的理由，契约教义似乎不能满足他们获得特殊社会关注的需要。但是，他们也没有被给予更深层次的公民身份，因为他们不适用于道德理性——被用来定义良序社会中的公民——的过分理念化的图景。和非人类动物一样，他们也不被认为能具有那种必要类型的互惠。还是和非人类动物一样，他们"当然能获得某种保护"，但是不具有成熟的公民地位。[51]再一次，罗尔斯自己的结论是恰当的：要么我们应该说这些不是正义问题，要么我们应该说作为公平的正义不提供对社会正义的充分解释，我们应该指出，为了使理论能更深入，我们需要做出何种改变。

托马斯·斯坎伦比罗尔斯更明确地遭遇到了康德式契约教义所面临的这些问题。他提出了两种供参考的提议。觉察到各种不健全的人、非人类动物对这一理论所提出的问题，斯坎伦总结道，我们能以两种方式中的一种来认识这一教义中的极端依赖性事实。要么我们可以坚持对契约教义的追求，并且可以把契约各方视为那些不能参与此过程的被委托人；要么我们可以说契约教义提供了对道德这一面的一种解释：我们需要另一种解释来处理极端依赖性事实。[52]

斯坎伦自己假设的契约状况没有使用休谟的正义环境理念，它也没有把契约设想为必须要通过指向一种互利——源于各方的协定——来解释社会合作。他没有研究基本政治原则的选择，因此，他的契约状况是没有这些原则从此中选择的初始状况。那么，在许多方面，他的提议不像是我批判的那种契约教义类型。然而，询问他对精神不健全问题所提出的解决方案能否被罗尔斯用来避免把所有这些问题推迟到立法阶段，似乎是合理的。

为了应用于罗尔斯的选择正义原则——将形成社会的基本结构——这一计划[53]，斯坎伦的转折性提议是：我们要么把原初状态中的各方（故意地）作为社会中所有依赖性成员利益的被委托人（正如他们现在是"正常"公民和后代的被委托人一样）；要么认定设计出来的原初状态对于产生政治正义而言不是一个充分的设计，并且也需要有其他进路。

第一个（被委托人资格）解决方案对罗尔斯而言是不可能的，因为他坚持更少假设以及把仁慈排除在原初状态之外。然而，通过让各方作为后代（还有"正常公民"）的被委托人，这只是让模型复杂了一点点，因为在那个情形中，被委托人资格不要求他们对他们自己的善观念有任何了解，当前这类被委托人资格将要求他们知道他们确实具有仁慈以及这种仁慈有多强烈。被委托人资格的解决方案对于以契约教义为基础的理论而言也可能是不可能的，因为与一种完全可能的不合作（随后它可能混合着慈善）相比，它要求他们在相当大的程度上放弃契约产生互利的期待。最后，这种解决方案对于以康德主义为基础的理论而言也是不可能的，因为罗尔斯以康德式互惠来理解正义本身，并因此明确否认在有康德式道德能力的人和没有那些能力的人（或动物）之间存在任何正义问题。

被委托人资格的解决方案是令人满意的吗？显然是足够的，我们如果要充分保护严重精神残障的人的合法权利，那么就必须设计监护人资格和指导人资格的形式。但是，这里的问题不在于我们是否需要使用监护人资格来解决实际政治问题，而在于：**当我们已经假设那些设计这些原则的人也是正义的首要主体时**，那么要在设计基本政治原则的语境中设想具有严重不健全和残障的人的公民身份，监护人资格是不是一个充分的方式？[54]监护人资格并非内在地与把这些人当作成熟公民和平等的正义主体来对待不相容。然而，这一平等在社会契约教义那里应该被充分模式化，并非显而易见的事。精神残障的人全部被排除在原则制定之外，是非常糟糕的事，因为许多人可能是积极的公民。更严重的是这一事实，即原则为之选择的群体与选择原则的群体相同。全部理念在于选择一种"我们"在政治社会中生活在一起的方式。我们正在考虑的提议可能会加上，"我们生活在一起并照顾依赖我们的人"。但是，这会使依赖者不是"我们"和"我们的"全部组成部分，不是政治正义的充分平等主体。他们被考虑是因为"我们"中的一些成员碰巧关心他们的利益，而不是因为他们是具有权利的公民，不是因为他们本身就是平等的目的。

而且，"被委托人资格"的解决方案仍然保留甚至增强了罗尔斯之互惠和社会合作理念的烦扰的特征。被委托人资格没有意识到世界上的互惠有多种形式，仍然保留了理性/合理的人与自然中其他事物之间的康德式分离；尽管诸如唐氏综合征患者可能实际上完全能自主地履行许多公民身份的功能，但是只有在其成熟的"正常"形式中具有康德式力量之人才能被接纳,才能被作为社会契约的一方。和许多精神残障的人一样,在与各方利益的关系中,他们仅仅在衍生阶段值得关注。此外,思考精神不健全和残障的儿童与成年人,这一理念是一种不幸的方式,当思考尊严和他们之中广泛的能力时,它可能对"正常人"形成偏见。就其对康德式理性存在者的利益和关注的对象而言,我们不是事实上说全部的人类和动物力量将得到支持吗?当贫困的人类动物不是"充分合作"时,这不是要轻视他们显然拥有的尊严和价值吗?当然,如果要求这种分离的思想没有必要,那么我们就应该抛弃它。

因此,假使罗尔斯能够承认被委托人资格的解决方案,正如我所论证的其实他不会,我还是倾向于(在那里,政治原则被关注)斯坎伦的第二个解决方案,这和罗尔斯自己在《政治自由主义》第21页重要段落中的第二个提议很相似:承认契约教义不能提供一种完整的理论。但是,这一回应——似乎对斯坎伦来说很好,因为他所做的是伦理理论——没有采用假设的初始契约状况,没有诉求完整性,对政治理论领域的契约教义而言产生了大量的问题。任何设计基本政治原则的进路都必须以一定程度的综合性为目标,尝试覆盖主要的公民资格。罗尔斯的教义显然以完整性和终极性为目标。[55]尽管一种观点(如我的能力观点)可能不以完整性为目标,但是它应该表明不能忽略主要的、基本的公民资格。我们正在设计社会的基本结构,罗尔斯把它定义为从一开始就渗透性地影响所有公民生活机会的那些制度。我们所选择的原则会影响社会的全部结构,包括它的构成性资格和对这些资格是如何成为基石的理解。对罗尔斯（正如对哥瑟尔一样）而言，这一点非常重要，即鉴于所提议的社会合作的好处，原则产生于正义环境引起的状况。对于我们能从罗尔斯的初始契约状况中提炼出的精神不健全问题，罗尔斯得出不存在合理解决方案的判断似乎是正确的。然而，在基本政治理论的语境中，推迟这一问题似乎是不充分的。它还没有敞开对我们说：我们已经完成一部分任务，但是其他部分——基于差异原则也具有同等的基础性——将随后解决。这样的推迟将留下大片的政治正义领域，使各种理论在此逐鹿，并且必然使人们对迄今为止所制定出来的政治原则之解释的认同产生许多不确定性。

而且，这一问题不是一个不完整的问题；它是一个方向错误的问题。罗尔斯理论中各方所选择的首要善清单忽略了许多东西（首先是关怀，但是更一般地说，是一系列广泛的人类能力），它们似乎绝对是具有"正常"能力的现实生活中的依赖性人类以及精神和生理残障的人的核心善物品。对社会合作及其利益的解释受到了似乎不幸的方式的限制，既受到了契约教义也受到了康德式的对人的解释的限制。

六、关怀和残障：基太和森

伊娃·基太和阿玛蒂亚·森为了解决不健全和残障问题，提出了重构罗尔斯理论的方式。我已经表明，基太和森都讨论过罗尔斯有充分的理由坚持所提议的这类解决方案，我已经检审过罗尔斯和森在首要善问题上的转变。但是，现在，我们必须再一次审视他们的提议，因为它们暗示着超出罗尔斯理论的更多领域。

基太的核心建议是，我们应该把特殊且不对称依赖期的关怀需要加入罗尔斯的首要善清单，把关怀视为公民的基本需要。[56] 如果我们仅仅把这视为一项列出任何真正社会必须分配的最重要的社会福利的事业，那么这一提议似乎足够合理。当然，基太是正确的，对政治正义的切实可行的解释应该使适当分配关怀成为其核心目标之一。

但是，正如到目前为止是显而易见的那样，事情远不止将关怀加入罗尔斯清单那么简单。一个问题——我们所熟悉的异质性与线性排序（heterogeneity versus linear ranking）的问题——就是：两个人在收入和财富方面可能具有相同的福宁，然而考虑到关怀，一个人可能福宁要少些（要么因为他畏惧实施关怀的义务，要么因为他自身对关怀的需要没有被认识到）。罗尔斯的首要善教义妨碍了他接受基太的提议；出于同样的原因，它也阻碍了罗尔斯接受森的提议。

但是，拒绝基太之提议的理由不单是来自这一源泉（在某些情形中，这些理由是由一种不同类型的康德式契约论——更少信奉对相对社会地位进行线性排序——来阐释的）。因为首要善清单是一系列以两种道德能力为特征的公民需要；这就已经排除了严重精神不健全的人和那些在漫长人生中与之类似的人。正如我们所言，这一忽略源于罗尔斯的康德式个人模型。不对这种政治个人观进行广泛修正，罗尔斯就不能把首要善设想为包括关怀需要——无论是终生的还是暂时的严重精神不健全的公民的特征——在内。

最后，首要善清单中没有关怀也源于罗尔斯对互利/大致平等的契约式信奉。各方被设想为寻求互利的大致平等者。我已论证，至少当我们思考在原初状态中由何方来考虑设计社会基本原则时，这些信奉甚至排除了对非生产性时期的关怀需要的有限认同。罗尔斯对"终其一生都是充分合作"之人的理想化虚构，不仅仅是一个可以为更长的首要善清单所修正的错误。

我们已简要审查过森的更激进的提议，即首要善清单应该被视为一个能力清单而不是一个物品清单。[57]他的分析始于这一事实，即罗尔斯的首要善清单在其结构中就已经是非常异质的。它们当中的一些是诸如收入和财富这些事物类物品；但是，一些已经更像是以各种不同方式实施的人类能力：自由、机会、理论以及自尊的社会基础。这一改变不仅使我们能更好地处理人类对各种不同类型的爱和关怀的需求（作为清单要素的），而且也回答了这一点，即森一直强调的把收入和财富作为福宁指标的不可靠性。现在，不是通过他们拥有多少收入和财富来衡量相对社会地位，而是通过他们所具有的清单上的各种能力的程度来衡量。只考虑收入和财富，有人可能生活状况好，然而由于在家承担照顾的重担，他却不能在工作地点很好地工作。

正如我们将看到的那样，森的提议为不健全公民的需要提供了一个富有成效的进路。和基太的一样，它不是微小的修正，而是一种深入理论真正核心——它信奉对合作福利的一种经济式理解以及随后对作为相对社会地位指标的收入和财富的依赖——的改变。[58]

当罗尔斯说他不能接受这一建议——尽管其优点显而易见——时，他比森更明智，而不是更固执和短视。可以说，我自己早期的建议与此大致相同，即罗尔斯应该把其他能力类物品加入基本善清单，如社会健康基础、想象、情感方面的福宁。[59]因为把自尊的社会基础加入进来，罗尔斯已经处于非常困难的境地了，这在一方面极大地限制了契约教义，尽管在另一方面它似乎履行了一些更深层次的道德抱负。如果他承认这一系列高度异质化的"首要善"——所有这些都似乎与决定相对社会地位具有高度相关性，那么他将会为自己设置一些巨大的困难。在对相对社会地位进行排序和描述社会合作要点这两个方面，一种他所欲求的简单性将会被抛弃。

在《作为公平的正义：正义新论》这一也许是罗尔斯对这一问题的最后写作中，他比在任何其他讨论中都更加公正地面对了这些困难中的一些问题。[60]他对森所提出的和我所发展的那类批判做出重大让步：对**暂时**不健全，他接受了对抗意外的保险理念，并且承认各方思考人类生活的正确方式包括连续性的临时阶段，如儿童期和老年期。他承认他所假设的"关于政治正义应该考虑的种种需要和需求，公民的需要和需求与一种首要善排序足够相似，能作为人与人之间比较合适而公平的基础"（170）。正如从前，他强调收入和财富在对相对社会地位进行排序时的作用。再一次，他把"永远不能成为正常的、有贡献的社会合作成员的严重残障的人"排除到一边——显然，他继续以经济贡献的方式来理解那一理念，并有必要排除所有终生的严重生理和精神不健全。最后，他仅仅从《政治自由主义》中借用了它的"平均线"观念——把那些能力在"正常"范围内的人与其他人区分开来。他理论中的所有这些部分都未改变。

然而，关于降临到那些能力处于"正常"范围内的人身上的暂时不健全，罗尔斯现在论证对首要善（集中于收入和财富）的排序最好被理解为对"正常的完整生活"方面的首要善的各种**期望**的排序。[61]因此，个体**事前**能够对首要善有平等的期望值，尽管他们**事后**实际收到的善物品可能是不同的，因为一些人可能遭受意外，而另一些人却不会。换言之，我们把首要善视为类似于一种保险政策：所有公民都可能有同样的保险政策，尽管由于不同的生活意外，他们会得到不同的福利。罗尔斯现在明确地把对"某种程度（由可估计的成本所计算）的健康关怀的保险储备的期望"的解释，增加到首要善排序中，并仍然坚持在此意义上的收入和财富是公民能力的很好替代物。在设计健康保险方面，各方都很明确地直接考虑正常生活的所有阶段，并询问他们——把自身看作经历所有这些阶段的人——会如何平衡我们在这些不同阶段的主张。

在某些方面，这一坦然承认——生命中存在许多不同的临时阶段——是一个重大的提高；并且，罗尔斯随之引入的保险理念显然也覆盖了我所提出的一些问题。然而，根本不清楚的是，罗尔斯已经完全面对了森所提出的挑战的所有方面。这一问题——在健康、可移动性和心理健康领域，单一的货币度量是否所有公民的不同生理和精神能力的很好替代物——还没有被给予持续的关注。森的论断——对首要善的需要的多样性,不仅仅是这一或那一意外的问题,而是每天都影响社会的日常生活的渗透性特征——也没有被给予关注。使用保险来处理产生医疗诉求的各种意外是一回事,使用保险来处理儿童、成年人、怀孕女性和未怀孕女性的日常营养需求却是另一回事。最后,罗尔斯没有阐述阶段性残障的"正常"情形和终生不健全的人所处的状况之间的连续性。一个年老的"正常"人可能三四十年都是残障的,和某些终生残障的人的整个生命周期相比,这段时间可能更长。因此,即使从思考"正常"人的观点出发,继续使用"平均线"似乎也是非常有问题的。

而且,作为一种思考不健全和残障的人的公民资格的方式,再次肯定"平均线"会继续带来所有它一直具有的困难。实际上,罗尔斯思考"正常"公民的暂时健康需求的新意愿,确实增加了把这些人搁到一边的不快感。并且,当他描述各方思考平衡生命各阶段的健康诉求所使用的方式时,我们看到了以经济形式所理解的互利目标仍然在罗尔斯的理论中扮演着主导角色,这使它对公平和平等尊重的信念复杂化了。最先得到关注的人——他们的诉求被当作具有"重大紧迫性"(JF 174)来对待——是那些有能力回到工作岗位并恢复他们的生产力的人。这一与医疗诉求相关的对"正常"生命阶段的思考方式,对于各方最终看待处于常态"平均线"之下的人之诉求的方式,具有明确的言外之意。

这样,尽管罗尔斯勇敢地面对这些困难问题,但它们仍然是困难的(正如他最初所言)。对我来讲,他仍然没有解决所有的主要问题。

七、重构契约论？

对于罗尔斯契约教义的整个结构，以及更一般地，对基于大致平等者（在能力方面）——被设想为聚在一起是为了收获相互的福利——的互惠而形成正义原则的事业而言，不健全和残障的问题被证明是非常令人深思的。尽管道德因素深入到罗尔斯的理论之中（并且在此意义上，也是因为它们，或它们所采取的特殊的康德式形式），但是罗尔斯并没有完全逃脱社会契约教义的特殊局限性，这源于它关于为什么人们生活在一起以及他们希望从中获得什么的基本图景。

让我们简要重述一下。在残障领域，罗尔斯理论所面临的许多问题皆源于他对理论简单性的兴趣，因为这一简单性形成了他关于首要善在排序相对社会地位上的作用的解释。我已论证，一个契约论者应该接受基太和森的提议，重构首要善理论。但是，对罗尔斯而言，要成为这样的契约论者需要对理论——尤其是作为一种经济正义理论——进行彻底检查。这一彻底检查可能导致许多其他的分配原则而不是差异原则，起码需要为这一原则提供新的论据。

其他局限性源于理论的康德主义，这对完全且平等地接纳严重精神不健全的人造成问题。这一局限性不是像斯坎伦那样的契约论者的问题，因为他既没有选择政治原则，也没有把其契约设想为在契约中"我们"决定原则，通过原则"我们"在政治共同体中生活在一起。在这一伦理契约论语境下，他提出的两个解决方案（监护人资格或一种混合的伦理理论）似乎都是充分的。在政治理论的语境下，这些解决方案更成问题。对政治平等基础的康德式解释，从一开始就排除了严重精神不健全的人。康德式个人教义，当被放入一种传统社会契约框架中时，渲染了互惠、自由、社会合作理由的关键理念。如果理论有一个完全不同的结构——例如，它首先从人权及其实现开始，随后作为社会义务的解释，那么理论中的康德式因素就会更少具有毁灭性，尽管"人权"中"人"的关键概念并非详尽无遗地以康德式道德能力的方式来说明是很重要的。[62]当然，康德的理念——每个人都是目的，不能因为更大的社会福利而侵犯每个人——是具有深刻价值的理念，任何关于残障的人的正义理论都应该以适当扩展的方式来使用这一理念。

因此，残障/首要善问题能够得到弥补，尽管会为此付出一些理论代价。康德主义需要修正，但是它其中的一些方面却能很好地引导关于这些问题的政治思考。关于不健全和残障的最大的且最不能解决的问题，源于罗尔斯忠诚——逐渐受到限制，但事实上已经足够——于"大致平等"（休谟的正义环境）和社会合作利益的双重理念。尽管这些理念没有出现在斯坎伦的纯粹伦理契约教义中，但它们似乎的确存在于古典社会契约传统中的所有政治契约教义的核心。（这些理念与对简单性的更进一步的方法论式的信奉密切相联：拒绝仁慈的动机源于对简单性和终极性的信奉，以及对直觉平衡的避免。）

我们能建立如下的政治社会契约教义吗？它抛弃了休谟式/契

约式的起点，抛弃了理想化的康德式的理性概念，只强调公正、不可违背性和互惠（对之予以适当修正使之包括严重精神残障的人）的核心理念，允许各方在权力和能力上存在广泛的差异，允许各方追求一系列更加丰富的社会合作目标。实际上，如果我们像洛克那样，也许我们能赋予各方一种丰富的、综合的仁慈。但是，我们随后需要放弃这一古典理念，即人们选择逃离自然状态是因为合作比不合作更有利。自然状态的理念仍然可以被用来作为道德平等的模型，但是它所起的作用逐渐减少，我们将不得不为选择与那些人——由于他们的不对称性弱点，他们没有威胁，并且他们要么被统治，要么被仁慈地对待——合作提出新的理由。

那么，考虑到这些人不是大致平等者，我们为什么应该把我们与他们之间的关系看作涉及基本正义的问题，而不是看作我们随后可以通过诸如慈善原则之类的道德原则加以解决的问题呢？在这一点上，社会契约教义没有给我们提供任何洞见。正如洛克的人类尊严、自然权利和仁慈义务理念一样，康德的不可违背性和互惠理念确实提供了引导。但是，这些理念与社会契约传统关于选择状况的描述在概念上是分离的。

一种能够满足这些批判的契约论是一种修正的洛克观，它与一致同意和仁慈的双重理念、与对自然权利或基本资格的洛克式解释联系在一起。这样的观点可以发展洛克思想的一个组成部分，即强调过一种具有人类尊严的生活。显然，这样的契约论与当前的政治契约论有相当大的距离，这既是因为它有一种对善或资格的独立解释，也是因为它具有基于怜悯或仁慈的道德心理特点。在许多方面，它看起来像是一种基于善的、有关我所致力于发展的能力的解释，而且正如我们所见，这为理性的一致同意的理念保留了一些地位。而且，它极有可能缺乏方法论上的简单性，即原则的经济性，这是罗尔斯在任何时候都想要从他与契约传统的联盟中得到的。如果我们回避自然状态、互利、作为"自由、平等和独立的"各方之身份的理念，那么说这种解释不再是古典社会契约理论似乎就是公平的。

另外，我们也可以看到，如果不涉及古典社会契约理论的成问题的方面，我们是否能够挖掘康德关于自尊和理性的一致同意的政治契约论思想，这是康德精神的体现。正如斯坎伦的伦理契约论所做的那样，我们随后能从各方——不置身于任何自然状态之类似物中，他们的商谈集中在公正、平等的尊重、一致同意的相关理念上——开始。如果罗尔斯采取这一路线，那么他就能保持对其理论的直觉支持，并且他因此能把其正义原则——正如当前事情之所是，罗尔斯根本不给他们提供任何原则——扩展到那些人中。但是，他需要修正对平等的解释，使它更少具有康德意味；并且，他需要承认仁慈在其理论中的地位，而现在他是否认它的。尽管从稍微有点不同的方面出发，我所要发展的观点还是做出了许多改变。最后，他需要修正他的善理论来应对森的批判，并把关怀作为一种首要善。

在这一点上，与斯坎伦的伦理契约论相比，罗尔斯的理论提供了更好的引导，因为它确实包括了首要善的理论，尽管是不完全的。事实上，即使在斯坎伦的伦理契约论那里，我们也能感觉到需要一种对善的独立解释。既然斯坎伦（合理地）拒绝了各方追求善之源泉的欲望，那么对善的解释来自哪里呢？为什么善重要呢？斯坎伦清楚地看到，单靠一致同意的理念本身不足以产生一种对善的解释，然而他还是希望在如下情况下能进行伦理理论工作，即不提供任何对善的独立解释，仅仅把作为一种测验的契约论理念应用到各方可能追求的任何善之中。然而，在这一点上，他会面对一种反对意见：如果善真的重要，我们难道不能直接看到它的价值吗？为什么我们需要通过一致同意理念到达那里呢？或者，正如斯坎伦所提出的反对："而且，有人可能同意发生在这些人身上的事具有道德重要性，但有以下疑惑，即我们对他们的担忧说到底是不是在关心我们对他们的行为的正当性（justifiability）的担忧。只说他们的生命具有价值，以及改变一个道德人的东西是对那种价值的认同，为什么不是更合理呢？"[63]

在某种程度上，斯坎伦对这一挑战的回应是强有力的：他令人信服地证实了，若不诉诸正当性理念——给予了我们一个很好的方式去抓住所有重要的尊重理念和人是目的的理念（用我的话说，而不是他的），就不能把人当作人来看待，也不能发现他们的**独特**价值。对这一回应，我的难题在于，一旦他证实了契约论是一种抓住人类和人类生活中的有价值的**部分**的很好方式，对我而言，他似乎就不能回应一种更温和且合理的挑战，这一挑战主张这些价值实际上确实是有价值的**部分**，但是它们并非全部。没有痛苦和疾病、身体完整、爱和舒适，这些似乎具有一种并非完全源于正当性理念的价值。（这一点与上面我对康德的个人解释的批判密切相联。）我同意斯坎伦,"在我们关于对错的思考中,对其他人的正当性理念可以被认为扮演了重要角色"[64],不否认这些善和其他善都具有独立价值。也许斯坎伦并不打算否认这一点。

然而,当我们从伦理领域进入政治正义领域时,需要一种独立的善理论就变得很明显。正如罗尔斯所言,我们不得不知道我们分配什么,并且我们不得不知道这些东西是善的。[65]一种善理论可能与一致同意和正当性理念密切相联,但是理性的一致同意的纯粹理念本身就能产生这种解释,这似乎是不可能的。因此,在这一点上,我们可能最多拥有一种部分的契约论,并且还需要一些对政治善或资格的独立解释。斯坎伦同意这一点。[66]

而且,当我们移除自然状态的机制,各方(在能力上)的平等、互利的目标、通过收入和财富排序社会地位时——正如我已论证,如果想残障问题得到充分阐述,那么我们就必须如此——一致同意的纯粹理念似乎过度贫乏了:这里存在的机制比罗尔斯那里的机制更少,而且一种对善的独立的、多元价值的解释会终止很多重要工作的可能性增加了。[67]

使用斯坎伦理论的核心理念来创造一种政治契约论的最有希望的尝试,是布莱恩·巴里的《作为公正的正义》。巴里对古典社会契约的互利理念提出了有效的反对。[68]然而,巴里对罗尔斯的反对与我所提出的却不完全相同,它们是补充性的,并且巴里明白为什么对罗尔斯而言,由残障问题所导致的困难不是表面性的或很容易消除的。[69]和我的论证一样,巴里的论证认为罗尔斯过分迷恋古典社会契约的互惠理念,尽管他没有提到在我看来似乎是基本的问题，即罗尔斯接受休谟的正义环境作为其自然状态的类似物。并且，和我的论证一样，巴里的论证看到了罗尔斯观点中的康德式因素和古典社会契约因素之间的复杂紧张。巴里自己的论证目标是产生一种观点，此观点只遵循康德式理念，形式上是斯坎伦的，但是却存在于政治理论领域。

我相信，这一至关重要的尝试表明，当与斯坎伦的更具细节性的伦理建议结合起来时，合乎理性的拒绝和合乎理性的同意的契约理念在政治理论中仍然是强有力的理念，是能阐明政治原则结构的理念。原初状态的设计是这些理念的一种表达；它离开其休谟式/社会契约的码头时，也能极大地阐释核心政治理念。然而，如果这一解释甚至打算提供一种偏袒的政治观，那么巴里理论中的概述自然就向我们清晰地表明了制定善理论的重要性。他的解释没有回应我所提出的关于困难的担忧，因为对严重精神不健全的公民的接纳内在于合乎理性的同意的理念和与此相联的康德式个人观。我仍然不清楚，巴里假设的一致同意概念到底是如何接纳严重精神残障的人的。对于他契约中各方的心理能力，他没有给出细节性解释，在正确地论说罗尔斯的理论不能充分处理这类问题之后，他对他自己的理论是如何处理这类问题的也没有给予任何解释。在任何一个建立在相互尊重——**存在于假设的一致同意中的各方之中**——理念上的理论那里，有理由认为在这一点上存在着一种张力；"由谁"和"为谁"的混合以这一方式——引发问题的尊重仅仅是衍生性地被扩展到了严重精神不健全的公民——被构建于论证的结构中。

在这一倾向下，尝试当然必须在随后进行。然而，我们所看到的是，只有在它们抛弃社会契约理论的一些典型特征并同时采用一种独立的善理论时（正如罗尔斯已经在实际[70]中所做的那样），论述作为正义问题的残障问题才有可能取得成功。这么做，它们将与我要推荐的理论出现极大重合。由于森所给出的理由，并且大多数为罗尔斯所承认，一种以实物清单所表现的善理论行不通，而人类能力清单似乎是我们所追求的正确类型的清单。而且，一种理论只有包含了一种更复杂的政治心理学（它清晰地表明了一种不单单从互利的角度来理解的合作将如何持续下去），和一种政治个人观（与康德式理性相比，它包含了关于对人而言什么是精彩的和有尊严的更具接纳性的解释），才能取得成功。

因此，关于一个理论所必须具有的部分，罗尔斯和我完全一致：它需要一种政治心理学、一种对个人的政治解释、一种关于善的政治理论以及一种正当性解释。关于罗尔斯对这些问题中的一些问题的特殊解决方法，我已表达了一些疑惑，并且我已表明，只有发展一种与古典社会契约教义相分离的理论，罗尔斯才能回答这些疑惑。但同时我相信，他所寻求的多方结构**类型**至关重要；巴里的理论，尽管以某些方式得到了提升，但却排除了这些其他部分；至少他们的理论都没有得到很好的发展。

在这一点上，试图从一个不同的有利点——从对关键的政治权利资格或善的解释——出发，以及从一种与之有别的、非康德式政治个人观出发来处理问题，可被证明是具有启发性的。正如我们不久会看到的那样，我自己的理论总体上没有脱离契约论。通过采用罗尔斯的政治自由主义和重叠共识理念，它为合乎理性的同意留下了位置。但是，在其他方面，它对理论各部分进行了不同的排序，并对其中的一些部分进行了相当不同的构想。尤其是，它把人们过好生活的机会的价值放在首位，并且把对政治的解释放在对什么使生活与人类尊严相符成为可能的解释（这种解释本身与非康德式政治个人观和人类尊严观联系紧密）之后。我希望这一尝试会补充和预示未来制定出一种政治契约论的尝试，并且希望两者之间的交流有助于丰富政治原则的结构。

第三章　能力与残障

杰米来到这个世界，向我们提出了一个问题，这个问题比我在这本书或我这一生处理过的问题更基本：假如我们能设想出一种社会组织形式，在这种社会组织中，像杰米一样的公民被养育、支持与鼓励去尽可能地实现他们的人类潜能，即便如此，我们到底会出于什么原因而设法创建它呢？

——迈克尔·伯鲁比《我们所了解的生活》

一、能力进路：以非契约论的方式阐释关怀

能力进路是一种关于基本权利的政治学说，而不是一种完备性

道德学说。它只是以一套适用于所有公民的基本权利的形式,为体面的正义社会具体规定了一些必要条件,因此,它甚至不敢自称一种完整的政治学说。人们认为正是人类尊严的观念和具有人类尊严价值的生活包含了这些权利,因此,不能向公民确保这些东西就会极为严重地违背基本正义。思考能力清单的一种方式认为,它体现在一份宪法保障清单当中,体现在某种类似于印度宪法之基本权利部分或(更简略的)美国宪法之权利法案的法律之中。接下来,在立法与司法行为中,这些权利均被贯彻落实。实际上,正是通过设计,能力清单发端于一种关于人类尊严的直觉观念,后者已成为(显然包括印度、德国和南非在内的)世界众多国家之宪法框架的基础。至今,这种观念长久以来已有司法解释在其背后做支撑,因此,通过考察富有创造力的法学在人类生活各个领域对它的理解,我们可以评估它的实际潜能。[1]

我已经提到,我的进路包含了一些跟斯坎伦伦理类型的契约论相似的地方,但也包含一些非常明显的不同,它甚至跟罗尔斯的政治契约论有更大的区别。现在,让我们继续更仔细地考察这些不同之处。

二、社会合作的基础

对社会契约传统而言,互利观念是核心思想:为获取相互利益,各方远离自然状态。罗尔斯接受了这种观点,并随之接受了与之相近的关于各方权力相对平等的解释。尽管一些契约论者（如洛克）以一种包含了对他人利益之仁慈关注的方式来理解好处，但罗尔斯并没有这样做；各方在原初状态施予的公正范围内追求实现他们自身善的观念。因此，就像我已论证的那样，虽然良序社会中的公民有一套更宽泛的道德目的，并且**事后**能较好地理解为什么把不健全者包括在内，但契约境况**事前**无法充分解决这个问题。

在能力进路中，对利益和社会合作目的的阐释一开始就被道德化与社会化了。虽然这种进路没有引入一个假设性的初始状况（它是一种以结果为导向的进路而非一种程序性进路），但是它设想人类是出于各种动机而合作的，其中包括热爱正义本身，并显然包括对那些不能过上体面且有尊严的生活的人的道德化同情。没有理由认为这样的社会将是不稳定的；实际上，我已经说过，随着时间的推移，它会满足可被接纳的政治稳定条件。[2]

尤为重要的是，我没有以公开或默许的方式假定，唯有实现休谟之正义环境的地方才关乎正义。换句话说，我没有假定，唯有在大致平等的条件下——人们在这种条件下被鼓励去为实现互利而进行交易，才能推进正义。罗尔斯接受了休谟关于正义环境的论述，这与他自己观点中的其他要素严重冲突。即便如此，他也从未放弃它；他显然认为它较好地说明了某些环境，在那些环境中，个体之间的正义是有意义的。

休谟对人的评价太让人沮丧了。（由于休谟表现出他明显意识到了人类的同情能力和仁慈能力，所以让人稍感奇怪的是，竟然是休谟提出了这个观点。）人类由多条纽带团结起来：既有爱与同情的纽带，也有利益的纽带；既有对正义的热爱，也有对正义的需求。[3]现实生活中的人常常以一种狭隘或武断不公的方式关注他人的需求。但是，教育有利于使这些纽带更深刻、更广泛以及更公正。罗尔斯同意这一点；然而，或许让人感到遗憾的是，他赞同休谟对正义环境的论述和古典社会契约传统与此相关的方面。我将论证，实际上，近些年来，我们已经看到这个社会朝包容不健全者的方向发展，这种变化强有力地证明了人类的正派确实因正义之故而把正义作为目标，这常常足以使政治大不相同。如果即便在通常受经济动机和效率考量支配的西方社会情况也一样，那么在一个真正支持所有公民的能力并设计出一种教育体系来逐步培育这些价值观的社会中，我们能在多大程度上对人类有更多期待呢？

罗尔斯拒绝把仁慈动机纳入原初状态的做法，并不是基于这些动机不存在或没有影响力的想法。相反，它为与休谟观点相似的想法所激发，即这些动机是不公正的、有偏私的，因而不会支持确定的政治原则。在某种程度上，通过只为建立在社会少数人观点基础之上的不完全观念辩护，而不为罗尔斯更武断和更完整的观念辩护，我承认了那种质疑。即便如此，在某种程度上，我认为可对过分依赖直觉的质疑予以回应。(参见第五节)

因此，能力进路能自由运用关于合作的说法，这种说法从一开始就把正义和包容性视为具有内在价值的目的，同时认为人类由多条利他纽带和互利纽带维系在一起。连同这种用法，它运用了政治个人观。这种观念像亚里士多德那样，把个体——他寻求一种完全社会化的善，并在很多层面跟他人一起分享复杂的目的——看作政治动物和社会动物。他人的善并不仅仅是对该个体追求其自身利益的约束，而是他的善的一部分。因此，与罗尔斯的理论给个体善之观念遗留下来的问题不同，对他人之善的强烈允诺从一开始就构成了关于个体的共享**公共**理念的一部分。个体之所以远离自然状态（如果确实保留这个虚构想法的话），并不是因为这样做对跟他人做交易更加有利，而是因为他无法想象在缺乏共享目的和共享生活的情况下能生活得比较好。以仁慈和正义跟他人生活在一起与为他人而活着，是关于个体的共享公共理念的一部分，它完全肯定了政治目的。

显然，跟在这些问题上依然持有不可知论的做法相比，把强烈的仁慈和对正义的允诺加入理论基础中是更为紧迫的。在这一点上，罗尔斯是对的。但是，如果相对缺乏说服力的假设没能解决问题，那么我们就需要更具说服力的假设。此外，我并没有完全搞清楚在这些问题上显得简约悭吝是否总是一件好事。罗尔斯很好地抛弃了那种哥瑟尔式的悭吝要求，即要求从一开始就不谈论道德允诺。我的进路只是在同样的方向上走得稍微远一些。

三、尊严：亚里士多德式的而非康德式的

第二个在根本上有别于契约论的地方跟尊严观念相关，由此也跟罗尔斯所说的康德式个人观相关，后者使尊严观念成为基础。康德比较了人类的人性与人类的动物性。尽管罗尔斯没有明确这样

做，但他的确使人格植根于（道德的和审慎的）合理性，而不是植根于人类与其他动物同享的需求。相比之下，能力进路把理性和动物性看作完全统一的。仿效亚里士多德把人视为政治动物的想法，以及马克思把人视为"需要多种生命活动"之生物的看法，它把理性只看作动物的一个方面，而且在这一点上，它还不是与真正的人的活动观念相关的唯一要素。更概括地说，能力进路认为世界包含许多不同类型的动物尊严，所有尊严都值得被尊重，甚至被敬畏。具体的人确实常常以某种理性为特征，但理性没有被理想化并跟动物性对立起来；它只是普通的实践理性，是动物在活动方面具有的一种手段。此外，社会性也同等根本、同等普遍。包含关怀需求在内的生理需求是我们理性和社会性的特征；它是我们尊严的一个方面，而非与之相距甚远。

因此，在构思产生基本政治原则的政治个人观时，我们承认自己是以婴儿的形式开始并常常以其他依附形式告终的、缺乏生活必需品的世俗动物，并使之成为观念构思的一部分。我们关注这些与脆弱性相关的领域，坚持认为理性和社会性本身是世俗化的，会生长、成熟以及（如果时间允许的话）衰亡。同时，我们也承认，完全人性化的那类社会性包含了对称关系（比如那些对罗尔斯而言最重要的关系）和或多或少极为不对称的关系；我们坚持认为不对称关系依然包含着互惠和真正的人的活动。

通过说明这种关于什么东西在人类中是有尊严且有价值的新观念，为背离休谟/罗尔斯的正义环境提供依据，我们现在可以把两种在根本上有别于契约论的不同联系起来。我们没必要通过多产来赢取别人的尊重。我们有权要求在人类需要本身的尊严问题上获得支持。社会由各种依附关系和重要问题维系起来，其中只有一些与生产率相关。讲求生产率是必要的，甚或是有利的；但是，它不是社会生活的主要目的。

四、善的优先性、契约的作用

在讨论托马斯·斯坎伦在伦理学中详细论述的伦理契约论的薄类型时，我已经论证了，如果缺乏一个无法从相互尊重和互惠的薄观念中引申出来的善理论，它就不能成为政治原则的基础。（正如我已提到，斯坎伦也同意这一点。）对罗尔斯而言，首要善理论跟康德式个人观紧密关联：首要善是作为以两种道德能力为特征的人实现他们的生活规划所需要的善而被引入的。那我本人的善理论如何跟我对人类尊严的（非康德式）论述联系起来呢？如果能力被看作只是实现具备人类尊严之生活的手段，而自身不具有价值，那么我的理论归根结底并非跟契约论大不相同：对尊严亚里士多德式的论述取代了罗尔斯对道德能力的论述（或者斯坎伦对互惠的论述），但关于善的论述依然（从工具的角度）被设想成依赖对道德理性的说明，并实际上由它所产生。因此，善理论所发挥的作用跟它在契约论中的作用很相似，而两种理论之间的差别至少会缩小。可能有人质疑，能力进路是否不会遭遇我归咎于更薄类型契约论的问题，即试图从一个薄的道德观念推导出太多东西。

由于契约论和能力进路在根本上都由一些把人类视作道德上平等的相似直觉构成，同时由于两者都认为政治平等要求支持各种各样的生活行动和生活选择，所以，两者在这一点上有相似之处，这当然不会让人感到吃惊。在我看来，由于契约论类型的理论是迄今为止我们所拥有的关于基本社会正义的最强有力的理论，所以，我欣然接受这些相似之处。但我认为，这两种进路之间仍然存在一些重要且细微的不同。能力不会被理解为有人类尊严之生活的工具；相反，在人类通常参与的不同生活领域，它们被理解为实现有人类尊严之生活的途径。清单背后的指导思想通达不同领域（生活和健康等），并追问在这些我们生活和行动的各领域中，跟人类尊严最低限度相容的生活和行动方式是什么样的。尊严不会被界定为优先且独立于能力，而是以跟它们及其定义紧密相联的方式被界定。（当然，社会性和实践理性的系统化能力自始至终都具有指导作用，就像它们之于年轻的马克思一样，标明了吃饭、行动或相互交往的方式何时与人类尊严相容。）因此，指导思想不是尊严本身——仿佛它能与生活能力分开，而是一种具有或值得拥有人类尊严的生活，这种生活至少部分地是由具备清单上的能力构成的。通过这种方式，权利和善似乎完全交织在一起。

正如我们已看到的那样，对斯坎伦的伦理契约论而言，情况并非如此：互惠的观念处于优先地位，并且斯坎伦希望他可以仅从那种观念得出一个相对完整的伦理说明，而无须一个独立清晰的善观念（尽管他从未抛弃那种不太极端的看法，即对善的解释可能部分地阐明什么东西对人类及其生活是有价值的）。就像对罗尔斯而言，虽然他放弃了早期把首要善视作实现各方追求所有善观念的万能工具的看法，但他仍把首要善设想为康德式生活规划的工具，设想为根据康德的道德能力进行构思的各方想得到的善。这使我对能力清单的论述与两种契约论形式略有不同。考虑到尊严观念在论述善本身时所扮演的角色，如果善具有优先性的观点在某种意义上让人产生误解，那么，假若我们认识到能力进路没有按康德的方式把权利和善区分开来，而是通过一种对善的更丰富和道德化的解释发挥作用，那种想法便是正确的。

然而，在其他方面，能力进路和契约论有共通之处。能力进路是从罗尔斯之**政治自由主义**思想的角度被明确表达出来的：出于政治目的，对权利资格的论述被设想为一种对善的不完全说明，公民可以把它跟不同的完备性的善观念联系起来。它没有依赖那些按照宗教路线或独立的伦理学说而把公民划分开来的形而上的认识论学说（如，那些跟灵魂或启示相关的学说以及否定这两者中的任何一种的学说），而仅仅以独立的伦理观念的方式被表述清楚，或者说，至少我们希望情况是这样的。因此，希望这种观念能在有着不同完备性观念的公民当中成为**重叠共识**的对象。

与罗尔斯不同，而跟《世界人权宣言》（Universal Declaration of Human Rights）的框架相似，我把这种共识看作跨传统和跨宗教的、在国家间完全可达成的共识。我们对重叠共识的期待不需要一个额外的前提条件，即我们所讨论的一切材料都源自西方民主传统。（参见第五章第六节）但是，我依然保留重叠共识观念及相关契约观念的作用。因此，它是证明观念正当的组成部分：随着时间的流逝，它可向在好生活问题上持有不同完备性观念的人证明其正当性。故而，正当性包含了一种所有观念（或至少是主要的价值观念）都接纳的想法。基于稳定——一种所有人都接纳的观念可一直保持稳定——和尊重之故，认可与正当性相关。

如果这是事实，那么就会再次出现跟契约论（至少是斯坎伦伦理类型的契约论）相似的估量。把认可视为正当性之条件的要求构成了这种观念的组成部分，即善理论并非独立于人类契约，而是（基于充分的理由，而不仅仅是一种权宜之计）唯有跟这样一种契约的可能性发生关联，它才能够被证明是恰的政治善观念。因此，情况似乎是，我的观点像斯坎伦的观点那样有着同样打动人心的部分（因为通过添加善理论，它会转化为政治），尽管它以一种略微不同的方式对这些部分做出安排，并采用一种不同的政治个人观。

五、为什么是能力？

森提出建议认为，罗尔斯应该用能力清单——所有能力接下来会被用于衡量生活质量——取代内容丰富的首要善清单，后者明显把资源（收入和财富）用于表征健康安乐。他支持这种转换的一个基本观点是，收入和财富不足以表征残障者的健康安乐：坐轮椅的人跟一个"正常"活动的人拥有同样多的收入和财富，但两者的活动能力却是不相等的。[4] 为了给差异原则[5]提供辩护而允许用收入和财富来表征相对社会地位，同时也有可能是基于其社会契约学说的结构，罗尔斯无法接受这种建议。此外，他反对多元目的的反思平衡，这表明了，就相对地位而言，他无法接纳任何一种具有多元价值的表征。

通过采用森的论证和一些额外的论据，我的能力进路支持森的建议。森把能力问题建基于个体对资源的不同需求，以及他们把资源转化为实际操作的、因人而异的能力。他坚持认为，需求方面的差别是人类生活的普遍特征：例如，儿童比成年人需要更多的蛋白质（一种价格昂贵的营养），怀孕或哺乳女性比没有怀孕的女性需要更多的营养。因此，因人而异的问题不能被延置，它无处不在。

然而，森也坚持认为，当我们考虑那些关于个体为其社会结构以各种反常的方式所妨碍的情形时，重点关注能力的需要就变得尤为突出。跟男性的文化水平相比，一种在传统上不鼓励妇女受教育的文化将需要针对女性的文化水平投入更多的资源。尽管森没有这样说，且尽管他倾向于认为残障情形涉及自然的不对称，但他关于轮椅上的人的有名例子具有相似的结构。这个人在公共场所到处走动的能力不如"正常"人的原因是完全社会性的：社会没有在公共场所提供轮椅通道。

但是，这种论证可更深入一些。因为森对罗尔斯的批评表明了，如果我们能够以考虑这些不对称的方式来确定数额，那么收入和财富**将**较好地取代确实相关的东西：跟一个成年人相比，如果我们将要给一个儿童数额适当的更多的（和成年人相比）钱来获取粮食，如果一个坐轮椅的人具有范围适当的更多的活动能力，那么在原则上，收入和财富或许仍然是衡量相对社会地位的恰当尺度。当然，唯有通过审视能力，我们才能搞清楚数额，因此，能力依然是首要的；但起码为了社会计算，我们依然可以从收入和财富的角度把它们看作可替换的。至少，那可能是解读森之批评的方式。

然而，能力进路能对聚焦于收入和财富的做法提出更激进的批评。聚焦于能力的做法本质上坚持认为社会分配的首要善是多元的而不是单一的，而根据任何一种单一的量化标准，它们是不可度量的。

但在我们令人信服地阐明这种批评之前，我们需要接纳某种不确定的且结果开放的清单。清单上的能力将被视为人的核心权利资格，并据此界定基本的社会正义。我在别的地方已经说明，森不愿意列出这样一份清单的做法使他难以用能力来界定社会正义理论。有些能力（投票能力）是重要的，而一些能力（在没有头盔的情况下开摩托车的能力）相对而言是不重要的；一部公正的宪法会保护那些重要的能力而不是那些微不足道的能力。有些能力实际上是坏的，应该被法律禁止（基于种族、性别或残障而产生歧视的能力，污染环境的能力）。[6]没有宪法把能力**当作**能力加以保护。必须有一个优先性评估来决定哪些能力是好的，以及在好的能力中哪些是最重要的，它们中绝大多数在界定有人类尊严之生活的最低条件时已被明确地涵盖其中。

至少是出于制定宪法和设计制度的目的，一旦我们认可某种可行的核心能力清单，那么，只要我们考虑那些从社会不利地位起步的人所具有的非同一般的需要，我们就提出了收入和财富能否很好地取代能力的问题。在此,我们遇到了非常大的障碍。正如我在为能力提供辩护时指出的,所有能力(当中每一种能力)都是公民的基本权利,对体面且有尊严的人而言,它们都是必需的。那部分地说明了,什么东西证明清单上能力的位置是合理的。这种说明必然涉及能力在根本上是不可替代的问题:不能简单地通过赋予人们更多的其他能力来弥补某个方面的缺失。这限制了将合理做出的那一类权衡,也因此限制了量化的成本-收益分析的适用性。所有公民在恰当的最低水平上拥有建立在公平对待所有能力之基础上的权利。如果人的任何一种能力低于最低水平,那么不管他们的其他能力有多高,基本正义都是无法达到的。[7]因此,把收入和财富用于衡量社会地位的错误之处,不能通过坚持认为对资源的需求是因人而异的而完全被把握:根据单一尺度而把能力看作可互换的想法已然出现了问题。人类以马克思所说的"丰富的人类需求"为特征,即对生活行为之机会的、无法简化的多元性的需求。

此外,罗尔斯对收入和财富的强调表明了,相关的资源是我们可以分配给个体的东西。森的批评并没有明确否定这一点。他似乎认为,给坐轮椅的人足够多的钱,他就能活动自如;唯一的问题是确定金钱的数额。这种回答是不充分的。不管我们给这个坐轮椅的人多少钱,除非重新设计公共场所,否则他依然没有足够的机会去公共场所。或许一个非常富有的人能雇用一个全职司机和一队能把他抬上没有斜坡的建筑的楼梯的人。然而,即便使不健全者如此富有是公共政策的合理目标——现状并非如此,我们依然没有找到问题的根源,即这个人不应该**一定要**依赖司机或抬担架的人。公交车或人行道上应当有轮椅通道，而且所有建筑应该有斜坡和轮椅可通达的电梯。对不健全者的尊严和自尊而言，那种对公共场所的重新设计是极为重要的。简而言之，使不健全者进入公共场合是一项公共事务，它需要公共规划与资源的公共使用。应追问的相关问题并非不健全者有多少钱，而是他们实际上能够做什么或能够成为什么样的人。一旦我们搞清楚了那个问题，接下来的问题就是：如果要使他们的能力在一个恰当的程度上发挥作用，那么还存在哪些障碍呢？

六、关怀与能力清单

现在，比较容易使关怀如其应当所是的那样在正义观中发挥基础性作用。首先，我们把极度依赖或不对称性依赖时期所需要的关怀理解为公民的基本需求。满足这些需求是体面的正义社会的特征之一。这种见解应当如何融入能力清单呢？在转入精神残障的特殊情形之前，我应当概括性地阐释这个问题。我将论证，关怀不是一件由一个人完成的事情，因此，它不应该或至少没有必要被说成是除其他能力以外的、单独分离的能力。[8] 好好考虑关怀问题意味着，要从被关怀者和关怀者双方的角度反思各种能力。妥善照顾依靠他人而生活的人（不管是儿童、老人、患病者或伤残人士）的重点在于支持生活、健康和身体之完整等方面的能力。它也激发感知、想象和思考。它支持感情依恋，消除"极度恐惧和焦虑"；实际上，关怀备至构成了一种有价值的依附形式。它也支持被关怀者的实践理性能力和选择能力；它鼓励许多其他类型的隶属关系，包括恰当的社会和政治隶属关系。它在自尊方面保护那些极为重要的善。它为娱乐和享受生活的能力提供支撑。它支持掌控个体的物质和政治环境：不健全者和残障者需要被看作有尊严的公民，他们有权要求拥有财产和工作等，而不仅仅被看作财产本身。不健全的公民享受自然的机会经常被缩减；关怀备至也支持这种能力。[9]简而言之，考虑到关怀备至在被关怀者生活中所发挥的相关且根本的作用，我们不得不说，它覆盖或应当覆盖人类核心能力的整个范围。

像其他人一样，严重精神不健全的人在涉及所有能力的领域都有需求。关怀备至能设法应对所有的这些需求。除此之外，不能泛泛而谈。好好照顾一个精神不健全者——好的公共政策为关怀提供支持，一定要很了解并关注人之不健全的特质。好好照顾塞莎将把重点放在依恋、感情上的冷静以及健康方面。跟她交往时，她较强的爱的能力和愉悦能力一定总是居于核心位置。关怀备至也能丰富她对认知刺激的需求——例如，她热爱音乐和运动，她对不被局限于单一的客观环境怀有浓厚的兴趣。[10]但是，认知了解方面一定要处于与她的能力相吻合的水平。相比之下，就业、政治参与和生活方式的选择似乎跟其处境的关联较小。

阿瑟完全不同：他所具备的较高的认知能力，需要在不造成因恐吓或他对人群的普遍恐惧而产生情感创伤的氛围下被培育。就其相关能力而言，他需要持续的且同心协力的支持；在这个领域，对大多数儿童而言是力度相当大的看护，对他来说却是不够的。在这个发展阶段，与动物和自然的关系发挥了很有价值的作用。有了足够的支持和好运，他将有能力工作和加入更大的社会圈子。实际上，在12岁时，他已经对政治有高水平的理解力，令人奇怪的是，这样一种理解力跟他在情感上的呆板僵化并存。比如，他认为，把布什称作"居民"（The Resident）而不是"总统"（The President），能较好地表达他对2000年这场具有争议的大选的反感。开了这个较为巧妙的玩笑后，如果其他人（包括学校里的老师）用另一种方式指称布什，他就会变得极度沮丧。要照顾好阿瑟，就必须适应这些发展过程中让人感到诧异的不同之处。

总而言之，好好照顾一个精神不健全者（包括患有精神痴呆或阿尔茨海默病的老年人）是个性化的看护。我将在第十节回到这个问题，探讨公共政策和宪法条款如何把握那种个性化。但让我现在回到关怀者的一般能力——需求上。

在关怀者这一方，我们再度有着各种考虑。关怀者常常因糟糕的安排而在各个方面吃亏。他们的健康状况陷入困境，他们情感上的冷静严重降低；他们失去许多本该拥有的其他能力。体面的社会不能保证所有关怀者实际上过着快乐的生活，但它能够在每个关键领域为他们提供最低限度的能力。例如，在看似特别难以度量的情感冷静方面，对一个年长者或丧失能力的依赖者的看护，不涉及对如何完成工作以及用什么资源完成工作等问题的持续焦虑，好的公共安排和体面的公共文化能使之成为可能；这些安排会减轻那些没有能力提供所需照料的家庭成员因愧疚而背负的极为沉重的负担。另外，能为这个领域的实践理性提供有效支持的是这样一些公共政策，它们使照料依赖者的选择成为一种真正选择，而不是社会漠视所产生的强制。女性真正有机会为自己制定生活规划，决定对依赖者的照料在这当中扮演何种角色。而她们也能获得一些娱乐时间。接下来，再度重申一下：我们并非拥有一种独立的东西，而是有了一种思考清单上所有事项的方式。我随后将回到这种分析在公共政策方面产生的影响。

七、能力抑或发挥作用？

就像在其他政治语境中一样，当我们考虑残障和不健全时，如下问题自然而然地出现了：它只是在这些领域的每个领域中应该被提升的能力，还是应该实际上发挥作用？在《女性与人类发展》一书中，我论证了，在人类生活的某些领域，这个问题理所当然是具有争议性的。对政治参与、宗教活动以及娱乐等要素而言，正是参与这些活动的能力或机会是恰当的社会目标，这似乎是显而易见的。强迫所有公民按照这些方式行为是专制的和不开明的。但在其他领域，情况更加复杂。例如，理查德·阿内森（Richard Arneson）认为，对于政治规划而言，这才是正确的做法，即把实际健康水平作为社会目标加以提升，而不是仅仅提升选择健康生活的能力。[11]在此，我自己采取一条更自由主义的路线：尽管关于风险的教育似乎非常恰当，而使他人遭受伤害（如不向性伴侣表明艾滋病病毒测试呈阳性）理所应当会被惩罚，但我不赞成那些把诸如拳击、不安全的性行为、足球和抽烟等不健康的行为定为不合法的政策。与之相似,我认为在医疗方面,病人享有各种权利,而且那些权利应当(通过更多的信息渠道和关怀选择)被扩展,而不是被压缩。把情感冷静和实践理性考虑在内,在区分能力和发挥作用时,在观念上肯定存在大量难题;但我再度认为,原则上如下做法是对的:提升某人为自身制定生活规划与达致情感健康的机会,而不是妨碍公民选择那些可能产生恐惧或包含了对权威之遵从的生活。(例如,在军队里对职业的选择也许看起来妨碍了实践理性的运用,并使情感健康受到威胁;然而,我并不认为有理由把它排除在外,而除了社会需要强大的军事实力这一显而易见的理由以外,实际上还有充分的理由来说明为什么应该提供这种选择。)

唯有在涉及自重和尊严本身的领域,我才认为实际上发挥作用是公共政策的恰当目标。假设一个国家说:"我们向你提供有尊严地被对待的选择。这是一便士。如果你把它还给我们,我们会尊敬你;但如果你愿意,你可以留着一便士,而我们会羞辱你。"这将是一个极为怪诞的不幸国家,它似乎很难与基本正义相容。[12]我们需要能为所有公民提供尊重的政治原则,并且在这个例子中,这些原则应该在该问题上不给他们留有选择余地。

但对儿童而言,发挥作用会被设定为许多领域的目标。因此,我已经为义务教育、强制性的健康护理和强制性地发挥作用的其他方面提供了辩护。(例如,我支持对允许性交的年龄做出界定,其结果是,不管他们喜欢与否,儿童身体的完整性都能得到保护。)强制性地发挥作用既能被儿童认知的不成熟证明是正当的,也能被这种发挥作用使成年人的能力得以实现之重要意义证明是正当的。

这些观点明显将影响如何对待严重精神不健全者的问题。在很多事例中，似乎能清楚地看到，他们当中有许多人（严重精神不健全者）不能在他们的健康护理、对性关系的允诺、评价工作或岗位的风险方面做出选择。因此，对他们当中的许多人而言，在很多领域中，发挥作用而非能力是恰当的目标。在第九节，我会更详细地讨论这个问题，以一种一般的方式追问必须如何调整清单、门槛观点以及社会目标观念，以满足认知不健全者的需求。

八、直觉主义的指控

罗尔斯对生活质量之单一线性标准的允诺，涉及方法论的某个方面：他拒绝把平衡多元化和多样性的原则看作直觉主义的，这种直觉主义令人反感。(TJ 34-40)不难想象，他会以同样的方式公开指责能力进路：因为它赞成各种权利资格的多元化——对社会正义而言，所有权利资格都是基本的，所以它把社会正义建立在一个令人反感的直觉主义基础之上，这个基础要求平衡，并且不会产生确定的次序。现在，让我们考察这种假想的指控。我认为，我们应该在所有重要的方面都认为这种指控是错误的。

这种指控——正如我所设想的——包含两个部分：第一，在基本政治原则的形成过程中，存在着对直觉的依赖，这种依赖让人难以接受；第二，能力清单的多重价值属性不可避免地要依赖直觉主义的平衡,这种平衡使政治原则变得不确定与没有最终结果。对第一个指控,我们应(正如我在第一章已做出)回应,能力进路并不比作为公平的正义更多地或更少地依赖直觉,这种依赖只是出现在略微不同的地方。作为公平的正义在设计原初状态时参考了直觉和经考虑的判断;能力进路则在制定能力清单时参考了它们。由于作为公平的正义是一种程序进路,而能力进路是一种以结果为导向的进路,所以这种区别并不让人感到惊奇。但两种进路都因循着罗尔斯在评价一种以经过考虑的判断为背景的理论结构时所采用的普遍方法。它们认为没有东西能免于修订,并且在理论和被视作同一组的判断中寻求连贯性与相匹配之处。[13]实际上,由于罗尔斯明确地把他的方法溯源到亚里士多德,而亚里士多德也是我能力进路中所使用方法的始祖,所以出现这种方法论上的相似并不让人感到奇怪。

我认为,在直觉作用问题上表现出来的不同,根源于程序进路和以结果为导向的进路之间的更为普遍的差异,我在第一章已经讨论了这一点。崇尚程序进路的人对能力进路毫不掩饰地诉诸人类尊严的做法特别敏感,但他们却以这种方式没有对罗尔斯理论中人之不可侵犯性的相似作用和与之相关的尊重个体的直觉观念感到心烦意乱,这仅仅是因为,在直觉观念和最终结果之间存在如此之多打动人心的部分,以至于人们无法注意到这些直觉观念究竟做了多大工作。我不认为罗尔斯是以这种方式进行论证的。值得称道的是,他的确坚信,政治原则要赋予尊重观念和人类尊严观念确定的内容(TJ 586),但我认为,只要能力进路不把对权利资格的论述看作源于尊严观念和尊重观念,而是充实那些观念的方式,它就能避免这个问题。正如查尔斯·拉莫尔（Charles Larmore）合理地坚称，在罗尔斯的理论中，尊严观念和尊重观念必定是非常基本的观念。[14]因此，我认为罗尔斯对运用直觉之做法的更明确的反对在于第二个指控。

那么，对能力进路观念而言，把其十个目的考虑在内，是什么东西注定要以使政治原则彻底变得不确定的方式，对细节进行直觉性的平衡呢？当应用于能力进路时，这种指控是完全不正确的，而当把这种指控应用于人们可能想象出来的其他理论时，它或许是正确的。该理论指出：**这十个多元化和多样性的目的全都是正义的最低要求**，至少处于最低水平之上。换言之，这个理论不支持直觉主义的平衡或在它们当中做出利弊权衡。宪法结构（一旦它们被收入宪法或另一套类似的基本看法中）要求，对每个公民而言，它们**全都**确保处在某一恰当的最低水平之上。在走投无路的情况下，国家不可能保证它们都处于最低水平之上，但这样一来，它就变成了接下来该做什么的纯粹实践性问题，而不是一个关于正义的问题。关于正义的问题已经得到解答：在这里，没有完全实现正义。[15]

如今，当我们考虑把一种特定能力的最低门槛设定在哪里的问题时，直觉当然有可能经常被牵涉在内。而在《女性与人类发展》一书中，我设想，司法程序是这类不断增长的工作会被完成的地方。但罗尔斯认为没什么区别：实际上，在《政治自由主义》中，他自身对自由言论的讨论是对司法理性完全主流化的讨论，它没有自称要从万无一失的第一原则演绎出恰当的最低门槛。的确，我强调，设定门槛的一种恰当方式会参照其他受影响的能力，因此，裁决宗教自由活动之界限的法庭，理所应当要考虑所有儿童在接受教育等方面的基本权利。但在无法接受的意义上难以做出权衡：它只是这样一种事实的必然结果，即能力被理解为一套完全连贯而非其中存在冲突的东西。[16]换言之，它将避免需要综观其他能力才做出权衡，以确保整套东西是连贯的且能作为一个整体而被兑现。

罗尔斯的理论比能力进路更少地体现出直觉主义色彩的一个地方是它对相对社会地位的衡量，其中只用到了收入和财富。当然，这种衡量是准确的，而且比通过自我尊重、政治包容性、教育、财富等方式进行权衡直接得多。但追求这种精确性要付出代价：正如森已经指出和我在此已经论证的那样，因为罗尔斯根本不提及很多事情，而这些事情跟关于健康安乐和相对社会地位的所有真正解释高度相关，它们是收入和财富无法很好地替代的事情。在现实生活中，在某些能力方面，人们可能被安排得比较好，但在其他能力方面，他们却被安排得很糟糕。

九、能力进路与罗尔斯的正义原则

正如我们已经看到的那样，罗尔斯强调他的理论有两个相互独立的部分：正义原则（包括关于尊严、不容侵犯性以及它们所表达和使之正确的互惠等直觉观念）和原初选择状况。他认为，我们或许接受一部分而抛弃另一部分。我已竭力主张，为了把残障问题当作正义问题来处理，罗尔斯将需要对原初选择状况的描述做出重大修改，即抛弃古典社会契约传统所依赖的某些特征。（在那一点上，他的理论和能力进路之间有可能存在相当多的相似之处，这取决于被引入的修改的本质，尽管我已经提出的其他问题——在原初选择状况中仁慈动机的缺乏，从理性个体之需要的角度而被表述的善理论的局限性，把做出选择的各方和正义的首要对象等同起来的更一般的困难——或许依然会引导我们倾向于后者。在情况完全被考察清楚之前，我们一定要等着看他做出这些修改。）我也已经说过，特别是在考虑**每个人**是目的而不能作为一个大的社会善物的牺牲品时所采用的方式方面，关于尊严和互惠的直觉观念提供了非常好的引导。为了使那些观念摆脱康德式的理性主义——它使那些观念难以把严重精神不健全者包括在内，我们需要对它们进行重组；但我相信，即便不放弃直觉主义的核心，我们也可能做到这一点。

那正义原则本身又怎么样呢？罗尔斯自己根本没有针对严重生理和精神不健全者的情形提出任何原则，他甚至没有致力于把这些问题看作关乎正义的问题。可以肯定的是，他否定这些问题关乎**基本**正义，不认为它们影响社会最基本的正义原则。因此，问题一定不是我们怎样看待罗尔斯针对这种情形提出的原则，而是如何把他针对"正常"情形提出的原则扩展至这种情形（这是他没有考虑的情形）。两个众所周知的原则——这两个原则确保了一套基本自由和机会有难以辩驳的优先性，进而提出用差异原则来处理经济不平等问题（唯有当不平等能提高最少受惠者的财富和收入水平时，才允许出现这种不平等）——会为这种更进一步的情形提供合理的指导吗？

从一个不同的观点出发，能力进路已通过多种方式找到了跟罗尔斯的两个原则非常相似的原则。由于两种情形下的原则都力图把握与人类尊严一致的生活观念，并在政治上把它具体化，所以哲学上的动机非常相似。由于我的理论只提及社会最低水平，而没有论及（人数非常多的）社会底层之上的不平等，所以超出这一点就比较不准确了。然而，如果罗尔斯接受森的提议，用由各种能力组成的清单取代首要善清单——重点在于根据收入和财富来编排相对位置，那么罗尔斯本人可能需要采取那种行动。关于每个公民都有权利大量地享有这些多样化的善物中的每一种——这被视作能力，以及社会可能不会通过冷落任何公民对善物的任一诉求的方式来追求全方位的有利条件的观点，至少跟两个原则有着密切关联。

对残障者情形的考虑，引导我们把注意力集中到把关怀作为一种首要社会权利的重要性。与罗尔斯观点的这种本质区别是非常显著的，因为罗尔斯关于公民是"充分合作的"假设不利于他赋予关怀足够核心的地位。但对这种情形而言，这是罗尔斯原则（扩展到这种新情形）与我自己的原则在内容上的主要不同；其他方面有着相当大的重叠部分。

或许，我们能继续论证一些诸如差异原则的东西——差异原则当然是一个最具吸引力的原则，从能力的角度重新考虑经济不平等。然而，一旦我们承认多元化的各种善物——它们被界定为能力，如何论证这一原则便摆出了很多难题。我们是否应该为每种单独的能力设定一个差异原则呢？那种提议似乎极具巴洛克风格，并且很难使之成为一种观念。但其他进路要求把能力汇总起来，在这些地方，能力观念的吸引力在于它把握善物之多样性和不可公度性的能力。我得出结论认为，通过坚决要求所有能力达到足够大的最低限度，在这个新的框架中，我们至少在某种程度上把握了罗尔斯原则的道德核心。或许，我们随后可以详细阐述进一步的原则来处理至今仍未听说过的情形，在这种情形中，社会已经实现了这些权利。

虽然罗尔斯论证了两个原则的词典式序列，但他也明确要求，在第一原则生效之前，一些基本的经济需求必须得到满足。我已表达了对他的一些构思的不满，但那种认为罗尔斯没有看到自由问题和经济权利问题之间相互贯串的观点肯定是不正确的。在《政治自由主义》中，他对竞选资金改革的讨论清楚地表明了，他认为经济问题对政治自由的平等价值是多么重要。因此，我的能力进路——它坚持认为所有能力都具有与物质相关的一面且要求具备物质条件——只是把讨论往前推进了一步，抛弃了词典式序列，因为这些问题过于相互依赖以至于变得什么都不是，但却会误导性地指出，跟经济问题相比，自由和机遇能优先得到解决。即便如此，通过坚持认为一些权利必须在严格平等的基础上加以分配，我的观点的确会产生罗尔斯所提出的疏离，但对（本质上是更狭义的经济学的）其他权利而言，我们追求的是完备性。我坚持宗教自由、言论自由和政治自由的严格平等的理由在本质上是罗尔斯式的，关乎对尊重和互惠的考虑。

总体而言，尽管在起点和详细构思方面有着很大的改变，但原则的精神实质被保留下来了。

十、尊严的类型和层次：物种标准

能力进路根据一份对所有公民都一样的清单来运作，并采用了每种能力之最低门槛水平的观念——这被看作最低水平，低于该水平，公民就无法过上体面的、有尊严的生活。我的哲学论述中阐述的进路只宽泛地和大致地规定了这种最低门槛，这是因为我认为，最低门槛水平会随着时间的流逝而略微变动，同时也因为我认为，能力方面的恰当最低门槛水平或许会由不同社会根据它们的历史和环境做出不同的设定。因此，适合德国的言论自由权（允许禁止反犹言论和政治组织）在美国不一样的环境下显得强制性太强；从它们的历史角度来看，两个国家似乎都在这个领域做出了合理选择。与之相似，就教育水平应该达到什么高度才可以免受国家责难而言，其确切高度将根据国家的经济类型和就业状况而稍微有所不同，尽管这种水平不应像它在现实生活中那样有如此之大的变化。因此，诸如离开学校的年龄应是17岁还是19岁的问题可能引起争论；但考虑当今世界的就业机会结构和政治行为的先决条件，12岁是否合理的问题目前就不会引起争论。在这些情形中，能力进路呼吁，产生恰当准确之规范的最好办法是随着立法、法院和行政机构根据每个国家机构的具体特点及其机构的能力合理发挥作用而不断完善的。

为什么这种进路只明确规定了一份能力清单和一个最低门槛

呢？如今，必须直面这个问题，因为就解决精神不健全者的能力问题而言，它显然是至关重要的。能力进路始于关于人的和以人类尊严为特征之生活的政治观。关于物种及物种之独特行为的观念确实影响了它。然而，在指出人性观念的使用的确提供了什么东西和不提供什么东西时，我们必须十分慎重。这是因为，伦理学和政治思想中存在着其他进路，而在使用人性观念时，这些政治思想有着很大的不同。[17]

首先，在我的理论中，人性观念是明白的，它从一开始就具有**评价性**，特别是**伦理方面的评价性**：在与独特的人类生活形式相关的诸多实际特征中，我们选择了一些特征，这些特征看上去在标准上是如此根本，以至于即便存在其他特征，但如果一种生活根本不可能体现它们当中的一种特征，那么它就无论如何都不是完全意义上的人类生活，一种以人类尊严为特征的生活。如果当中有足够多的特征无法被体现出来（就像一直处于植物人状态下的人的情况那样），那么我们就可能做出判断，认为这种生活根本不是（也不再是）人类生活。当确认了那个（特别）低的门槛后，我们接下来寻求一个更高的门槛，在这一门槛之上，不仅是人类生活，而且是**好生活**，成为可能的。

换句话说，不难理解，我们所提及的一种存在物的某些状态——比方说一个（昔日的）人永远处于植物人状态——根本就不是人的生活状态，因为思考、知觉、爱慕等的机会最终都被剥夺了。（要注意的是，如果只是一种或更多的持续情态被剥夺了，那么我们不会做出这种判断；唯有当一组主要的人类能力最终完全被剥夺时，我们才会这样说。因此，这一最低门槛与医学上界定的死亡之间有着密切关联。如果任意一种能力被剥夺了，我们不会得出这样的结论：必须是它们当中的一组能力被剥夺了，才足以在某种意义上构成任何一种东西的死亡，就像人独特的生活形式那样。一直处于植物人状态的人和无脑儿童便是例证。)[18] 接下来，我们在直觉上严格地寻求一个在此之上可实现人类好生活的更高位置，它关注那种生活的社会状态。这种状态或许也有其自然性的一面，但随着生物学改变医学的可能性，我们必须始终意识到，一些以往属于机遇或自然领域的可能性如今可能属于社会领域，即由正义塑造的领域。[19] 一个体面社会的任务是，赋予所有公民超过合理的最低门槛水平的能力（的社会条件）。

故而，理论中关于人类和重要的人类能力的观念，是具有评价性质且关乎伦理道德的。人类能成其所是以及所能做的事情（如，残忍）没有被列入清单。由于清单被设计成多元社会中重叠共识的基础，所以它显然不是形而上的。它被设计用于回避一些概念，这些概念属于一种关于人类的主要完备形而上想法或认识论想法——如关于灵魂、自然目的或自我明证之真理的概念——而不是其他想法。就具有高度概括性的、关于人类繁荣及其可能性的观念确实被包含在能力进路中而言，就像在亚里士多德自身的规范性理论中一样，它不是一个关于繁荣的独立观念，而是一个为繁荣之多种可能性留出空间的观念。因此，采用这样一份清单并不要求只有一种类型的人类繁荣，而是要求这些能力可以得到明智公民的赞同，并且因与这样一种观念——人是既缺乏生活必需品又拥有尊严的政治动物——相关而成为合理的人类繁荣观念的重要前提；由此，在正义的社会中，这些是基本政治权利观念的良好基础。

因此，只有一份清单，并不是因为公民只有一种繁荣观念，而是因为对人们而言，只赞同一套为多种不同生活方式提供基础的基本宪法权利似乎是合理的，而这些权利似乎内在于人类尊严的观念中。但现在，我们不得不面对一个难题。让我们想象一个实际上不会运用清单上的一种能力的公民，如一名认为参与政治是错误的阿米什公民。希望这个人依旧支持把投票权作为这份清单的一个要素而包括在内，是非常合理的，因为她选择了生活在一个民主社会，而且她愿意相信在这样的社会中投票机会总体来说是有价值的，即便她自己不会去投票。可以设想一下，禁止其成员接触通俗报刊和其他媒体的宗教团体的成员，依然支持把出版自由看作民主社会应当容纳的一种重要价值，即便它跟他们自身的繁荣观念没有多大关联。[20] 与之相似，可以设想一下，无神论者、不可知论者甚至那些憎恨和鄙弃宗教的人，依旧支持把自由的宗教活动能力当作一个社会将包含的重要组成部分，因为他们能从研习历史中看到在所有社会中宗教迫害有着非常大的危害，而这种类型的迫害使人类的多种可能性变得不可能。他们会合理地坚持主张一种包容了无神论者和不可知论者之平等权利的宗教自由观念；只要他们接受了人类尊严与相互尊重的核心观念，他们就有可能赞同那种能力，而不是接受具有强制性的无神论。

现在的问题是：关于人类和人类尊严的观念是如何在我们要求这些公民公开承认的想法中产生影响的呢？我们是否要求阿米什公

民公开声明,没有投票权就不可能有人类的繁荣以及跟人类尊严相容的生活呢?她可能并不完全相信这一点。我们是否要求宗教上极为正统的公民公开申明,没有出版自由就不可能有人类的繁荣以及跟人类尊严相容的生活呢?同样,他的宗教观念或许完全否定这一点。我们是否要求无神论者宣称,没有选择宗教的自由就不可能有人类的繁荣以及跟人类尊严相容的生活呢?这些人愿意赞同这些权利是一个社会所拥有的好东西,因为他们意识到其他人在行使它们,而且他们尊重他们的公民同胞。但他们或许不想迫于政治观念而指出,这些权利内在于人类尊严和人类繁荣的观念。因此,我们正要求他们说出一些超出我们提议的东西,一些更具争议性的东西,毕竟,正是关于人类的观念导致了问题的产生。

我试图做出如下回应。这些人已经选择生活在多元化的民主社会,并表现出对其价值观的尊重。我们假设:他们也不认为,公共文化的价值观只是一些基于他们从中获得生活方式上的稳定和保障而要去容忍的事情;他们实际上肯定这些价值观。就此而言,他们有别于我们可以想象的其宗教团体的其他成员。[21]因此,他们确实从根本上认为,这些价值观是非常重要的政治价值观,即便他们不会使用相关的功能。也就是说,他们认为,在这些问题上有选择是件好事:选择投票或者不投票,选择阅读一份自由的刊物或者不去阅读它,选择追随宗教或不追随宗教。基于合理的多元化的事实,在某种程度上,有选择权是一件好事:其他公民同胞做出不同的选择,而予以尊重则包含了尊重做出那些选择的空间。我们所讨论的公民或许也相信,选择权**对他们来说**是有好处的:在不举行选举的国家成为一个没有投票权的人，算不上体现人类的价值观；在迫害宗教的国家追求不信教，算不上体现非宗教人士的价值观。如果我们严格地把重点放在能力上，而不是放在发挥作用上，那么重构他们的观念而使他们采纳这种想法，即对个体而言，有尊严的生活需要这些**能力**——当然包括了不运用它们的权利，这并不是不合情理的。就好像一个选择毁了自己的健康与不让自己得到一切可得的健康护理的人，或许一直赞同，公共健康护理是体面的人类生活的一个极为重要的最低条件，因此，这些人或许也一直支持这些领域的选择空间，即便他们也认为，他们本人理所当然只能做出一种（否定性）选择。[22]

假如我们现在对这些人说："你们没有高度重视政治参与（或自由出版），这是因为在你们完备的价值观里，发挥相关作用的情况是被禁止的，因此，我们究竟为什么要赋予你们那些能力呢？为什么要让你们申明它们内在于体面的人类生活的观念呢？为什么我们不反过来只为你们设立一份不同的能力清单，而清单只包括那些你们关于繁荣生活的完备性观念确实涵盖了的能力呢？"以多元化的清单来解决多元观念问题的做法究竟在哪里出错了？

首先，作为实际问题，这种解决办法当然是行不通的。其次，它实际上行不通的原因之一就在于，它本身在规范上是深邃的：它无法尽可能地给人们提供从一种完备性观念退却到另一种完备性观念的选择。与置身于不能自由出版的国家的犹太教徒相比，布鲁克林的正统犹太教徒退出那一共同体的机会要大得多，即便他们选择不阅读世俗报刊。但该想法的一个更为麻烦的特点正在于这样一个事实，即它会导致对公民的要求互不关联，有些人享有其他人不具备的基本权利。这将存在等级，而不是完全平等。可以设想，阿米什人会抛弃这种观点，他们抛弃它的原因在于，他们想跟自己的公民同胞享有同样的权利；他们把这看作他们及其小孩尊重自我的社会基础的组成部分。他们也想要平等。因此，他们认为，在能力水平上，社会一致认同基本权利的观念是重要的，就像他们也认为，在发挥作用的程度上，给多元主义提供空间的想法是重要的。

但这也不足以说明他们重视相同性：因为我认为，他们重视的不只是一切原来意义上的相同性而是**这种**相同性的说法是合理的。换言之，在一个否定所有人的投票权的仁慈的独裁国家，这些公民不会认为自己是幸福的。他们已经选择公开承认公共文化不仅仅是一种便捷的**妥协**，因此，他们主张，在一个政治共同体中，这些能力是体面的人类生活的先决条件，这归根结底并非不合情理。与之相似，讨厌宗教并希望它某天会从人类生活中消失的无神论者，与一个在这些问题上没有给人们提供选择的国家相比，仍旧更偏好于宗教问题上的自由选择权。因为允许人们在这些问题上有选择权是尊重人类尊严的一个方面。故而，结论同样是：即便他们不喜欢宗教，说他们认为宗教上的自由活动是体面的人类生活的先决条件，也并非不合理。因此，能力和发挥作用之间的区别是至关重要的。

既然如此，就有好的理由说明为什么只有一份能力清单，即便关于繁荣的观念是多元化的。诉诸人的观念看来也不会给进路保证尊崇的这种多元主义造成困难。没有深邃的形而上学，我们也可以接受这种观念，即人类生活有独特的样子和形式，以及人们大体上认为某些能力（即某些选择空间）对其成功非常重要——即便出于个人或宗教理由，在某些情况下，人们会不再坚持我们所讨论的发挥实际作用的观点。

如今，我们触碰到这个讨论一直指向的问题。当我们考虑精神不健全的公民的生活时，政治方面的能力清单应否保持相同？社会门槛应否也是一样的？在这一点上，我们对人类独特活动的亚里士多德式关注，看来会导致一个不解之谜。[23]塞莎不会投票，这并非因为她持有一种禁止投票的完备性价值观，而是因为她的认知能力从未达到这样一个水平，在这一水平范围内，她享有能说明问题的投票机会。与之相似，对她而言，出版自由是没有意义的，这并不是基于超正统的原因，而是因为她的认知水平无法应对阅读与言语交流。尽管做出最大努力，社会也无法使她提升到这样一个水平，在这一水平范围内，她在一切重要意义上拥有我们所讨论的能力。目前，强调物种标准的观点看来必须做出选择：我们或者说塞莎总的来讲有不同的生活方式，或者说尽管我们尽力了，但她永远没有能力过上繁荣的人类生活。[24]

对一些极为不健全的人而言，第一种回应看来是正确的。某些类型的精神能力丧失是如此严重，以至于认为那种生活根本不是人类生活而是一种不同的生活形式的看法，似乎是合理的。唯有心肠软才会使我们把一直处于植物人状态的人或一个无脑畸形的小孩称作人。[25]是什么让我们希望把塞莎的生活称作人类生活呢？那有什么区别呢？当然，在这里，她拥有人的躯体并且是一对成年男女的孩子，这个事实在此处是非常重要的并扭曲了我们的看法。我们不该草率地排除这样一种可能性：如果我们不只是在隐喻的意义上诠释人类的话，那么我们应当说，她的生命是另一种生命形式，而非接近典型的人类生命形式。在我提到的两个案例中，这种说法是合理的，因为在两个案例中都缺乏知觉意识以及跟人交流的一切机会。就我们把塞莎的生活看作一种人类生活以及我认为我们在这样做时并没有受蒙骗而言，这很可能是因为这种生活至少明显体现了一些最重要的人类能力，而这些能力把她跟人类社会而非别的社群连接在一起：爱的能力以及与他人发生关联、感知、在运动和娱乐中感到愉悦的能力。在这个意义上，她是人类父母的孩子的事实是重要的：她的生命跟人际关系网密切相连，而且她能积极参与许多关系，尽管不是参与所有关系。

不过，如果认为最好的看护能在社会合理的最低水平上生成这份清单中的所有能力，那么这种想法看来就是有悖情理的。接下来，我们是否应视之为目标，而为她引入一份不同的清单呢？我们是否应为清单上的事项引入不同的最低标准，在她应得到什么东西的问题上，把它作为我们所追求的政治目标呢？

从实践角度来看，阿瑟和杰米的情况表明，对清单的这种旁枝末节的修补是非常危险的。所有的现代社会都一贯倾向于贬低不健全者的能力与他们对社会所做的潜在贡献。这部分是因为，全力支持这些能力要付出很大的成本，相比之下，更容易规避这样一个事实，即在很多情况下，严重不健全者实际上可以在很大程度上发挥作用。对表明这些不健全是不可避免且本性使然的说法的运用，掩盖了拒绝花足够的钱来为不健全者做大量改变的做法。不久前，人们可能还在认为，即便一个只是失明或失聪的人也不能参加高等教育或参与政治生活，一个坐轮椅的人不能参加运动或干各种工作。完全社会性的障碍被看作自然的障碍。[26]因此，似乎有可能逃避这样一件耗费成本的事情，即重新设计公共设施以便安置这些人。

通过把不健全者描述为要永久且不可避免要依赖他人的人，牵涉其中的费用常常被置之不理。因此，给视力不健全者提供的公共空间以这样一种方式被构想出来，即他们只有借助可视化的指引才能到处走动。关于侵权行为的法律被设计成，仿佛盲人没有权利像独立的成年人那样占据公共空间。[27]当我们论及对关怀的需求时，这种情况应引起我们长时间的深思，这是因为个体需要（非同寻常的或不对称的）关怀的观点有时是一种诡计，它向许多不健全者——要是能充分设计公共空间来支持他们就好了——掩盖了完全意义上的成年人独立的可能性。因此，当人们想要和需要得到看护时，使他们得到看护应大大有别于迫使其置身于不得不依赖他人的处境，即便那不是他们想要的。就像我们所有人一样，生理上有残障的人想人们在医疗上关心他们的需求。但跟其他公民相比，他们也想作为平等的公民而被尊重，在生活上可挑选各种形式的抉择和活动。在此，我们也不能回避适应性偏好的问题；因而，即便人们说他们更喜欢依赖，但那种事实不能妨碍我们提供选择。

在精神不健全者的情形中，无法在结构上实现人类潜能的问题甚至更为严重。迈克尔·伯鲁比对杰米的描述表明，唐氏综合征以往一直被看作无法改变的认知局限，但实际上，患有唐氏综合征的儿童的诸多问题可被看作身体上的局限：颈部肌肉软弱无力、舌头软弱无力，前者在关键时刻尤其会妨碍对环境的探索，后者会妨碍语言能力的提升。关于这些儿童只是"哑巴"、是难以教化的偏见，妨碍人们正确地理解他们的成就。正是因为父母和其他倡导者认为认知发展是重要的并一直坚持这一点，才产生这些发现和设计出实现它们的方案。另外，阿瑟或许过早地被断定为这样一个小孩，他只是无法跟其他儿童形成良好关系，没有能力成为社会的一分子。但因为家长、教育者——归根到底是（我稍后会讨论到的）法律——非常强调教育的公共观念中的社会性，所以，由公众出钱，阿瑟跟其他患有阿斯伯格综合征的儿童被分配到一所学校，在那里，他学到了良好的社会技能，并且结交了朋友。

因此，简单来说，采用一份不同的能力清单，甚或在能力方面给不健全者设定不同的标准以作为他们恰当的社会目标，是很危险的。这是因为如果一开始就假定我们不能或不应实现一个难以实现的昂贵目标，它就成为一种摆脱困境的简易方式。从策略的角度来看，正确的办法似乎是：把一份清单看作一套不容协商的社会权利而反复谈论它，并为之不懈努力，从而使所有残障儿童在能力上都达至我们为其他公民设定的同一最低水平。待遇和方案应当真正是个性化的，就像它们实际上对所有儿童也应当是个性化的那样。但出于政治目的，坚持认为对所有公民而言核心的能力是非常重要的，因而值得在那些与众不同的不健全者身上付出必需的花销，这大体上是合理的。坚持这种观点的一个好办法是，运用人类繁荣的表达方式，指出杰米和阿瑟应得到关乎好的人类生活的所有先决条件，并且他们能通过适当的教育和关怀得到这些东西。

这种对单一性的强调是重要的，它不仅体现在策略上，而且体现在规范上：因为它提醒我们，应当把精神不健全者当作完全平等的公民而予以尊重，他们是人类社会的成员，有能力过上好生活。它也提醒我们，所谓的正常人和不健全者之间有着关联。在可能的地方，所有人都以一种个性化的方式具有教育所要设法解决的障碍；只要有合适的关怀，所有人都能具备清单上的主要能力。我们坚持认为不健全者应享有平等的权利来获得好生活所必需的东西，而不是把他们划分开来，好像他们属于不同（和更低）的类别。

实际上，出于政治目的而坚持要求只有一份清单，这种似乎一开始会因忽视每个精神不健全者的个人情况而处于尴尬境地的策略，看来是尊重精神不健全者之个体性的一种好办法。这是因为，我们指的是（回到我们在理论上对平等尊重的考虑）他们只是跟其他人一样的个体，而不是某些**类别**，并非比人类低等。那种分类是使残障者蒙羞的最普遍方式。埃尔文·戈夫曼（Erving Goffman）关于社会羞耻的经典研究一再表明，特别是针对不健全者和残障者的耻辱的主要特征是否定个体性：这样一个人彻头彻尾的遭遇是以带有耻辱特质的方式被加以描述的，而且我们开始相信蒙受耻辱的人不完全是或并非真正是人。[28]当这样的人做出人类生活中最正常的行为时，"正常人"常常表现出惊讶，他们仿佛在说："那真是不可思议啊！从某些方面来看，你就像人一样！"[29]如果我们接纳一份针对"正常人"的能力清单与另一份针对"唐氏综合征儿童"的能力清单，仿佛他们属于不同的物种，这种邪恶的倾向就会被强化：它让人遗憾地暗示了，"正常人"是个体（因为他们知道自己是个体，而且没有人否认这一点），而唐氏综合征儿童属于没有明显个体性和多样性的类别，他们完全由其类别的独特性来界定。

此外，即便我们考虑一个像塞莎那样的女性——她从未有能力靠自己而获得清单上的所有能力，并且也许要通过她监护人的代劳来获得当中的一些能力（如政治参与），对物种标准的强调也是有意义的。因为物种标准告诉我们，就一只心满意足的黑猩猩的生活并非不幸的而言，塞莎的生活在某种程度上是不幸的。所有严重精神不健全者都过于频繁地被比作更高等的动物。在某些方面，这种类比是发人深省的，它让我们意识到动物的复杂认知能力。但在其他方面，它颇具误导性。因为它暗示了，塞莎属于这样一个物种，这个物种拥有自身正常的生活方式；她拥有具备相似能力的、同属一个物种的同伴，能跟他们一起构筑性关系和家庭关系；她周围有着相似能力的物种成员，她可以跟他们一起玩和一起生活。但是，这是错误的：塞莎周围没有像她那样不健全的人。她缺乏其种群中大多数成年成员所具备的（也是其他物种的动物通常得到的）相对独立性。她的生活中有很多痛苦和疾病。就这一切都是真实可信的而言，她的生活憧憬——希望生活中出现在性和抚养小孩过程中自然流露出来的快乐——被降低了，而且她可能无法期待这样一种生活，在这种生活中会出现由她发起的意义重大的政治活动。在所有这些方面，她跟一只普通的黑猩猩大不相同。此外，不管这种动物是人类还是非人类，在这一点上，拥有独特物种能力的动物的生活都是有机和谐的：各种能力更多地通过和谐而非不和谐的方式紧密相连。相比之下，塞莎有追求爱、娱乐和愉悦的能力，这些能力跟她的认知水平和运动技能没有多大关系；此外，生理上波及范围较大的残障给她留下了大量痛楚。因此，在我看来，我们显然应该说，清单上的一些能力是她无法获得的，但这是尤为不幸的，它并不表明她正以不同的生活方式获得繁荣。社会应竭尽全力直接赋予她尽可能多的能力，而在不可能直接赋予能力的地方，社会应通过适当的监护安排来赋予她能力。但对塞莎而言，不管它被设计得有多好（待会儿我们将对此做进一步说明），监护都比不上她靠自己而拥有能力。我们已经强调了清单上的能力，因为它们对人而言是重要的；我们已经评价了这些功能性选择，并认为它们真的是重要的、好的。当有人不能获得它们时，不管是谁的错，这都是一件让人不愉快的事情：塞莎能一直繁荣的唯一方法是成为一个人。

　　做出这种判断并不意味着，在很多方面，塞莎的生活不能被看作好的或成功的，而是意味着，如果我们能改善她的状况，并使她的能力处于最低水平之上，那便是我们将要做的。这是因为，对一个人而言，有能力以这些方式发挥作用是好的且实际上是重要的。如果这种待遇是应得的，那么社会就有义务支付当中的费用，而且不能以她"天生"有缺陷为借口。进一步说，如果我们能在子宫中改变其基因结构，那么她就不会生来具有如此严重的缺陷，而那也是体面的社会将要做的事情。[30]需要注意的是，正是因为现实生活中杰米或阿瑟有可能获得那些我们已经视之为人类主要能力的能力，所以我们并没有针对他们做出这样的论断。故而，这种观点并不会导致借助改变基因的方式来消除唐氏综合征、阿斯伯格综合征，或者失明和失聪的问题，尽管它也没有明确反对这一点。

在思考针对塞莎的公共政策时，清单的主要作用将是提出问题：她置身其中的公共政治安排是否已经使清单上所有能力的**社会基础**覆盖到她呢？如果做到这一点，那么公共观念就已经履行了它的职责，即便她自身的缺陷或许在一个或更多领域不利于她在活动上做出充分选择。此时此刻，虽然公共政治观念有缺陷（基太的书主要关注这一点），但显然塞莎的父母已经做了绝大部分工作来赋予塞莎清单上的多种能力。针对诸如杰米和阿瑟等儿童的需要，公共文化的回应变得越来越积极。而塞莎依然在没有得到政府及其公共政策的帮助的情况下得到了呵护。即便如此，塞莎的生活在很多方面也是有尊严的和美好的，但这是基于她父母和其他关怀者的努力。她的成功在一定程度上取决于这样一个事实，即她的父母受过高等教育且比较富裕。正义的社会不允许这么关键的问题以这种方式受制于机遇。

更具体地说，考虑到清单及其最低门槛如何可能使公共政策导向塞莎的问题，与其更具体的部分相比，我们应该更重视清单上的要点。因此，即使塞莎无法成为一个潜在的投票者，我们也应当追问，可能会有哪些其他途径向她提供政治成员身份与某种政治行为的机会（尽管我们也会允许她通过监护人来投票，以此表明她在政治上是完全平等的）。显然，患有唐氏综合征的公民已经成功地加入他们的政治环境中。[31]应当追问，我们有可能怎样做出安排，从而使塞莎也能拥有这些她能得到的机能中的某些机能。另外，有多种心理障碍的公民有能力工作。如果塞莎不能获得一份工作，那么能让她很好地支配其物质环境的其他途径会是什么样的呢？进一步,如果事实表明,即便在他人的帮助下(这并非完全明确的),塞莎也没有能力亲自抚育和照看小孩,那么在与小孩的关系方面,可以设计什么样的替代关系来提升其生活的丰富性呢?如果精神不健全者和残障者作为公民是完全平等的,那么保留一份能力清单就会引发所有这些问题,而它们都是极为重要的问题。

十一、公共政策:监护问题

这类讨论只能勾勒出,这样一条解决精神不健全者之处境问题的进路可能会产生什么样的政策影响。在这一节,我将集中关注监护问题;在接下来的一节,我将集中论述精神不健全儿童的教育问题;最后,我将简要论述解决看护及其社会认同之普遍问题的一般方法。

大多数州通过各种形式的监护来保护精神不健全者的能力(至少是某些能力)。但鉴于对实践理性以及在能力进路中处于中心位置的社会能力的强调,我们需要前前后后地仔细考虑整个关联。美国的监护体系在州与州之间存在差异,而大致的方法已然是极为不固定的,且这些问题很少像其他国家那样富有想象力地被清楚地表达出来。在宪法领域,对精神不健全者之正当程序权利的保护倾向于采用有限的监护。[32]尽管如此,即便不存在使投票成为不现实的社会目标的认知障碍,许多精神不健全者仍然无法投票。即使各个州提供各种不完全的或暂时的监护,"哪种选择最大限度地扩充自主性"的问题依然没有被阐释清楚，这"会导致一些残障者不必要地失去自主权"[33]。42 个州和 3 个地区至少阻止了一些智障者去投票。[34]

相比之下，包括欧洲各国、以色列、新西兰在内的其他国家，最近已经反思了这种关系，并提出了具有创造力的选择。在这些选择中，对人类尊严和选择的关注通常占据核心地位。[35]例如，以色列 1999 年通过的《残疾人平等权法案》（Equal Rights for Persons with Disabilities Law）指出，残障者有权"平等且积极参与生活的所有主要领域"，有权以诸如"使她或他在私底下与在尊严上最大限度地独立生活，尽可能地实现她或他的潜能"的方式支持人的需要。该法案提道："残障者有权根据她或他的意愿和喜好来决定她或他的生活。"法案规定适用于各种各样的不健全者和残障者，包括那些在生理、智力和情感上存在严重残障的人。[36]

在最近颁布的瑞典法案中，能找到一个特别有创意的方法来解决关乎监护之社会服务和法律结构的问题。[37]自 1994 年以来，瑞典在这些关系上具有灵活的多样性，而不是采用一种单一的关系。针对精神残障者的帮助服务的优先形式是导师制［顾问（the god man）］。导师制关系不会改变被指导者的公民权利。顾问只有征得当事人的同意才能采取行动，他的权利和义务跟拥有代理权的人大致相似。任命顾问的法院可以安排相互间的关系以满足个体需要。我们所讨论的个人、亲友或公共受托人可申请这些服务。这些导师的服务费用由国家支付。有导师的大多是上了年纪的人。

在因个体残障的特质而使导师制似乎不足以解决问题的地方，

由管理者或受托人（forvaltare）的关系提供稍微更具决定意义的管制。当其他形式的帮助不足以解决问题且残障者似乎受到严重威胁时，可能会任命一个跟导师不同的受托人，他可以做出具有替代性的决定。这类方法的一个主要作用是保护个体，使他在经济上不受缺乏长远打算的事务影响。但个体仍保留包括投票权在内的公民权利。

但那也不是各种监护和帮助的整个覆盖范围：其他社会服务还包括"联络人"（kontakt）提供的服务，他为某人提供陪护服务，否则其服务对象会被孤立或变得不活跃，由公共基金支付其工资；"个人助理"提供的服务，他由残障者雇用或解雇，在很多事务上给残障者提供帮助，但由政府支付工资；"社交陪伴者"提供的服务，他陪同残障者参加文化、体育和其他休闲活动，也是由国家政府和市政当局一起支付薪酬。[38]

瑞典的方法在德国1992年的监护法案（Betreuungsgesetz）的改革中得到贯彻落实，它在程序上提供了解决问题的途径，强调保护残障者之自由的普遍原则。如果个人能从其他社会服务中获得帮助，那么"必要性原则"便不会提供监护。"灵活性原则"限制了监护人的权威范围，强制执行约束性最小的办法：看护者（betreuer）会"在有缺陷者的繁荣不可能被损害的前提下，遵照被帮助者的意愿"，而法律意识到繁荣包括"最大可能地过上自决生活的可能性"。"自决原则"允许一种双重代理权，以此取代监护人。"权利保护原则"强调对实际提供支持的财政资助与"避免正式法律所规定的无法自理"，通过这种方式，任命一个监护人不会自动剥夺有心理障碍的人的投票、结婚和立遗嘱的权利。接下来,法案确立了各种各样的程序保障措施,包括私人会谈、上诉程序以及有限的监护期。[39]

如果我们把以色列法案中对人类尊严和平等的基本设想、德国法案所坚持的基本原则以及瑞典法案在法律和社会分类方面所体现的灵活结构结合起来,那么我们就能得到一个能力进路赞成视之为该领域改革模板的好例子。显然,需要做更多实际的立法工作和政治工作,以便进一步全方位地充实它。

精神不健全者、残障者及其在日益高涨的国际运动中追求完全平等之权利的支持者所寻求的所有立法改革,都强调了一种方法的重要意义。这种方法认为残障者拥有完全平等的权利,他们有资格得到各种社会服务,这些服务确保他们有机会实现其权利。玛丽·罗宾逊(Mary Robinson)在介绍针对这些国际发展所做的新研究时写道:

> 任何男人、女人或儿童出于任何理由过着被隔离且权利被剥夺的生活,都让人无法忍受,更不用说是因为他们生来就有全球社会可能认为因差异性太大而难以适应的身体或心智。相对于其中一种更"传统"或明显的划分,如种族、宗教或性别上的分类,对他们的隔离是基于生理或精神上的残障,这使对他们权利的侵犯同样严重。对残障者而言,真正的平等不仅仅意味着能进入建筑物和有代步工具。它要求在更大的社会结构——我们都是其中的一部分——中改变态度,以确保他们不再被看作难题,而是权利的拥有者。这些权利应当被满足,其

迫切程度就像我们满足自身权利那样。平等终止了我们总是留意个体之"缺陷"的倾向,而把我们的注意力转向了不能容纳差异性的社会机制和经济机制的不足。[40]

在我和罗宾逊都赞成的那种方法中,监护不是解决个体"无能"的方法,而是有助于个体获得所有重要能力的途径。这个标准应当总能让个体自己选择相关类别的活动。在暂时或永远不可能的地方,要通过邀请个体尽可能地参与决策和选择的方式,尽力寻求经过仔细设计以便于个体在需要帮助时给予帮助的那一类监护。

十二、公共政策:教育与包容

在对待非同一般的精神不健全儿童时,所有现代社会都存在着严重不公。这些儿童经常没有得到他们所需要的医疗护理和治疗。(通常情况下,关于认知无能的假设实际上已经妨碍人们意识到,他们需要能大大提高其认知潜能的各种形式的物理治疗。例如,向患有唐氏综合征的儿童提供肌肉治疗,能使这些儿童有可能通过增加学识的方式来处理他们的事情。)跟在身体方面有多种缺陷的人相比,人们甚至躲避与侮辱患有心理障碍的儿童。他们当中有许多人已经被移交给无意于发展其潜能的机构。人们以这样的方式一致对待他们,仿佛他们没有权利占用公共空间。《美国残疾人法案》颁布前的国会听证会援引了很多这种关于回避的例子。有个案例涉及不允许患有唐氏综合征的儿童进入动物园,目的是避免让大猩猩感到心烦意乱。[41]

在教育领域,有一道特别让人触目惊心的鸿沟。精神残障的儿童或被指责为难以教化的,或被指责为不值得在他们身上花钱,他们获得适当教育的权利已被否决。我这一代的成年人可以回想起那些为"特殊"儿童而设的教室,这些儿童通常被藏在学校的地下室,以便"正常"小孩不必见到他们。在很多情况下,有心理障碍的儿童彻底被拒绝进入公立学校。

早期的法院案件支持这些排斥性做法。例如,1892年马萨诸塞州最高法院赞成把天生智障的约翰·沃特森(John Watson)排除在剑桥公立学校之外。该观点提到,他的外表和不寻常的行为(据承认,他的行为不会给他人带来伤害,同时也与反抗无关)对其他儿童的经历造成扰乱性影响。类似的案件有《热尔·贝蒂所在州诉安提哥市教育局案》(State ex Rel Beatie v. Board of Education of the City of Antigo),其瘫痪所引发的症状被认为会"对老师和学龄儿童产生令人沮丧与厌恶的后果"[42]。

在美国,针对这些问题所做的努力既说明了所有现代社会正在争论的问题,也表明了一些有可能被证明大体上更富有成效的策略。20世纪70年代初,支持精神残障者的那些人开始系统地尝试去挑战那种把这些儿童排除在教育之外的做法,这种挑战曾经两度获得胜利且颇具影响力。在《宾夕法尼亚州弱智儿童联合会诉宾夕法尼亚州案》(Pennsylvania Association for Retarded Children v. Pennsylvania)中,联邦地方法院颁布一项同意法令,迫使宾夕法尼亚的公立学校向有精神残障的儿童提供"自由合宜的教育"。原告人宣称，教育权是一项基本权利，因此，学校制度需要表明"具有说服力的州利益"，以此合法地把精神残障儿童排除在外。[43]

同年，在《米尔斯诉教育局案》（Mills v. Board of Education）中，哥伦比亚地区的美国地方法院做出了有利于一群精神残障儿童的规定，他们质疑自己被排除在哥伦比亚地区的公立学校之外的做法。这个群体比宾夕法尼亚案件中的原告人群体更广泛，包括有各种学习障碍的儿童，而不仅仅是智障儿童。在自觉着手采纳《布朗诉教育局案》（Brown v. Board of Education）——这起里程碑式的案件判定公立学校的种族隔离违反了平等保护条例——的分析中，法院认为剥夺精神残障者获得自由合宜的公共教育的权利有违平等保护。此外，对我们非常重要的是，法院认为，以体制缺乏足够资金与容纳这些儿童的费用异常昂贵为由，并不能为这种违背平等保护的做法提供辩护。其论证的观点是："哥伦比亚地区公立学校之体制的不足不管是由资金缺乏还是行政效率低下造成的，都肯定不允许在'特殊的'或有残疾的儿童方面所承受的负担重于正常儿童的负担。"[44]值得注意的是，在这一点上，该观点援引了《金伯格诉凯利案》（Goldberg v. Kelly），后者涉及福利权利——在这起案件中，最高法院裁定，州对其公民福利的关注"明显超过"对跟它存在冲突的考虑，即"防止在其财政和行政方面的负担有任何增加"。与之相似，地方法院推导出，哥伦比亚地区对这些受排斥儿童之教育的关注"显然必须超过它对保护其财政资源的关注"[45]。

对我在此为之辩护的进路而言，《金伯格诉凯利案》和《米尔斯诉教育局案》是非常重要的、与之相呼应的案例。它们清楚地表达了一种关于社会合作的观念和政治原则的目的，这些原则深远地反对那些我已批判了的、体现在互利型契约论中的原则，而支持那些在能力进路中被阐明的原则。在法官布伦南（Brennan）针对《金伯格诉凯利案》所撰写的一条意见中，法院认为：

> 自其成立以来，国家的基本承诺一直是要推进在其范围内的所有人的尊严和幸福安康。我们已经逐步意识到，不受贫困者掌控但却很有影响力的因素导致了他们的贫穷……通过满足那些能勉强维持生活的基本需求，福利有助于带给贫困者力所能及的同等机会，而其他人可得到这些机会来富有意义地参与社会生活……因此，公共帮助并非仅仅是慈善，而是一种"提升总体福利并确保我们自身和我们子孙的自由福祉的手段"。[46]

换句话说，社会合作不是为了得到好处，而是为了推进每个公民的尊严和幸福安康。[47]这个目标被解释为，解决贫困问题的费用正是我们的社会承诺之特质所要求的，尽管这些费用可能是昂贵的。如今，罗尔斯当然会在贫困者问题上赞同这一点；但在基本政治原则本身当中，他拒绝保证国家要全力帮助有生理和心理障碍的人，把问题拖延到基本原则被固定下来之际，这使他的实现人类尊严和社会包容的方法似乎是敷衍了事的。《米尔斯诉教育局案》指出，这种区分是让人难以接受的：我们必须在基本政治原则中以及通过这些原则来帮助这些公民，把他们看作平等的人，即便这样做要花很多钱。这是我们的基本政治原则使然。

如今，法院在《金伯格诉凯利案》中的裁定当然没有要求人们去做不可能完成的事情。比如，它没有要求州为所有公民提供自由的大学教育。它要求的是，在平等的基础上给予帮助，即便那必然带来费用昂贵的变化。与之相似，在《米尔斯诉教育局案》中，法院认为正义要求给予这种帮助，而且我们关于平等保护的基本原则必然要求这样做。如果正义要求这样，那么我们就必须竭尽所能确保完成它，即便事实证明这要耗费成本。考虑到普遍存在的公众淡漠与缺乏教师培训，法院也意识到行政效率的低下可能增加成本，它带来的结果很有可能是密切关注有障碍儿童的教育。我们可以补充指出，跟所有珍稀物品相比，价格常常以一种不引起重大损失的可变方式被人为地哄抬起来（就像治疗非洲艾滋病的药物的价格也受人为因素影响而上扬一样）。就教育有精神残障的儿童而言，所要求的主要改变体现在态度和教师培训方面，一旦被引入课程中并被牢固确立起来，所有的改变就不会带来过于昂贵的费用。

有了这种务必被明确表达出来的基本洞见，这两起案件便引发了国家的内部争论，争论的焦点集中在平等的机会和资金投入这两个方面。1975年，国会通过了《全体残疾儿童教育法》（Education for All Handicapped Children Act，EAHCA），使《米尔斯诉教育局案》的裁决成为联邦法律，它赋予各种有精神残障[48]的儿童可强制执行的权利，由此获得自由合宜的公共教育，并使各州得到资金来帮助它们履行其宪法义务。[49]这部法案于1997年以《残疾人教育法》（Individuals with Disabilities Education Act，IDEA）的形式被稍加修改，并给出了详尽的说明。

但在我们转入新的教育法之前，我们需要考虑图景中一个介入其中的非常重要的部分，因为它直面侮辱和排斥问题。《克莱伯恩市诉克莱伯恩生活中心案》(City of Cleburne v. Cleburne Living Center) 牵涉得克萨斯州的一个城市，这个城市不允许向为智障者设立的集体家庭颁发许可证，而该做法仿效了一部要求这种集体家庭要获得专门许可证的城市地区法（老人院，即为长者而设的家庭，以及疗养院不需要获得许可证——唯有"为智障的精神病患者、嗜酒者或吸毒成瘾者而设的家庭"才需要许可证。）对精神残障者的恐惧与附近业主所表达的其他消极态度，显然促成了对许可的否决。这个城市进一步宣称，置身于"有五百年历史的洪水泛滥的平原"上的家庭住户可能会有危险，因为在洪水事件中，他们逃离建筑物的速度可能是缓慢的。[50]

在一项非常让人吃惊的规定中，最高法院认为，否决许可的做法缺乏合理性基础，它只是基于"不得人心的歧视"、"一种反对智障者的非理性偏见"以及"含混不清、不加区分的恐惧"[51]。这项规定之所以让人吃惊，是因为几乎直到那个时候，任何地方通过的任何一部法律都被理解为具有一个合乎理性的基础；但以理性为基础的标准是相当没有影响力的。[52] 至少在这起案件中，法院如今使该标准意义显著地落到了实处：仅仅是丢脸以及希望排斥不受欢迎的少数人都不能算作理由。在此，平等地尊重尊严的观念——这是能力路径的核心——再度以一种似乎突破内在于社会契约之互利模式中的各种观念的方式被加以澄清。这是因为，我们应在那种模式之"理性"的意义上注意到，克莱伯恩市的居民有很好的理由否决许可：他们的财产肯定会蒙受损失，而且毫无疑问，他们在情感上也会受挫。鉴于这些考虑，使有心理障碍的人处于政治社会的边缘或者至少把他们降格为派生的二等公民的做法，在经济上是很明智的。除非其间单独考虑正义和尊重，否则，在任何一种互利进路中，这些做法都必定是很重要的。法院规定，出于公共选择的目的，这些理由不能算作理由。[53]

随着这种社会合作观念被确立或至少明显被列入议程，在教育领域进一步发展这种观念的时机就成熟了。1997 年，国会通过了《残疾人教育法》。《残疾人教育法》从一个简单但却意义深远的观念出发：关于人的个性化观念。当我们批评传统时，我已指出，这是我们应当保留的一种核心的自由观念。而如今，我们能更清楚地看到它在这个领域所能做的事情。这个法案假定，各种类型的残障者实际上是有着不同需要的个体，而不是那类毫无特征的人，因此，给他们的群体提供的所有解决办法都是不恰当的。该法案的指导思想是《个性化教育计划》（The Individualized Education Program，IEP）中的指导思想，即成为"为每个残疾儿童所制定的，经发展、审查与修改的书面声明"。《残疾人教育法》要求各州必须承担确认需求没被解决的所有残障儿童之身份的任务，并负责安置他们。它也要求各地区确立具有扩展性的程序保障措施，以便在做出跟评估和安置其小孩相关的决定时给家长提供支持，并让他们有机会查阅档案，有权参加适当的程序听证和司法审查。（法案的其他部分涉及为婴幼儿和学龄前儿童提供早期干预性服务，以及在研究和专业性培训方面给予资助。）

总体而言,《残疾人教育法》迫使各州让残障儿童在恰如其分地满足需求的"限制最小的环境"中接受教育。因此,它敦促这些儿童"回归主流"。由于这方面的实践对有精神残障的儿童有所助益——这些儿童在认知开发上获得更多的鼓励,并且被侮辱为一个与众不同的类别的可能性更小,所以它可以得到辩护。由于它对所谓的正常儿童有所助益——通过与一个有着非同寻常的障碍的儿童同处一课室,这些正常儿童学到了仁慈及其多样性,所以它也可以得到辩护。伯鲁比对杰米在公立学校之经历的论述雄辩地表明,他们以一种新的方式学会考虑自己、他们自身的缺点以及人类能力的多样化。

　　但对法律的目的而言,关于个体性的基本共识是最重要的,因此,跟回归主流相比,当一名儿童看似从特殊教育中获益更多时,州政府被要求支持这种特殊的安置。这应在什么时候出现呢?第一,当儿童的认知水平跟他或她的同龄儿童相比是如此不相称以至于可通过特殊教育来做更大改进时才有可能。第二,存在如下情形,其中儿童的问题包括了有可能招致侮辱和排斥的行为困难。患有唐氏综合征的儿童一般让人感到亲切和容易相处。相比之下,对其他儿童而言,即便鼓励他们理解他人,阿瑟伴有图雷特综合征之抽搐现象的阿斯伯格综合征也是令人烦恼的。

　　在阿瑟的案例中,融合之所以如此困难的一个原因是,他看起来并不是与众不同,因此,人们期待他有"正常的"行为。而他在社交方面的无能为力常常表现为野蛮与容易动怒,这对跟他同龄的正常男孩而言,似乎是不恰当的行为。实际上,他的认知天赋更容易让人认为，当他说出某些看似粗鲁的言辞时，他一定是个坏小孩。举一个关于阿瑟认知上的进步和行为上的僵化相结合的例子。在 2000 年大选后，阿瑟觉得布什没有正式当选，因此，布什应当被称作"居民"而不是"总统"。在想出这个非常微妙且让人印象深刻的笑话后，他确实不愿意放弃它，每次老师把布什称作"总统布什"时，他都坚持予以纠正。在一个相当保守的州的公立学校的教室里，这样一种行为显然难以被接受。很难让小孩甚至老师相信有这种想法的人是有残障的。他们更容易相信，他有着糟糕的品格和（或）糟糕的父母。

即便有特殊的监控，这所公立学校的体制仍经历了失败。几年后，该州同意在为患有这种残障的儿童而设的特殊私立学校支持阿瑟的学业。如今，他在认知和行为（或情感）方面取得了很大进步。他参加社交聚会并结交朋友。他的确不再受侮辱。他的认知天赋也获得了很大提高。他对日本文化萌生出浓厚兴趣，并开始学习日语。（但如果他到那里去，他可能不会受到这种尊重和包容！）

简而言之，如果内在于能力进路的目的将要被实现，那么对个体性的尊重就必须是最重要的。此外，在非常有说服力的意义上，对公民的这种尊重是**平等尊重**：法律包括了一个"零抛弃"政策。1989 年发生了一起名为《蒂莫西诉罗切斯特新罕布什尔州学区案》（*Timothy W. v. Rochester New Hampshire School District*）的重要案件。在此案件中，第一巡回上诉法院强调，《残疾人教育法》要求包容**所有**残障儿童，而不仅仅是那些能证明自己会在教育中受益的儿童。"法案的言辞从整体上清楚地表明了，'零抛弃'政策是法案的核心。"[54]因此,包容本身是《残疾人教育法》所要求的且最终以公民平等的方式被理解的一类尊重。在实际生活中,像蒂莫西(他在感知、运动和认知上有着严重障碍,这些障碍似乎跟塞莎·基太的情况有可比性)那样有严重障碍的儿童,不会经常由他们的家长送到学校;另一种不同形式的关怀使塞莎获得了繁荣。但问题在于,不要求像其他公民一样为了享有教育权而去展现一组特殊的技能和能力。在我看来,在尊严并没有被看作建基于一套特殊技能的地方,关于人类尊严的基本共识是检验标准。

在实践和理论上,《残疾人教育法》远不是完美的。首先,在实践上,它苦于缺乏资金:这是因为,虽然法律提到联邦资助,但所设想的金额实际上从来就不是恰如其分的。[55]此外,它的实际操作很少做到恰如其分的个性化:在常见的障碍中,通常会发现公式化的现象。阿瑟已从这样的事实中受益,即在没有跟踪记录的情况下,阿斯伯格综合征最近被人们承认:在这种情况下,教育者宁愿观察与审视,对一名特殊儿童而言,什么东西是能奏效的。其次,法律的实际操作常常是不平等的,它使清楚其小孩的障碍并积极推动本地区学校体制的家长得到更好的结果。因此,同为大学教授的伯鲁比夫妇和我的姐妹——一位有研究生学位的专业音乐家——已成功利用体制,使之对他们有利,而许多其他家长做不到这一点,这并非偶然。对家有残障儿童的父母而言,在信息和交易方面,网络是一个非常有价值的资源,因此,"数字鸿沟"也在法律上引起了对结果不平等的关注。

在理论上,《残疾人教育法》也存在严重问题。它不仅向我们一直讨论的普遍认知障碍者伸出援手，而且也向各种各样有"特殊的学习障碍"的人——人们没有充分理解他们的病因和特质——伸出援手。"特殊的学习障碍"跟唐氏综合征和自闭症有很大不同，因为它们被界定为通常掩盖学生的真实能力的特殊障碍，所以，对"学习障碍"（LD）的诊断建立在证明"真实能力"（通常由智商测试来衡量）与在学校一门或更多科目中的成绩之间存在差异的基础上。

原则上，注意到这些差异似乎是一件很好的事情。这样一种策略看来正是能力进路会推荐采用的策略。但在实践上，要把一名有学习障碍的儿童与一名只是比许多小孩学得慢或天赋更低的儿童区分开来，是很困难的。学习障碍的概念框架也不是可靠的：理论提出了针对一种特定障碍的有机成因，但尚不清楚的是，这些成因是不是基于各种已被意识到的障碍而存在的。尽管如此，《残疾人教育法》产生的财政激励，使学区有理由为了有资格获得联邦资助而急于把儿童划归为有学习障碍的人。或许，这些分类不总是能帮助儿童：它们本身就具有侮辱性，而且它们并非总能提出一个有用的疗程。除此之外，对那些在学校惹麻烦但却不能令人信服地被划归为有学习障碍的儿童而言，它们往往是不公平的。人们感觉到所有儿童都应在帮助下实现他们的认知潜能，但体制以颇具任意性的方式促使一些儿童发展，从而使他们高于其他儿童。[56]实际上，随着学区在资助资格范围内寻求包容尽可能多的儿童，分类制度的松动已经稍微使这种缺陷得到了减轻。[57]

在观念上，这些法律的最大问题或许在于这样一个事实，即它们依然把有心理障碍的儿童作为单独一类人而挑出来，并认为，对他们而言，教育应当个性化且以培养人的能力为目标。显然，这实际上应该是为每个儿童而设的所有好的学校体制的目标。因此，当法律保障可以被归类为有障碍的儿童的教育时，人们能理解那些家长——他们的小孩学习不好但却不能被归类为有障碍的儿童——的苦恼，他们的小孩苦于所获的关注不够。由于所有学校制度都为"正常"儿童而设，所以，有心理障碍的儿童确实需要特殊关注。不过，如果我们能意识到，实际上不存在"正常儿童"这回事，那将是一种进步；相反，只存在具备各种能力和有着各种障碍的儿童。在开发其能力时，他们所有人都需要得到个性化的关注。

然而，通过指出"正常儿童"——他们如今一般被理解为个性上有诸多差异的个体——整体上通常被理解为次一等的、缺乏个性的那一类人，他们不具有显著的个体性，我们能为法案提供辩护。当人们想到唐氏综合征时，他们往往联想到一组具有相同面部特征而没有明显差异的人。当人们想起自闭症时，他们会自然联想到一个人用头撞墙的画面，但不会联想到这样一名儿童或许有其自身的个性。正如戈夫曼指出的，侮辱往往埋没个体性：某人跟他人互动的整个过程带有被侮辱的特质。在这种情况下，法律致力于保护最迫切需要保护的东西是合乎情理的：要求被侮辱的儿童被看作个体以及作为个体而接受教育。

尽管存在所有的这些困难或其他困难，但法案已经被证明是一项重大成就。如今，它受到威胁。2004年春，众议院和参议院用大不相同的法案来支持重新授权《残疾人教育法》，每一部法案在一定程度上都包含了至少是远离 1997 年法案之目标的某种退却。以 95 票对 3 票通过的参议院 1248 号法案比较接近 1997 年法案。遗憾的是，一项关于提供强制性全额资助的修正案以 4 票之差（不足必需的 60 票）没有通过。新法案的其他条款让人感到困扰：例如，宾夕法尼亚州参议员里克·桑托鲁姆（Rick Santorum）提出的修正案允许 15 个州获得豁免，以便"减少（与《残疾人教育法》之执行相关的）文书工作"；这项修正案或许严重削弱了成功执行法案所要求的监管。另一项修正案允许学区在家长提起"琐碎的"诉讼——这些诉讼宣称其残障小孩没有接受足够的学校教育——时追讨律师费。鉴于"琐碎的"概念缺乏清晰说明，这项修正案也有可能妨碍法案的执行。最后，跟众议院相应的法案一样，法案删除了 1997 年法案的要求，即为"相关的服务人员"（包括学校顾问）而设的州立标准应该建立在"适用于特殊行业或学科的最高要求"基础之上。但整体上，参议院法案尚且合理。众议院法案（以 251 票对 171 票通过的众议院 1350 号法案）代表了一种较大的退步。（大多数国立的残障者组织反对法案的措辞，它拉到了近期历史上所有特殊教育法案中最消极的选票。）参议院法案要求进行行为评价，以此决定儿童违反学校行为准则究竟是基于儿童残障，还是基于学校没有执行《个性化教育计划》。而众议院法案却删除了这种保障措施。它也删除了因惩罚之故而调整学校安排的相关保障措施。在删除《个性化教育计划》的短期目标方面还有其他考虑。2004 年 12 月，主席签署了一个带有妥协性的法案，保留参议院法案中对残障学生的某些保护——特别是涉及违纪开除方面，同时也重申至2011年达到40%的联邦资助的目标。但显然,《残疾人教育法》在政治上依然是脆弱的,而且它在资助上也没有近乎足够。

十三、公共政策:看护工作

如今,我们必须回到关于看护的一般问题,追问能力进路提出了什么样的政策。我认为,看护或多或少影响被看护者和看护者的一切主要能力,当我们考虑我们想采纳什么样的政策时,能力清单提供了一套非常有用的社会基准。因此,政策问题有两面:被看护者(残障儿童和成年人)[58]以及那些看护他们的人(通常是成年人,且大多数情况下是女性,当中既包括有亲属关系的也包括没有亲属关系的,既包括有薪酬的也包括没有薪酬的)的生活。它有三个"场域":公共场所、教育系统和工作地点。

正如我已提到的,能力进路拒斥大家熟知的、关于公共领域和私人领域的自由主义划分,把家庭视为一个构成社会基本结构之组成部分的社会政治机构。[59]家庭内部对资源和机遇的分配由此成为密切关注的对象。成年人的结社自由仍旧大大限制了国家对家庭生活的干预。因此,对国家而言,仅仅规定丈夫和妻子平等地分担看护劳动,是无法让人接受的。但意识到家庭机构的政治属性是进步的开始,因为它立即引导我们追问:我们目前面临的问题涉及什么法律?法律怎样做得更好?

当前法律状况的一个明显缺陷是,不承认女性在家庭里做的事情是工作。伊娃·基太已给出建议，弥补这种状况的最好方法是直接付钱给承担看护工作的家庭成员。她论证，这种支付报酬的行为不应被看作发放救济。这是因为，整个想法是把它当作薪金看待，赋予这种存在争议的工作社会尊严和认同，而薪金不是救济。[60]

尽管一开始这种策略或许听起来是不现实的，但一些国家实际上已经采取了类似的措施。举几个例子：在芬兰和丹麦，市政当局跟看护者签订合约来协定提供特定的服务，而市政当局向（居家的）看护者支付报酬。法国、奥地利、德国和荷兰出台了针对至少是某些看护服务支付现金报酬的方案。[61]沿着这些思路，美国一些州已经采纳了论证方案。针对看护阶段失去收入的情况，其他国家向残障者的亲属提供补偿；而另一些国家则以发放救济的方式，向因看护工作而导致低收入的家庭成员提供援助。（体现后一种办法的例子是，英国的照料伤残者津贴和看护者保险费以及爱尔兰的看护者津贴。）

当提到现金支付和收入支持时，我们已谈到了公共部门的角色。但在这方面，公共部门扮演着更重要的角色。支持父母离开带薪岗位的方案在欧洲是常见的，而美国也依然实施着《1993年家庭与医疗休假法》（Families and Medical Leave Act of 1993）这项非常有限的方案，尽管与此相关的《对抚养无自理能力儿童的家庭的援助计划》（Aid to Families with Dependent Children）已经被取缔。值得给予更多探究的另一领域是国家的青年服务。比如，在德国，青年人可以选择在军队服役两年或选择以其他方式服务三年。其他可供选择的服务方式大多属于看护工作。在我看来，除了以相对较低的成本让精力充沛的年轻人完成大量此类工作这样一个明显的好处以外，美国（和其他国家）可以从这个计划中获益良多。年轻人（包括男性和女性）学会了解，这是一项什么样的工作，它有多重要，以及它有多艰难；可以期待这种经历会影响他们在政治争论和家庭生活中的看法。他们也会了解国家的不同部分、不同的社会阶层，并且会相互了解——废除兵役很难在大多数美国人的经历中产生这些好处。如果国家服务涵盖了军事方面的选择，那么这也会恢复公民对军队的掌控。人们难以接受对社会契约传统之遗产的评价。这种评价认为，人们已做好充分准备去宣扬道德价值和宗教价值的重要意义，但却不愿意支持这种政策，而支持这种政策看来是这些价值所提倡的基本最低要求。相反，年轻人及其父母专注于"出人头地"，而真正为他人付出两三年生活的想法被看作可笑的——尽管这项工作每天通常由如下这些人完成，即在负担它所带来的时间和精力消耗方面远不如中产阶级年轻人的人。

与此同时，大家热切期盼，公共教育应当把看护工作看作生活的组成部分（对男性和女性都是如此）而强调其重要意义，尽力打破男性不愿意做这类工作的局面。显然，这种不情愿并不是与生俱来的。它从关于男性气概和成功的社会观念中习得，但它可以通过不一样的方式被教化。我们如果接受能力进路，那么就能够且应该让各个年龄段的儿童习得能力进路中的政治个人观；在这种观念中，看护的需求是一个主要方面。这种教育应该以多种巧妙的方式转变男性气概的观念，这种观念经常让男性不愿意承担看护工作，甚至不愿意认真考虑这个问题。这种转变应该使人们更尊重看护过程中所涉及的工作，并由此使更多公众愿意在这方面花钱且把它当作一个公共问题来认真商讨。它也应当使在家里部分地承担这方面工作的人更少地感到不愿意。

然而，如果这当中任何一种变化将产生严重影响，那就需要做出另一种转变，即工作场所的转变。正如琼·威廉姆斯（Joan Williams）在她日前关于家庭休假政策及其与工作准则之关系的研究中强调的，如果职业结构依然向人们发出这样的信息——假如他们自身得益于诸如家庭休假和父母休假等政策，他们就会被看作次一等的工作者——那么，即便是妥善的公共安排也没有多大好处。通过数据比较，威廉姆斯表明，在许多有鼓舞人心的国家政策的国家（如瑞典）中，在照顾受抚养者方面，女性依然承担了绝大部分工作。[62] 她令人信服地论证，这是因为男性不想危及自身的事业发展或者被看作边缘化的兼职者。他们不反对分担家庭责任，但他们不想按照工作的标准来支付报酬，而这是该决定目前所要求的。如今，在许多不同类型的工作中，人们的预期是工作者或者全职工作并获得正常的晋升机会，或者从事兼职工作而晋升的机会大大减少。在一些工作场所（如大型的美国律师事务所），事情甚至更糟糕：存在长时间工作的大男子主义式竞争，而拒绝加班加点的人被看作不重要的人。

在发达国家和发展中国家，不论出于何种声望水平和工资水平，都普遍存在这个问题。随着赚取利润的压力不断加大，以及大企业集团——当中有许多集团是全球性的——的工作越发集中化，这个问题似乎正变得越来越糟糕。即便一个当地雇主也许同情要照顾父母、小孩或残障亲戚的雇员,许多人目前仍在这个问题上没有选择:他们受远程公司结构的规范约束。[63]在工作时间和工作地点方面,新技术使增强灵活性得以可能。但这些可能性极少以人道的方式被运用。能力进路提议,公共政策的一个主要目的应该是,通过新的灵活性和新的伦理规范来改变工作场所。这些变化以及我在公共教育中提出的转变,具有很强的互补性:当年轻的工作者学会把看护工作当作他们生活的组成部分时,他们变得更不愿意接受僵化的职场,而能提供灵活时间和兼职选择的雇主会吸引大多数有技能的工作者。威廉姆斯论证,即便在美国非常僵化的工作氛围中,这种情况在某种程度上也已经出现。

十四、自由主义与人的能力

我已论证,包括实践理性、对个体政治环境和物质环境的掌控在内的所有能力,都是重要的人类目的和政治目的。此外,我所说的能力进路一直坚持**把每个个体看作目的**的基本原则[64]:换而言之,个体而非群体是政治正义的首要对象,而改善群体中的多数人的政策将要被抛弃,除非它能赋予**每个单独的个体及群体中的每个人**主要的能力。通过这些方式,我解决看护问题的办法正好处于自由主义的传统内。

能力进路批评那种传统中的某些方面,因为它们对真正自由的物质前提和制度前提的关注是不够的。除此之外,它也没有把自由看作万能的社会善而加以迷恋：有些自由是重要的，而其他的自由是不重要的；有些自由（富人向大型竞选捐资的自由、工业污染环境的自由、男性在工作场所骚扰女性的自由）肯定是有害的，应由法律加以规范。[65]最后，它使用了一种灵活且富于变化的自由观念。这种观念能欣赏有心理障碍的公民的自由能力，摒弃建立在理想化的理性基础之上的政治个人观。通过这些方式，它的新亚里士多德主义不同于自由主义传统内部的某些方面。即便如此，尽管当然有人能够发展出一种非自由主义，甚或反自由主义的新亚里士多德主义——一些哲学家已经这样做了[66]，但我的能力进路必定是自由主义的。在那里，个性、自由和选择依然是善物，并且是非常重要的善物。

然而，基太提出建议，当我们仔细考虑残障和看护问题时，我们应当被引向对有影响力的自由主义正义模式做更深入的批评，最后完全背离那种传统。她建议，必须从根本上重构西方政治理论，从而把依赖性的事实作为理论的中心。她指出，我们都是"某位母亲的子女"的事实存在于错综复杂的依赖关系中，它应当成为政治思考的指导思想。[67]她认为，由于自由主义传统在很大程度上致力于实现独立与自由，所以，这样一种以关怀为基础的理论可能大大有别于任何一种开放的理论。虽然基太很少提供细节来澄清不同之处的实际含义，但她的观点似乎是，以关怀为基础的理论会赞同一类政策，就像在一些人们熟知的福利国家的理想中那样，这类政策能为所有公民一生的需求提供完备的支持——在福利国家中，自由远不如安全与幸福重要。

在这一点上，基太并非完全一以贯之。有时候，她自身采用了古典自由主义的论断，认为我们要记住看护者有自己的生活，我们要支持那些给他们提供更多选择的政策。[68]但在理论上，她整体摒弃了那种强调自由是一个主要政治目标的解决办法。而她所青睐的具体措施似乎不具备这种彻底反自由主义的影响。对《对抚养无自理能力儿童的家庭的援助计划》的重新执行与扩充，对《1993年家庭与医疗休假法》的扩充，各种通过法律形式把"回归主流"和隔离教学结合起来的、提高不健全者和残障者之尊严的教育举措[69]——所有这些做法都是人们熟知的自由主义政策，它们能与把选择和自由强调为重要的社会目标的做法相结合。基太最具争议性的建议——关于直接向那些在家照顾家庭受抚养者的人支付非救济性质的报酬——显然有或者会有一个自由主义的基本理念：确保这些人是积极的、有尊严的工作者，而不是被动的、没有做出贡献的人。

尽管如此，她的理论建议确实朝着一个反自由的方向发展。就如何对待诸如杰米和阿瑟等儿童而言，这在政策上产生了具体影响。在培养独立性、政治参与以及跟职业和生活方式相关的选择能力方面，基太的论述想必远不如自由主义的论述重要。只要被关怀是国家与公民之关系的中心理念，那么完全且平等的公民身份就不要求具有独立性，也不要求在发挥积极作用方面有范围广泛的选择。相比之下，尽管我坚持认为人类不可避免地要依赖他人且相互依赖，并认为在依赖关系中可能会找到尊严，但唯有当公民有能力运用所有能力时，他们才能享受完全的平等。有时候，这需要通过监护人来完成（参见第十一节的末尾），但其目的总是使个体本人具备所有能力。因此，要求社会让人们拥有清单上的所有能力成为可能——这不是基于社会生产力的原因，而是因为它对人类有好处。所有公民都应当有机会在其条件允许的水平上开发人的全部力量，并享有其条件允许的那种自由和独立。

在拒斥把独立性看作主要的社会目的与把国家设想为所有人的母亲的情况下，我们能否更好地抛弃这个支持基太观点的目标呢？可以肯定的是，没有人能永远自给自足；我们所享有的独立常常既是暂时的又是不完全的，如果有理论——该理论在强调独立的同时也强调关怀——提醒我们那个事实，这是一件好事。然而，在一个正义社会中，对公民而言，是"某位母亲的子女"的观念是否足够呢？（对母亲而言，关怀的观念是否足够呢？）我认为，我们需要更多东西：自由和机遇、制订人生计划的机会、凭借自己的能力来学习和想象的机会、结交朋友与形成其他政治关系——人们选择而非仅仅被赋予这些关系——的机会。

这些目标对精神不健全者和其他人同等重要。即便对前者而言，实现目标的困难会大得多。虽然基太的女儿塞莎永远不会靠自己生活（尽管基太正确地指出，对所有精神残障者而言，独立性不应被看作尊严的必要条件）[70]，但塞莎也能在新的环境——在她不总是直接由其父母照顾的户外场所——中找到乐趣。[71] 许多其他的精神残障者确实渴望得到一份工作，渴望去投票以及渴望说出他们自己的故事。迈克尔·伯鲁比也用了这样的期望——杰米将来也写一本关于他自己的书——来结束他对儿子的生活的叙述，正如两个患有唐氏综合征的成年人最近已做的那样。[72] 而这种叙述具有说服力。回想一下，当杰米被问到他长大后想成为什么样的人时，他没有说消防员、芭蕾舞蹈家或篮球明星等普通答案，他只是说"重要的人"。他的老师指出，其答案的字面意思教会他们所有人跟问题相关的东西：社会中的成年人只要逐步成为"重要的"，这本身就是一种成就。同样，伯鲁比只期盼这样一个社会，即他儿子在其中有能力成为"重要的人"：健康的、有教养的、有爱心的、积极的、被视为具有独特贡献的特别的人，而不是"弱智儿童"。

基于将要发生的情况，一定要理解与支持杰米的依赖性。但因此，也必须把他的需求区分开来，并把他看作一个个体；在这一点上，伯鲁比以赞同的方式提到了自由主义传统。他论证：教育改革——这种教育改革会让杰米能够在正规公立学校的教室里学习——的核心观点归根结底是一种自由主义的观点，一种跟个体性之重要意义和所有公民之自由相关的观点。精神残障儿童需要的一种最重要的帮助是，帮助他们每个人以他或她自身的方式成为自由选择的成年人。正如伯鲁比写道："如今，我的任务是代表我的儿子，把他安置在我们这个集体中。但我知道，我只是尽力为他能安置自己的那一天做准备。因为我没有比从审美、伦理和父母的角度想象杰米终有一天能成为他自己的拥护者、他自己的作者、他自己最好的代表更好的梦想了。"[73] 出于这种理由，通过详尽描述能动性和个体性的方式，伯鲁比开始讲述他儿子的生活：杰米以个人独特的方式，模仿服务员端上他最喜欢的食物。基太提议我们贬低这些自由主义观念或使之边缘化，它们支持那种使国家成为其"儿童"需要的母性支持者的国家观念。就此而言，我认为她走得太远，误解了对残障者和老年人来说什么是正义的问题。即便对从未投票与写作的塞莎而言，难道完整的人类生活不包括某种自由和独立性，即交换爱与享受光和声音的空间，不受限制与嘲弄？

我已提出，需要质疑自由主义理论中的某些最传统的出发点——包括康德式个人观、休谟对正义环境的论述以及把互利看作社会合作之目的的契约论观点。对自由主义而言，它依赖基于互利目的的契约观念的做法有一些非常深层次的问题。在某种程度上，康德自身对这样一种模式的认同跟其道德理论的主要洞见——每个人都应当被看作目的，而没有人被视为只是实现他人目的的手段——存在深刻的不一致。与康德相比，罗尔斯把更多的康德伦理思想融入他的政治理论：把人当作目的的观点是罗尔斯整个结构的一个指导思想。尽管如此，他坚持休谟对正义环境的论述以及由此而失去创造力的社会合作目的的图景，最后削弱了他本人把这种洞见成功地贯串于残障问题的本领。此外，当我们考虑那种方式——对一个相当理想化的合理性的强调以这种方式使人们更难在政治方面充分对待精神残障者的需求和能力——时，罗尔斯对康德伦理学的运用本身没有摆脱困难。

然而，如果我们主张自由主义最重要的洞察在于个体及其自由的平等价值，那么我们应当得出结论认为，这些批评并没有推翻自由主义；相反，它们要求我们凭借最深刻和最重要的自由主义目标而抛弃一些常见的自由主义策略。它们要求我们形成自由主义的新形式，这种做法以一种比传统的自由主义更为彻底的方式拒斥封建主义和等级制度，拒斥家庭中男性和女性之间的等级，以及所有社会中"正常"公民和残障公民之间的等级。这样一种论述把社会合作的基础看作复杂的与多样的,其中包括爱、尊重人性、热爱正义以及寻求利益。它的政治个人观认为,人类是脆弱的暂时性生物,他们既有能力也有需求,在许多不同的方面缺乏能力,并且需要生活行为的丰富多样性。

这种经过修改的自由主义向精神不健全者及其支持者提供了很多东西。由于正是精神不健全者的个体性而非"正常人"的个体性长期受到否定,所以,跟"正常人"相比,核心的自由主义目标似乎对精神不健全者更重要;正是他们的自由向来典型地受制于偏见、缺乏教育与缺乏社会支持;由于社会追求对社会合作的好处和负担的贫乏理解,他们获得健康幸福生活之先决条件的平等权利被漠视了。

精神不健全的公民及其照料者的生活将依然是非常困难的。正如我已经论证,这是因为我们应该认识到这些人在追求繁荣的过程中遭遇了不寻常的障碍,而明智的社会行动不一定能解决所有障碍。那些照顾这样一个儿童或成年人的人的生活,包含了这种残留的不健全所带来的悲哀以及照顾反常的残障者每天要背负的重担。当我们应对老年人问题时,悲哀总是以期盼死亡的方式蛰伏着。但残障者及其照料者的生活不需要包含羞耻、侮辱以及它们以往普遍涉及且现在也经常涉及的负担过重。一个体面的社会将对公共场所、公共教育以及跟公共政策相关的其他领域做出安排,以便支持这些生活与完全包容它们,赋予看护者我们清单上的所有能力,尽可能多且尽可能完全地赋予残障者许多能力。

为什么人们竟会创造这样一个社会？正如伯鲁比注意到，在一个我们甚至连所有"正常"儿童的全面发展都不予以支持的世界中，他提出的问题——我已把它作为这一章的引语加以引用——是有意义的。我已论证，从狭义经济学或自利意义上的"获利"来讲，这不是因为我们认为自己将由此获利，它仅仅是出于我们对正义和爱他人的依恋，我们感到我们的生活跟他们的生活相互交织，感到我们跟他们分享目标。但这意味着，关于社会契约的主导理论向我们提供了错误的信息。几个世纪以来，它们一直在人们为什么聚在一起形成社会的问题上给出一个有缺陷的故事。正是因为我们接受了那种信息，并把它深深地容纳到我们自己的自我理解中，我们才难以解决伯鲁比的问题。已通过自身的成功和声望表达了人们所想、所感和所有的社会契约论，极大地强化了那些社会观念，并使以往没有那样想的人形成那些观念。理论只是对人们生活的一种影响，但它们**是**一种影响。在形成方案时，"我们是谁"和"我们为什么聚在一起"等观念确实有影响力。因此，是时候考虑一下，在人类生活的最困难的领域之一，一种关于社会合作及其目标的新论述能为推动追求正义做些什么。

第四章　互利与全球不平等

——跨国界的社会契约

　　20世纪的全球收入不平等前所未有地呈数量级增长。最富裕国家和最贫困国家之间的收入比在1820年是3∶1，1950年是35∶1，1973年是44∶1，而1992年达到72∶1。

　　——联合国开发计划署《2000年人类发展报告》

一、不平等的世界

　　如今，瑞典出生的儿童在降生时的预期寿命是79.9年。塞拉利昂出生的儿童在降生时的预期寿命是34.5年。[1]美国的人均国内生产总值是 34 320 美元，塞拉利昂的人均国内生产总值是 470 美元。在联合国开发计划署调查的 175 个国家中，24 个国家的人均国内生产总值超过 20 000 美元，16 个国家的人均国内生产总值低于 1 000 美元，83 个国家低于 5 000 美元，126 个国家低于 10 000 美元。在排名前 20 的国家中，成人识字率约为 99%。塞拉利昂的成人识字率为 36%。有 24 个国家的成人识字率低于 50%。

这个世界包含了道德上令人担忧的不平等，较富裕国家和较贫困国家之间的差距正在拉大。降生于这个国家而非另一个国家这一偶然事件，普遍决定着每个新生儿童的生活际遇。在全球市场与多国合作的力量已大大削弱了国家力量和自主权的世界中，任何提出政治原则来界定人之基本权利的正义理论，都应当能够直面这些不平等及其提出的挑战。

总体而言，这些数据也没有告诉我们世界上最贫困的人正在做什么，而这是我们要悉数了解的。例如，众所周知，在教育、工作机会，甚至基本的生活机遇方面，女性都落后于男性。[2] 其他的不平等影响着基本的机会：阶层、种姓、人种、宗教、种族的不平等以及城乡人口之间的不平等。尽管普遍的繁荣通常确实在教育、医疗和其他基本机遇方面提升了权利的底线，但在一定程度上，由这些不平等导致的贫困依赖于普遍贫困。所有致力于为合宜的生活机遇提供基础与为所有人提供机会的正义理论，必须既认识到每个国家内部的不平等，又意识到国家间的不平等，并且一定要准备好在一个全球范围内的相互关联已然密切且不断增强的世界中，处理与这些不平等相关的复杂交集。

在我们的世界，全球市场、多国合作和全球经济体系的本质属性广泛地影响着每个国家的儿童的生活机遇。在全球范围内产生影响的其他新要素也引起了人们的关注：非政府组织和社会运动，它们当中有许多是多个国家参与的；跨国的条约和其他文件；跨国或多国的机构和制度。再者，为当代世界而确立的、切实可行的正义理论应当有办法应对跟影响和优势相关的、正发生变化的中心，这些影响和优势使得我们的世界大大有别于康德在《永久和平论》（*Perpetual Peace*）中所设想的自由共和国。

在纯然非道德主义的现实主义不占优势的情况下，目前被用于考虑全球问题的、占主导地位的正义理论是某种形式的社会契约论，这种理论把全球认同看作人们基于互利而订立契约的结果，目的是远离自然状态，并用法律进行自我管理。自康德那个时代开始，这些理论就已经影响了人们对全球正义问题的思考，多亏了罗尔斯颇有影响力的著作，它们最近得到了广泛关注。尽管社会契约论在思考正义问题时有很大优势，但当我们把它们用于解释整个世界时，当中存在的一些结构性缺陷导致了它们产生很不完美的后果。我将首先描述契约论者用于解决国际正义问题的两种不同策略：我称之为**两阶段契约**的方略和我称之为**全球契约**的方略。我将以罗尔斯的《万民法》作为第一种策略的最恰当的例子，来论证这种进路不能为全球正义提供充分说明。**全球契约**似乎更成功；但如果不在主要环节上摆脱契约论进路，那么它就无法为从较富裕国家再分配到较贫困国家的做法提供辩护。

虽然我的论证直接反对解决全球正义问题的社会契约进路，但我选择这些进路的原因是它们比我们拥有的其他进路更具有说服力，特别是比建立在当代经济功利主义基础上的全球发展模式更具有说服力。我所赞成的"人类发展进路"在一定程度上能联合契约论者反对那种粗糙的方法。在这里，正是两个可敬对手之间的这种微妙的争论令我担忧。而我的主要观点是，把国际合作想象成置身于类似自然状态的各方出于互利而形成的一种契约，是无法充分论证全球正义的。唯有通过了解全人类过富裕生活之所需——对所有人都适用的一套基本权利——以及通过发展出一种关注友谊和互利的社会合作目的的观念，我们才能论证它。契约论的思维方式，特别是我们应从跟他人的合作中期待获利的观点，对公共争论产生了难以形容的影响。我的目的是，提出一些既新又旧的东西，再现与跨国界的人类友谊相关的更丰富的观念，而在格劳秀斯及其他赞成自然法传统的人那里，我们找到了这种观念。

在我们开始这样做之前，我们自身要很明确社会契约观念在分析全球问题时较为显著的三个特征。（虽然这涉及对第一章和第二章的简要回顾，但在新一套问题的语境中，仍需要重申这些问题。）这些是罗尔斯继续在其整部著作中所依赖的所有特征——尽管如我们所看到的那样，其混合式的理论糅合了康德式道德元素和社会契约论的观点。[3]首先，我们必须继续批判性地关注罗尔斯对以下这种观点的认同，即签订社会契约的各方在权力和资源方面大致平等，故而没人能支配其他人，罗尔斯把这个观点跟休谟对正义环境的论述以及古典社会契约学说结合起来。当我们回到全球问题时，我们一定要记住，罗尔斯关于各方的这种大体平等类似于古典社

契约学说中的自然状态。(参见 *TJ* 12)

其次,与之密切相关的是,社会契约被设想为人出于互利目的而订立的东西——在这里,利益通常被从人们熟悉的经济角度加以界定。虽然无知之幕引入了道德约束以限制各方实现他们自身利益的途径,但当各方试图进一步推进其生活计划时,他们依然被想象成从一开始就远离自然状态;因为这样做对他们有好处。因此,尽管一旦他们进入原初状态,无知之幕就严格限制利益的作用,但在初始阶段决定谁进谁出的问题上,提升人自身之善物观念的兴趣仍旧发挥了重要作用。罗尔斯相信,唯有在大体平等的各方之间订立的互利契约才有意义。尽管罗尔斯是康德主义者,但他在这两个重要方面依然是契约论者。

最后,社会契约论把民族-国家看作它们的基本单位,把其订立契约的各方想象成为这样一个国家而选择原则。这个焦点受其出发点支配:它们设想,仅当人们已经找到原则——借助这些原则,人们依据法律,一起过合作生活——时,人们才会选择远离自然状态。正如我们应看到的那样,当我们考虑跨国协定时,这种出发点是一个重要的约束。

在此,我不再讨论我在第二章已重点关注的罗尔斯理论的两个其他特点。第一,他用收入和财富来表征相对社会地位——这在他自身对互利的描述中处于核心地位,当讨论他如何看待全球问题时,这种用法的重要性比不上基于互利契约的更一般看法。第二,当他分析国际关系时,罗尔斯对这样一种观念的运用没有发挥作用,即以理性为基础的、以政治为目的的康德式个人观。

在我们开始这样做之前,我们必须直面一个问题。康德和罗尔斯都强调了第一阶段的契约与第二阶段的契约之间的对称性,而且两者都明确认为,国家间的契约为国际关系确立了至关重要的道德基础。然而,有人可能力图论证,总体上,罗尔斯的方案从未考虑全球正义;相反,他的目的只是为体面的自由社会描述正确的外交政策。在《正义论》和《万民法》中,他肯定都以这种方式描述了他的目的。故而,对方或许指出,难怪国内安排被看作固定的,而探究也只关注战争与和平问题,因为罗尔斯根本不尝试去谈论全球正义问题。

我们可能会怀疑,该理论的这两个方面是否真的源于要澄清自由社会之外交政策的想法,这是因为,对这样一个社会而言,合宜的外交政策或许应该以一种完备且稳健的方式来考虑他人的幸福。从更普遍的角度来看,我们可能质疑这两种方案能否以对方所建议的方式被划分开来。就像现代契约论者所做的那样,一旦有人赞同外交政策正确地建立在道德原则基础之上,而不只是建立在对(霍布斯的)国家安全和权力的考虑基础之上,那么假若国内安排出现诸如不可能使其他国家的人过上体面生活等情况,他就可能会对国内安排能够免受审查的做法表示怀疑。我们的跨国义务只涉及战争与和平问题而不包括经济正义事宜的整个看法(从对全球和平的充分追求几乎必然涉及经济再分配的角度来看),也许会被质疑既是不充分的,可能也是不连贯的。毫无疑问,我们不能假设,为体面的自由社会而制定的公正外交政策,实际上接纳了这样一种在外交政策领域缺乏说服力的解释,这使国内安排免受审查。

然而，罗尔斯的方案是不是一种在非常狭义地界定外交政策所含内容的框架下，仅仅谈论自由外交政策的、缺乏说服力的方案呢？或许，《正义论》中讨论的主题让人联想到这种解读；但更仔细地审视一下便能发现，该方案明确把罗尔斯本人的规范性观念——作为公平的正义——扩展到国际问题层面，它不仅仅描述了国家的外交政策。（参见 PL 21）罗尔斯清楚地表明，无知之幕在道德上约束国际关系，这类似于国内问题对公平的要求：第二阶段的契约被设计用于"使历史命运造成的偶然性和偏见失效"（TJ 378）。可以肯定的是，当我们更全面地讨论《万民法》的第二阶段契约时，很显然，国际正义是罗尔斯的主题："应用于国际法和实践之原则与规范的、关于权利和正义的特殊政治观念"是罗尔斯本人在书的第一句话中对"万民法"的界定，而其计划是描述一个"现实的乌托邦"，一个满足某些道德条件的世界。《万民法》对人权的关注也表明，罗尔斯对这种观念颇感兴趣，即在至关重要的意义上对所有人都公平的世界的观念。故而，即便罗尔斯继续把他的方案描述成思考自由社会之外交政策的方案，也可以明确的是，他从广义上理解那个方案，认为它包含了一套对所有人都公平的看法，甚或是乌托邦式的看法。

二、《正义论》：被引入的两阶段契约

自然法传统以古希腊罗马的斯多葛学派以及胡果·格劳秀斯和

萨缪尔·普芬道夫等近代早期的继承人为代表，这个在契约论之前就已经存在的传统认为，像其他人类事务一样，国家之间的关系受"自然法"调整，也就是说，与提供国家规范性约束的道德法紧密结合——不管这些规范是否被纳入制定法体系。在关于全球原则的思想史上，格劳秀斯的这种方法产生了相当大的影响。对格劳秀斯而言，包括国家主权本身在内的国际社会中的所有权利资格，最终都源于人的尊严和社会性。从根本上说，那是我将赞成的进路。

相比之下，社会契约传统把存在于国家之间的处境理解为自然状态以及仿佛在虚拟的人之间签订的假想原则。重要的社会契约思想家都把自然状态理解为涉及一些自然权利和义务；正是那些权利资格缺乏保障，使契约成为必要。因此，他们的想法在很多方面延续了格劳秀斯和普芬道夫的思想。然而，现代契约论者抛弃关于自然（前政治）权利的一切解释，把权利资格看作由契约程序本身产生的。由此，跟早前的近代前辈相比，他们的想法更根本地远离了格劳秀斯和普芬道夫的思想。当我们研究第二阶段的契约的观点时，我们应当牢记这种差别。

这种两阶段进路的最明显的例子是康德——对罗尔斯而言，这是最重要的例子。在《正义的形而上学原理》（《道德形而上学》第一部分）中，康德写到，国家就像一个与其他家庭相邻的家庭。他继续写到，在国家法（Law of Nations）的治理下，国家是"在自然自由的状态下，跟其他国家共处的、与其他国家相对的道德个体，而它自身则处于战争不断的状态下"。这种状态赋予国家权利来"相互迫使对方放弃战争状态以及制定确保持久和平的宪法"。

自然状态下的公法基本原理指出："如果你的处境是这样的,以至于不可避免要跟其他国家并处,那么你应当放弃自然状态而与其他所有国家一起进入事务性的法律状态,即在分配方面的法律正义状态。"[4] 这个基本原理首先被应用于个体,要求他们远离自然状态与进入政治构建状态。继而,它再度被运用于国家本身[5],要求它们进入某种事务性的法律状态。[6]

康德对这种事务性状态的看法随时间的迁移而变化。在《普遍历史观》和《理论与实践》中,他赞成一种联结全球联邦国家的强制法体系。在《永久和平论》中,当他依旧把这种看法视为合理的看法而提及时,他并没有如此深远地要求在个体和国家之间做出这个类比。他认为,国家"已经有一部合法的内部宪法,并因此摆脱了其他国家的强制权,使它们受制于跟其权利观念一致的、范围更广的合法宪法"。他赞同一项加入和平联盟——它是一个支持和平的联盟,但却不具有公法或强制权的威力——的自愿协议。[7] 即便如此,不论被看作与法律相关,还是只被看作联盟的道德规则,关于权利的国际原则仍然首先应用于国家,而非直接应用于它们的居民,并且被理解为国家在其能力范围内远离存在于国家之间的自然状态的方式。

在《正义论》中,罗尔斯延续了这条康德的进路。他假设应用于每个社会的正义原则已然是固定的:每个社会都有一个"基本结构",它们的形式取决于那些原则。(377)社会的"基本结构"被界定为"主要的社会制度分配基本的权利和义务,并决定来自社会合作的利益的划分"(7)。据说,它相当于那些"一开始就有深远且现时的"影响的结构,而那些结构影响了"生活中人们的最初机会"(7)。

现在,我们设想一下第二阶段的原初状态。在这种状态下,各方是"必须一同选择基本原则来裁定国家间相互冲突之诉求的、不同国家的代表"(TJ 378)。(各方也被称作"国家的代表"。)他们知道自身代表着国家——"每个国家都置身于人类生活的正常环境中",但他们不知道自己国家所处的特殊环境,即它"跟其他国家的权力对比和力量对比"。他们只被允许掌握"足够的知识,以便做出保护他们利益的合理选择,但(这些知识)不足以让他们当中的较幸运者能利用其特殊处境谋利"。这个第二阶段的契约被设计用于"使历史命运造成的偶然性和偏见失效"(378)。

罗尔斯几乎没有谈及在这种处境下会被选择的原则,但他指出,它们包括人们熟知的、关于国家现有法律的大多数原则:一定要信守条约;每个国家享有自决权与不受干涉的权利;国家有权自卫和结成防御联盟;正义战争只限于自卫战争;战争行为受战争法的传统规范约束;必须总是以正义和持久和平为战争的目的。(TJ 378–379)

现在,让我们考虑一下在国家和"道德个体"(用康德的话来说)之间所做的类比——通过把国家代表看作类似于原初状态下的各方,罗尔斯重新创造了这种类比。这种类比中的一个问题在于,世界上许多国家缺乏代表人民整体利益的政府。即便一个国家拥有不完全施行专制的政府,但也有可能出现大量人口(女性、在种族上占少数者)或许完全被排除在管理之外的情况。因此,罗尔斯对代表制的设计是含混的。在这些情形中,如果代表诚如罗尔斯所强烈暗示的那样,代表了国家及其基本结构,那么正是这个事实表明,他有可能**不**代表绝大多数人的利益。相反,如果他被设想成在一定程度上代表人民的真正利益,那么这是一种近乎跟现实失去有用关联的理想主义,因为我们被要求假设,一名牢牢坚持非正义的国家基本结构的代表,在一定程度上会成为确实能代表人民的真正利益的人。

第二个问题与国内基本结构的固定性相关。罗尔斯似乎赋予现状合法性,即便它不完全对人民负责。或许,人民实际想从国际关系中得到的一样东西是:帮助推翻非正义的政权或者赢得那些把他们排除在外的政权的完全包容。(故而,诸如妇女常常求助国际机构和协议,以此寻求国内改革。)罗尔斯早期的体系没能容纳这一点。

但这种类比最为严重的问题在于,它假定了国家是自给自足的。在设计第一阶段的原则时,社会被假定是"孤立于其他社会的封闭系统"(*TJ* 8)。(因此,难怪国家之间的关系被想象得非常空乏,它跟战争与和平的传统法则相关。)

对我们生活于其中的世界而言,这种孤立和自给自足是如此不真实,以至于它似乎是最苍白无力的。罗尔斯的结构甚至没有容纳超国家的政治/经济结构,如欧盟的政治/经济结构,更不用说容纳复杂的相互依赖性——它把当今世界看作一个整体。一些国家更多地受"外在的"事务而非其他事务影响,而最具影响力的国家有时的确像前线孤独的牛仔一样采取行动。即便如此,这一切都远不是自给自足的。对较贫困国家而言，国际货币基金组织和世界银行的经济政策、国际贸易协定、大体上的全球经济秩序都对幸福有决定性影响。几乎对每个国家而言，多国合作的出现既影响经济生活，也影响政治生活。诸如国际劳工组织等具有政治性但却属于非政府性质的实体、组织国际妇女运动的各种组织以及其他组织，都是每个国家的公民为其权利而斗争的重要途径。国际法庭处置在某些类型的国内冲突中犯罪的人。不可避免的环境问题跨越国界。基于这些原因，把国家的基本结构看作固定的且跟外界影响相隔绝的做法，是无所助益的。即便作为一种理想化的设计，它也使我们如此远离真实的世界，以至于不能很好地表达那个世界的关键问题。

国家的固定性和决定性假设，使第二阶段的契约假定了一种非常空乏且有很大限制的形式，在从较富裕国家向较贫困国家的经济再分配甚或是大量援助等问题上，它排除了一切认真考虑。[8]实际上，借助其关于各方之间大致平等的契约论假设——没有人应当有能力支配除他之外的所有人，罗尔斯从一开始就摆脱了那个问题。当然，在我们的世界中，这些条件还没有得到完全满足：有人或者可以支配除他之外的所有人。至少，八国集团的确在事实上支配着所有其他国家。假设各方之间大致平等，就是假设一些对世界非常不真实的东西，以至于由此而产生的理论无法解决世界上最为亟待解决的问题。

即便罗尔斯没有假设各方之间的大致平等，仅仅是固定性和决定性的假设就排除了关于国家之间分配首要善的一切认真考虑。在一个国家内部，假设各方想要且需要包括自由、机遇、收入、财富和自我尊重的社会基础等在内的所有首要善。契约涉及对这种范围广泛的善物的分配。认为国家之间的契约也会谈及这些资源的想法似乎是合情合理的：当然，对不知道他们的国家是哪个国家的国家代表而言，他们想确保在国家之间进行的首要善的分配是公平的，并且确保没有国家受贫困的羁绊或在他国面前受到羞辱。起初，罗尔斯看起来似乎刚犯了一个错误，他把契约的主题限定在战争与和平的传统问题上。为什么不像第一阶段那样应使契约涉及首要善的整个范围呢？然而，一旦正视这个问题，我们便找到了答案：因为在这个问题上，国家不应被看作一个固定不变且封闭的体系。向其他国家进行收入和财富的再分配，会使对国内优先的反思成为必要。然而，这是罗尔斯已然不考虑的。

通过把国家的固定性设想为他的出发点，罗尔斯继而已实际上阻止了关于国家间的经济不平等和权力不平等的一切仔细思量。他已然从哲学上认可了世界上强大的国家——特别是美国——所做的任何事情：不管在人权问题、环境问题还是经济政策问题上，不管是回应世界其他地方的处境还是回应国际协议和条约，它们都假装自己的体系是固定不变且具有决定性的，并且竭尽全力抵制关于在它们内部做改变的所有要求。要求国内优先做出改变的做法通常被看作非法的不合理要求：你有什么资格要求我们改变自己的内部事务？这是我们的事情，而且在跟你建立任何关系或展开讨论之前，我们已经把它们固定下来了。然而，在现实世界中，我们看到了这种伎俩的真实面目：一种对严重问题漠不关心的、傲慢的思维方式，这种做法应受到谴责。人们不应在哲学上尊重它。

与此同时，应当注意到，从国家的存在及其决定性出发，在为什么国家被认为是重要的、为什么确保经济全球化的影响没有极为严重地削弱国家主权是重要的问题上，我们没有得到任何让人感兴趣的答案。于此，问题再度涉及在国家与个体之间所做的类比。我们有很好的理由来解释，为什么从个体出发并在正义理论中赋予他们重要性。我们每个人都作为个体而出生与生活，每具躯体在出生、死亡、营养、痛苦和快乐方面都跟其他躯体相分离。功利主义咎由自取地忽视这种分离，假装生活只关乎满意度，而伦理学上的重要事实在于作为整体的系统的总体满意度。因此，人们超常好运的多元化可弥补个体的巨大痛苦和不幸。在这里，一个至关重要的道德事实——每个人只能活一次——已被抹去。

与之相似，我们不能说国家是一个必要的伦理开端。虽然每个人在任何特定时刻都确实生活在某国境内，但人们可以从一个国家移居到另一国家，却不会或不能在躯体之间发生转移。此外，正如我已谈到的，是结构而不是国家从根本上影响着他们的生活。我们可以补充认为，现代的民族-国家是一种依附于历史的现象；因此，用罗尔斯自己的话来说，尚不明确的是，在原初状态下，对自己的历史时代缺乏了解的各方应该一开始就从民族-国家的角度思考问题。无论如何，我们需要解释为什么国家对个体而言是重要的，以及它们恰当的角色是什么样的。为什么人们有可能需要国家——而不是团体或国际机构——在较大程度上为他们的生活提供基本结构呢？通过把国家只看作一个固定不变的出发点，罗尔斯排除了对这个问题的所有具有启发性的回答。

根据罗尔斯的看法，"当政治哲学扩展了人们通常认为是现实政治可能性的范围时，它实际上是乌托邦"（*LP* 6）。我已谈及的缺陷表明，对当代世界而言，两阶段契约论进路并没有有所助益地扩展平常的实际想法。然而，必须先考察罗尔斯在《万民法》中是如何具体直面国际事务的，之后才能确认这种质疑。我认为，在一些问题上，这本书取得了些许进展，但在其他问题上却毫无进展；并且，它带来了自身的一些新问题。

三、《万民法》：重新确认与修改的两阶段契约

《万民法》把"关于正义的自由观念从国内领域扩展至民族社会"（9）。它的目的是制定出"合理正义的**自由**民族之**外交政策**的理想标准和原则"（10）。[9]对罗尔斯而言，同样非常明确的是，这个目的不排除另一个更宽泛的目的：刻画一个"现实的乌托邦"，通过扩展作为公平的正义，在"现实的乌托邦"中有一个体面正义的国际结构。由此，该书力图回答《政治自由主义》所提出的问题（21），这涉及罗尔斯的政治观念能否被扩充用于合理地回答国际关系领域的正义问题。即便他的方案是追问外交政策中的一个方案，我们也没有理由认为外交政策必须只能处理战争与和平的问题。在《万民法》中，可清楚地看到，罗尔斯本人没有采用它所涉及的这样一种狭隘的定义。

正如在《正义论》中，罗尔斯把包括经济政策在内的国内原则

和自由社会的政策看作固定的,并且仅仅研究它们的外交政策。国内"基本结构"的固定性和根本意义是出发点——尽管如我们所见,在这一点上,罗尔斯对国家和民族的区分有点晦暗不明。对国际法的传统考量是这本书的中心;它没有讨论正在发生变化的全球经济秩序的布局,多个国家之间的协议、制度与机构的作用,以及通常以跨国界的方式影响政策的非政府组织、政治运动与其他实体的作用。

但与此同时,罗尔斯比平时更注重强调他的分析是现实的,以此打消读者的疑虑。跟平常不同,他在书中用了大量篇幅来探讨非理想化理论的问题。此外,他认为,在当代,只要乌托邦式的或理想化的理论是"现实的乌托邦",它就能为实践提供有价值的指导。每当两阶段的结构显现出背负压力的迹象时,罗尔斯都极力坚称,正在讨论的问题确实可以通过这样的程序加以解决,即首先把国内基本结构固定下来,然后再处理国家之间的问题。

故而,他提到移民问题,目的只是以这样的观念打消我们的疑虑,即如果所有国家都具有一个内部体面的政治结构,那么向外移民的需要就会"消失"(LP 9)。在移民的诸多原因中,他提到宗教和种族迫害、政治压迫、饥荒(他认为,仅靠国内政策就能防止它的发生)[10]、人口压力(他认为,这也可以通过改变国内政策加以控制)。在"自由且体面的万民社会"中,这些原因将不复存在。但是,向外移民的最重要的原因之一,即经济不平等——它跟营养不良、不健康和缺乏教育等相伴,这些因素通常跟贫穷一起出现——却不在他的清单上。

与之相似，在讨论"负担沉重的民族"——它们因贫穷而不会成为万民社会的一员——时，通过坚持认为合理的国内政策能解决极度贫困问题，他为不讨论国家之间的经济不平等的做法开脱：

> 我相信，一个民族富足的原因及其采用的形式在于它的政治文化，在于支持其政治与社会制度的宗教传统、哲学传统和道德传统，以及在于其成员的勤劳与合作的性情。这一切都由其政治美德来维系。我将进一步推测，如果合理且理性地组织起来并加以管理，那么世界上任何一处地方都不会出现因资源缺乏而不能变得有序的社会——除不占主流的情况以外（脚注中提到"北极的因纽特人"）。历史上的例子似乎表明，资源缺乏的国家可能做得很好（如日本），而资源富足的国家可能存在严重问题（如阿根廷）。造成差异的关键因素是政治文化、政治美德与……其成员的正直与勤劳、他们的创新能力，等等。（他提到人口控制。）(*LP* 108)

该分析说出了部分真相，但忽略了许多重要的问题。即便我们无视殖民主义对当代许多国家的资源和经济政治文化的破坏，我们也应该了解国际经济体系、跨国企业的活动给较贫困国家造成了严重比例失调的负担这个事实，仅仅通过明智的内部政策是无法解决它们的问题的。显然，在国内情形中，如果基本结构把不公平的劣势施加给穷人，那么罗尔斯不会认为这足以说明贫困家庭能通过节俭和美德渡过难关。节俭和美德即便确实能克服这些障碍，也不会解决正义问题。

现在，让我们考察一下罗尔斯的核心论点。正如在《正义论》

中，原初状态的设计被应用于两个阶段：首先是在每个自由社会内部，然后是在那些社会之间。然而，这本书的一个主要的新特征在于，罗尔斯还认为，一个体面的万民社会包含诸如"体面的等级制社会"的、声誉良好的非自由人民中的成员。但这些非自由的社会在国内不采用原初状态。它们有其他方式确立自身的政治原则。(PL 70) 因此，原初状态机制适用于三个地方：自由民族的本土领域，再者是自由民族的国际领域，接下来，更进一步的是打算加入万民社会的非自由民族的国际领域。

为什么第二阶段的原初状态有两种不同的用法？为什么在第二阶段的契约中不仅仅把所有体面的社会放到一起？其理由似乎在于，原则先是作为自由的第一阶段的契约的一个**延伸而被导出**，继而为体面的等级制社会所认可，虽然并非以类似的方式被推导出。因此，自由社会知道它们是自由的社会，与之相似的是，尽管在其他方面，体面的等级制社会在很多情况下都不知道自身的处境，但它们知道自己是不自由但却体面的社会。罗尔斯明确认为，期待它们从国内自由程序中得出它们认可的原则是不合理的，这是因为它们毕竟不是自由的社会。他似乎认为，如果要求它们首先与其他情况相似的社会一道，以它们都赞同的原则来订立契约，而不是直接被扔进一个本质上源于自由主义的结构中，那么它们更受人尊重。但接下来颇不明确的是，为什么他认为这些社会会真正接受自由社会所选择的同一部万民法。这需要对整个部分的论证做进一步研究。罗尔斯似乎同样意识到这一点，他得出结论认为，"当自由和体面的民族一起结合成为某种形式的地区联盟或联邦时"，我们也可以"认为它们一同处于原初状态"（LP 70）。

就像《正义论》那样，对外交政策的传统关注是两种第二阶段的契约的焦点，而稳定的和平是其志向的核心。因此，在《万民法》的八项原则中（LP 37），六项都处理相似的国际法问题，比如独立和自决、互不侵犯、条约的约束力、互不干涉内政、自我防卫的权利以及对战争行为的限制。但罗尔斯扩展了他的论述，使之包括了在一些基本人权上达成协议，以及帮助其他生活在不利环境中的民族的义务，而这些环境"妨碍它们确立公平或体面的政治和社会管理体制"（37）。它们合作的长期目标是康德所设计的那种类型的"民主和平"，其间，体面的民主政权逐步在所有社会中掌权，因此，根除了宗教迫害、战争（罗尔斯坚持认为，民主国家从未相互开战）以及现代社会的其他最大罪恶。在此，罗尔斯继承了康德的思想：永久和平或许被设计成建立自由共和国之联盟的结果。

由此而被描绘出来的目标似乎在一定程度上比《正义论》中所刻画的互利看法更丰富，尽管诚如我们所见，罗尔斯对它的描述受制于他拒绝考虑跨国界的大规模的物质再分配。但它在多大程度上真正超出了基于互利的公平契约的契约论思想呢？显然，民主的和平应赋予每个社会很大的优势。因此，很难知道罗尔斯在多大程度上（从公平的角度）把目标理解成对高于各方之优势的善物的体现，这把各方连接成一个新的全球社会。为进一步理解这一点，我们要考察《万民法》如何看待国家/个体的类比，追问罗尔斯在什么程度上背离了他先前对基本结构的论述。

正如在《正义论》中，罗尔斯把自由民族和非自由民族的国内正义原则看作固定的、在第二阶段的契约中并非靠争取而获得的。对这些国家而言，第二阶段的契约不会质疑它们对自由和机遇的分配，或者质疑它们对国内经济的安排——这一点是重要的。因此，在超出内容单薄的人权清单的领域——国家被假定尊崇这些人权，涉及这些国家内部安排的国际条约都不允许改变国家的基本结构。然而，在涉及社会基本结构的问题上，当今世界的众多国际条约确实影响了国家的国内安排。[例如，《消除对妇女一切形式歧视公约》(Convention on the Elimination of All Forms of Discrimination against Women，CEDAW) 中关于婚内强奸、国籍的确定、结婚和离婚的条款，要求修改许多国家的国内法律。由于它们跟家庭领域相关，所以这些变化涉及基本结构。] 故而，罗尔斯的立场看来是，国家不应且不会认可这些条约。显然，他避免做出这样的规定，即它们已经在国内满足了其所要求的人权标准。唯有在涵盖了他确实意识到的少数人权标准的极少数领域（我将简要地探讨这一点），跨国界的标准才有能力影响国内结构；但已然假定的是，被牵涉在内的所有国家都已经吸纳了这些人权标准。罗尔斯的假设排除了对人权看法的任何扩展，国家借此决定改变它们的结构以回应国际争议。

我已经论证了，《正义论》中关于固定性和决定性的假设意味着，在为什么国家及其基本结构是重要的问题上，我们得不出让人感兴趣的解释。对国家和民族的区分使这个《万民法》中继续存在的问题更为尖锐——罗尔斯目前把这种区分作为他论证的核心。由于考虑国际领域问题时经常看到这种区分，所以值得在它上面花一些时间。虽然罗尔斯起初似乎把国家及其基本结构看作他的出发点，但进一步考察便会发现，他实际上并没有这样做。相反，他坚持认为，国际关系原则首先应用于"民族"当中，而不是应用于国家当中。什么是"民族"？为什么罗尔斯做出这种区分？如果"民族"是由共享一个关于善物的完备性观念[11]或至少是一套与之相近的传统的人所组成的群体，那么它就是一个可被认识的概念，但我们不应假设我们理应常常能在民族和国家之间找到一致性。在一个受宗教传统强有力地主导的国家（如意大利）也仍然存在宗教上的少数派和不信教的公民。宗教本身包含了极大的内部差异。[12]此外，女性归属的群体可能无法很好地在各方面都分享男性的完备性学说。作为一个群体的传统或信条而流行起来的东西常常全部都由男性建构起来，而女性则在这个过程中被排除在外。

如果我们现在从小规模且相对同质的国家转向较大的国家，如印度、秘鲁、土耳其以及美国，那么我们就会发现国家内部对完备性学说有非常明显的划分，就像我们从罗尔斯在《政治自由主义》中设计的国内社会那里看到的那样。根据罗尔斯本人的观点，这种异质性并非偶然，这是因为他赞同查尔斯·拉莫尔的观点，认为关于完备性学说的合理分歧是处于思想自由境况下的现代性的典型特征。（参见 *PL* 54–58）《万民法》已假定，所有参与其中的社会至少奉行某种程度的思想自由，基于那个原因，《万民法》应该期望所有正被纳入讨论的社会在完备性学说方面存在合理的多元主义。因此，我们不应寄望发现这当中的任何一个社会满足构成一个民族的条件——假如这些条件被看作包含了一种共享的完备性学说。

然而，罗尔斯表明，构成一个民族的必要条件在一定程度上不如共享一个完备性学说的必要条件有说服力：它只要求有"共同情感"；而"共同情感"反过来却不要求有一种共同文化、共同语言和历史，尽管他认为这些因素必定有助于建立一个民族。（参见 LP 24）他正考虑的社会是否构成他所界定的民族呢？在这一点上，这个概念或许变得过于模糊而无法提供任何指导。似乎有可能发生的情况是，与在以性别等级为特征的国家中女性跟男性具有"共同情感"相比，世界上的女性在更大程度上跟其他国家的女性具有"共同情感"。实际上，跟人们相互间住得比较远且很少碰面的状况相比，当人们在不平等的环境中紧密生活在一起时，彼此之间极有可能出现憎恨、缺乏相互同情等，并且发生的概率更大。就我们倾向于认为一国的国民具有"共同情感"而言，这通常是因为我们打算忽略从属性这些事实，以及采用占主导地位之群体的话语来言说事情。罗尔斯在其他地方比较了解这些事实：在《政治自由主义》中，他的国家及社群等概念，正是建立在多元主义和分歧这些事实的基础之上的。正是基于这些原因，罗尔斯反复坚持认为，个体是正义理论唯一恰当的主体。[13]

如果我们把"共同情感"搁在一边，那么就只剩下罗尔斯构建民族的另一必要条件，即愿意在同一套民主制度下一起生活。但这把我们带回到国家问题上，并暗示了一些东西，格劳秀斯及传统中的其他作者会将这些东西描述成公民与他们生活于其中的基本结构之间所具有的根本纽带。我们不需要一个额外的概念来谈论这条纽带，在社会同质性方面提出模糊建议的"民族"概念没有有效地把问题解释清楚。那么，为什么罗尔斯表达了对国家概念的怀疑，并认为国际关系必须首先被看作民族之间的关系，而不是国家之间的关系呢？

在这个阶段，他的论证出现了一个让人感到奇怪的转变：这是因为，他没有谈及**普遍意义上的**国家，而是谈论"在传统框架下构思出来的国家"（LP 25），并且以这样的方式来描述国家，即使传统认为国家具有的某些权力（如发动战争的权力）成为国家的一部分。由于他想否定处于运作良好的国际社会中的国家正当地拥有这些权力，所以，他得出结论认为，国家不能成为国际正义理论的主体。为什么不转而得出结论指出，关于国家的传统观念在某种程度上是错误的而认为国家具有它不真正拥有的某些权力则是正确的？这样一种论证路线能更好地服务于罗尔斯的整体目的。

再者，罗尔斯论证，国家是只追求自身利益的理性行为者（TJ 28）；在这里，他指的是外交政策上的传统现实主义观念。但再一次，为什么不只是说，这些国家观念就像关于个体的狭义经济学观念那样是错误的：国家既是自利的，又是道德的？这样一种论证路线原本能较好地服务于罗尔斯的整体目的。如果罗尔斯已批评了国家的传统观念，并提出一个跟格劳秀斯的理念相似的、更为道德化的观念，那么他就没有必要把他的论点建立在尊重假定具有同质性的民族的观点之上——这个观点似乎容易被混淆且让人产生困惑。

因此，在某种程度上，与《正义论》的构思相比，《万民法》的构想更让人感到困惑且更不充分。

然而，在《正义论》遗留的一些棘手问题上，《万民法》取得了进展。回想一下，国家和个体之间的类比表明了，国家以某种方式代表了居于其间的人民的利益；但我们已注意到，许多国家并非如此。如今，罗尔斯明确意识到这一事实，并在结构上赋予它重要意义。第二阶段的原初状态只包含这样的国家，它们尊重人权，并且或者拥有一部自由民主的宪法，或者具有涵盖了"关于正义的共同善观念"与"体面的协商等级制"的"体面的等级制"安排。万民社会之外是不尊重人权的"法外国家"，以及被界定为不仅贫穷而且在政治上组织不善的"负担沉重的社会"。罗尔斯认为，万民社会的一个重要任务是约束法外国家。通过这种方式，其论点至少关乎受这些社会压迫的人民的机遇。此外，所有成员都有义务帮助负担沉重的社会。对罗尔斯来说，这种帮助主要表现为帮助它们建立发展稳定的民主制度，他认为这是它们终将繁荣的主要因素。这是对我们亏欠其他国家什么东西之问题的有限认识，但它至少是有意义的。[14]

比《正义论》的进路更重要的发展在于，罗尔斯意识到了人权的跨国影响。万民社会中的成员资格要求尊重一系列这样的权利，它们约束着国家的统治权。尊重这些权利足以排除其他国家的暴力干涉。(LP 80) 这项清单被理解为只从属于那些自由社会通常在内部加以保护的权利，即"诸如摆脱奴役和农奴身份的自由、信仰自由（但不是平等的自由）、保护族群免受大屠杀和种族灭绝等紧急权的特殊类型"(LP 79)。尽管对人权的这种承诺表示出明显超越《正义论》的进步，但注意到权利清单是多么单薄是比较重要的：

它公然删除了《世界人权宣言》所罗列的超过半数的权利,其中包括法治下的完全平等(因为允许有不平等的自由)、舆论自由、集会自由、自由选择职业、同工同酬的权利以及受教育权。[15]此外,基本结构的固定性势必导致在超出这个单薄清单的人权领域,国际协议没有能力改变国内制度。

因此,在国际社会的更丰富观念方面,罗尔斯只取得了少许进步。就他的确取得进步而言,我们如今可观察到,这种进步不是靠契约进路本身实现的,而是靠某些跟它大相径庭的东西实现的——这是非常突然的,它朝着更像我所赞成的进路的方向,从实现某种积极结果(即人们实际上能够做什么或能够成为什么样的人)的角度来界定社会正义的最小理念。用于判断谁是万民社会的组成部分与谁不是其中一部分的标准,包含了以结果为导向的伦理标准:尊重人权。[16]这些人权的实现为限制使用契约进路做了铺垫。在那种意义上,《万民法》在一些重要的方面根本不再沿用契约进路:甚至在契约启动之前,一些特别重要的事情就已经通过其他方式被解决了。

此外,从类似的经济环境角度加以理解,看来罗尔斯可能已抛弃了休谟关于大致平等的传统标准。这是因为,足够明确的是,赞成人权且或是自由或是"体面"的国家,根本不是大致平等的。罗尔斯似乎设想的是在美国、加拿大、欧洲国家和澳大拉西亚(Australasia)之间(加上日本和韩国之间?)签订的契约,这些国家或许至少被称作大致平等的。但我们把诸如印度、孟加拉国、土耳其和南非这样的国家放在什么地方呢?在基本的经济优势方面,这些尊重权利的自由民主国家跟澳大利亚及其他国家存在着严重不平等。让我们回想一下，在人均国内生产总值方面，美国达到 34 320 美元，孟加拉国是 1 610 美元，印度是 2 840 美元，土耳其是 5 890 美元，南非是 11 290 美元。（真正的差距也许比这些数据显示的差距更大。）因此，这些国家远非跟北美、欧洲、澳大拉西亚和（部分）东亚国家大致平等，并且相互之间也不是大致平等的。

其结果是，罗尔斯或者不得不承认促使各个社会一起签订第二阶段之契约的原则和环境——它们关注大致平等与互利——大大有别于休谟的正义环境，或者立场坚定地坚持那些条件。如果他背离了休谟的观点，放宽大致平等的条件与跟各方之动机相关的理解（他们全都期望能从合作中获益），那么他就能涵盖我已提到的所有国家以及它们之间惊人的不平等。但由于契约不再被看作基于互利的协议，所以，接下来，他不得不提出一种新解释，以此说明为什么它们一起合作。当然，和平对所有人都有好处，但就像在"法外国家"那样，能从外部推进和平，也就是说，无须通过把贫困的民主国家纳入契约本身的方式来推进和平。因此，就这些差异性很大的国家共同追求的目的而言，我们必须有一个内容更丰富的解释。另外，假如罗尔斯坚持休谟与古典契约论的立场，那么他就应该认为印度、孟加拉国、土耳其和南非不加入第二阶段的契约，尽管他的其他标准表明他倾向于把它们包括在内。对较富裕国家而言，它们只是太穷，以至于无法从把它们看作大致平等的做法中获利。它们将不得不跟"负担沉重的社会"同归一组——尽管这种分组本身反映出那一类国家所存在的问题，这是由于它不能令人信服地指出，这些社会需要的是帮助它们发展民主制度。

假如罗尔斯采用这条路线而把较贫困国家排除在第二阶段的契约之外，那么他的想法就正好跟当今世界的秩序一致。在这种秩序中，大多数与重要经济事务相关的决定即便听取了较贫困国家的意见，也没有吸纳它们的意见，这听起来当然也是不平等的。[17] 对此，罗尔斯没有进行通盘考虑：在这一点上，他的思想是不明确的，这使《万民法》成为一部让人不满意的著作。

较贫困国家的处境和残障者的处境有着惊人的相似之处。在这两种情形下，作为完整之人的尊严被从政治契约的关键阶段——人们在这个阶段选择基本原则——删除，这是因为他们在力量和能力方面都不是"大致平等"的契约方。基于那种缘由，为实现互利的契约不能把他们当作平等的参与者而包含在内。他们是整个体系的累赘，不得不选择不同的原则来应对他们。此外，由于契约论进路把契约的制定者和正义的首要对象混为一谈，所以非大致平等的国民不能被算作正义的首要对象。

对国家和个体而言，这种策略同样令人反感：它们（或者它们的公民）拥有平等的人类尊严，假如它们有特殊问题，那么一开始就需要在设计全球正义的整个体系方面解决那些问题，而不是事后才去考虑或把它们当作慈善问题来解决。但是，一开始就完全把它们涵盖在内要求对社会合作的目的做出不同的解释。罗尔斯以他对人权要求的包容偏离了新解释的方向；但他的转向是犹豫不决的，并且没有全面反思所要求的契约论框架。

还有一个体现《万民法》之不充分的方面值得引起我们的注

意。正如我们已提到的，罗尔斯的万民社会允许存在"体面的等级制社会"。[18]通过诉诸宽容原则——这个原则运用了国家-个体的类比，而这种用法是非常不可靠的——罗尔斯证明这种转变是正当的。罗尔斯这样论证：

> 当然，残暴与独裁的政权不能被看作享有合理的万民社会之声誉的成员。但同样，没有理由要求所有政权都成为自由的政权，否则，万民法本身既无法表达自由主义自身对有序社会的其他合理方式的宽容原则，也不会推进它在还算过得去的民族中找到一个共享的协议基础的尝试。就像一个自由社会的公民一定要尊重其他人完备的宗教、哲学和道德信条一样——只要对这些信条的追随与关于正义的合理政治观念一致，一个自由社会一定要尊重其他由完备性学说组织起来的社会——只要它们的政治制度和社会制度满足某些使社会坚持合理的万民法的条件。("LP" 42-43)

换而言之，就像要求美国人尊重有信仰的天主教徒、佛教徒和伊斯兰教徒的完备性学说那样——只要他们尊重《政治自由主义》为之辩护的关于正义的合理政治观念，也要求一个自由社会既尊重其他自由社会，又尊重体面的等级制社会——只要这些社会坚持《万民法》所说的约束和标准。据称，宽容不仅要求避免采用军事、经济或外交制裁来抵制民族，同时也要求意识到非自由社会是万民社会的平等成员。

现在，让我们考察一下这个类比。实际上，这既有类比之处，也有非类比的地方。在自由社会里，有许多关于善物的等级理念。

只要支持这些理念的人接受塑造他们社会之基本结构的正义原则，这些理念就将被尊崇为跟其完备性学说内部的组成部分或"构件"一样合理。[19]换句话说，宗教观念必定包含了罗尔斯的正义原则，即便它们起初并没有这样做。除罗尔斯在其自由的政治言论信条中详细说明的例外情况（严重的宪法危机）之外，宣扬与那些理念相冲突之教义的完备性学说不会发现其成员的言论受到压制。即便如此，从跟这些学说相冲突的原则会在国家宪法中被牢固地确立起来的角度看，这些不合理的完备性学说在社会的宪法结构中不会受到尊崇；基于这个理由，不允许它们以主动要求简单多数的投票为目的。

在跨国问题上，情况大不相同。在宗教或传统学说会被看作享有良好且平等声誉的民族共同体的一分子的意义上，每当存在某种弱得多的条件时，这种学说就会被宽容。一定还需要尊重规模较小的人权清单。但显然，一个民族可能在民族共同体中赢得平等的尊重，即便财产权[20]、投票权和宗教自由在社会内部被不平等地分给了不同的行为者——比如，男性和女性。[21]政治民主、平等自由和普选权[22]的要求为更软弱无力的"合理的协商等级制"[23]的要求所取代。只要某些"社团和法人团体"（"LP"62）允许他们以某种方式表达不同意见，并认真考虑他们的意见，那么甚至不需要赋予所有人自由的政治言论。就工作场合中出现的歧视而言，体面的社会或许还会赋予不同群体不平等的地位。[24]

在国内问题上，罗尔斯的宽容原则是以个体为中心的原则：它包含了尊重个体及其善的观念。在跨国问题上，尽管罗尔斯形容自己采用了同样的原则,但那是根本不同的原则:它尊重群体而不是个体,并且不够尊重个体,任由他们的权利受控于其附近占支配地位的群体,而不管他们是否喜欢那个群体。在坚持小规模的紧急人权清单范围内,罗尔斯仍然关注个体。但在国家问题上,他允许群体拥有一种它们在国内理论中不具备的权力。[25]

鉴于如下事实,即罗尔斯在《正义论》中反对功利主义的核心理由是,它在以个体为中心的问题上做得不够充分,这种不对称性是尤为奇特的:在这一结构中,通过把社群看作超个体的,把所有令人满意的东西看作可替代的,它忽略了个体及其生活的根本差异,把它们看作"分配权利与义务所因循的如此之多的不同路线"(*PL* 27)。[26]罗尔斯的国际正义理论忽视了其国内理论的关键点,即每个个体都是不可侵犯的。但不管它出现在哪里,个体就是个体,侵犯就是侵犯。

此外,在国内问题上,对群体的一切让步都是在有退路的背景下做出的:个体能自由地离开某一宗教而加入另一宗教,或者压根不信教。罗尔斯比较清楚国家的基本结构没有提供或很少提供退路[27];这是他认为构成基本结构的制度应该是公正之所以如此重要的原因。基本结构一开始就从各个方面塑造人民的生活机遇。然而,在跨国问题上,罗尔斯忘记了这种洞察力,而让当地传统以背离正义原则的方式广泛地塑造着人民生活的机遇,即便这没有给那些不同意那种学说的人提供退路。实际上,通过假设将不存在移民,罗尔斯已经远离了他的理想化理论,甚或是现实有时候会提供的那些退路。(现在,我们想起还有一个罗尔斯在讨论那个主题时没有充分论及的移民理由。)

罗尔斯可能回应,这个跟其类比相背离的论点以对个体特别西式的关注为前提。比如,他在《万民法》("LP")中写道:"许多社会都具有与各种形式的西方自由主义不一样的政治传统。"(69)[28] 如今,我已论证了,每个单独的个体及群体中的每个人都拥有某些基本权利的观点并非西方独有,就像社团主义和联合主义对权利的看法也非西方独有那样——通过引用黑格尔的观点作为后者的例证,罗尔斯似乎在《万民法》中赞同这一点。例如,在印度,情况常常大不相同:源于历史悠久的印度思维传统的、关于个体及其尊严的人类尊严观念,逐渐限制了包含浓厚社团主义要素(比如,赋予已有教会政治权力)的西方殖民传统。这些观念或许跟一些西方观点有某种相似之处,但为弄清楚这些观念的多个出处,司法判决的意见通常援引本土的出处。在罗尔斯的论证中发生的情况则是,相同的传统——不管它们是西方的还是非西方的——以不同的方式被看待,这是基于作为一个自成一体的国家而被建立起来的偶然性,而不是基于任何跟有机统一或普遍认同相关的更深层次的现象。假如在一个自成一体的国家中,社团主义传统恰好居于主导地位,那么它就会渐渐流行起来;如果它在一个自由国家中只是一个组成要素,那么它就不会流行起来。

但我们可以走得比这更远:似乎极有可能的是,所有地方都没有传统,也从来没有传统,此间,居于从属地位或占少数的成员只是认可生活中给他们提供的更低下的命运。比如,女性常常被威胁,被孤立,她们无法有效地反抗。但在世界各地,她们的"日常反抗"已有大量记载。[29]因此,正是那种认为女性(或其他少数派)**不把自己看作不同的个体**——能对自己的生活做出规划,独立于跟她们一起生活的那些男性(或居于主导地位的群体)——的观点会极度难以确立起来,或许也是不可能确立起来的。

我的结论是,罗尔斯的类比有严重缺陷。只要他这样论证,那么,至少在把深具扩张性的一套人权或人类能力解释成所有个体的基本标准方面,似乎不存在道德障碍。

四、正当性证明与贯彻实施

然而,还有另一问题困扰着罗尔斯,而且它应当会困扰我们。罗尔斯明确认为,如果我们得出另一国家有不完美标准的结论,那么我们就会以某种方式——不管是在军事方面,还是通过经济和政治制裁——介入。通常,他对待"这个国家是否值得被尊崇为万民社会的一员"之问题的方式,就好像它等同于接下来的问题,即"我们是否应该避免干涉那个国家,以此谋求执行我们自身的道德标准?"实际上,基于康德式的理由,这在很大程度上是由于他相信干涉另一共和国的主权事务在道德上是有问题的,所以,他渴望得出结论认为,我们能把等级制国家当作享有万民社会之声誉的成员来加以尊重。

然而,理所当然的是,两个问题不需要以这种方式发生关联。我们或许认为,一个特定国家的标准是有缺陷的,而在基本权利与自由方面，我们可以证明一个比目前所了解的选单更全面的选单适用于那个国家，从而证明从军事上或者通过经济或政治制裁来批评那个国家的做法是正当的。这无须考虑我们有权干涉其事务。假如我们相信有独立的理由——它不取决于我们这样一种想法，即我们应该向这个社会据以组织起来的等级制表达尊重——来解释避免在特定条件下干涉其他国家，我们就可能会采用这条路线。

那些独立的理由会是什么呢？我相信，它们正是康德在《永久和平论》中提到的理由：一种对殖民统治的道德厌恶以及一个相关的道德信条，即不管国家的制度是否完全公正，我们都应当尊重所有以相当负责任的方式组织起来的国家的主权。意识到国家的道德重要性是人类自主权的表达，这已经是格劳秀斯在《战争与和平法》中对人道主义干涉之讨论的突出特点：通过组建主权国家并为它们制定法律，人类维护了他们的道德自主权。[30]因为我们尊重国家的公民，并且因为人们相信即便是存在许多不足的国家依然在包容性和责任感方面高于最低水平，故而，人们会避免在军事上干涉那个国家的事务，并会把正式当选的政府当作合法政府而跟它谈判。

承认正当性证明和贯彻实施之间的重要区别，是现代人权运动的典型特征。它在大多数情况下采用说服的方式，而在极少数情况下极力主张采用强有力的干涉。由于美国承认死刑，故而它遭到较猛烈的国际批评，但并没有因此而掀起争取在军事或经济上干涉美国的主流运动。种族灭绝、折磨及其他非常严重的侵权事例确实引起了人们对暴力干涉或经济制裁的讨论（比如，南非的种族隔离）。

如果人们相信某些道德原则对所有人都具有约束力是可以被证明的，那么遵从国家的依据是什么呢？当然，可能存在强有力的审慎论据来反驳对范围广泛的人道主义干涉的支持。这些干涉可能使世界变得不稳定；此外，更强大的国家可能把一切道德干涉的强有力行为看作欺压更弱小国家的借口。康德已指出，他那个时代在道德进步的面纱掩盖下进行着殖民统治。

但格劳秀斯对国家主权的反思提出了一个更深入的观点来反对范围广泛的干涉，而这个观点源于人类个体的尊严。跟他人一起制定法律的能力是人类自由的一个基本方面。就此而言，具有自主性并非一件无关紧要的事情：它是有机会过完全意义上的人类生活的组成部分。就像在格劳秀斯所处的时代一样，在我们这个时代，人们借以行使人类自由的这一根本方面的最基本单位是民族-国家：它是依然有机会对生活在那里的人民体面地承担起责任的最大且最根本的单位。诸如联合国那样的国际机构和实体确实不（或者还没有）以这种方式负责任；即便是目前组建而成的欧盟也在责任方面产生了严重问题。基于罗尔斯给出的理由，即民族-国家的"基本结构"从一开始就普遍影响人们的生活机遇，城市或乡村甚或国家层面对自主权的本土运作也是不够的。因此，就像格劳秀斯已经论证的那样，民族-国家及其基本结构是个人行使自由权利的关键之处。

这个论点涉及国家与构成其基本结构的制度。它是一个跟法律和制度相关的论点。它跟具有"共同情感"的"民族"这个晦暗不明的问题毫不相干，而我已经批评了这个观念，认为它在我们问题的语境中没有太大帮助。这个论点适用于具有异质性和多种语言的印度，也同样适用于小得多且至少稍微更具同质性的孟加拉国。

沿着格劳秀斯和康德的思路，我们找到了契约论进路无法提供的解决办法：从**道德/政治**的角度论证国家主权的重要性。罗尔斯仅仅从国家出发（暂时抛开他在"民族"观念上兜圈子的做法）。然而，在当今世界，由于国家主权从四面八方遭受威胁，尤其是来自跨国企业和全球经济结构之影响的威胁，所以人们不能只把国家看作特定的（如果曾经可以这样做的话）。罗尔斯不能让我们洞察到，为什么我们可能关注国家主权或尽力支持它反对其竞争对手；至少，格劳秀斯的论证让我们萌生这样一种深刻的见解。

根据这个论点，让我们考虑一下诸如无法给女性提供平等财产权的国家。（印度是一个例证。）[31]从民主合法性的角度看，只要这个国家处于某一最低水平之上，以强迫的方式干涉它就是不对的，尽管人们可能谴责该国宪法中女性是不平等的。跟被尊崇为万民社会中完全公平正义的社会所要求的最低水平相比，这些最低水平的条件将是比较缺乏说服力的。当今世界的大部分国家在一个方面或更多方面是非正义的，对国际社会中的讨论而言，论证它们是非正义的，并且对它们坚持完全平等的标准与人们建议适用于它们的尊严，是正确的做法。只要它们通过一个影响力小得多的责任感测试——诸如今天的美国和印度都会通过这种测试，即便两者都大大低于那个我们证明是正当且合理地推荐的完全人权保护的标准——向它们施加经济制裁（更不用说动用军事武力）便是错误的。实施种族隔离制度的南非的情况不一样：大部分人口完全被排斥在国家管理之外。在 2002 年 3 月古吉拉特（Gujarat）发生种族灭绝和大规模奸淫之后，以及 2004 年 5 月印度教右派在选举中失利之前，印度陷入了困境。[32]就连人道主义干涉的最狭义且最传统的解释也认为，古吉拉特事件需要人道主义干涉。反对干涉那个事件的论据在某种程度上是谨小慎微的：干涉肯定会令所带来的问题比所解决的问题多得多，而且我们现在回想一下便可以看到，内部的选举过程运作得很好。然而，在公民自主权观念基础上有一个更深入的论证：只要印度的民主进程像它们以往和现在那样是健全的，那么，出于对这些进程本身及牵涉其中的公民的尊重，我们应当宁可让它们顺其自然，希望随着时间的推移，正式当选的官员和正式任命的法院会把违规者绳之以法，并阻止更进一步的欺凌，就像 2004 年 5 月的选举之后所发生的情况那样。在这样一个事件中，可恰当地把干涉限于外交努力和公共游说——尽管那时候或许能做更多事。

合法性的最低条件是什么？是政府对人民的合理责任：在此，罗尔斯的"合理的协商等级制"观念可能提供好的指导。然而，我们应当注意到，在这一点上，女性问题是非常难解决的。如果南非的种族隔离制度满足干涉的标准，那么，在女性问题上，世界各地有很多类似事件。通常，她们没有被赋予平等的投票权，有时不具有投票权；她们的财产权是不平等的。这些侵犯人权的行为是否足以使经济制裁变得必要呢？从道德角度能得出一个具有说服力的论据，但令人震惊的是，人们在国际讨论中很少听说这一点。[33]在全球共同体中，基于种族的残忍和压制性歧视被看作无法让人接受的；但基于性别的残酷和压制性歧视却被看作合法地表达了文化差异。显然，我们能证明对所有国家而言都一样的标准是正当的。但任何完全或实质上完全把女性从政治过程中排除出去的做法，也提出了一个要求经济制裁或另一种形式的强制行为的道德论据。反对这项政策的论据将首先是审慎的。

有人可能追问：假如我们批评一个国家，并认为它违背了那些能证明对所有人而言是正当的重要道德准则，那么我们是否真的尊重它及其人民呢？通过从一开始就坚持认为现存的国家不是完全正义的方式来解决这个问题是重要的。所有国家都存在违反重要道德原则的情况。当国家行为者和相关的公民只批评其他国家而不批评自己时，这肯定是不尊重其他国家的。例如，如果美国继续对国外违背人权的现象喋喋不休，但却没有充分认识到这样的事实，即它自身对死刑的立场是国际共同体无法接受的，以及它在社会和经济权利方面的状况大大落后于大多数国家，那么这种做法就似乎是不受尊重的。另外，在承认自己没有完全践行正义原则的情况下，是完全有可能说出批评意见的。

我们能从道德上证明对所有人而言什么东西是正当的与我们在道德上有资格做什么之间有一道鸿沟。在这里，我们应该做什么呢？我们可以做且应该做的一件明显的事情是，制定出保护人权的国际协议，我们相信自己能够证明其正当性，然后尽力让世界上的国家接纳与落实它们。除此之外，对我来说，国家通常有权以强化它们所认为的重要理由的方式提供援助。因此，对美国而言，当向印度提供帮助时，像克林顿那样把教育、医疗和赋予贫困女性权利作为目标,并且尽力确保在这些事情上给予帮助,而非在建造更多核炸弹或使教科书印度化方面予以帮助,这是合情合理的。[34] 运用外交交换作为引起对这些事情之关注的方式也是合乎情理的,就像克林顿利用他出访印度的机会来引起人们关注那些争取信贷和财产权的贫困农村女性的处境一样。在印度问题上,只要女性获得权利和平等的理由是印度政治传统本身根深蒂固的一部分,这种进展方式的合理性就是不存在争议的。就国家无法公开且在宪法中赞同这些目标而言,我们以更谨慎的方式继续走下去是对的,但我们可能依然有资格把援助集中于那些似乎在道德上对我们有好处的项目。而个人当然总能不受限制地把他们的援助集中于他们赞成的项目。[35]

在这一点上,罗尔斯可能会指出,我已经承认了他的基本观点:我们应当把国家看作享有万民社会之声誉的相当不错的成员,其展现出来的自由自在与平等比我们在自由社会中所要求的要弱得多。而实际上,就某些方面而言,罗尔斯和我在一套实践原则上有相同点。难道我事实上没有承认,出于对一个民族及其传统的尊重,我们要避免这些强人所难之处吗?

是的,我没有。我的论证已不需要民族概念。我正在论证,我们应尊重国家,即一个特定人群已然接受且能对他们负责的社会基本结构的制度。国家在道德上被视为重要的,因为这是对人之选择和自主权的表达;当然,是国家而非"民族"表达了人类渴望生活在他们为自身制定的法律之中。国家的居民组建了一个罗尔斯意义上的民族,即共享传统和一个相对广义的善物观念,这对我的论证没有多大影响。就像罗尔斯在论证中明确做到的那样，我的论证也不要求我们以任何方式放松我们对其他国家之错误行为所做的道德判断。如同罗尔斯所呈现出来的那样，它不依赖对群体权利的任何认识，而且它继续保留了个体是正义论的基本主体的观点。它只是承认公民与他们国家的基本结构之间的根本纽带，并对那条纽带表示尊崇，以此作为尊重个体的一种方式。更简而言之，它是关于贯彻实施的论证，而不是关于正当性证明的论证，并且它坚持认为那两个问题之间有着基本的区别。

五、评价两阶段契约

更笼统而言，对罗尔斯两阶段契约的仔细审视，使我们要对两阶段的社会契约结构的前景和缺陷做出评价。作为解决全球正义问题的一种方法，这种方法有重大困难。它把民族-国家作为基本单位。由此出发，它并没有认清全球经济秩序与它强加给较贫困国家的不利之处。国家被期待以节俭和好性情的方式来解决它们的问题，仿佛在跨国结构上不存在妨碍它们把事情做好的障碍。关于国内基本结构的固定性和决定性的假设，阻碍了对跨国界的经济再分配的认真思考，同时也排除了条约和国际协议在激发国内政治改革方面所发挥的作用。两阶段契约甚至也无法提供一个具有吸引力的解释来说明为什么国家主权应该被看作在道德上是重要的，因为它被理所当然地看作起点。

再者，由罗尔斯第二阶段的宽容原则强化的个人与国家之间的类比，不足以尊重每个国家内部处于劣势的群体。他对宽容的论证证明完全且同等正义的体系，违背了许多目前国际秩序认可的人权。他不能给出具有说服力的论据，说明为什么当把个体看作正义的基本主体时，无法向全世界人民证明一套丰富得多且深入得多的标准是正确的。[36] 就人权的确牵扯其中而言，它们的理论影响体现其正趋近以结果为导向的进路而背离了契约论进路。

　　更根本的是：建立在互利观点基础之上的契约论进路，要求所有契约方都相信，通过远离自然状态与订立契约，他们能有利可图。在休谟的正义环境中，他们必须是大致平等的（如果我们假设罗尔斯依然接受那种要求）：没有人能统治其他人，没有人是如此无能以至于成为合作方的累赘。这不是世界的现状。罗尔斯的尝试——力图通过把"负担沉重的社会"从订立契约的社会中分离出来的方式来解决这个问题——再一次体现了对契约论进路的背离。这是因为，他允许各方运用全球不平等的经验信息来建构契约。此外，即便有了这种背离，那也是做得不够的，原因在于：自由民主国家**之间**的不平等是极为严重的，有些国家的人均国内生产总值大约是其他国家的 34 倍之多。因此，问题并没有得到解决——除非我们只受这种指令支配，即南非、孟加拉国、印度等国家不是享有万民社会之声誉的成员，故而也就不是契约的参与者。但我们为什么要这样说呢？没有恰当的理由把它们排除在外。甚至连把它们包括在内的做法，也会背叛契约论者对把互利当作契约方之黏合剂的做法的依赖。

六、全球契约：贝茨与博格

查尔斯·贝茨和托马斯·博格对契约论进路的运用深具吸引力。[37]对这两位理论家而言，运用罗尔斯在创制全球正义理论时所形成的深刻见解的正确方法是，认为原初状态直接适用于全世界。指导这种策略的深刻见解是，国别出身与阶层背景、父辈财富、种族和性别非常相像：对个体而言，它是一个不允许使个体的生活畸形化的偶然事实。[38]人民生活中的基本机遇不应为不公平的等级制所践踏，不管这种等级制是建立在种族、性别或阶层的基础之上，还是建立在出生于特殊国度的基础之上。

贝茨和博格具有说服力地论证到，在罗尔斯的框架内，充分尊重作为正义主体的个体的唯一方式是，假设整个全球体系是可争取而得的，契约方是作为追求正义的全球结构的个人而订立契约的。两者以不同的方式都论证了，所产生的结构将是一种使最不幸者的地位得到优化的结构。对贝茨而言，自然资源不再被看作资源所在国的财产。相反，将创造一个全球再分配原则来管理这些资产的所有权。自然资源对贝茨来说就像自然天赋一样，他把罗尔斯解释成认为在自然天赋方面个人不具备所有权。(136 - 142)博格正确地指出，罗尔斯的观点具有细微的差别：个体可能保留与运用他们的自然天赋，但对源于这些天赋的好处，他们不享有绝对权利。这个体系将确保以优化最不利者之地位的方式，使用源于这些天赋的好处。

除此之外，博格的观点（他称之为"只起说明作用的推断"；273）设想了一个关于人权清单的初步全球协议。随着时间的迁移，这个包含了一个全球经济约束体系的协议变得更加健全。这份人权清单比罗尔斯为之辩护的清单厚重得多：它涵盖了整个《世界人权宣言》，外加一项移居境外的有效权利。（272）自然资源也要经受再分配。博格没有坚持认为，所有国家在境内要满足罗尔斯的差异原则——只要它们能使世界上最少受惠者的地位得到优化。

对两阶段契约而言，博格-贝茨的提议是一个巨大进步。在把握这种观点——正义的全球秩序并不建立在现有的权力等级基础之上，对所有人、所有被看作道德上平等的人而言，它将是公平的——方面，全球范围内的无知之幕是一条具有洞察力的路径。这个提议也体现出一种关于人类自由的、具有吸引力的观点，因为它把所有契约方都刻画成全球秩序的平等选择者。

这些提议的一个显著困难在于它们的模糊性和推断性。我们没有被详细告知全球原初状态的设计如何奏效。例如，各方将会拥有或缺乏什么样的总体信息？显然，不期望他们知道自己的国家是什么样的；但假如罗尔斯的观点确实从字面准确性上彻底被理解的话，那么他们应该也不知道他们所处的年代，这意味着，他们不应知道他们的世界是否拥有技术，是否包含民族-国家，是否存在跨国企业和全球贸易协定。但那太含混不清了。假如不知道存在跨国企业，那么你可能不会把它想象成全球正义的理想结构的一部分；而接下来的情况是，在如何操控这些实体，如何把它们跟民族-国家联系起来，如何确保它们在与他者打交道时采纳一些重要的道德承诺等问题上，你说不出什么有用的东西。如果不知道互联网，那么你不容易想象它；而接下来的情况是，你没有能力解决由实现它的不同方式所带来的不平等。还有诸如此类的问题。

简而言之，我们所处的世界在基本结构层面展现了正发生变化的权力结构；即便在一百年前也难以预测那些结构将会是什么样的。新的结构从一开始就广泛地掌管着人们的生活机遇。要忽略这么多东西就是要在不好的且不真实的意义上使方案成为乌托邦；它确保了关于正义的迫切问题会被忽略掉。但假如各方将知道诸如此类的一般社会事实，那么我们就需要解释他们知道什么以及不知道什么。

与令人遗憾的模糊性相关的领域涉及民族-国家的作用。博格和贝茨都打算质疑国家本土之结构的定局和封闭性特征。但他们没有告诉我们，他们真正想走多远。难道我们如此远离现状以至于不得不重塑确切的国家概念，并认为它跟安排人们生活的其他选择矛盾吗？但很难在完全空白的情况下安排人的生活。如果没有首先评价它与诸如贸易、信息流、国际机构及协定之存在等生活的其他方面的关系，我们又如何能判断国家是好的结构还是不好的结构呢？在空白的情况下，不会出现认同国家是人之自主性的重要表达方式的道德论据，并且无法明确的是，在空白的情况下可以成功提出这些道德论据。此外，除非以及直至我们意识到削弱国家或为之提供选择的真正力量是什么，否则要证明国家的正当性似乎就是空谈。缺乏这种知识，我们不能做出恰当的选择。假如各方确实具备这种可自行支配的历史知识，那么博格需要明确说明对罗尔斯的这种背离。

最后，我们需要更多地了解契约方被想象正追求什么样的首要善。博格把自己描述成紧密追随罗尔斯思想的人，但他也认为他的契约方会赞同一份关于人权的长清单，这较大地超越了罗尔斯的首要善清单以及《万民法》中意识到的内容单薄的权利清单。延承《世界人权宣言》的观点，而跟罗尔斯的《正义论》和《万民法》不同，博格把自由范围和经济范围紧密结合在一起，认为主要的自由有物质的一面。如同《世界人权宣言》一样，博格似乎用人权的实现而不是收入和财富来衡量相对社会地位。博格需要再度告诉我们，他实际上打算在多大程度上背离罗尔斯的观点。从把自由及其物质基础联系起来的高度看，如果他的首要善是人权，那么他的观点实质上以看来使其远离罗尔斯本人之观念的方式跟能力进路趋于一致。

这些是或许能得到答复的所有问题，尽管充分的回应可能要求在信息领域和首要善之观念方面背离罗尔斯式的框架。然而，在这一点上，我们来到了博格-贝茨的提议中最难的地方：契约整体上在讲什么？罗尔斯式的社会契约发生在休谟的正义环境中，而它是以互利为目的的契约。博格集中关注罗尔斯在无知之幕中确立起来的公平要求，而确实没有提及罗尔斯赞同把休谟的正义环境看作契约的起点。正如罗尔斯坚持认为的，对各方之间相互平等的要求是他对传统社会契约论中的自然状态的类比，因此，博格看来也已然省略掉自然状态。至少，他没有提到它。但如果省略掉，那么我们在主要方面就背离了社会契约论。博格当然没有告诉我们,他正远离那个传统,比如,他没有赞同斯坎伦纯康德式的契约论或巴里对它的政治演绎。他专注于罗尔斯的思想,并显然拒绝用斯坎伦/巴里那类纯康德式的契约论来修改罗尔斯的理论。[39]他明确保留了罗尔斯的无知之幕以及它所强制要求的道德平等。但看上去好像他的确已经没有采取大致平等和休谟之正义环境的立场,尽管至关重要的是,大致平等问题是为了解释他的理论。

我们已经看到,当契约被想象成发生在国家之间时,我们除非不仅删除非自由的国家,而且删除八国集团之外的几乎所有国家,否则,无法以标准的社会契约形式订立契约。假如我们把契约设想成发生在作为个体的人当中,那么情况确实有所不同:这是因为,世界上作为个体的人至少在道德上是平等的,而且他们——至少是所有非残障者——可能会以某种方式被证明,在生活的偶然性开始影响他们之前,他们基本的经济生产力与生活机遇是大致平等的。但那是什么时候呢?这肯定不是在出生后的任何时候。这是因为,每个儿童降生于这样一个世界,它经由不同营养、不一样的认知刺激以及接触仁慈或暴力的不同经历等而开始直接且大大影响其生活机遇。正如我们已看到的那样,较贫困国家的预期寿命不足较富裕国家的一半;这些总体数字源于个体生活水平的各种差异。

个体出生前的生活机遇是平等的吗?当然不是。不管我们把胎儿看作什么,必须指出的是,直至一个人降生,在孕期营养、卫生保健、身体的完整性、情感健康(更不用说艾滋病病毒感染情况)等方面的差异,都已经影响了它的生活机遇。如今,在非洲,孕期的艾滋病病毒传染影响了很多人,这个数目是令人震惊的。就那个问题而言,即便是有机会出生也跟存在大致平等没有关联:在许多发展中国家(和一些发达国家),基于性别选择而流产的数目正惊人地上升,这意味着,对世界上同一地方的男孩的生活机遇而言,也对世界上其他地方的男孩和女孩的生活机遇而言,世界上某些地方的怀孕妇女在生活机遇方面是非常不平等的。[40]

然而,让人感到遗憾的是,国家(为了与休谟的正义环境相符而使两阶段契约把一些国家排除在外)间的不平等,被转化成个体之间基本生活机遇的不平等。当一个人甚或一个潜在的人是活着的时候,却不存在这些不平等,这种情况不会出现。

博格和贝茨对基本生活机遇中的这些不平等深恶痛绝。其方案的关键之处在于,通过提出一个哲学理由来说明为什么要雄心勃勃地致力于全球再分配的方式来解决不平等。但即使借助经改进的非罗尔斯方式,这种承诺也难以与罗尔斯的框架相协调。原初状态应该适用于全球层面的说法并没什么问题;那种观点的确让人们关注一些跟公平相关的重要问题。然而,一旦我们更详细地进行探究,我们便会发现,他们提出的全球契约要求大幅度地背离了罗尔斯的框架。这是因为,它要求抛弃把休谟的正义环境作为契约之铺垫的做法,并要求从一开始就把那些目前权力不平等者包括在内。最重要的是,它要求从一开始就承认契约的要点不是(也不可能是)"大致平等"者之间的互利。从更广义的角度看,它必须是有人情味的友谊和对人的尊重。

也许不足为奇的是,针对这些问题,博格在近期的作品中已转向了一条完全成熟的人权进路，这条进路非常接近我偏爱的能力进路，而远离罗尔斯的程序主义。[41]

七、国际契约论的前景

在国际领域，康德式契约论有很大的吸引力。一开始，它用规范伦理的方法解决国际关系问题。就此而论，它比霍布斯的/现实主义者的方法更胜一筹，后者把国与国之间的领域看作跟道德要求不相干的领域，在这个领域中，国家可能不受约束地追求权力与获取利益。[42]就像它们在格劳秀斯之前的年代明显占主导地位那样，这些进路近年来已支配了国际领域，并且已然构成国际关系的根基。在我们可能运用的伦理进路中，契约论似乎大大优于经济功利主义。它认真对待每个单独的个体及群体中每个人的生命的平等尊严，视之为集合体而加以承诺，而功利主义不能完全做到这一点。它也认真看待这种观点，即不平等的背景条件能重新塑造偏好和欲望；因此，它不试图单单从依赖于人民喜好的角度来确立基本正义的政治说明。通过这些方式，契约论赞同我终将支持的进路。

此外，契约论的中心思想——在原初状态的程序设计中被巧妙地捕捉到的合作的公平条件——是一种强有力且必要的思想。在甚至比国内领域更大的世界范围内，坚持认为我们想得到一些管理人民生活机遇以使之对他们所有人来说都是公平的基本原则——这些基本原则以这样一种方式被选择以至于没人能合理地拒绝它们，这是非常有价值且明确的。这些观点也将在我本人的规范性进路中发挥作用。

罗尔斯契约论最困难的地方再度源于契约论的要素，我从一开始就指出这些要素是存在问题的：在创设初始契约状况时信守权力的大致平等，以及把互利当作契约目标的相关承诺。契约论者能否连同自然状态的整个想法一起，放弃对互利的承诺呢？除非对社会合作的目的有另一种解释，且在契约方被设想去追求什么样的善物问题上有另一种说法，否则不可能做到这一点。遵循斯坎伦思路的契约论——它拥有关于首要善的恰当政治理论——再度依然能执行一项重要的哲学任务，而这样一种理论将继续成为我提供的那一类以权利资格为基础的理论的一个重要选择。由于那条进路需要对善物做出解释，而我的进路在解释国际领域的潜在重叠共识时需要发挥理性包容的作用，所以这两条进路之间存在较大的一致性。

契约论进路能否解决罗尔斯理论在全球领域的新困难，即他对国内基本结构之固定性和决定性的承诺？一旦它准备放弃在自然状态中选择原则的传统观念——这种观念确实强有力地提出了一种经典学说，即各方正在为某种类型的国家选择原则，我便又一次没有理由说为什么不这样做。有强有力的理由来解释，为什么没有一种现有的契约论进路在它思考基本正义时，能积极应对包括跨国企业及跟国家并列的国际机构在内的当今世界正发生变化的布局和权力中心。但斯坎伦类型的契约论或许能涵盖那些实体，并且也能把国内基本结构看作可由国际协议加以改变的结构。

总之，以斯坎伦的方式来表述，关于合作之平等条件（不能被合理拒绝的条件）的观点是把握以下观念的强有力的直观方式。这种观念认为，尽管人类在不平等的世界中置身于极为不同的环境下，但他们在道德上是平等的。在讨论全球正义时，这个观念是重要的。然而，如果不能从政治上解释善物，特别是具体说明全人类的基本权利资格，那么这个观念在政治思想中便无法发挥作用。能力进路从这种解释出发。

第五章　超越国界的能力

然而，在人类的诸多特征中，有一种强烈的期冀团结的愿望，这是针对普通生活、和平的生活而言的，而并非指涉任何一种生活；人类还会根据自己的智力水平，与具有同样愿望的那种人组织起来……因此，"任何一个动物都会出于本性而追求自己的利益"的论断，被说成一种普遍真理，无法隐藏自身。

——胡果·格劳秀斯《战争与和平法》

一、社会合作：权利的优先性

我们生活在这样一个世界，其中我们与他人的公平合作不会使各方都受益。要给所有的人提供我们所讨论的那种基本的机会，就必然会要求富人和国家做出相应的牺牲。因此，经典的社会契约论（即便是康德式的那种道德化了的社会契约论）并不足以支撑一种包罗万象的、平等地尊重每一个人的社会合作。然而，这种合作观所具有的缺点并不能使我们感到气馁。在我们创立社会契约理论之前，我们拥有并应用一些更丰富的、更广泛的人类合作观。这最早至少可以追溯到亚里士多德，后来由西塞罗和斯多葛学派在国际背景中进行了发展，于是我们拥有了一种政治个人观，这种政治个人观能够进行道德推理，并且期望和需要与他人生活在一起。道德推理和社会性这两种特征，在格劳秀斯的以下观念中结合在一起："我们是具有共同利益的存在，在寻求一种'共同生活'……并且根据我们的智力水平而进行相应的组织"。

这种智力是一种道德智力。它所理解的三种与人相关的重要事实有：一是人类作为伦理性存在所具有的尊严，无论人身处何处，这种尊严都是完全平等的；二是人类的社会性，这意味着，具有人类尊严的生活的一部分，是一种与他人组织起来以尊重那种平等尊严的共同生活；三是人类所需要的多重事实，这意味着，这种共同生活必须为我们每一个人做些什么，要满足我们的一些需求，以使人类尊严不会因为饥饿、暴力袭击或政治领域中的不平等对待而遭到破坏。将社会性的这个事实与其他两个事实结合起来的话，我们就能得出这样一种观念：我们自身利益的核心部分是，我们每一个人——只要我们同意说我们希望与他人一起过得体面且受尊重——都要去创造一个并生活在一个道德上比较体面的世界，在这个世界里，所有人都拥有所需要的一切，以过一种与人类尊严匹配的生活。

能力进路注重结果，它为基本的社会正义提供了部分说明。换言之，它认为，在一个世界中，如果所有的人都具有我们所讨论的那些能力的话，那么这个世界就具备了最低限度的正义和体面。从国内来说，能力进路认为，社会合作的一个核心目的就在于建立各种原则和制度，以保障所有人都具有以上讨论的各种能力或保证人们在没有这些能力的时候能有效地索取它们。因此，这种能力进路与制度设计密切相关。

那么，从国际上看，这种进路该如何推进呢？我们仍然可以选择。我们可以像斯坎伦式薄的契约论（我们曾在第四章的末尾处设想过）那样，从设计一个公平的程序开始；或者我们可以从结果开始，从实现一些基本的善物开始。在我看来，斯坎伦的理论最终需要一种有关善物的政治理论。另外，"人的尊严是平等的"这一观念，也已经在我的那种基于善物（good-based）的理论中嵌入了一种准契约的成分，并从一开始就规定：任何基本善物的分配都必须体现对所有人的同等尊重。我们将会在第四节读到另一种契约论的观点，即"合情合理地同意"的观点；它在我的理论中也会起到很重要的作用，能清晰地说明那种国际性重叠共识的观念。有了这些至关重要的条件，能力进路便从一种能说明基本人权的有关善物的理论开始。

在进一步解释这种进路之前，我们还需要面对另一种挑战：从根本上说，我们从权利开始是否连贯？我们是不是不能从义务的观念开始？有一种影响较大的研究全球正义的进路认为，我们必须从义务开始[1]，欧诺拉·奥尼尔（Onora O'Neill）便是这种理论最为杰出的代表人物。我们所考虑的是，我们对人类有义务去做什么或不去做什么，而奥尼尔的这种思考则提醒我们注意，接受者有权去接受什么。这场争论的另一方以塞涅卡、西塞罗、格劳秀斯、现代人权运动以及以人权为导向的那些思想家［如亨利·舒（Henry Shue）、查尔斯·琼斯（Charles Jones）[2]］为代表，他们认为，我们应当从权利开始。我们考虑人们有权得到什么，甚至在我们能说明谁可能负有这些义务之前，我们就能得出结论说：存在着这样一些义务，并且我们肩负着一种集体性的责任以保证人们能得到他们应得的。无论是在国内还是在国外的情形中，能力进路都是从权利开始。那么，我们现在就需要面对另一方的论证了。

首先，没有哪一条真实的进路是完全以义务为基础的。因为我们无法在毫不考虑人的需要的同时，说我们亏欠了某人什么东西；正如康德著名的非慈善准则（the maxim of nonbeneficence）表明的那样。[3]一个没有慈善的世界是行为主体所不期望的，因为在经过深思熟虑之后，他会明白，在这样的世界中，他可能会缺乏他所需要并有权得到的东西。[4]与此类似，罗尔斯的康德式程序主义从正义的各种环境开始，后者包括了人类对基本生活物品的需求；而且，他对正当分配的说明在很大程度上依赖对"基本善物"的说明，这种基本善物是所有人都要追求的。我们已经说过，斯坎伦式的契约论（与罗尔斯的契约论相比，它似乎能更好地作为全球正义的基础）也同样需要一种强健的关于善物的理论。简言之，义务从来都不是从真空中产生的：需要的观念和基于需要的权利观念都会提醒我们注意，为什么该义务是一种义务、为什么它很重要。

以义务为基础的那种传统也无法成功地说明，一种基于义务的说明能够为政治思想增加清晰度与确定性，而这正是那种基于权利的说明所必然缺失的。奥尼尔主张说，如果我们从人们对食物和居所的需要开始，那么我们就无法分配那些超越国界的义务。然而，如果我们从康德式的那种不可攻击他人、不可说谎以及不能将他人当作手段的义务开始，那么（她认为）我们就能很好地将这些义务分配给每一个人，并且人人都能履行这些义务。不过，这一区分并不像乍看上去的那么明显。[5] 首先，整个对全球正义进行反思的西方传统（至少可以追溯到西塞罗），都已经理解了不要攻击他人的义务以及要保护那些受到不公正攻击的人的义务。对不要攻击这一义务的维护，又强加了税收的需要；并且，与喂养的义务一样，对不要攻击这一义务的维护难以分配给个体和相应的组织。的确，正如舒所主张的，我们需要军事经费以保护人们不受攻击、折磨等，这一经费远远超过我们给全世界人民提供足够食物所需要的费用。

其次，我们不能合理地将"不要将他人当作手段"的这种义务，与对全球经济及其运作的批判性监督区分开来；并因此也不能将它与一种考量区分开来，这种考量与那种可能的全球性再分配及其他相关的社会和经济权利有关。人们可以通过奴役、强奸或折磨等方式将他人当作手段。然而，当企业强迫人们在恶劣的环境中工作以使利润最大化的时候，它当然也是在将人当作手段。至少从马克思开始，"将人当作目的本身"这种观念已经成为批判性反思工作环境的重要成分。与此相关的那种保护人类尊严的观念，正如它在现代法律思想中被应用的那样，被人们理解为具有明显的关于经济条件和工作条件的含义。在能力进路中，这些考虑是关于权利的说明的核心部分；其根源可以追溯到早期马克思的那种关于真正的人的活动的观念。而且，它们还被目前这种资本主义和见利抛售的全球化强化了。显然，很多人正在被当作手段，尽管我们并不十分清楚谁有义务去阻止这个。

最后，如果不涉及相应人类尊严的观念和相应对待的观念，我们很难澄清将人当作一种手段的这种观念，后者是奥尼尔之康德式的关于义务的说明的核心。然而，我们所涉及的这种观念正是主张权利这一方所持有的观念：我们如果要弄明白什么样的对待违反了人类尊严，就需要在某种程度上理解，什么是尊重人类尊严以及它需要这个世界如何对待它。

的确，我会论证说，就确定性而言，如今也大为不同了：在解决如何分配各种义务这个难题之前，我们能在某种程度上抛开这个问题，而相当明确与确切地说明所有世界公民应当具备什么、他们的尊严让他们有资格去做什么——尽管在我们的说明中显然必须要具有一定的概括性，直到我们理解了我们能够传达什么以及怎样传达。以上我们所列举的各种能力来自这样一种观念：生活应当具有人类尊严；考虑到我们的说明必须要面对的组织和个体行为者是多种多样的，这些能力比任何一种关于特定集体性义务的分配，都要更加容易拟就并得到正当性证明。再者，人类的需要相对而言是比较稳定的；因此，我们或许有希望说明基本的人类需求，这种需求一直以来都具有某种恒定性；而全球性经济中权力组织的转变——它包含了任何一种义务，除非它忽视各种组织——则不得不保持某种灵活性和时效性。

当考虑人类尊严以及它需要什么时，我是以亚里士多德主义/马克思主义的方式来思考这个问题的；我思考的是，一个完全的人而不是低于人类的生物，要过一种与人类尊严匹配的生活，应当需要什么样的先决条件。我在这种观念中纳入了社交性的观念以及这样一种人的观念：这种人具有马克思所说的那种"丰富的人类需求"。我们坚持认为，需求与能力、理性与动物性是完全交织在一起的，而人类的尊严也就是处于困苦之中的血肉之躯所具有的尊严。再者，无论我们从何处发现，人类具有的那些"基本能力"都是道德权利的来源，它们产生这样一种道德权利：它们应当被发展并获得一种欣欣向荣的而非受到阻碍的生活。

从人类生活的各种领域（其中政治性规划做出各种影响人们基本生活的选择）转移开来，我们现在主张，这种完整的人的生活需要从这个世界获得很多东西：足够的营养、能力教育、对身体完整性的保护、宗教性自我表达与言论自由，等等。在每一种情况中，我们都必须要做出一个直觉性的主张：一种没有充分满足这些权利的生活是一种境况不好的生活，它与人类尊严不匹配。

这些主张都是基于一种独立的直觉性的反思，而不是基于现有的各种偏好。例如，"能平等地获得中小学教育是人类的一种基本权利"的这种主张，是基于这样一种直觉性的观念：如果没有机会通过教育发展自己的能力，那么这些人就是受到抑制并发育不全的

（亚当·斯密在讨论做出这种主张时所使用的词语）。我们并不是通过投票和询问人们当前喜欢什么才得出这一结论的；这是因为：现有的各种与教育相关的偏好（尤其可能是女性的偏好），经常会由于缺乏相应的信息、受到恐吓或接受了"男孩儿有权接受教育而女孩儿则没有"的这样一种生活观念而被扭曲了。然而，正如我在《妇女与人类发展》[6]中批评那种被告知欲望（informed-desire）的进路时所指出的，如果这些主张认同那种从充分告知欲望这一进路（这些进路内嵌了一些信息上及伦理上的限制）的剥离，那么这倒是一个好的迹象。因此，如果那些依据充分的信息程序、不受支配且不受恐吓而成立的妇女团体强烈要求这些权利的话，那就是好的迹象；如果有些最高法院（如印度和南非的那些）阐明了那种在世界宪法中日益得到体现的人类尊严，并在人类尊严这种观念中发现这些权利的话，那么这也是一种好的迹象。

如果是这样的话，那么基于正义，我们都有权获得最少部分的、能力清单上的那些核心善物。至此，尽管非常抽象和概括，但事情已经非常明确了："人类需要什么样的东西以过一种真正意义上的人类生活"的这种观念，是我们共享的、最生动的直觉性观念。

然而，如果人类具有这些权利的话，那么我们所有人都肩负着一种集体性的义务，去给全世界的人民提供他们所需要的。因此，第一个问题"谁肩负着这种义务？"的答案就是：我们所有人。以后我们可能会找到一些很好的理由来把这一义务转移给一小部分人类，不过到目前为止，我们还没有这样的理由，而且我们也正在设想：我们正在试着找到一种体面的方式生活在一起。那么，至此，人类就肩负着一种集体性的义务，以找到一些共同生活与合作的方式，以使所有人都能过上一种体面的生活。在做此澄清之后，我们现在开始考虑该如何使之实现。

于是，我们便从一种直觉性的观念开始，它具有极大的力量和成就，包括跨文化的力量。（这意味着，我们可以在任何地方提出独立的主张；但并不意味着，各处人们的喜好都是一样的，尽管我说过，独立的主张并不是从立宪法院、国际人权运动等的融合中才得以确认。）尽管没有观念能够在这一层面确立普遍的一致性，但能力的观念，就像现代人权观念一样，能够获得非常广泛的认同。看起来，与思考道德义务的分配相比，我们能更好地思考人类的活动，以及哪一种生活是太过困苦的生活以至于侵犯了人类的尊严。让我们首先来讨论义务的问题，在询问我们对其他国家的人民负有什么样的义务时，如果我们遇到一个看起来难以解决的问题，那么我们的道德思维很可能会暂时短路。

例如，当我们思考全球饥饿这个严重问题时，我们说，我们当然不能真的有义务去喂饱印度的那些穷人。或者，我们究竟怎样才能使非洲的所有儿童都识字呢？因此，我们不可能负有一些与非洲教育相关的责任。又或者是，我们说，我们美国人不可能有义务去解决非洲的艾滋病这样严重的问题，因为这样的问题似乎太远离我们所能掌控的范围了。权利与义务从根本上说是相互关联的，但如果从义务开始的话，就很可能会使我们在遇到棘手问题时容易放弃。而从权利开始，则会促使我们思考得更加深入、更加彻底，而不是像奥尼尔（以及她之前的西塞罗和康德）那样戛然而止。我们现在已经明白，如果要尊重人类尊严，就不得不解决这个问题。因此，这里存在一种集体性的义务，但如果我们只是以这样的询问开始，即"我在这里应当做什么"，那么我们就可能错过这种义务。我们看见那些我们原本可能错过了的义务，而且我们给自己一种强烈的动力去分配它们。简而言之，我们这个世界并不是一个体面的、有着最低正义的世界，除非我们能保证这个世界上的所有人都能够在某种恰当的水平上具有那十种能力。

二、为什么是能力？

能力进路是一种追求结果的进路。它根据一个国家的某种能力来衡量正义的程度，这种能力旨在保证公民获得某些详细的、达到某种恰当水平的核心能力。那么，在这一点上，我们似乎有必要询问：为什么我们应当选择能力而不是富裕程度、效益或对个人的资源分配状况等，作为衡量的标准呢？这些都是广为人知的问题。的确，正是在批评前几种占主导地位的进路的基础之上，我们才引入了能力进路；而且，我们已经在第一章第六节描述了各种认为它比功利主义的进路要更好的理由。然而，目前这种国际性的争论仍然会处处引用其他的一些观念，即便能力的观念正在不断进展。因此，现在我们需要简要地重述这些理由，并在此过程中加入对基于资源的各种观念的批评。[7]

在能力进路被引入之前，衡量一个国家的幸福程度或生活质量（该问题与正义的问题相关，尽管并不总是明确地与它相关）的主要途径，就是询问人均国民生产总值。当然，这种粗糙的衡量方式甚至都没有考虑分配问题，并据此表彰一些国家的发展，尽管它们有极大的贫穷和极高的不平等。正如查尔斯·狄更斯（Charles Dickens）在小说《艰难时世》（*Hard Times*）中，借西丝·朱浦（Sissy Jupe）之口在经济学课程中所说的那样，占主导地位的进路并不能告诉人们"谁得到了钱，有没有我的一份？"国民生产总值的这一进路也没有认识到有关生活质量的其他方面；即便将分配算作一种因素，这些方面与经济上的优越也没有太多关联，它们包括医疗、教育、政治与宗教的自由、性别平等以及民族正义等。

稍有不足的是，那种根据总体或平均效益来衡量幸福的普通方法，也被人们理解为偏好的满足。这种关于社会结果的说明在很多方面都是强有力的；而且，它必然还产生出重要的工作以促进跨国的再分配。[8]但是，它也具有多方面的问题，能力的拥护者则长期关注着这些问题。[9]首先，它将一个个的人当作社会计算的一个信息，因此，没有足够地考虑到每一个个体所具有的独特性。在原则上，处于社会底层的那一小部分人的痛苦，可以由上层社会众多人的极大幸福抵消掉。简而言之，考虑总体和平均效益似乎并不是一种很好的思考社会正义的方式；社会正义应当将每一个人都当作一种目的，而不是作为达到他人目的的一种手段。能力理论者和契约论者对这种批评达成了高度一致。

其次，大多数形式的功利主义都将一个人生命中的所有重要善物当作能与其他东西相比较并相互替换的。[10]然而，这一进路再次看起来并不是一种充分的思考社会正义的方式。一个人并不能通过简单地给人们提供大量的闲暇时间和一些其他的社会善，而取消他们的言论和出版自由。每一种重要权利都因为自身的正当性而是一种独特的东西。

再次，人类的偏好具有极大的伸缩性：它们尤其可能会适应各种期望和可能性。人们经常学会不去期望那些传统和政治现实不允许他们得到的东西。经济学家将这种现象称为"适应性偏好"；我们尤其经常会在女性的期望中观察到这一点：它会随着一位女性的恰当角色、身体的虚弱程度等的不同而有所变化。即便在最基本的健康和力量层面，如果没有更好的话，女性也可能会对一种糟糕的状态感到满意。这样一来，那些以偏好为基础的进路就经常会在结果上支持一种不正义的现状而反对真正的改变。[11]

最后，由于将焦点放在满意度上，功利主义体现出一种缺陷：没有考虑到主体性。心满意足并不是人生中唯一重要的事情，奋力进取也非常重要。

比国民生产总值和功利主义进路更全面充分的是一种分配正义的进路，它采用某些正义所要求的关于分配的解释，根据资源来衡量社会地位。罗尔斯正义理论的经济部分是这种进路的一个例子；当这种进路与一种合理的关于分配的说明结合起来时，它是一种更加全面和充分的进路。然而，当罗尔斯将收入和财富当作衡量相对社会地位的指数时，这是有一些问题的：社会地位同样会受到很多善物的影响，这些善物与收入和财富是不可公度的；因此，收入和财富并不是很好的代表。再者，人们对不同的资源有着不同的需求，他们在将这些资源转化为实际活动的能力方面也会有所不同。如果坐轮椅的人的行动要完全自由的话，他们就比"正常"人需要更多的资源；而且，相应的资源不得不包括整个社会的重新设计，而不仅仅是将钱物发放给个人。总的说来，促进过去受到限制的那些人的发展，要比促进占据优势的那些人的进步花费更多的钱，而且它还会需要昂贵的结构上的转变。因此，那种以资源为基础的进路也会强化现状。

三、能力与权利

至此，显而易见的是，能力进路与人类权利进路紧密相连。我的确将它看作一种人类权利的进路。我的能力清单上所包含的那些能力类似于阿玛蒂亚·森在解释他的进路时所提到的那些能力，包括很多在人权运动中被强调的权利：政治自由、机会自由、选择职业的自由以及各种经济和社会权利等。与人权一样，能力在道德和人力上提供了发展目标，以取代马克思所恰当地描述的那种"经济学家的富裕和贫困"。实际上，能力覆盖了那种被所谓的第一代权利（政治与公民自由）和第二代权利（经济与社会权利）占据的领域。而且，它们还起到了类似的作用，都为那种极度重要的基本权利提供了说明，这既可以被用作国内政治思考的基础，也可以被用作思考国际正义的基础。

然而，我将主张，我和森所发展的能力的语言，给权利的语言提供了至关重要的精确性和补充。人权的观念绝不是毫无瑕疵的。人们一直在以不同的方式理解权利，而且权利语言的使用经常会使晦涩难懂的理论问题变得模糊不清；权利语言的使用会给出一种意见一致的错觉，但其中却包含着深层次的哲学上的分歧。人们关于权利主张的**基础事实**是什么有着不同看法：理性、知觉以及纯粹的生活都有拥护者。人们还会在"权利是先于政治的还是法律和制度的产物"这个问题上存在不同看法。能力进路的优点在于，它在这些有争议的问题上持有鲜明的立场，并同时能够清晰地表明：这些激发性的考量是什么？目标是什么？正如人们可以在第三章的分析中看到的那样，能力进路认为，一种权利的根据是：人之为人，不仅因其实际拥有一系列初级的"基本能力"——尽管这对于精确地描述社会义务而言相当中肯，还因为他/她生于人类共同体之中。因此，塞莎的权利并不仅仅以她实际拥有的"各种基本能力"为依据，同时也以人类具有的基本能力的特征为依据。即使塞莎自己没有语言能力，也需要有一种相应的政治观念，它提倡通过各种形式的监护来为她安装一些表达的媒介。如果能力仅仅是基于个体的禀赋而不是基于整个人类的标准，那么这种权利就不会存在。大多数人权进路都没有给这些问题提供明确的答案。

再者，我和森所发展的这种能力进路非常明确地认为，相关的权利是先于政治的，而不仅仅是法律和制度的产物。因此，从这个层面上讲，一个不承认这些权利的国家就是不正义的。如今世界上大多数的人权进路也都是这样认为的，但一种与权利有关的意义重大的思想传统却并不赞同这一点，反而认为：权利是政治的产物。能力进路再一次成为一种给某些紧要问题提供明确答案的权利进路。

在关于权利的讨论中存在两种模糊之处；它们在我们讨论为什么我们也需要能力语言时，似乎比其他的更为重要。一个涉及"消极自由的问题"，而另一个则涉及第一代权利与第二代权利之间关系的问题。关于权利，一些思想家认为，保证一个人的某项权利，仅仅需要抑制那些干涉性的国家行为。人们经常会将根本性的权利理解为对这些国家行为的禁止。如果国家放开手，那么这些权利就得到了保护；国家没有更进一步的积极任务。的确，人们如果去读美国宪法的话，就能直接地明白这一观念。关于国家行为的消极措辞占据主导地位，如第一修正案中所表述的："国会不得制定关于下列事项的法律：确立国教或禁止信教自由；剥夺言论自由或出版自由；或剥夺人民和平集会和向政府请愿申冤的权利。"同样，第十四修正案也对政府不能做什么提出了重要的保证："任何州都不得制定或实施限制合众国公民的特权或豁免权的法律；不经正当法律程序，不得剥夺任何人的生命、自由或财产；在州管辖范围内，也不得拒绝给予任何人平等的法律保护。"这种措辞来自消极自由的启蒙传统，它臭名昭著地使各种事情都不能确定，如：由市场或私人行为者所形成的障碍，是不是对公民基本权利的侵犯呢？尽管美国在某种程度上超越了这种薄的关于权利的观念，但纵观其关于宪法解释的传统，那种薄的进路在某些方面依然非常明显。

与此相反，能力进路将对某种权利的保护理解为一种肯定性的任务。这种理解一直是森和我的那种进路的核心。只有当各种能力能够起作用的时候，参与政治的权利、宗教活动自由的权利、言论自由的权利才都被当作最好的而保障给人们。换言之，要在这些领域保障公民的某一项权利，就是要将他们放在一个位置，以使这种能力能够在该领域起到作用。我们用权利来界定社会正义，从这种程度上说，除非各种能力都已经得到了有效的实现，否则，我们不应当认为该社会是正义的。当然，人们可能拥有一种先于政治的权利以在这方面获得良好的对待，而这种权利尚未被认可或执行，抑或是它得到了正式的认可但尚未执行。然而，通过根据能力来界定对某些权利的保护，我们使以下这一点成为显而易见的：例如，如果国家C中的一个人只是在书面上具有参与政治的权利（这是一种关系到判断该社会是不是一个公正社会的权利），那么他就并不是真的具有有效地参与政治的权利；只有当存在一些有效的措施能够使人们真正地进行政治活动时，他们才是真的被赋予了这种权利。在很多国家中，女性都具有这种名义上的参与政治的权利，但却并没有在能力的意义上拥有这一权利：例如，她们如果离开家，就可能受到暴力的威胁。简言之，在我们思考什么是真正地保障某个人的某项权利时，根据能力来思维能够给我们提供一种基本的参照物。它使我们明白，这样做涉及肯定性的物质上和制度上的支撑，而不仅仅是没有妨碍。

印度宪法与美国宪法不同，它通常肯定性地界定权利。例如："所有的公民都具有言论和表达自由、和平而无武装之集会的自由以及结社或建立工会的自由。"（art. 19）人们通常将这种言辞理解为在暗示说，那些由非政府行为者造成的妨碍也可以被看作对宪法权利的侵犯。再者，宪法非常明确地说，那种帮助低贱种姓者和女性的肯定性的行为项目，不仅与宪法的保证一致，而且在精神上也与之相符。这一进路似乎对完全正义而言是至关重要的：如果传统上被边缘化的那些团体要获得公平的对待，政府就需要采取行动。无论一个国家是否有书面的宪法，它都应当以这种方式来理解根本性的权利。现在，我们会说，能力进路站在印度宪法的一边，而反对对美国宪法做出新自由主义的解释。它使以下这一点变得非常清楚：保障某个人的某项权利所需要的不仅仅是没有否定性的政府行为。能力进路强烈建议采取一些措施，如最近的印度宪法修正案保证女性在五人长老会或村务委员会中要占据三分之一的席位；这些措施能够让政府从源头思考是什么阻碍了所有公民获得充分而有效的授权，并采取相应的措施去处理这些阻碍。

在讨论权利的传统中存在一种相应的模糊性，其与第一代权利和第二代权利之间的关系有关。政治的和公民的自由能够先于并独立于社会和经济权利的保障而得到保障吗？自由主义政治哲学中的一种非常重要的思潮是这样认为的；国际人权讨论中关于这些术语的使用同样是这样认为的。罗尔斯的正义理论是这种传统的一部分；他的正义观使自由与经济原则相比，具有一种词典上的优先性；尽管他也认为，在经济不太发达时，人们可以否定自由平等权，以"促进文明教化的质量，从而在过一段时间之后，所有人都能够享受平等的自由"（*TJ* 542）。这两种论断都强烈地建议，这两个层面在观念上是相互独立的；而词典式的次序则表明，在经过某种发展阶段之后，自由在因果关系上要独立于经济上的再分配。然而，可能有人会想得不一样：有人可能会认为，关于言论自由的充分说明要涉及与经济分配（如教育分配）有关的讨论；即便他之前并不认为这两个层面在观念上相互依赖，他也可能认为，就算是在发达社会，言论自由和政治自由也要有物质前提。例如，可能会有人主张，那些没有受到足够且平等的教育的人就并没有充分地获得言论自由，因为目不识丁的人是不可能与其他人同等地发表政治言论的。正如大法官马歇尔（Justice Marshall）在反对一个与不平等教育资助相关的案例时所给出的意见："教育直接地影响到一个孩子行使第一修正案所赋予的各种权利的能力，无论他是作为信息和观念的提供者还是接受者。"[12]那些有影响力的人权思想家经常会强调这种相关性，但却一直未将它记录在文件或有关的对话中，后者通常（在我看来是误导性地）更依赖第一代权利与第二代权利之间的区分。在《政治自由主义》中，罗尔斯似乎也同意这一点，尽管是隐约而简短的：他认为，一种要求满足公民之基本需求的原则，相对于包含基本平等自由权的第一原则而言，应当具有一种词典式的优先性。"至少，只有当他们的需求得到了满足，他们才能理解并有成效地行使这些权利和自由。"（TJ 7）罗尔斯并没有阐明这一原则所要求的各种原则，但至少在这里他承认了自由与经济因素的相关性。

能力进路将我们的注意力转移到人们实际上能够做什么或能够成为什么样的人，它自始至终都以所有人在物质方面的善物为基础。所有的基本自由都被界定为做某事的能力。如果由于经济和教育上的不足，人们实际上不能行使自己在书面上被保障的那些自由的话，那么他们的这些自由就并没有得到保障。因此，能力进路强调自由与经济安排之间的相关性。

能力进路具有的另一个优点在于，由于从一开始便集中考虑人实际上能够做什么或能够成为什么样的人，它能够很好地强调和表述女性在家庭内部遭遇的不平等：在资源和机会上的不平等、受教育有限、其工作不被认可为工作以及身体完整权受到侮辱等。传统的权利话语忽略了这些事情，而这种忽略并不是偶然性的，我将会论证：这是因为权利话语与对公共领域和私人领域的传统区分紧密相关，这种公共领域是由政府掌管的，而私人领域是政府不能干涉的。近来，女权主义者已经赢得了对诸多重要女性人权的国际性的认可。然而，这样做的时候，他们已经挑战了公共领域与私人领域之间的区分，而这又与传统自由主义的权利思维紧密相关。[13]

权利语言在公共对话中仍然起着非常重要的作用，尽管它具有一些令人不太满意的特征。它强调了那种急迫的、基于正义的权利观念。说人们有权拥有某物，也就是说他们对此物有一种急迫的权利。能力的观念本身并没有表达出那种急迫的、基于正义的权利观念。然而，能力进路认为核心的人类能力不仅是可欲的社会目标，还是那些急迫的、以正义为基础的权利；因此，它使这种根本性的权利观念变得清晰明白。

与人权进路一样，能力进路是一种部分的、关于社会正义的说明。在我的这种版本中，这一进路不仅明确提出了清单上的那十种核心能力，还（概括性地）明确了世界共同体需要去满足的一种最低水平。与人权进路一样，它坚持认为，世界上的每一个人都有权获得这些重要的善物；而且，它还笼统地将实现这些权利的义务分配给人们。与人权进路一样，它在某方面是以一个国家为中心的，并建议我们将能力清单当作衡量每一个社会内部之社会正义的一个标准、当作关于基本宪法权利的一种说明。[14]不过，如人权记录所做的那样，它同样给整个国际共同体以及整个人类提供了一些目标。正如我们即将看到的，这两个方面是同时存在并相互补充的：世界共同体与民族-国家应当携起手来，共同实现这些目标。

因此，我们不应该将能力进路看作人权进路的对立面。尤其是当人权进路被用于国际性对话的时候，例如，在联合国开发计划署的《人类发展报告》中，人权进路与能力进路所强调的重点非常吻合；因此，似乎我们最好将能力进路看作人权进路的一种。不过，我们仍然要通过对能力的强调来完成重要的工作；能力强调公共领域的肯定性的任务以及自由与经济充裕之间的相关性。对美国以及其他一些受美国"消极自由"思想传统影响的国家而言，这种强调尤为重要。

四、平等与充裕

能力进路采用了一种临界值的观念：每一项重要的权利都有一种恰当的临界值；如果没有达到该临界值的话，我们似乎就能说，相关的权利并没有得到保障。"有人类尊严的生活"这样一种直觉性的观念已经暗示了这一点：人们不仅有权生活，也有权获得一种与人类尊严相称的生活；而且，这种权利意味着，人们必须能够充分地获得相关的善物。然而，直到现在，这种进路一直只是在强调充裕或充分的观念，并陈述"在这种最低水平之上，什么与不平等有关"这个问题是一个更进一步的问题；而这种进路目前还没有对此进行回答。从这个方面来看，它现在还是不完全的。

然而，似乎我们有必要多说一些与该临界值有关的东西：因为我们必须表明，平等在什么地方、在什么程度上，是该临界值观念本身的一个部分。能力清单本身表明，存在一些例子，我们无法忍受其中的不平等。例如，清单上的能力 7B，所涉及的是"具有自尊和不被羞辱的社会基础；能够被当作与其他人具有平等价值的、有尊严的个体来对待"。而且，它将这一观念与不被羞辱的观念结合起来。似乎我们有必要更深入地讨论这一点，以阐明平等权利的观念在该进路中所起的作用。[15] 根据我们提到过的那些令人震惊的不平等，在国际背景下讨论这一问题似乎尤其紧迫。

我认为，相应的标准应当是人类尊严的观念以及与此紧密相关的自尊和不受羞辱之社会基础的观念。能力的平等是一种重要的社会目标，它的缺失也会伴随着尊严和自尊的不足。我们已经看到，尊严的观念来自平等观念：正是人类的**平等尊严**要求一种认可。此处，平等的观念是至关重要的：我们必须将它加诸纯粹的尊严观念之上以充分说明这一目标。但是，这种观念对我们清单上的那些能力也有着诸多意义。它表现为：只有当所有政治的、宗教的以及公民的自由都被平等地保证时，它们才充分地得到了保障。给予某些团体的成员不平等的投票权或不平等的宗教自由,就是要将他们放在一个低于别人的、被侮辱的位置,就是没有认可他们平等的人类尊严。

另外,还有一些其他的能力,它们与财产或工具性善物的观念紧密相关,此处合宜的是足够。例如,一所**足够大的**房子或容身之地,似乎内在于人类尊严的观念之中;而且,以下这一点似乎是对的:在南非法理学的创造性领导下,全世界的宪法都开始将住房权利看作一种宪法的权利。我们一点也不清楚,人类尊严或平等的人类尊严会要求一种平等的住房权,因为一座大厦并不一定比一所适中的房子更好。在某个水平上,房屋的大小似乎并不直接与平等的尊严相关。由于嫉妒和竞争让人们感觉房子的不平等标志着尊严上的不平等,我们可能会想知道,这些判断是否并不是基于一种对物质性善物的过分评估,而这种物质性的善物在一个正当的社会是不会受尊崇的。我们并不十分清楚它们的理由。正如亚当·斯密所说的,在不同的社会中,与人类尊严相称的东西是不同的。在英国,在公共领域不受羞辱地出现的能力需要一件衬衫,而在其他国家则不需要。我们可能会进一步说,在公交车上坐在前排的能力并不是无限期地与人类尊严紧密相关,而是由一些社会规则和惯例设定的。因此,房屋的大小通过社会规则而与尊严相关的这个事实,并不能破坏这种关联。然而,它的确提出了一种更为深远的探究。至少有些时候,我们可能会发现,社会规则是对有竞争力的那些善物进行过分评价的原因。一个正当的社会可能会不尊崇那种评价。这无疑是这样一个领域,其中具有不同传统的不同民族,需要通过充分的公共商议去自行解决这个问题。

然而，在某些领域，这似乎落在了物质性的一面。有一点似乎是显而易见的：巨大的不平等的分配无法满足充分性这一条件。例如，如果教育要像现在的美国教育这样安排，使一个富裕社区学校的学生可能会比贫困社区学校的学生获得多达75～100倍的资源，那么这样的分配看起来的确是对平等尊严和平等政治自由的一种直觉性的侵犯。[16]至少在关系到中小学教育的地方，充分性似乎的确需要某种类似平等的东西，或至少需要一个非常高的最低值（可能考虑到在教育方面的分歧，它与基本机会和政治参与并不是紧密相关的。）这一点对于基本的必要的医疗保险而言也是如此。高等教育和非必要的医疗是不是这样一些事物，其中我们可能会接受不平等的分配并将其看作与充分性这一阈值相容的呢？这仍然是一个需要各个社会去商讨的问题。在国际情形中，我们应当努力地追求不同国家之间的能力上的平等，这与平等的人类尊严的观念（包括中小学教育和基本医疗的获得）尤为相关。教育和医疗体系中别的不平等以及其他物质上的不平等，是否与对平等的人类尊严的认知一致呢？这很可能是跨国讨论中的一个持续不断的话题。

哈利·法兰克福（Harry Frankfurt）非常有影响力地论证说，平等本身并不是一个显性的政治价值；只有当它影响到某些其他的能力——如演说能力、自尊或有尊严地生活的能力或不以等级社会为基础的各种关系的能力——时，它才变得重要。[17]除了它与这些价值在内容上的联系之外，它本身也仍然是一个非常正式的观念。我们很难考虑这个问题，而且所有的声明都应当是尝试性的。对于能力进路而言，无论如何，平等在该理论的基础层面都是至关重要的；因为必须得到尊重的不仅是人类尊严，还有平等的人类尊严。然而，平等的这种作用，并不意味着平等是一种与所有核心能力相关的、合理的目标；这一直是罗纳德·德沃金（Ronald Dworkin）等人所合理地批判的。[18]某些能力必须基于平等或尚未得到尊重的平等尊严而保障给公民；但其他的一些能力与尊严则并没有这种直觉性的关系，对于这些能力，能力进路提供了一种充分性的门槛。有些国家和个人可能会更加喜欢一种平等主义的对待这些能力的方式。不过，情况似乎很可能是这样的：如果我们想得到一种政治观念（这种政治观念能在具有不同的伦理和宗教观念的人们中间达成重叠共识），尤其当我们考虑财富的跨国转移时，这种观念比那种坚持认为所有核心能力都是平等的观念可能会更容易获得广泛的认可。那些所持理念更加苛刻的个体，至少能够认为这种政治观念与他们自己的学说是相容的，尽管它并没有传达出任何他们喜欢的东西。[19]

五、多元主义与宽容

正如我们已经看到的，罗尔斯采用了一个非常有问题的宽容原则，以便在国际领域中容纳比国内更广泛的传统观念和行为。能力进路坚持将人看作正义的最终主体，并因此拒绝在能力清单的正当性证明上做出妥协。然而，对文化多样性（无论是国内还是国家之间）的关心，一直是我这种进路的一个重要部分。这种关心内在于能力清单本身，它有力地保护了宗教自由和集会自由等。

这种关心的理论基础再次是尊严的观念以及与此相关的尊重的观念。所有现代国家都内在地包含广泛的、关于人类生活的宗教观念及其他观念。与单个国家相比较而言，国际共同体包含的这些观念则更具多样性。因此，那些尊重公民选择的生活方式是至关重要的，只要这些生活方式并没有对核心能力所关涉的那些人造成伤害。这种尊重正是人类尊严所需要的。因此，我们在清单的内容和使用上，从六个方面来保护多元主义。在此，我们可以做个总结，以表明它们是如何影响该进路在不同国家之间的扩展的。

第一，我们将该清单看作开放式的，并会不断地对其进行修改和反思。当我们将这种进路扩展至国际共同体时，这种开放性尤为重要；因为在这种争论中，我们更可能听到好的观念，而这是我们以前无法听到的；我们也可能听到对我们自己这些生活方式的批评，而这也是我们之前并没有认真对待的。

第二，该清单上的项目是以一种抽象而概括的方式进行分类的，这正是为了给各个国家的公民、立法机关及其法庭进行具体的分类和商议而留有余地。在此处留有空间，对于国际性的舞台而言再次是至关重要的。尊重各个国家根据自己的历史而不同地界定某种既定能力的方式，也是尊重人类意志自由的一部分，后者会使该国家在国际舞台上发挥更大的作用。因为对国家的尊重来自对个体的尊重，它的维度是有限的。因此，我并没有接受罗尔斯的那种更广泛的宽容原则，他的这种原则允许各个国家不平等地限制宗教自由或否认某些团体的投票权。另外，在一个似乎可以有多种方式来界定该能力的灰色地带，对个人的尊重似乎的确需要对国际差异的尊重。

第三，该清单代表了一种独立式的"部分的道德观念"，它只是为了政治的目的而被引入，并且没有以任何形而上学的观念为基础，后者根据文化和宗教（如灵魂不朽、神或诸神的观念等）而对人进行划分。它为重叠共识提供了基础。就重叠共识而言，该清单的明确性实际上是一种资产，而并非一种倾向。当我们使一些条目明确化、公开化，并希望得到一些人的赞同时，我们会对这些人表示尊敬。再者，相对而言，这是一个简短的清单；这一事实本身也是值得尊敬的：我们要求你认可这十种基本权利，但剩下的那些则由你自己来决定。因此，出于这些理由，我更喜欢自己的这个明确的清单，而不喜欢森的那种对一种"自由观"的概括性的辩护，后者可能会暗示一种广泛的对自由或意志自由的生活的偏好，我们会在自由主义思想家如约瑟夫·拉兹（Joseph Raz）和约翰·斯图亚特·密尔那里找到这种偏好；这种偏好通常不会对那些依附权威主义宗教的人们表现出同等的尊敬。与此相反，我的进路认为："我们要求你在这个简短的清单上签字，但我们没有说任何'什么会使生活变好'的话。"这样，我们允许阿米什人、罗马天主教徒以及其他一些有信仰的公民，参与到国际性的共识之中而并不感到任何贬损。[20]

第四，如果我们坚持认为恰当的政治目标是能力而并非发挥作用，那么我们在这里就再一次保护了多元主义。[21] 如果相关的发挥作用被界定为基本性的,那么那些愿意将某种既定能力看作根本性权利的人就会感觉自己被侵犯了。在面对如今这些文化的多样性时,这种敏感性似乎尤为重要。一位女性穆斯林可能会更愿意遮着面纱,如果有充分的政治的、教育的及其他的能力来保证该选择是一种选择,那么能力进路丝毫不会反对这一点。

第五,保护多元主义的那些主要的自由是清单上的那些核心条目:言论自由、集会自由以及良心自由等。一个不愿意保护这些自由的国家,对多元主义也没有多少兴趣,甚至更糟。

第六点也是最后一点,正如我们已经说过的,该进路在正当性证明与贯彻实施之间做出了严格区分。我认为我们能够证明,这个清单是世界上所有政治原则的良好基础。不过,这并不意味着,我们会因此许可去干涉一个不认可它的国家的事务。它是劝说的基础。

六、一种国际性的"重叠共识"?

罗尔斯之《政治自由主义》的特征之一就是,他明显地转向了某种文化相对主义,这种特征让很多读者感到困扰:政治观念要由某些观念来辩护,我们认为这些观念内在于自由主义民主之中。罗尔斯经常会讨论欧洲和北美的历史,这表明他认为这些西方传统在某些方面是自成一格的,并认为在宗教改革和宗教战争之后有一种明显的文化改革。(参见 PL xxiii - xxviii)因此,有可能是罗尔斯认为自己的政治观念只在这种传统的后续民主中才能得到正当性证明，或是由隶属于该传统的各种观念来界定。

这一结果对有些人而言是令人失望的，这些人认为罗尔斯的政治自由主义可以被看作对全世界的国家而言都有利，或甚至被看作跨国性共识的基础。[22]在关于与平和调停的国际讨论中，罗尔斯的政治自由主义观念是无所不在的。我听说它们被看作在以色列和巴勒斯坦之间达成稳定和平的基础、阿拉伯世界朝民主方向变革的基础以及印度政治传统中不断追求多元主义的基础。当然，如果罗尔斯的这些观念能够胜任的话，人们可以为了这些目的而盗用这些观念，无论他是怎么说的。不过，似乎我们有必要去询问，他是否很好地论证了他的这些限制；这些论证应当让我们认为，在欧洲和北美之外的那些国家，无法合理地遵循罗尔斯式的路线去追求一种政治自由主义。

这里，我们首先必须区分一些独特的问题：

1. 相对于西方传统而言，罗尔斯是不是真的使关于政治自由主义的正当性证明相对化了（因为在《政治自由主义》中，它超越了那些在所有体面的国家中都得到维护的人权）？或者，罗尔斯承认所有自由主义的民主吗？如果是前者，他有没有详尽地分析他自己认为是独特的西方民主的历史呢？

2. 一个接受了其政治观念的罗尔斯主义者，能够脱离这些限制而将其看作对世界上所有社会而言都好的一个准则（norm）吗？这样的一个罗尔斯主义者如何回应罗尔斯对正当性证明和稳定性的合理担忧呢？

3. 一个罗尔斯主义者能合理地将一些类似于他的准则的东西，看作国际社会的好的准则吗？

罗尔斯关于政治之正当性证明的观念总是整体性的、"内在性的"。在《正义论》中，他从"经过深思熟虑的判断"入手，来寻找反思平衡，并系统性地通过现有的这些信念来考察那些可选择的观念，以努力追求最好的整体连贯性，并从整体上契合各种判断和理论。《政治自由主义》的新内容有以下几点：第一，从一种"一对一"的"苏格拉底式"的正当性观念转向一种公共的政治观念，其中"所有的公民都能在他人面前检验他们的政治和社会制度是否公正"（9）。第二，坚持认为那个要进行正当性证明的观念必须来自"某些根本性的观念（人们认为这些观念内在于一个民主社会的公共政治文化中）"（13），并且还要由这些观念来表达。"民主思想传统"可以作为"那些内在的共享观念和原则的储备"，并且其内容"对于那些受过教育的一般意义上的公民而言是熟悉而明白易懂的"（14）。在这种意义上说，该观念"来自某种特定的政治传统"。

这两种转变显然与稳定性这一核心问题密切相关。罗尔斯清楚地认为，我们不能证明一种观念是正当的，除非我们能够表明，这种观念随着时间的推移都由于某些理由而是稳定的；他似乎还认为，我们无法表明它是稳定的，除非该观念运用一些原本就内在于该政治传统的素材。当然，他知道这些观念（如"自由与公民平等""公平合作"等）远远不是该传统所包含的几种观念；许多与这些观念对抗的观念也存在于他所考虑的那些国家之中。然而，他的确依赖自己所建立的这些观念的重要性和长久性。

　　罗尔斯在《政治自由主义》的增订本中出版了《答哈贝马斯》("Reply to Habermas")这篇文章；其中，他区分了三种或三个层面的正当性证明。首先，某种程度的正当性证明产生于该政治观念已经被充分提出，并已经表明它如何回应广泛的政治问题以使它看起来是完备的。(PL 386)其次，完备的正当性证明，由"社会中的一个公民个体"，通过"某种方式将'政治观念'当作真实的或合理的而植入公民的完备性学说之中"(386)。这部分正当性证明的过程，最接近《正义论》中的那种关于正当性证明的苏格拉底式的解释。在这个阶段，人们还没有询问其他人是否接受了政治观念。最后，该学说必须由政治团体公开进行辩护。只有当"政治团体中所有的理性成员，在权衡各种正当性证明时，都通过将这种关于共享的政治观念的正当性证明植入自己各种理性的宽泛观念之中而实现它"(PL 387)时，这最后一种正当性证明才会发生。这一阶段要得以发生，该社会就必须是一个由这种政治观念已经治理得井然有序的社会。正当性证明需要一种重叠共识，并记录该共识的事实。

　　那么，在罗尔斯看来，现有的国家，无论是西方国家还是非西方国家，目前都没有实现第三个阶段的正当性证明，因为没有一个国家能符合他的政治观念所要求的那种秩序井然的状态。因此，目前在一个既定社会中，并没有形成一种关于罗尔斯之各种观念的重叠共识；这个事实并没有使一种社会成为另一种社会，对于后一种社会而言，这样一种观念经过时间的推移能够完全获得正当性证明。正如罗尔斯所明确指出的,"政治自由主义寻求一种正义的政治观念,我们希望这种观念能够获得一种重叠共识的支持,这种重叠共识是一种规范该社会的关于宗教、哲学和道德学说的重叠共识"(PL 10)。这当然不同于主张说,该社会必须已经具有这样一种共识。所需要的似乎只是这些必要观念要以某种形式内嵌于其中。

然而,有时候罗尔斯会进一步收缩:该观念的核心理念都要来自一个民主的政治传统。换言之,只有一个具有民主的国家——而不是另外一种存在这些观念但还没有引起民主之转型的国家,才能应用这些观念。有时候,在讨论宗教改革及其后果时,他会阐明一种更进一步的限制:"政治自由主义(以及一般的自由主义)的政治起源就是宗教改革及其后果,以及16世纪与17世纪关于宗教宽容的长期争论。"(PL xxvi)他认为宗教改革引入了一些"新的"东西,亦即引入了一种"至高无上的、不承认妥协之要素"的观念。他主张说,无论是古希腊罗马世界还是中世纪世界,都不会包含这一观念。(xxiii - xxviii)因此,如果我们把这些历史性的反思与政治自由主义的概念紧密联系起来的话,它们就会表明,政治自由主义必须要由各国的传统组成,后者经历了宗教改革所开创的那种特殊冲突。这种限制可能不仅意味着,只有在西方民主的内部该解释才是正当的,而且还意味着,只有在那些被深深地打上了宗教改革和宗教战争经历之烙印的民主内,该解释才是正当的。因此,可能并非北欧的国家(如意大利、俄罗斯、东欧的一些国家或希腊等),这些国家的历史与德国、法国、荷兰、英国、爱尔兰、加拿大以及美国的历史都大相径庭,而后者则是罗尔斯历史观念的核心案例。

罗尔斯对于欧洲和美国历史的解读具有多方面的争议。一方面,这种解读低估了古希腊罗马内部关于完备性学说的争论的次数。不过,我们暂且不考虑这个问题,因为它与我们讨论的那个关于政治自由主义之延展性的问题并不相关。更严重的问题在于,罗尔斯似乎完全忽视那些拥有自己的宽容与和解传统的、非西方民主的存在,如印度、孟加拉国、南非、土耳其、日本以及其他一些国家。以印度和土耳其为例,其冲突与和解的历史悠久而复杂。对于印度而言,人们能合理地说,宗教尊重和宽容的观念远比所谓西方传统中的宗教尊重和宽容的观念悠久得多:公元前3世纪,阿育王自己就从印度教转向了佛教,他的法令颁布了一条相互尊重和相互宽容的准则,很久以后的诸多莫卧儿帝国皇帝颁布的官方政策也都是如此。在土耳其,奥斯曼帝国关于宗教和解的政策广为人知。这些都与罗尔斯支持的准则不一样,但这样就没有古老的准则与罗尔斯的准则是一样的。即便《威斯特伐利亚和约》(Peace of Westphalia)在各国之间确立了宗教多元主义,它也允许在各国内部存在镇压。同样,美国建立之后,它允许每个州可以继续确立一种宗教,并不支持其他宗教。尽管所有的州宪法都支持宗教活动自由,但这一条款直到内战结束后才在各州得到应用。

简言之,如果我们认为相应观念的政治传统是政治自由主义的一个必要基础的话,那么我们就应当认为,印度和土耳其也满足了这一条件;而我要说的是,世界上现存的许多(如果不是大多数的话）民主，都拥有或长或短的使自己认同某些类似观念的传统——这些类似观念不仅指宽容的观念本身，还有平等的观念、尊重的观念以及人类尊严的观念。的确，人们可能会主张说，相对于美国政治而言，能力的平等是印度和南非政治中一个更为显著的特征。

那么，目前还不是自由主义民主的那些国家又会怎样呢？难道人们不能说罗尔斯的观念对它们而言也是有益的吗？毕竟，在当今的世界上，没有什么地方不流行人权的观念、人类尊严和人类平等的观念以及平等合作的观念。即便是中国，它目前还没有自由主义的民主，而且其传统在某些方面与罗尔斯观念中的一些核心理念冲突，它也有一些存在已久的这些观念的萌芽；而且，当代的争论已经利用了这些萌芽，并将自由主义的观念引入前沿的政治思维之中。[23]似乎我们不能合理地认为，我们可以指望这些观念能够在国际领域提供一些公共论争，说这些观念应当在那些尚未尊崇它们的国家流行。

在这一点上，我们进入了稳定性这一核心问题：在一个既定社会中，一种观念越激进，我们就越难坚持认为罗尔斯的观念随着时间的推移能够成为重叠共识的对象。不过在我看来，在现代社会中，人权观念如此根深蒂固且广为流行，以至于我们不能说哪个国家在多年以后都达不到这种共识。（在我看来，我也不能很自信地肯定说，像我们这样的国家不会朝相反的方向发展。的确，在很多与罗尔斯相关的问题上，美国正在与共识渐行渐远。）因此，我倾向于说，罗尔斯引入的那种希望达成共识的弹性要求，对于任何一个处在以人权文化世界为标志的世界中但尚未达到现代条件的国家而言，都是足够好的。人们只需要凭借那些内在于这个文化世界的观念，而无论他们自己的国家目前是否呈现出一个自由民主的结构。

那么跨国的共识会怎样呢？我们能否希望一个基于核心人类能力的国际社会观念，随着时间的推移能够达成那种罗尔斯式的共识呢？实际上，相比于国内而言，政治自由主义的观念在国际领域要确立得更加牢固。《世界人权宣言》正是参照这些观念而得以设计的。远在罗尔斯式的"政治自由主义"观念流行之前，《世界人权宣言》的缔造者之一雅克·马里顿（Jacques Maritain）就坚持认为，那些在形而上学上持不同意见的人，会出于实际的政治目的而一致认同人权清单。[24]在该宣言的实际框架中，当来自不同宗教传统的参与者试图对他人的不同表示尊重时，一项实际的共识与形而上学领域之间的区别便被证明是极其重要的。[25]

《世界人权宣言》只是为国际社会提供了一种薄弱的基础，因为它仍然将保护人权设想为个体国家而不是整个国际共同体的事情。不过在执行中体现出的那种合作和相互性则表明，这些观念逐渐占据核心地位并成为国际性共识、机构和组织的基础。

据此，我得出一个结论：没有原则和论证上的障碍以反对我们把追求核心人类能力当作每个国家以及国际社会的目标。的确，使罗尔斯的观念在这种背景下具有特殊吸引力的，是其对宗教传统的深层尊重及其在完备性学说与共享政治观念这一领域之间做出的细致划分。我们可以希望，那些不愿意接受西方传统中那种完备性自由主义的人会支持一种共识，这种共识允许形而上学的事情留守在政治领域之外，而成为每个人完备性学说的一部分。能力进路自身的内容增加了达成这种共识的机会；能力进路包含了诸多条目，这些条目在国际共同体的对话（如教育、医疗、住房和劳工条件等）中已经处于核心地位，而这些条目在罗尔斯的观念中均未被讨论过。

七、能力进路的全球化：制度的作用

至此，能力进路述说了一些雄心勃勃的世界目标以及一些与多元主义和国家主权相关的普遍原则。然而，显而易见的是，我们仍然还需要详尽地说明，该进路如何能被用来为当今世界制定一些政治原则。从某种程度上说，这一工作是一个实际性的工作，是经济学家、政治科学家、外交家以及政策制定者的工作。哲学擅长进行规范性的推理并产生出一般性的思想结构。然而，在一个飞速变化的世界中，我们在做出任何一个具体的、关于贯彻实施的计划时，都需要借助一些的其他准则。

这样说并不等于说，哲学并非紧要实用的。观念形成了政策制定者的工作方式。这就是为什么能力进路从一开始就反对那种将经济增长看作发展的观念，而坚持"人类发展"的观念。将发展重新界定为"人类发展"，的确会影响政策制定者所追求的目标以及他们所选择的策略。同样，挑战"社会合作的目标在于互利"的这样一种观念，也具有紧迫的实际重要性。能力进路并非遥远而不切实际的；当它催促我们重新思考自己关于社会合作的那些观念时，它是非常实际的。因为在发展中地区甚至在国际金融政策所覆盖的地区，我们可以看见，很多缺乏远见的政策都来自这样的观念。[26]在一个日益受跨国公司及其内在动力驱使的世界中，当务之急就是清楚地表达出一系列丰富的与人相关的发展目标以及一系列更为普遍的关于合作之目的的态度，在追求这些目标时，我们需要这些态度以维持人们的生存。

然而，还有一个合理的问题：哲学规范性思维止于何处，而更具经验性的准则又从何处开始？哲学似乎最擅长在一种相当抽象的层面上表述基本的哲学原则，而让其他准则来思考：作为制度及其变化组合，这些原则如何能够成为现实？

然而，与我们谈论在现代社会实现能力时相比，我们当然能够更进一步。我们必然会遇到的一个问题是：我们该如何分配那些在世界上促进各种能力的义务——这些义务包含各个国家、跨国经济协定与机构、其他跨国协定与机构、公司、非政府组织、政治运动以及个体呢？说"我们全部"负有这些义务当然是不错的，而且是真实的。但如果我们能够更进一步，至少谈论一下关于如何在个体与机构以及各种机构之间分配义务的话，那当然更好了。

制度是由人创立的，因此，最终是界定哪些人应当承担相应的道德责任以促进人类的各种能力。然而，有四个理由来解释为什么我们应当认为义务要衍生性地分配给各种组织机构。第一，存在一些集体行为问题（collective action problems）。以一个国家为例，如果我们说这个国家的公民有义务维持财产权体制、税务结构、刑事司法体系等,那么我们就是在某种意义上说到了一些真实且重要的事情。在一个国家中,只有它的人民才能开始管理生活;没有什么神奇的超人能够肩负起这一任务。然而,如果每一个人都试图独立思考该做什么的话,那么这会导致大量的困惑与失败。所以,最好的是,先建立一种体面的制度安排,然后再认为个体将自己的个人道德责任让渡给了该安排。在国际领域这一点似乎是相同的,尽管正如我们将要看到的,这种类似并不是很精确。

第二,存在很多公平的问题。如果我非常关注祖国的穷人,并捐出很多私人的钱物来帮助他们,那么与那些处于同样位置但没有为穷人做任何事情的人相比较而言,我这是在使我自己和我的家庭越来越贫困。任何志愿性的慈善体系都会有这个问题。只要没有使他人承担同等的义务,那么那些承担了的人将不得不付出更多(如果要解决这个问题的话),而且也不得不招致一种相应的缺陷;而如果该体制给每个人都赋予了一种相称的负担的话,那么这种缺陷就不会产生。[27]

第三,存在一种与能力相关的意义:我们能够中肯地说,制度具有认知和因果性的双重力量,而这是个体不具备的;这些力量与义务的分配密切相关。如果我们考量一种伤害,如全球变暖,那么每个人分摊的罪责可能会太轻微了,以至于不具有因果性的意义;而一个国家或一个公司则能够具有一种可辨识的因果作用。再者,国家和公司具有预测与深谋远虑的力量,而这是孤立的个体不具备的。这些事实似乎合理地给我们提供了进一步的理由来认为,促进人类能力的各种责任是组织而并非个体所具有的。[28]

第四，存在一个或一组更为敏感的、关于个人生活的问题。在经典的功利主义中，所有道德责任都被理解为使总体利益或平均利益最大化的个体责任，那么，这里就存在一个重大的问题：人变成了什么？"人人都有自己的生活。"这句话具有什么意义呢？人在这里不过是最大化的工具。差不多他们所有的精力都要被用来计算什么是正当的事情，并接着去做它。人们不得不选择那些能够促进总体或平均福利的职业、友情及政治承诺。我们很难坚持说，他们自身有什么是真的，有什么东西真的是他们自己的。[29]这种担忧实际上是一系列紧密相关的担忧，因为功利主义中的那种不受限制的责任感，导致了一些与个人诚实品质、主体性、友谊和家庭、生活之意义源泉以及政治主体之本性相关的问题。

这里，我们并不需要进一步阐明所有这些顾虑以弄明白它们有多重要。再者，从能力进路本身的角度看，它们的确很重要。能力进路的目标在于给人们提供真实人类生活所需要的各种条件。如果人们认为一种理论的那种促进人类能力的训诫剥夺了个人的谋划、关心和空间，以至于根本没有人能够有机会去过一种真实的人类生活（假定这样的关心像能力清单所表明的那样，是真实人类生活的一部分），那么这种理论实际上就是事与愿违的。

我们能够明白，这些担忧与集体性行为问题以及公平问题是紧密相关的。功利主义的算计之所以看起来如此代价巨大且浪费时间，原因之一是它包含了一些算计，在这些算计中，他人的可能性行为非常不确定；它对个人自由的抹杀看起来尤为极端，其原因之一在于，我们一般认为，一个功利主义的行为者肩负着使世界上的利益最大化的责任，而在这个世界中，大多数人都非常自私地生活着。

似乎解决这一问题及其相关问题的一个很好的途径在于，将促进他人幸福（或能力）的责任交给各种制度，而让个体去自行决断在组织履行义务的领域之外该如何过好自己的生活。[30]制度能够以较为公平的方式，给每个人都分配那种在最低限度上、让所有人具有能力的责任。在这之外（就根本性权利而言），人们要能自由地使用自己的钱财、时间以及其他资源，就像他们自己关于善的完备性观念所指示的那样。（正义的彻底要求一旦被描述出来，就会改变整个景象，但那些在此基础之上的裁决仍然是悬而未决的。）每一种宗教或伦理的完备性学说都会包含伦理性的规范，这些规范决定了每一个人在道德上有义务比制度所要求的多做多少。然而，让所有人获得能力的这一政治任务本身要首先交给制度。

我们能够明白，在制度和伦理之间的划分，与另一种熟悉的划分相契合；这后一种划分是在自由主义（尤其是政治自由主义）理论中，在政治领域与人们自己个人性的（或共享的）关于价值的完备性观念之间所做的区分。[31]的确，当自由主义被理解为政治自由主义，并要尊重宗教及其他与价值有关的完备性学说之多样性时，便需要这样一种划分。公民为政治领域而接受的那些原则，不过是他们在生活中所接受的各种伦理原则的一种细分。如果不是这样的话，那么该体系就没有足够的空间来容纳多元化和多样性；这样，该体系就将会是独断的，而不会尊重人们关于价值认同的多样性。

因此，政治自由主义的一般结构要求一种伦理选择的领域，在此之外则在政治上是强制性的。一些位于能力进路之核心的更为具体的规范，如集会自由、选择职业的自由以及旅行的自由等，也需要政治价值和更宽泛的社会价值之间所具有的这种二分。

八、能力进路的全球化：什么样的制度？

如此，制度在促进人类能力方面就必须起到十分重要的作用。不过，国内情形与国际情形之间所具有的那种相似性在此处开始解体。在国内情形中，我们可以轻而易举地讨论那些有责任去使本国公民具备相应人类能力的制度体系。这种承担责任的结构就是约翰·罗尔斯所说的一个国家的"基本结构"；该制度体系从人类生活的最开始便无处不在地决定了人们的生活机会。这种结构将包括立法、法院、行政机关（或至少是某些行政机构）、界定家庭制度并将权益分配给成员的法律、税收与福利体系、国家经济制度总体安排、总体司法制度体系以及一些其他结构。尽管那些隶属于"基本结构"的内容随着时间的推移会发生改变，也就是说，行政机关的特定部分（如环境保护局或教育部）似乎在某一时刻可能会比另一时刻更加是促进人类能力这一结构之根本性和基础性的成分；但是，关于制度结构包括什么的问题也有着总体的明确性，甚至在什么义务隶属其每个部分这方面都有着某种明确性。

我们可以进行更进一步的研究。我们能够认为，一些制度及其相互关系的总体性原则对于促进人类能力而言是至关重要的。[32]政权分离与司法复审已经作为一种安排而显现出来，这对于保护公民能力而言是非常重要的。（这一点在 1975—1977 年的印度危机中最为明显——在该危机中，英迪拉·甘地在司法复审时被暗杀，这导致很多根本性的权利被搁置。目前，印度的体系高度保护司法体系的作用，这是对那次沉痛失败的回应。）恰到好处的**联邦制度**和**分权制度**似乎也是很重要的方面，它们使政府结构能回应人们的意见并保护他们的能力。那个让我们将一个国家看作一种表达人们自由意志之安排的理由，也让我们（尤其是在非常大的国家，如印度和美国）支持某种对联邦制度或地方自治的权衡；不过，后者并不应当具有那种损害公民平等或废除根本性权利的权力。[33]现代国家保护人类能力的另一特征就是**独立的行政机构**，后者所具有的专长，对于保护人类在医疗、环境以及其他领域的能力而言至关重要；它不受党派的控制并因此成为一个国家重要的、经过精心设计以保护能力的结构性特征。在现代国家，由于腐败是最能威胁人类能力的问题之一，所以，在政府和经济层面能够侦查与预防腐败的各种机制，对于维护能力的稳定性及那种以这些能力为基础的观念而言就是极其重要的。我们也能坚持认为，在保护公民能力的时候，还要进行**普法教育**和**对执法人员进行培训**。因此，在种族、宗教或性别歧视是严重社会问题的地方，教育就应当聚焦于种族和性别问题。

最后，也是最普遍的，我们应当坚持认为，整个公共秩序应当经过设计以防止恶性的机会和权力的不平等。一个国家可能会拥有令人艳羡的宪法；但如果它的媒体和政治运动都过度地受制于富豪与财团，那么这个国家在日常生活中也可能是一种财阀统治。当今的美国就是这样，也正是由于这一点，人类能力受到了极大的威胁。

因此，能力进路是以权利为中心的，也就是说，基于人类尊严的各种人的权利是该观念的核心；而那些结构性特征的好坏也是据此被评判的。然而，这并不意味着能力进路丝毫不涉及结构：实际上，促进人类能力是核心目标的这一事实，使关于结构的争论具有了意义并成为焦点，并给我们明确的理由来喜欢某些结构安排而不喜欢另外一些。

然而，当我们转向全球层面时就没有这么明显了。如果我们想要一个世界国家，那么我们就至少要能够描述它的结构可能是什么样的。然而，似乎这样的国家是远远不值得追求的。与国内基本结构不一样，一个世界国家极有可能不会对其公民具有一种体面的责任。这是一个过于宽泛的任务，而且不同的文化和语言使必要的交流变得非常困难，至少在目前是这样。我们同样不清楚自己是否应该促进这种文化和语言上的一致性，以使这样一个国家成为可行的。多样性是我们这个世界的一种难能可贵的部分，而且它已经受到了威胁。如果没有站得住脚的理由，我们就不应当进一步破坏它。

一个世界国家可能也是危险的。如果一个国家变得不正义了，那么来自其他国家的压力可能会防止它犯下可耻的罪行（无论是针对其公民还是针对其他国家的罪行)。而如果一个世界国家变得不正义了,那么就没有相应的依靠了,唯一的希望就是从内部反抗。而历史证明,这种希望并不总是可靠的:现代社会的那些最残忍的暴行在没有外部压力的情况下并没有减少。

再者,即使我们可以克服这些问题,在世界国家这一观念中也始终存在一个深层次的道德问题,即其制度和要求的统一性。我已经论述过,国家主权具有道德上的重要性,它是人们维护自己自由意志的途径,是人们维护为自己立法这一权利的途径。如果我们历史性地考察这种道德重要性,那么我们就能够明白,这种自由意志的一个重要方面就是有权与邻居的行为方式有所不同。诚然,这种自由假定了一个突出的特点,因为每一个国家都内在地不尊重不同的宗教和生活方式。因此,一个新教徒享受宗教自由的唯一方式就是生活在一个新教徒国家,如此等等。尊重多元主义是每一个国内结构的一部分,如此,那种支持国家多样性的理由便变得越来越无力了。不过,它并没有消失,因为存在语言、文化和历史上的差异,而人们仍然会合理地将这种差异看作一种特征。能力进路坚持认为,某些核心权利应当成为全世界国家宪法的一部分。不过,这给解释和制度安排的多样性以及这些核心之外的那些多样性留有很大的空间。在多元主义的世界保护国家主权,是保护人类自由的重要组成部分。在这种意义上说,任何一个世界国家本身都是专制的。

如果这些论证是有力的,那么全球性的制度安排就应当是微弱而分散的。它的一部分将很简单地由国家的基本结构构成,我们将会赋予其相应的责任以将它的财富分配给其他国家。它的一部分将由跨国公司构成，我们将会赋予它们相应的责任以使其在从事经济活动的国家中促进人类能力。它的一部分将由全球性经济政策、机构及协定构成，这包括世界银行、国际货币基金组织以及各种贸易协定等。它还有一部分是由其他一些国际团体——如联合国、国际劳工组织、国际法庭、新的国际刑事法庭——以及许多领域（如人权、劳工和环境）中的一些国际协定构成。另外，它还有一部分将由各种大型的、跨国的非政府组织［如牛津饥荒救济委员会（OXFAM)］和各种小的、地方性的非政府组织构成。

至此，该结构所呈现出来的这种形式是各种历史性因素的组合，而不是经过标准慎议性反思的结果。因此，在标准的政治哲学和各种古里古怪、五花八门的具体制度体系之间，就有一种奇怪的配合。显然，在这些全球性结构的不同部分之间所进行的责任分配，是暂时的、非正式的，会不断变化并要对之进行反思。我们也要注意到，这种分配是一种伦理性的分配，而且只是在以下这种意义上才是政治性的：它是激励人心的，而且我们应当去实现它；因为在整体上没有强制性的机构来给任何特定的组成部分强加某种明确的任务。在这种意义上说，我的进路是一种古老的自然法的进路：在世界范围内，这些要求是道德的要求，它们在任何压迫性的政治结构中都没有得到充分的表达。

然而，我们至少可以清晰地表达出某些关于世界秩序的原则，这些原则至少可以帮助我们思考：在一个不平等的世界中，我们能如何促进人类能力。

九、全球性结构的十大原则

1. 责任的过度决定：国内结构从未逃脱这一点。大多数良性运转的国家都能够在很合理的程度上促进很多甚至是大多数的人类能力。正如阿玛蒂亚·森所强调的，一种合宜的权利体系与新闻自由、民主政治一起能够避免饥荒。我已经反对过约翰·罗尔斯对森这一理论的应用，因为他用该理论来否认富裕国家需要给贫困国家提供经济上的援助。如果正义要求缓解全球性的不平等，那么，即使贫困国家能够在国内促进公民的各种能力，正义也未得到实现——正如没有公正的再分配，国内正义也未实现一样，因为节俭的贫困家庭可能只是在艰难地维持基本的生存。如果不支持一种具体的再分配原则（就像罗尔斯的差异原则那样），并且只借助能力门槛所表达的社会最小值观念而运行的话，那么我们就能够说，与富裕国家相比较而言，如果一些较贫困国家不得不与更大的阻碍进行抗争以满足自身的基本权利的话，那么这就是不公正的。然而，我们一开始可以坚持认为，它们完全是在自己的权利范围内行为的。给世界经济结构赋予责任并不意味着我们免除了国内结构的相应责任。如果能力的实现被过度决定了，那么这甚至会更好。

2. 在促进人类能力这一限制范围内尊重国家主权。在"正当性证明与贯彻实施"（第四章第四节）中，我已经概括了这一原则背后所蕴含的那些思想。一般而言，只有在很有限的情况下，强制性干涉才是正当的；正如接下来的第六条原则所要讨论的，国际条约和协定也会起到一种强制性作用。不过，说服以及通过提供资金来说服，总是不错的事情。这就会将我们带领至下一个原则。

3. 富裕国家有责任将自己的一大部分 GDP 赠给贫困国家。 正如第一条原则所宣称的，这个世界上的那些富裕国家有责任促进本国公民的各种能力。但它们也负有一些额外的责任。在一个世界上，有很多人拥有各种并不能满足人类核心需求的奢侈品，而更多的人则被剥夺了生活必需品；一个基于互相合作和尊重人类尊严等观念的社会，如果不认同意义重大的再分配的话，那么它就似乎是没良心的。人们能够合理地期望富裕国家对那些贫困国家提供比目前更多的帮助：尽管具有武断性，但 GDP 的 2％能很好地表明在道德上应该达到什么样的程度。（目前美国对国外的援助支出是 GDP 的 0.01％；欧洲国家的投入低于 1％，尽管有些国家比如丹麦和挪威接近于 1％。）具体的数字可以再商讨，但这个一般性原则是不容置疑的。

我们不太清楚的是，这种援助应当采取什么样的形式：应当首先交给政府吗？还是也要给各种非政府组织？同样，这应当根据具体情况来决定。一般原则是：如果接受国是民主的，那么不要削弱该国的国家主权；但同时也要有效地进行援助，并表明对清单上各种能力的尊重。如果该民主国家存在严重的政府腐败问题，那么我们就有很好的理由通过非政府组织而不是政府进行援助。另一个绕过政府的理由可能会是，该政府不能平等地对待贫困的少数民族。因此，如果印度的教育部将重点放在使课程印度化而不是给所有人提供基本的机会,那么我们可能会建议 2003 年那些旨在资助印度教育的国家去资助各种非政府组织而不是该国政府。[34]效率、对清单上各种能力的关注、对那些贫困的人和受到排挤的人的关心,都建议要将重点放在给女性和其他被忽视群体提供教育上。[35]

4. 跨国公司有责任在它们所运行的地区促进人类能力。迄今为止,我们对公司之目的的理解,主要是受利润动机的支配。这种理解并没有阻碍各大公司慷慨地给国内的慈善事业捐款,但却没有被普遍接受的道德责任标准。新的全球秩序必须要有一种明确的公共理解:要体面地做生意,就要在该公司做生意的地区,将自己的很大一部分利润用来促进教育和改善环境。对此有一些很好的论证,例如,有更稳定的、受过良好教育的劳动力,公司会发展得更好。教育也会促进政治参与,这对民主制度的良性运转而言至关重要;而公司在政治稳定的情况下能得到良好发展。然而,这些论证要从属于一个一般性的公共认识,即这种支持是体面所需要的。同时,企业还要承担改善劳工条件的责任,并要超过当地法律对它们的要求。

在某种程度上说,每个国家都有相应的国内法律来调控各个企业。然而,难就难在所有的国家都想吸引它们;因此,当每个国家都企图比竞争者提供更便宜的劳动力、更低的环境责任要求时,相应的底线有时就会一降再降。因此,必须将主要责任放在公司自身的成员、它们的律师以及极为重要的消费者身上,后者能给一个企业施加压力以使它比目前做得更好。

在某些情况中,一个企业或一种企业可能会面临特殊的、与自身主题相关的责任。因此，目前的这些制药公司就面临着特殊的、解决全球艾滋病危机的责任，它们要在病情最严重的国家使自己的产品让人买得起，要帮助发展一些足以传送这些产品的基础医疗设施。消费者再次成为至关重要的主体，他们能够保证实施这一责任。因此，此刻我们的确又回到了个体责任的问题，将其作为一种压力以假定一个公司的责任早已（在我们的伦理论证中）得到分配。

  5. 全球性经济秩序的主要结构必须要经过精心设计，以公平地对待贫困国家和发展中国家。许多国家都能够养活自己的人民，这一事实并不意味着，某些国家在发展过程中遇到额外的阻碍是公平的。这一原则具体涉及的是经济学家正在争论并将持续争论的话题。[36]不过，这里存在一个相当普遍的共识，即国际货币基金组织和其他一些一直起作用的全球贸易协定，都没有足够地渗入一些对这些问题的慎重的伦理反思。世界银行最近开始更加注意一些伦理问题和贫困问题，并会继续在这方面有所关注。在某种程度上，该问题具有官僚主义的结构：大多数有见解的人的标准通常太过复杂，以至于不能给出一个明确且直接的政策法规让当局能够执行。[37]在某种程度上也存在某种持久的观念，即伦理规范是"软性的"，因而并不是那些不感情用事的政策制定者应当考虑的。世界共同体必须对这些机构施加压力，因为反对的声音是非常重要的，它们能够让人们听到那些被剥夺者的心声。尤其是在贸易领域，抗议和公共压力极有可能是能够成功地使人们注意紧要道德规范的唯一途径。

6. 我们应当培育一种薄的、分散的但却有力的全球性公共领域。 一个世界国家并非恰当的期望。但我们没有理由说明，为什么一种薄的、具有最少强制性权力的全球性管理体系不能与个体性国家的主权和自由兼容。该体系应当包括当前发起的那种世界性刑事法庭，以处理重大侵犯人权的情况；应当包括一系列具有执行机制的环境条约，外加对北方发达工业国家的一种税收制度，以促进南方国家污染控制事业的发展；应当包括一系列全球性贸易规则，以便用人类发展的道德目标（就像能力清单显示的那样）来约束全球化这头巨兽；应当包括一系列正式领域和非正式领域都适用的全球性劳工标准，同时带有一些对那些不遵守该标准的公司进行惩罚的相关制度；应当包括一些有限形式的全球性税收制度，这将影响财富从富裕国家向贫困国家的转移（就像托马斯·博格提议的那种全球资源税收制度）[38]；最后，还应当包括广泛的国际性协议或协定，后者一旦经各国签订，就可以通过立法和司法的行为而将其纳入该国内部法律体系。[39] 现有的一些全球性制度，如世界卫生组织、国际劳工组织、联合国开发计划署、联合国儿童基金会以及联合国教科文组织等，都能够起到重要的作用；然而，我们似乎不应该认为现有的这些制度结构是恒定的，因为我们能够看到，为了解决新的问题，在很多情形中都产生了各种新的制度。

7. 所有的制度和大多数的个体都应当关注各个国家与地区存在的弱势群体问题。 我们已经论述过，国家主权虽然在道德上是至关重要的，但却有可能听不到批评之声并且不去改变国内女性和其他弱势群体的境况。那些生活质量尤其低下的人们的境况（无论他们是谁、在什么时候），正如能力清单所衡量的那样，应当是世界共同体持续关注的对象：不仅仅是制度，所有自身并没有背负如此特殊重担的个体，也都应当这样关注。（弱势群体的成员经常会在调动世界性行为中起到非常有创造性的作用，就像在国际妇女运动中所发生的那样。然而，似乎解决重大问题的这种责任应当主要落在那些并不是生活在绝望境况中的人们身上。）尽管强制性的制裁只在某些情形中才是适宜的，但我们证明一系列规范的能力则应当产生孜孜不倦的说服和政治性调动，就像那种产生《消除对妇女一切形式歧视公约》的行为一样。自主的选择性使用，能够极大地帮助人们提升这些人和群体的生活标准。

8. 关怀病患、老人、儿童以及残疾人，应当是世界共同体的一个突出重点。 在当今世界中，随着人口的老龄化和越来越多的人患有艾滋病，一个日渐严重的问题就是要去关注那些需要依赖的人们。本书第三章已经讨论了当前由关怀不够而引发的性别平等问题。国家、工作场所以及家庭都必须有所改变，以使关怀的需要得到满足而同时不严重伤害女性的幸福和期望。这项工作再次需要国内和国际的双重努力，而且富裕国家有义务帮助贫困国家，如发展护理和基础医疗设施来应对艾滋病危机。

9. 应当将家庭看作一个珍贵的但并非"私人性"的领域。 长久以来，社会契约论一直将世界划分为"公共领域"和"私人领域"，这样的理论家一般将家庭看作禁止政治正义进入的领域。罗尔斯复杂而拐弯抹角地揭露了这一问题，这表明，即使对于这样一个最为深入的理论家而言，要解决由家庭内部资源和机会的不平等而导致的各种问题是多么艰难。[40]世界共同体应当保护人们的个体自由,包括选择婚姻和组成家庭的自由[41],以及各种进一步与此相关的权利(如父母做出某些与子女相关的选择的权利)。不过,对家庭成员之人类能力的保护总是最重要的。数以百万的被忽视和缺乏食物与关怀的女童,并不是因为国家迫害才死亡的;她们之所以死亡,是因为她们的父母不想再养活一个女儿(也不想再准备一份嫁妆),也因为国家没有足够地保护女性的生命。对男孩和女孩得到不同关怀的这个问题,世界共同体迟迟没有做出回应,这正是由于西方和非西方的传统都将家庭设想成一个不受侵犯的个人特权领域。[42]因此,全球公共领域和各国国内的政治争论,应当要首先找到一种新的家庭进路,以既尊重集会自由又能保护儿童的能力。

10. 所有的制度和个人都有责任支持教育,并将教育看作当前使弱势群体具有能力的关键。教育对于所有人类能力而言是最为关键的。[43]而且,正如我们所看到的,教育是诸多资源中在全球范围内分配得最为平等的。各国政府差不多能在所有情况中,去更多地促进教育;而公司、(由个人捐赠的或国外政府援助的等)非政府组织以及全球性公共领域(在国际公文和论坛中),能够做更多的工作来促进中小学的普及教育。对于民主、享受生命、平等和国内流动以及跨国界的有效政治行为而言,没有什么比教育更重要了。人们不应当仅仅认为教育给我们提供了有用的技术技能,更重要的是,还应当认为它是用信息、批判性的思维以及想象力而使人们具有能力。

综上所述，这些原则（以及这些原则背后的能力进路），似乎很好地达到了我们在批判罗尔斯的末尾处所设定的那些标准。"**平等地尊重每个人**"体现在以下承诺之中，即促进每个人的人类能力，去除那些妨碍人们获得体面的生活机会的世界体系所具有的结构性特征；同样也体现在这一承诺之中，即促进每一种能力，而不是将某些重要的人类事物仅仅看作追求财富的手段。"**国家主权的道德重要性**"在该理论中得到明确的承认。"**正义**"在"**多边关系**"中得到实现，其中促进人类能力的责任被分配至广泛的、明确的全球性和国内结构之中。"**国内制度的灵活性**"由于这样一种要求而得到了坚持，即所有国家都要更多地促进最贫困国家的人们的幸福：他们将要改变自己的国内结构以做到这一点，并因此不能也不应当坚持认为自己的国内结构是恒定的、最终的。最后，正如我们已经看到的，"**一种新的对国际合作的解释**"，用人类发展和人类全球团体的观念代替了浅薄的互利观，从而使整个事业更有活力。

这些原则并没有一个自然的终结点。可能会有人列出二十条原则，而不是十条。再者，这些原则是极其概括的，而且其中有些还存在一些问题，我们一旦着手执行就要遇到这些问题。这时，哲学就必须将该工作转交给其他学科。不过，哲学的质疑并不是无用的。观念能在深层次上形塑公共政策，并影响要提出哪些替代方案并认真对待。[44]这些原则与那些支持它们的理论分析一起，至少表明了当我们从各种目标和权利转向构建一个体面的全球性社会时，能力进路能够提供什么。如果将来我们的这个世界要是体面的世界,那么我们现在就必须承认,我们是一个相互依赖的世界的公民(这个世界由下列事物支撑:相互间的友谊和对共同利益的追求、同情和自利、对人人具有的人类尊严的热爱),即便我们在与他们的合作中毫无所获,或者是我们要从中获得最伟大的事物:在一个正义并且道德上体面的世界中合作。

第六章　超越"同情与人道"

——非人类动物的正义

> 综上所述，我们认为马戏团的那些动物……被关在狭小的笼子里，经常遭受恐吓、饥饿和痛苦，更不要提它们不得不过的那种没有尊严的生活了，没有休息而且那种受到质疑的公告也是与……人类生活的价值……一致的。尽管不是人类，但它们也是有权有尊严地存在着的生物，有权得到仁慈的对待而没有残忍和折磨……因此，我们的根本性责任不仅是要对我们的动物朋友表达同情，还要认可并保护它们的权利……如果人类有权拥有一些根本性的权利，为什么动物不能拥有呢？
>
> ——《奈尔诉印度联邦案》，喀拉拉邦高级法院，No. 155/1999，2000 年 6 月

一、"有权有尊严地存在着的生物"

公元前 55 年,罗马领导人庞培(Pompey)在人和大象之间展开了一场斗争。这些动物被包围在竞技场中,并意识到自己根本没有逃脱的希望。根据罗马学者普林尼(Pliny)的描述,它们然后就"祈求围观者,试图用难以描述的动作获得人们的同情,用某种哀叹来对它们的惨状表示哀恸"。它们的惨状激发了观众的同情和愤怒,于是他们奋起去咒骂庞培——西塞罗写到,观众感觉到,这些大象与人类具有一种共同性(societas)。[1]

我们人类与其他有智力的生物共同分享着这个世界及其稀有资源。我们与这些生物具有很多共同之处,尽管我们在很多方面又与它们有所不同。这些共同之处有时候能够激发同情和道德上的关怀,尽管更多时候我们是很迟钝地对待它们。我们也与其他物种的成员具有各种各样的关系,这些关系包括相互回应、同情、为其优点感到高兴、关心地互动以及操纵控制、冷漠和残忍。似乎我们能够合理地认为,这些关系都应当用正义而不是现在大多数时候存在的那种为了生存和权力的战争来加以调节。

正如喀拉拉邦高级法院所说的,非人类动物[2]能够有尊严地存在。我们很难确切地知道这句话意指什么,但它不意味着什么却是很明确的:例子中马戏团的那些动物被塞进狭窄而肮脏的笼子里,饱受饥饿、恐吓和痛打,只能得到最低的、保持其第二天还能够存活的照顾。有尊严地存在似乎至少要包括以下几点：有足够的机会获得营养和肢体活动；不遭受痛苦和肮脏，不被残忍地对待；能够自由地依该物种的特性而活动（而不是像现在这样被迫去做一些愚蠢而贬低性的表演）；不再有所恐惧，也不再有由于与同物种或不同物种的生物打交道而获得报酬的机会；有机会享受宁静的阳光和空气。人类对待动物的方式否认了动物也是一种有尊严的存在，这一事实看起来是一个正义问题，而且是一个紧急的正义问题，尽管我们需要对那些要否认这一点的人多说一些东西。再者，尽管以这种方式提出的这些问题在很多方面与我们至今所讨论的那些问题有所区别，但似乎没有很好的理由来解释，为什么现存的各种基本正义机制、权利和法律不能像印度法院那样，大胆地扩展以跨越物种的障碍。

然而，在我们希望能够成功地扩展之前，我们需要澄清一种能够胜任的理论进路。在这个领域，我们观念上的物质尚处于初期阶段。如果我们不能同时改善我们的哲学类别的话，那么我们直接得出结论就是草率的，尽管这些结论比较紧急，而且显然其中很多都很紧急。

在动物权利这一问题上，能力进路比其他进路提出了更好的理论指导。由于该进路能够认可各种各样的动物尊严，能够回应茁壮成长的需求，也由于它能够照顾到各种生物所追求的各种活动和目标，因而它能够产生许多物种间的正义规范，这些规范较为微妙但要求甚高，它们包括了不同生物的各种基本权利。该进路将要进行改变和扩展以应对这一挑战。不过它所具有的那些亚里士多德式的因素，能够很好地应对这一挑战。

正如我不断强调的，康德式社会契约论具有很大的优势。然而，在这个领域，这种理论却明显不如其他理论。由于这些理论将理性看作尊严的基础，也由于它们认为政治原则来自那些原始的同等之人，因而它们否认我们对非人类动物具有正义的责任。它们认为我们可能具有的这些责任，要么衍生于我们对人类的义务，要么就是不同的义务，即出自仁慈的义务而非出自正义的义务。我将会论述，我们应该从两个方面来批评这种观点：一是承认许多非人类动物也具有相当的智力水平；二是反对这样的观念，即只有能够作为原始的平等者而进入契约中的那些个体，才能是一种正义理论首要的、非派生的对象。

二、康德式社会契约观：间接义务、同情的义务

我们最深远的一个支持动物的法律判决来自印度法院，这一点丝毫不令人惊讶。印度的印度教传统教导人们至少要尊重很多动物，而且素食主义是一个重要的道德理想。与此相反，在当代西方传统中著述的所有哲学家——无论其宗教信仰是什么——一直都深受犹太-基督教传统的影响，后者教导人们说人类对动植物具有统治权。尽管犹太教和基督教的那些作者研究过古希腊与古罗马的思想家，并接受了他们的很多思想，但不足为奇的是，在动物这个问

题上，对他们的思维产生最大影响的是那个古老的伦理思想学派，即斯多葛主义；在所有的古希腊罗马观点中，斯多葛主义是最不赞同动物可能具有伦理地位这一观点的。[3]后柏拉图主义的作者维护了一种详尽的、素食主义的伦理并尊重动物的生命；不过，他们将这种伦理建立在犹太教徒和基督徒都否认的那些形而上学学说之上（包括灵魂向动物体内的转移）。亚里士多德主义者认为，自然是一种连续的统一体，所有生物都值得尊重，它们甚至是奇迹。然而，亚里士多德主义要与基督教相容，就需要像阿奎那和其他是基督徒的亚里士多德主义者所做的那样：修正那些特殊的要素，而在人类和其他物种之间做出严格的区分。伊壁鸠鲁主义者认为：人类与动物一样，都是由可朽的身体和无形的灵魂组成；在死亡的时候，这些都会分崩离析。这些学说至少破坏了那种萦绕在人类当中的独特的神圣感，但遭到了犹太教徒和基督徒的反对，后者将其看作典型的无神论，是不信神的唯物论。

然而，犹太教徒和基督徒却在斯多葛主义中找到了一种天然的同盟：因为斯多葛学派的观点和犹太-基督教的观点一样，认为理性和道德选择的能力是任何自然存在物之尊严的唯一来源。那些缺乏尊严之源头的存在物，在很大程度上就被排除在道德共同体之外。基督徒、犹太教徒和斯多葛主义者仍然可以认为我们有义务不要虐待动物；实际上，他们还可以认为我们对那些无生命的对象负有责任。然而，动物并没有被看作道德共同体的参与者，并没有被看作我们应当与之合作以找出生活方式的各种生物。

因此，我们应当通过认可这些源于一种更具普遍性的斯多葛学派/犹太-基督教文化的理论，来认真审视社会契约论；如何对待动物曾经是古希腊罗马世界中的一个重要伦理问题，至少直到 18 世纪，这个问题才又重新成为一个重要伦理问题。我们必须询问：在这些理论中，有哪些缺点应归咎于它们的社会契约形式，而哪些应归咎于那种产生它们的更具普遍性的背景？[4]

在康德主要的道德和政治哲学著作中，他并没有讨论动物，没有说过任何只言片语以将动物与他的社会契约论联系起来。然而，在早前的《伦理学讲义》(*Lectures on Ethics*)[5]中，他的确探讨了我们对非人类动物存在所负有的责任这一话题："动物与心灵"[6]。他将鲍姆加登（Baumgarten）的文本作为课堂的基础材料，并谈到了"对那些低于我们和高于我们的存在所具有的义务"。不过，康德否认我们对动物具有任何直接的义务。道德义务应当指向具有自我意识的存在，而动物并没有自我意识。因此，它们"仅仅是某个目的的手段，该目的是人……我们对动物所具有的义务，只是对人类所具有的间接义务"。

康德对间接义务的论证来自一种相似性类推的观念。他论述到：动物的行为方式与人类的行为方式类似，例如，它们会表现出一种类似于忠诚的情感。当动物这样行为时，如果我们使自己习惯于友善地对待它们，那么我们便强化了它们以类似的方式行为时会友善地对待人类的倾向。更一般地说（康德此处似乎放弃了相似性类推的观点），当我们友善地对待动物的时候，我们强化了自己的那种友善倾向；当我们残忍地对待动物时，我们也使自己残忍地对待人类的倾向变得更加强烈。康德在这里影射了荷加斯（Hogarth）

的著名且有影响力的系列版画《残忍的阶段》(*The Stages of Cruelty*);这些画描绘了一个正在折磨动物的小男孩,接着他又对人类做出很多残忍而肆无忌惮的行为,并最终导致谋杀。康德认为荷加斯的观点对儿童具有很重要的教育意义。他还赞同英国的一个习俗:屠夫和医生不能坐在陪审席上,因为他们习惯于看到死亡并因此是"麻木不仁的"。[7]

因此,看起来康德把友善地对待动物的全部理由都建立在脆弱的与心理学相关的经验主义的主张之上。他无法想象,那些(在他看来)没有自我意识和道德互惠能力的生物能够成为道德义务的对象。(康德写道:"他并没有对这条狗不负责任,因为狗并不能做出判断。")更一般地说,他并不认为这样的存在拥有尊严和一种内在价值;它的价值一定是衍生性的和工具性的。

康德关于动物的观点,甚至都不是他那个时代的犹太-基督教文化所需要的。因为一个人在认为人类正当地对动物具有统治权的同时,可能也像鲍姆加登那样认为人类有做好管理工作的义务,这便要求他们体面地对待动物。康德的观点表达了他自己的那种特殊的道德义务观和人道观,根据这些观念,道德理性能力对于伦理身份而言是至关重要的。

然而,一个人可能是一个契约论者(实际上是某种康德主义者),而同时又不拥护这种狭隘的观点。对罗尔斯而言,正义尽管是"社会制度的首要美德",但即便是在政治领域也并非唯一的美德,当然更不是道德德性的全部。尽管他关于动物的评论并不多,但他也毫不犹豫地说,我们对动物有着某些道德责任,他称之为

"同情和人道的责任"（TJ 512）。动物能够感受到快乐与痛苦的这个事实，给我们施加了这样的责任。

不过，对于罗尔斯而言，这些并不是正义的问题；而且，他也很明确地说，我们不能扩展契约学说以"用一种自然的方式"去对待它们："残忍地对待动物当然是不对的……动物能够感知到快乐与痛苦，也有进行各种生活的能力，这些显然给我们施加了同情和人道的义务。我不会试图去解释这些经过深思熟虑的观念，它们在正义理论的范围之外，而且似乎我们也不可能去扩展契约学说，以使它能够用一种自然的方式去囊括这些观念。"（TJ 512）

与此类似，在早先一个标题为"平等的基础"的章节中，罗尔斯论述，动物缺乏人类所具有的那些特性，"由于这些特性人们才得到与正义原则相符的待遇"（504）。作为一个道德的人，这是有资格得到与他人平等的、正义的待遇的充分条件。罗尔斯以两种特征来界定道德的人，他后来（在《政治自由主义》中）将这两种特征称为两种道德能力：至少在"在某种最低限度上"（505）形成善观念的能力和产生正义感的能力。同样，在《政治自由主义》中，当他再次涉及这一讨论时，他说："他们在必要的程度上拥有这些权力以与社会上的成员充分合作，这使人们是平等的。"（19）尽管罗尔斯从来没有坚持说，道德人格的能力是获得不折不扣的、平等的正义的必要条件，但他在讨论动物的情形时的确表露出对该结论的同情："尽管我没有坚持认为，形成正义感的能力对于获得正义义务而言是必不可少的，但似乎的确不能要求我们给那些缺乏这种能力的生物提供不折不扣的正义……我们对待动物的行为并不受这

些原则的支配，或者人们是这样普遍认为的。"（TJ 512，504）

再一次，我们必须询问：罗尔斯的契约论和他那种康德式政治个人观，能在多大程度上解释他的立场？显然，在罗尔斯看来，这种康德式个人观足以将非人类动物排除在共同体的成员之外，后者形成了正义原则并受其约束。在他看来，那两种道德能力只属于人类，而且并非所有的人类。动物与残疾人一样，不能在必要的意义上成为人。同样，正如我们已经看到的，人的政治自由被看作一种理想化的理性，包括那种"合法主张的自证之源"的能力。而且，人的尊严和不可侵犯性也可以根据他们作为道德共同体之成员来加以理解。如果对罗尔斯而言，动物具有某种尊严和不可侵犯性，那也不是人所拥有的那种尊严和不可侵犯性，后者是"一种建立在正义甚至是不能被僭越的社会整体福利的基础之上的不可侵犯性"（TJ 3）。[8]

可能有人会说，罗尔斯的错误是经验性的，而非哲学上的。他并没有理解动物的智力水平有多高，以及在涉及复杂的互惠性形式时，它们有多大的能力（与人和其他动物）构成相应的关系。如果我们认为动物具有足够的丰富性和复杂性，那么我们最终会发现，那种涵盖它们的社会契约观是完全合理的，至少可以作为一种富有启发的假设。然而，这种回应被证明是不充分的。罗尔斯的理论的确在经验上不够完备，他没有研究动物的智力水平，也没有论证它们不具有互惠性。似乎有一些动物很有可能至少能够具备某种形式的互惠性。然而，如果说我们仅仅通过认可这些事实就能充分地把动物纳入罗尔斯式的理论，那么这也是令人怀疑的。首先，互惠的能力只存在于某些动物之中，而不公平的事情和残忍的待遇却可以很宽泛地被扩展。如果在人和狗或猿之间存在互惠的话，那么在人和鸟或狮子之间是否存在互惠则不太清楚。而且，我们对待所有这些动物的方式似乎能够产生正义的问题。其次，即便人和某些非人类动物之间存在互惠，那也不是罗尔斯正义理论描述的那种互惠，后者以拥有复杂的理性反思和道德能力为基础。

不过，我们可能会在原则上把契约论学说与它的那种康德式因素区分开来，从而给罗尔斯提供一种政治个人观，后者更具亚里士多德精神，并准备赋予宇宙中的很多生物尊严。假设我们已经这样做了，那么这是否足以使契约论学说应对那些与动物有关的问题呢？这些问题表现为正义问题：动物似乎拥有尊严，而这种尊严被侵犯了；动物拥有正当的道德权利，而这些道德权利也被否认了。我认为答案是否定的。此处和人类与精神疾病患者的情形一样，正是在契约论学说的结构中存在诸多问题。

从根本上说，包括人类和非人类动物的整个契约论观念是不切实际的，它不能给我们提供一个明确的方案以帮助我们思考。尽管自然王国不应是一个真实的历史条件，但它也应是一种连贯的虚构，能够帮助我们很好地思考。这意味着，它要具有现实的层面，至少要涉及各方的权力、需求以及他们所处的基本环境。没有什么可比拟的与我们同动物达成协议相关的虚构，能够同样的条理清晰且有所帮助。即便是休谟所说的"正义环境"，也并非我们理解"人类事务需要正义"的唯一途径；它们至少是一些人们所熟知的、合理的环境，大多数人真实地生活于其中。如果我们想象这种（或洛克和康德所假设的那种类似的）环境中的人，那么我们就能够明白,他们是怎样希望能够达成一种互利的契约以及怎样粗略地构想他们所可能达成的那种契约。

与此相反,尽管我们与动物共同分享这个世界上的稀有资源,尽管在某种意义上存在一种物种间相互竞争的状态,这与自然状态中的竞争具有可比性,但人类和非人类动物在权力上的不对称实在是太大,以至于我们不能想象出任何一个我们可能愿意与之达成真实协议的契约。当然,我们不能想象说该契约在实际上是互利的:因为如果我们想要保护自己不遭到那些有威胁性动物的侵犯,我们可以直接杀死它们,就像我们平时所做的那样。但人类已经很久没有在通常意义上受到"野兽"的威胁了,因此,罗尔斯式的那种条件——契约中没有一方足够强大以至于能够掌管或杀死所有的他者——并没有得到满足。再者,由于动物并不达成契约,故而我们此处再次受阻而不能合理地想象出,一个社会契约可能会像什么。动物所具有的那种智力,并不是我们所需要的那种假设要构想一种契约过程的智力。

因此,"正义环境"并没有很好的对应物,关于社会合作之目的的契约论式说明没有很好的对应物,关于契约所赖以生成的各方能力的说明没有很好的对应物,作为"自由、平等和独立的"各方也没有相称的对应物。与那些患有严重精神疾病的人不同,动物可能是非常独立的,而且可能以自己的方式是很自由的,尽管有些动物依赖人,但有很多并不依赖。在权力和资源方面,它们肯定与人类是不平等的;这种不对称性意味着,人类在寻求一种互利的契约时会直接忽略它们,就像现有的契约论者在构想各方时所做的那样。为什么要与那些能够被妥善掌控和主宰的生物达成协议呢？如果社会合作的意义能够在社会契约的条款中找到，那么就没有现成的答案了。

如果有其他方式能够将动物看作正义的主体，那么在制定契约的过程中忽略它们就并不要紧。例如，人类可能会代表动物的利益，假定它们是要构建的这个社会的成员。然而，此处我们却遇到了那种我们经常会注意到的混合。构成社会契约的各方也正在构建一些原则，正是这些人要依照这些原则而生活在一起。他们选出这些原则来调整自己与他人的相处方式。至于其他各方的利益要能够被包括在他们的慎议中，他们就需要以一种派生的方式进行慎议，并且还要在后一个阶段进行。动物不能成为正义的首要对象，因为它们不能成为契约的构建者。

再者，在残疾人的情形中，罗尔斯准备在后一个阶段来处理他们的利益；而在动物的情形中，他从总体上否认我们面对的这些问题是正义问题。

罗尔斯的正义理论忽略了动物，这受到双重促动：一是康德式个人观，另一是社会契约状态的结构。与康德不同，罗尔斯认为我们对动物负有某些道德责任[9]，然而正义则只限于人类领域。

我已经说过，残忍和强迫性地对待动物会产生正义问题。但我并没有真正地维护这一主张而反对罗尔斯式的主张。说这些问题是正义问题而并非"同情和人道"的问题，到底意味着什么呢？同情的情感包括了这样一种思想：另一个生物正在遭受巨大的痛苦，而这种受苦并不能（或并不主要）归咎于他。[10]它并不包括这样一种想法：这种苦难要归咎于某人。人们可能会同情某个罪行的受害者，但人们也可能会同情某个即将因病去世的人（在这种情形中，他染上这种病并不是任何人的过错）。我将"人道"看作一种类似的观念。因此，同情本身忽略了谴责错误行为所具有的本质要素：这是第一个问题。似乎要是仅仅根据同情的义务来分析我们对动物所造成的伤害，我们就会模糊一个重要的区别：在我们对一个即将要死于某种疾病的动物所具有的同情（这件事不能归咎于任何人），与我们对一个动物遭受的痛苦所给出的回应（该动物被人类残忍地对待）之间所具有的区别。不过，假设我们加上这个要素：同情的义务包括"使动物受苦是**不对的**"这种思想。当一个错误的行为导致了这种痛苦时，同情的义务就会承认这个错误。如此，一种同情的义务就不仅仅是一种要富有同情心的义务，而是一种由于某人的同情而要制止、抑制以及惩罚那种造成该痛苦并引发同情之行为的义务。我认为罗尔斯很可能会做此补充，尽管他的确没有告诉我们他将同情的义务看作什么。进一步说，当我们说错误地对待动物不仅在道德上是错误的，而且是某种特殊的、引发正义问题的道德错误时，会有什么危险呢？

要回答这个问题是很困难的，因为正义是一个颇具争议的观念，而且有着各种各样的正义，政治的、伦理的，等等。然而，当我们说某个恶行是不正义的时候，我们一般是指：那个被该行为伤害的生物有权利不受这样的待遇，而且拥有一种特别重要的或根本性的权利（因为我们并不认为所有的不仁慈、轻率等都是不正义，即便我们的确认为人们有权获得友善的对待）。正义范畴是基本权利的范畴。我说"错误地对待动物是不正义的",我的意思不仅是说我们不应该这样对待它们,而且还意指它们拥有某种权利、某种道德上的资格以不受到这样的待遇。这对它们来说不公平。[11]

有哪些其他的观念在理念上将动物看作拥有重要权利的呢?我认为,那种把动物看作本质上拥有善的、有生气的存在的想法,会把我们引向一种更进一步的思想,即它们有权追求这种善。如果我们拥有这种想法,那么我们就极有可能认为那些阻碍它们追求善的伤害是不正义的。在罗尔斯的说明中所缺失的,正如在康德那里所缺失的(尽管更微妙),就是没有将动物本身看作一个主体和对象、一个拥有某种权利的且自身就是目的的生物。正如我们将要看到的,能力进路的确将动物看作力图兴盛地存在着的主体,我认为这一基本观念是该进路最大的优势之一。

我们当然不应该否认,同情对于我们正确地思考自己对动物所负有的义务而言至关重要。同情与正义感重叠,对正义的充分拥护会要求我们同情那些不正当地受苦的存在;就像它要求我们要对那些错误地造成伤害的冒犯者表示愤怒一样。然而,同情本身太过模糊而不能表达出我们的这样一种感觉,即这样对待动物到底错在哪里。对此,一个充分的回应要涉及某种特殊的同情,这种同情将重点放在错误的行为上,并将动物看作主体和目的。

三、功利主义和动物的繁荣

一般而言,能力进路是契约论进路的亲密盟友,而且能更加深刻地批判功利主义；但在目前这个特殊的领域，情况稍有不同。从历史上看，没有人能够否认，在将动物的受苦看作一种罪恶方面，功利主义的贡献比任何一种其他道德理论都要多。当时的边沁和密尔以及现在的彼得·辛格（Peter Singer），都大胆地率先把伦理思想从那种狭隘的、以物种为中心的价值和权利的束缚中解脱出来。毫无疑问，这一成就得益于该理论创立者的那种激进主义、对传统道德的质疑以及他们愿意遵从这种伦理观点（无论它会引向哪里）的决心。从功利主义的立场来看，这些仍然是非常伟大的德性。

再者，功利主义拥有一种以结果为导向的正义观，为了很好地解决我们的那三个问题，这种正义观似乎是必需的。当社会契约论传统中的那些程序性观点去询问程序（这些程序制定出一些限制进入的条件，如拥有某种理性或大致平等的地位）中包括了哪些人的时候，它们就已陷入困境。由于它们把"谁制定出这些原则？"与"为了谁（至少最初是为了谁）而制定出这些原则？"这两个问题合二为一了，所以它们就必须考虑对作为衍生物和后来者而不能参加契约形成过程的那些存在，应当负有什么样的责任。与此相反，那些以结果为导向的观点，能毫不困难地首先且非衍生性地考虑那些没有权力的人、残疾人以及非语言性存在者的利益。由于这样的观点并没有合并那两个问题，所以它们能够直接把那些形成正义原则的人想象成更宽泛的存在。

另外，功利主义集中讨论感受性，这将人类与其他所有的动物都联系起来；它还集中讨论痛苦的坏处；这些在我们考虑那些与动物相关的正义问题时，尤其具有吸引力；因为毫无疑问，这个领域的主要正义问题就是错误地施加了痛苦的问题。

因此，带着某种精神上的契合，我现在要陈述一些针对功利主义的批评。总的说来，所有的功利主义观点都具有三个方面：**结果主义**、**总和排序**和**一种与善有关的实质性观点**。[12] 结果主义认为，正当的行为就是能够促进最好的结果的行为。**总和排序**告诉我们如何跨越生命来累计结果——也就是说，通过相加、累计呈现在不同生命中的那些**善**来累计结果。功利主义中与**善**有关的观点会表现为两种不同的形式。**边沁**的观念是一种纯粹的、享乐主义的功利主义，它宣称快乐至上，宣称痛苦是不好的。[13] 彼得·辛格现代版本的功利主义则稍有不同，他称之为"偏好功利主义"；这种功利主义认为，我们应当促进的那些结果，在总体上是"那些受害者的长远利益（亦即欲望或偏好）"[14]。只有当被杀害的个体愿意继续生存下去时，谋杀才是错误的；此时的谋杀对该个体而言是一种错误。[15]

功利主义的这两种形式都有一些异议。我们在第一章和第五章已经讨论了一些，这里我们必须扼要地重述并进一步扩展我们的批评。结果主义本身会遭到最少的非议，因为人们在结果主义中总是可以调整关于幸福和善的说明，以承认许多功利主义一般不怎么强调的重要事物：多元的多样的善物、对权利的保护，甚至是个人认同或以主体为中心的善，等等。当任何一种道德理论被放置于一种形式中，其中各种事物由某个理论（该理论出现在与即将要产生的结果有关的说明中）来评价时，它们或多或少地都可能是"结果主义化了的"。[16] 然而，是否任何一种敦促我们去产生最佳[17] 结果的观点,都是正确的政治正义的起点呢?此处存有疑问。

迄今为止,在能力进路中构建正义原则时,我们集中于讨论一小部分的核心权利。与罗尔斯的进路一样,我们的进路坚持认为,这些权利对于政治目的而言,具有特殊的优先权和重要性,并限制对其他善物的追求。自从约翰·斯图亚特·密尔在《功利主义》(*Utilitarianism*)一书的第五章中说过一些与此类似的关于正义的话之后,哲学家就一直在争论,像密尔那样赋予基本正义政治优先性的做法是否能够与结果主义相容。结果主义能否为了政治目的而赋予正义要求足够的重要性呢?即使我们能够解决这个问题,我们也还要面临另一个更深层次的与限制和吝啬有关的问题。

政治与我们生活的其他方面所具有的不同之处就在于,我们是在选择一些原则以掌管一些人的生活;这些人关于善(或其余的善)存有不同的看法,他们具有不同的宗教观念和价值观念。正如我在第五章所说的(其中同意由罗尔斯和拉莫尔发展的政治自由主义观念)[18],尊重这些人意味着,不给他们强加其他人所持有的那些广泛的善观念。在一个自由的国度,我们希望政治行为者去做的,**不过**是照看基本的正义,并且不要成为使总体善最大化的人。我们之所以积极地希望他们**不要**追求总体善的最大化,是因为我们不希望他们陷入那种宽泛地界定什么是善的事务中。在一个自由社会中进行有效的劳动分工,是为了政治制度能够关照正义,是为了个体能够自由地、自主地追求他们那种宽泛的善观念的其他部分。

从这样的角度看,要求政治行为者成为结果主义者就似乎是不自由的:因为如果没有这种宽泛的善观念,人们当然不可能像结果主义者那样选择。[19]而这种观念可能恰恰是我们不希望政治行为者拥有的,因为每一个公民在正义的范围内都拥有并追求自己的那种观念。简短地列出各种核心能力以作为基于正义的核心权利,能够表明我们在内容上所持的立场。然而,这也是一种重要的、表明我们用一些宽泛的观念来限制人们的方式。因此,我们说:"我们要求你们只是接受这部分的善观念,以作为我们这个社会之基本结构的关键;至于余下的部分,你们可以自由地追求自己的宗教或世俗观念,无论它是什么。"

辛格的那种偏好功利主义,在这个问题上明显要比其他形式的功利主义做得更好,因为它开明地遵从人们实际上所偏好的。然而,我们并不清楚,这种转向是否解决了它在政治学说上野心过大的问题。公民持有的那些完备性学说并没有将"偏好的满足"看作一种关于善的正确观点,以至于宗教和很多道德学说在这一点上都不赞同辛格。因此,即便是将满足当作目标,政治行为者也可能会侵犯到自由主义者想要给每个人做选择所保留的那块领域。另外,偏好功利主义还具有一些为人们所熟知的问题(我在第一章和第五章已经讨论过了)[20]:存在一些由于无知、贪婪和恐惧而形成的偏好;更可怕的是,还存在一些"适应性偏好",这些偏好仅仅适应于人们期待的那种低水平的生活。

因此,我暂且做一总结:我们的确希望政治原则能够关注结果,但也需要给它们设定一些任务,这些任务要比结果主义者设定的更少,而局限于同有限领域的、与基本正义事务相关的那些结果打交道。在这一领域之外,社会整体及其基本结构都应当不受任何人的那种单一的完备性善观念——甚至是偏好功利主义善观念——支配。

现在,让我们把重点放在**总和排序**上。以结果为导向的观点,并不需要简单地将所有相关的善物累加到一起。它们可能会以其他方式来衡量这些善物,例如,就像应用于人类情形的能力进路一样,它们可能仅仅会坚持认为,每一个人都拥有基本的权利以达到一种水平而获得某种重要的善物。另外,这样一种观点可能会像罗尔斯的理论一样,重点关注最不利者的境况,而不允许那些不能提高这些人地位的不平等。这些考虑幸福的方式坚持将人当作目的:它们不允许人们能够购买人们的某些最高的幸福,也就是说,不允许利用别人的损失而达到自己的幸福。即便是社会总体福利,也不能引导我们去侵犯个体。

功利主义则臭名昭著地反对人的独立性和不可侵犯性。由于它致力于将所有相关的快乐与痛苦(或偏好的满足和失意)都进行总和排序,所以它无法事先排除一些对特定阶层和团体而言尤为残酷的结果。奴隶制、某些人终生从属于他人等,这些都不会被该理论的核心正义观排除在外,后者将各种满足看作在一个系统内是能够互换的。正如我们在第一章和第五章所看到的,关于总体幸福或一般幸福的经验性的考量,会将上述结果排除在外。众所周知,这些问题是模糊的(尤其是当所涉及的个体的数量也不清楚的时候,这一点我在后面还会涉及)。即使它们不是模糊不清的,似乎反对奴役、折磨和终生性附属的最好的理由就是正义的理由,而不是那种关于总体或一般幸福的经验性的计算。即使我们可以绕开这个问题，考虑到不正义的待遇经常会在被压迫者中产生同盟的这个事实，我们后来也将不得不再次面对适应性偏好的问题。

当我们转向动物时，所有的这些问题都变得非常尖锐。功利在物种间的比较，比在同一物种间的那种人与人之间的比较，甚至要更为困难和模糊。对动物偏好的解读，充满了晦涩难懂和争议。然而，即便我们能够解决这些问题，也还有一个更具普遍性的难题等着我们。功利主义的总和排序，似乎无法基于基本正义而排除那种至少是对某些动物的痛苦而残忍的对待方式。假设我描述的那个印度法院案例中的那些马戏团的动物是唯一遭到残忍对待的动物，那么不太明显的是，它们的表演给大量人类观众带来的快乐不能大于少数动物遭受的痛苦；正如印度法院所做的那样，如果不能直接说"这是无法忍受的，这是一种道德上的侵犯"，那将是一种不幸。以这种方式使基本的伦理权利依赖他人恶毒的快乐，就是让它们处于一种过于薄弱和易受批评的位置，并忽视了那些反对残忍行为的、直接的道德理由。

那么，偏好功利主义是不是做得更好呢？首先，这里也存在概念上的模糊性：显然，我们很难将偏好归于动物。我已经论述过，在人类情形中，该理论具有一些重大问题，包括误导、心存恶意以及减少恐惧的偏好等问题，也包括那些在不好的或不正义的背景条件下形成的适应性偏好问题。这些问题对于动物的偏好来说也仍然是问题，尽管这些变形了的偏好中有许多只在动物和人之间的关系出现问题时才显露出来。动物也能够学得顺从和那些减少恐惧的偏好。马丁·塞利格曼（Martin Seligman）的实验表明，如果使狗一直处于一种知道自己无法得到帮助的精神状态中,那么它们就很难发起自愿性的行为(假设它们曾经是可以这样做的)。[21]那些已经习惯于被囚禁的生物,可能再也无法学会在野外生存。如果此处像在人类情形中那样,简单地将所有这些变形了的偏好相加,而不去挑选出那些不公正的背景条件下的产物,那么这是接受不公正现状的一个良方。

结果主义和总和排序都会给功利主义者带来麻烦。最后,让我们来考察一些在功利主义内部最为盛行的善观念:享乐主义(边沁)和偏好的满足(辛格)。众所周知,快乐是一个难以捉摸的观念。它像边沁所说的那样,是一种单一的感觉,只在强度和持久度上有所差异呢?还是与它们关联的那些行为一样,是不同的快乐,有着本质上的显著不同呢?密尔追随亚里士多德而赞同后者;然而,一旦我们承认这一点,我们就是在接受一种与标准功利主义迥然不同的观点,这种观点与善的同质性及其在质上的单一性紧密相关。

当我们考察动物权利的一些基本政治原则时,以上认同看起来是一个尤为重大的错误。对于动物和人类而言,每一种基本权利都隶属于一个独立的活动领域;可以说,它甚至并没有因为另一种重要的权利而被牺牲。动物像人类一样,会追求多种不同的善物:友谊与亲密关系、不遭受痛苦、行动自如等许多其他方面。将与这些不同领域相关的快乐与痛苦相加,似乎是草率的且具有误导性:我们可能要说,基于正义,动物对以上提到的所有事物都具有不同的权利。

一旦我们要求享乐主义者承认多元善物在单一的、质的维度上是不可公度的，人们自然就要进一步追问，当我们在考察动物权利时，快乐与痛苦是不是我们应当审视的唯一事物。似乎我们能合理地认为，当没有一些善物时，它们并不能感知到痛苦和挫败：例如，自由活动和生理上的满足以及为了亲人和团体的那种利他式的牺牲。某些动物的痛苦甚至也有可能是非常有价值的：某个动物由于子女或父母的死亡，或是由于人类朋友受苦而感到极大的悲伤，这可能是某种依恋的重要组成部分（这种依恋在本质上是善的），就像我们在掌握某种有难度活动时需要付出努力和痛苦一样。

最后，所有功利主义观点，在数量这个问题上，都尤其容易受到批评。肉类工业将无数动物带到这个世界上，要不是由于这种工业，这些动物根本不会存活过。对于约翰·M. 库切（John M. Coetzee）所著《动物的生命》（*The Lives of Animals*）一书中的主人翁伊丽莎白·科斯特洛（Elizabeth Costello）而言，这是肉类工业在道德上最为残忍的一面：它贬低了第三帝国（the Third Reich），因为"这是一个没有目的、能够自我再生的企业，它不停地将兔子、老鼠、家禽及家畜等带到这个世界以便杀了它们"[22]。对于功利主义者而言，这些新生动物的出生本身并不是坏事：实际上，我们能期待新的出生来增加社会整体效益。只要每一个动物拥有稍微值得活的生命，无论这种程度多微弱，那么更多而不是更少的生命的存在就是积极的善。

因此，功利主义具有极大的价值，但同时也具有严重的问题。结果主义与自由主义完备性善观念的多元性冲突；总和排序将某些人当作他人的工具。享乐主义和偏好功利主义抹杀了善的异质性与独特性,忽视了那些并不属于知觉的善物,也没有批评那些在不公正的背景条件下形成的偏好与快乐。

根据以上所有的要点,密尔的功利主义显然要比我们刚刚考察的主流功利主义更好。密尔在思考社会幸福的时候,的确赋予了正义和权利非常重要的地位;尽管人们经常争论这种地位与他的功利主义如何相符。在一些著作如《妇女的屈从地位》(The Subjection of Women)中,密尔拒绝认为有恶意的快乐对于社会选择这一目的而言是有价值的,他也认为每个人的不可侵犯性是非常重要的。最后,密尔坚持快乐有着质的不同,他有时还甚至建议我们最好将快乐看作活动的各种形式。实际上,密尔的观点击中了一个有意思的平衡,即在亚里士多德式的对活动和繁荣的强调与功利主义式的对快乐和无痛苦的强调之间取得平衡。[23]当我们试图将能力进路扩展至人类-动物关系领域时,上述复杂性使密尔的观点成为能力进路的一个重要同盟。

四、尊严的种类、繁荣的种类:扩展能力进路

能力进路当前的形式并没有解决非人类动物的正义问题。它始于人类尊严和值得获得这种尊严的生活等观念。我将会论证,能力进路自身适合于进一步扩展,以至于比当前所讨论的任何一种理论都要更为便捷有用。该进路最基本的道德直觉,关注一种既拥有能

力也拥有深层需求的生命所具有的尊严；其基本目标是解决丰富多元的生命活动的需求。在亚里士多德和马克思那里，该进路坚持认为，当一个具有对于实施某些被看作重要且好的功能而言是内在的或"基本的"能力的生物从来没有机会实施这些功能的时候，就会出现浪费和悲剧。没有给女性提供教育、没有促进足够的医疗、没有在所有公民中推进言论和凭良心行为的自由等——所有这些都被看作导致了某种过早死亡，这是一种被评为值得尊敬和钦佩的繁荣的消亡。因此，这种观念即人类应当有机会按照自己的方式繁荣（假设他们不伤害他人），深深植根于解决基本政治权利之正当性的整个进路中。（我们应当牢牢记住，一个物种中出生的任何一个幼子都具有与该物种相关的尊严，而无论它看起来是否具有那种与该物种相关的"基本能力"。出于这个原因，它也应当具有与该物种相关的所有能力，无论它是独立获得还是借助监护而获得。）

正如我一直坚持的，物种的规范是评价性的，它并不仅仅按照自然实际的方式去宣读各种规范。然而，一旦我们判定某种能力对于具有人类尊严的生活而言是至关重要的，我们便具有了一个强烈的道德理由来促进其繁荣并为其消除障碍。

在人类社会中支配该进路的那种对于自然力量的态度，同样在其他动物社会中起着支配作用。因为在尊敬人类力量的背后有着一种更普遍的态度，这种态度对于能力进路而言是基础性的，而且它与那种驱动康德式伦理学的尊敬并不相同。对于康德而言，只有人性和理性才值得尊敬与钦佩，自然的其他部分不过是一系列工具。与此相反，能力进路与生物学家亚里士多德一起判定说，自然界中所有复合形式的生命都是绝妙的、令人惊叹的。[24]

在《动物之构造》(*Parts of Animals*)一书中，亚里士多德给他的学生做了一次讲座，这次讲座的主题是，为什么他们不应当在一想到研究动物（尤其是那些看起来不怎么高贵的动物）时，就"摆出一张臭脸"。（尽管亚里士多德的主要研究领域是海洋生物学，但他的许多研究都是在关注海洋和海岸线的各种生物。）他坚持认为，所有动物都由有机物组成，因而是同源的；人类不应当自大地认为自己是特殊的。"如果有人认为研究动物是低级的，那么他应当也这样看待自己。"对于一个对知识感兴趣的人而言，所有动物都是绝妙的物体：

> 我们如果能帮助它们的话，就不会遗漏任何一个，而无论它们是更高贵还是更低贱。甚至当那些动物丝毫不会给我们的感官带来快乐时，自然界这位造物主也给那些能够研究事物原因的人以及那些拥有哲学精神的人提供了无尽的乐趣……因此，我们不应当带着一种孩子气的厌恶开始研究那些不太高贵的动物；因为任何事物在本性上都有某些令人惊叹之处。有一个故事是这样的，曾经有些访客想要见赫拉克利特，他们进去之后，发现他正在厨房取暖。他对这些访客说："进来吧，不要退缩，这里也有很多神明。"因此，我们也要着手研究每一种动物，不要摆出一张臭脸，要知道它们中的每一个都是自然的、奇妙的。[25]

赫拉克利特提醒他的访客说，厨房里也有很多神明（或者厕所里也有，因为该希腊词语的意义存有争议）。因此，亚里士多德也呼吁自己的学生要带着一种奇妙和好奇而不是蔑视的心理去观察动物。

亚里士多德的科学精神并不是能力进路包含的全部内容。该进路另外还包括一种道德关注：生命的功能不要被阻止，活生生的有机体的尊严不要被侵犯。与柏拉图主义传统中的希腊思想家不同，亚里士多德似乎并没有追求这些思想。他并没有说过（或没有留下）任何支持素食主义的道德理由或人道地对待动物的更一般的方式。然而，如果当我们看着一个复合有机物时感到惊奇，那么这种惊奇至少表明了这样一种观念：这种存在作为这种事物而生存和繁荣，是很好的事情。这种观念至少与一种伦理判断紧密相关，该伦理判断是：如果一种生物的繁荣被另一种有害主体阻碍了的话，那么这是一种错误。那种更为复杂的观念则扎根于能力进路的核心。

因此，我认为，能力进路在直觉上能很好地超越契约论式的和功利主义的观点。它在起点处就超越了契约论式的观点：它对生物有着基本的钦佩之情，并希望它们繁荣，希望世界上的各种生物都能够繁荣。它之所以超越功利主义的直觉性起点，是因为它不仅对快乐和痛苦感兴趣，还对复杂的生命形式及活动感兴趣。它想要将每一个事物的繁荣看作这一类事物的繁荣。

法律与政治原则是由人设立的。因此，当动物并不是参与构建正义诸原则的成员时，它们如何能够成为正义的完整主体呢？这种安置事物的方式源于关于正义的契约论式的观点；它与能力进路无关。正如我经常说的，社会契约论将两个问题混为一谈，而能力进路则一直小心地加以区分。对于契约论者而言，"谁制定了法律和原则？"的问题被看作必然地在结构上与"法律与原则为谁而制定?"的问题具有相同的答案。这是由于对社会合作的契约论式的完整描述：处于压力之下的人们聚集到一起，通过接受一些限制（这种限制是通过对商讨各方的平等尊重而得出的）来保证自己的互利。这种最初设置保证了他们会将自己看作其随后要设计的正义原则的首要（如果不是唯一的）主体；其他的存在只能借助关心和托管的关系而衍生性地进入。

然而，再一次，没有任何理由表明，为什么这两个问题应当以这种方式被放在一起。既然我们明白正义就在于为诸多不同的存在保障一种有尊严的生活，那么，为什么制定原则的这些人不能将非人类存在看作他们即将要选择的那些原则的成熟对象呢？可见，能力进路是为人类而形成的，但它关注整个世界，并询问该如何在这个世界安排正义；正义是它追求的一种内在目的。人们被认为在眼睁睁地看着这个世界上的残忍与不幸、幸福与友善，并试图思考要如何构建一个世界；在这个世界中，一系列至关重要的、内在于人类尊严观念的核心权利将会受到保护。由于他们关注的是整个人类世界，而不仅仅是那些拥有与自己类似的各种资源和权力的人，所以他们能够直接地而非衍生性地关心那些有精神障碍的人的利益。他们想要这样的一个世界，其中这些生命不会受到挫折，或是受到尽可能少的挫折。一些有精神障碍的人不能成为选择各种原则的参与者，这一事实并不意味着这些进路的那些使用者有任何好的理由来解释，为什么除了其他人之外，法律不应该**为了**这些人或是**与他们有关**。

换言之，我们并不能在互利的"自由、平等和独立的"人们当中寻求社会合作。人们认为，社会合作（再一次，至今被发展得忠于人类）拥有一系列更为广阔而分散的目的，包括为了所有不同的人（其中一些是自由的人而有些是不那么自由或有不同的自由的人，有些是相对独立的人以及所有的至少在某些方面相互依赖的人，有些在能力上是平等的人和那些在能力上极为不同的人——尽管这并不意味着他们在道德上是不平等的），而追求正义和与自身相关的、正当的相依性。合作本身并不是被看作一帮"正常的"人聚集到一起来制定一个契约；与此相反，它具有很多方面，包括各种不同的依赖和相依性。制止损伤各种有价值的自然力量可能会是在合作的各种目的中较为突出的、内在于该进路的对基本正义的说明。这些特征使我们能够很容易地扩展这一进路，以囊括人类-动物的关系。

现在就让我们开始这种扩展。通过类比和扩展，社会合作的目的应当是：有尊严地一起生活在世界上；在这个世界上，许多物种都要繁荣。（现在，合作本身要取得多样而复杂的形式。）如果我们追随该理论的那些直觉性观念，那么能力进路在制定各种政治原则以协调人与动物关系时的总体目标就是，那些具有感知能力的动物都应当有机会过一种繁荣的生活，这种生活能够与该物种所具有的尊严相称；而且，所有具有感知能力的动物都应当有某些积极的机会去过一种繁荣的生活。出于对一个包含各种生命形式的世界的应有的尊重，我们带着一种道德上的关心来考虑每一种繁荣，并努力争取它不被消除或无果而终。

与契约论不同，这种进路涉及对动物的直接的正义责任；它并没有使这些责任衍生于或后于我们对人类同胞所具有的那些义务。它将动物当作对象和主体，而不仅仅是同情的对象。与功利主义不同，它尊重每一个独立的生物，拒绝将不同生命的和不同种类生命的善相加。没有一种生物被当作实现其他生物或社会整体目的的手段。能力进路还拒绝将每一个生命或每一种生命的多种构成成分相加。因此，与功利主义不同，它能够一直关注这样一个事实，即每一个物种都具有不同的生命形式和不同的目的；再者，在一个既定物种的内部，每一个生命也都具有多样的、不同的目的。（它对于有感知生物的关注将会在下文中受到维护。）

在人类情形中，能力进路的运行并没有伴有一种完整的、全备的关于善的观念，因为它尊重人们在多元社会中选择的各种各样的生活方式。它旨在保护某些核心权利，这些核心权利内在于"有尊严的生活"这一观念；不过，它是以能力而不是发挥作用为目标，并且它集中于少数能力。在人与动物的关系中，限制的需要甚至更为强烈，因为动物实际上不会直接参与构建政治原则的过程，所以，会存在很大的给它们强加一种它们不会选择的生活的危险。那么，我们最好寻求一系列有限的政治原则，这些原则主要关注许可或保护，而不是一种与好的动物生活相关的完备性的观念。

五、方法论：理论与想象

然而，在我们能进一步深入之前，我们必须面临一些难题，这些难题与恰当的哲学方法有关。能力进路遵循罗尔斯所描述的方法,通过这种方法我们旨在达到"反思平衡"。[26]罗尔斯正确地将这种方法追溯到亚里士多德与西季威克。在苏格拉底式的自省中,我们仔细审查了各种道德判断和道德直觉,以询问哪些是亚里士多德说的"是最深刻的、最基本的"或罗尔斯所说的"经过深思熟虑的判断"。我们接着考察各种主张将这些与其他判断组织在一起的理论。我们不会认定某些事物是恒定的;我们在各种被看作一组的理论和判断中寻求连贯与匹配。如果一种不同的强有力的理论会得出这一结论,那么我们会修改自己的那些经过深思熟虑的判断(尽管通常只在其他判断——可能是更为普遍的判断——支持该理论时,我们才会这样做)。我们也有可能根据自己的那些经过深思熟虑的判断而修改或拒绝某种理论。没有什么被看作事先固定的——甚至于像简易性和连贯性对于正式原则有多重要,都没有事先确定。[27]最佳的、唯一的裁判是每一个人和相关的裁判共同体。[28]

罗尔斯的讨论并没有强调亚里士多德式方法对于想象的运用。通常我们会通过想象备选的这些可能性会构成的那种生活形式并询问自己,在由这些政治原则支配的生活中将会有什么样的苦难或繁荣,而告诉自己这些可能性。[29]罗尔斯的原初状态需要这样一种实践,因为各方必须处于他们为人们所构建的不同的社会位置去权衡各种生活机会。[30]这样的想象不会被不加鉴别地应用,它们总是被用来反对各种理论和经过深思熟虑的判断。然而,当我们考量在选择追随一种理论或者改变我们的某种经过深思熟虑的判断时,它们经常能够给我们预示。

在考察非人类动物的道德权利时,这样的一种进路会怎样进行呢?这里有一个难题,想象在人类情形中呈现的范围较小。正如彼得·辛格和其他功利主义者所强调的,想象可能是一种非常自私自利的工具。所有关于动物生活的文字性描述都出自人类之手,很有可能我们所有关于动物感受的同情性想象都受到我们人类对生活的理解的影响。由于这些原因,功利主义者趋向于更喜欢一种对原则的纯粹依赖:一旦我们设置出正确理论的各种指令,我们就只要将其应用于动物,而不需要对动物受苦状况的不可靠的想象。

当然,实际上,没有功利主义者会在实践中这样论证。因为我们会很难明白,为什么在不依赖那些经过深思熟虑的判断、没有想象生物的受苦状况的情况下,功利主义会是一种正确的理论。如果这在一般意义上是正确的,那么它在动物情形中就更加正确了;动物无法提出它们自己的判断和理论,而且我们也必须在某种程度上从自己那不完美的人类角度来评价它们的生活。那么,除了想象动物的生活和它们的受苦景象,我们还能怎样进行呢?杰里米·边沁曾经与动物近距离生活过,经常与它们互动,并从这些嬉戏的互动中获得乐趣(在这些互动中,像边沁所拥有的那样的想象是非常显眼的)。[31]彼得·辛格的文字包含了某种最强有力的引诱,引诱人们去想象记载过的动物受苦景象。如果即便是这些(其中理论观点反对依赖想象)在实际上都求教于它——尽管是批判性的,那么源于其他起点的各位理论家就都是正确的了。对于促进反对残忍地对待动物这个方面,想象力丰富的文字一直是至关重要的。

人类所有关于动物行为的描述用的都是人类语言,并受到人类经验的影响。正如辛格所强调的，存在一种借助拟人性预测来使事物产生错误的真正的危险。然而，我们应当提醒自己，同样的问题也困扰着人类关系。正如普鲁斯特（Proust）所说的，一个真正的人会强加一种"我们的感受性无法除去的可怕的负担"[32]，这是一个晦暗神秘的领域，即便是其他最完善的心智都无法完全洞悉。只有在我们自己的想象中，我们才能体验他人的内心世界。通过这种观察，普鲁斯特得出了那个令人吃惊的主张，即只有文字功夫能够让我们进入另一个人的心灵：当我们读一本小说时，我们所做的就是我们通常必须要做的——如果我们要赋予生活另一种形式的话。[33]在这种意义上，我们所有的伦理生活都包含了预测的成分、一种要超越既定事实的成分。如果我们逼迫自己，如果我们要求自己的想象超越常规，那么同情性的想象要跨越物种的障碍似乎也不是不可能的。正如库切所幻想的人物伊丽莎白·科斯特洛，她是一个小说家，正在做一场关于动物生活的报告，她说："心脏是一种能力——**同情**——之所依，后者让我们时常能与另一个存在共同分享。"[34]

因此，能力进路运用同情性的想象（尽管它不太可靠），以在这一领域扩展并改善我们的道德判断。它还运用与尊严相关的理论性洞见以校正、改善并扩展判断和想象。没有万全的良方保证我们正确地做这一点，但我们得从某一处开始，而且很有可能在这一领域中，任何一种深刻重要的道德实践，比我们大多数人在这一话题上通常有的那种自私自利的幼稚思维都要做得更好。

尽管这种方法能够与许多不同的理论配合使用[35]，但我认为，这种复杂的整体性方法及其对叙述与想象的囊括，的确在动物权利这一领域最终让能力进路的选择超过其他理论。想象与讲故事直截了当地提醒我们，动物的生活是多种多样的，在物种内与物种间都有着多重的活动和目的。如果这样一种方法要得出"在所有的生命中，只有一件大事是重要的，如知觉或理性"这个结论，那么将是十分奇怪的。想象也会让我们明白力量的不对称性，如果我们不仔细研究生活和关系的本质，我们就很可能忽略这一点。最后，想象动物的生活会以一种重要的方式，使它们对我们而言是真实的并作为正义的潜在对象；而一种契约式的进路则主要考虑拥有特殊人类理性天赋的存在物之间的互惠，从而注定只会使它们具有衍生性的重要性。

在第三章，我已经较多地论述了这样一个事实：能力进路运用一种政治个人观，后者不同于康德式契约论进路中所运用的个人观。这种亚里士多德式的观念使人类道德和理性紧紧地与人类的动物性相连，并坚持认为人类的动物性本身就具有尊严。在人类的需求中，在人类短暂的出生、成长与消亡的过程中，在相互依赖和不对称的依赖中以及（相对而言）在独立的活动中，都有着尊严。这种人的观念与正当性证明的整个方法密切相关，也是公民出于政治目的而想象自己人性的一种主要方式。

现在，我们必须进一步扩展该观念的这一个方面。正如我们已经说过的，法律与政治原则都是由人制定的。因此，政治个人（法律制定者）观仍然是我们在第三章所澄清的亚里士多德式的观念。然而，由于能力观念并没有将两个正义问题（谁制定了原则、原则为谁而制定）相混淆，所以它现在需要一种不同的政治生物（作为正义的主体）观。原则的人类制定者被看作一种穷困的、经常依赖他人的动物，这一事实为我们即将要进行的扩展做了准备。那些这样看待自己的人以及那些不因为自己独一无二的特征而自鸣得意的人，比契约论者更有可能将自己看作在为一个密切联系着的世界制定原则，这个世界包含了各种动物生命，每一种都有自己的需求，每一种都有自己的尊严。因此，那种作为正义之主体的生物的观念就是关于如下这个世界的观念：在这个世界，很多不同的动物在努力过自己的生活，而每一种生活都具有尊严。这根本就不是一个单一的观念，因为生命形式的多元性对于整个观念而言至关重要。

六、物种与个体

这些认同的焦点应当是什么呢？这里似乎与人类情形一样，焦点应该是生物个体的幸福和尊严。能力进路一点也不重视数量的增长，其焦点在于现存生物的幸福以及当它们的力量遭到损害后即将要遭受的伤害。生物当然无法独立地繁荣，因此，对于动物而言，适当的团体和共同体的存在是个体繁荣的重要组成部分；这一点与人类一样。

那么物种的延续又如何呢？对此我的答案是尝试性的，而且我确定这些答案会使某些研究生态学的思想家感到不满意。在这个领域还要做进一步的研究工作。然而，到目前为止，我认为，如果物种的灭绝方式对于生物个体的幸福并没有什么影响，那么物种的延续就并没有**正义**的考量所具有的那种道德分量（尽管它肯定具有美学意义、科学意义或其他某种道德意义）。不过，一般而言，物种之所以会灭绝，是因为人类在杀害它们并在破坏它们的自然环境。因此，对个体的损害造成了对物种的损害。我认为，这种个体性的伤害应当成为能力进路维度内道德关注的焦点。生物多样性可能是一种善，但这是哪一种善、它与政治正义可能具有什么样的关联等问题，似乎最好留给另一种研究。如果我在"什么使某事成为一个**正义**问题而非其他问题"这一点上是正确的，那么动物之所以成为正义的对象，就是因为个体动物正在遭受痛苦和剥夺。

濒临灭绝的物种的个体应当得到更多的关注吗，就像现在那些濒临灭绝的物种的栖息地能获得特殊的保护那样？在人类中，时常也会发生一些类似的事情。《威斯康星州诉约德尔案》（*Wisconsin v. Yoder*）中的原告——阿米什的家长请求免除自己孩子后两年的义务公共教育；他们认为，由于他们的整个生活方式可能不复存在，自己的宗教自由也为此受到威胁。[36]这就是为什么那些独特的个体有自由活动的权利。通过这一争论，他们为自己的孩子在教育方面赢得了一种特许权。我认为，人们可能会以同样的方式证明对濒危物种的特殊关心是正当的，这也是一种方式以表明我们关心该物种的个体成员所具有的繁殖能力和普遍繁荣。加大对栖息地和繁殖环境的关心是有必要的，这并不是为了那些还未出生的、将来的个体，而是为了延续现有个体所过的那种生活方式。无论如何，这将会是道德关切的焦点，在这种道德关切中，基本的正义已经被提出了。我们在人类情形中采用了一种正义的挽救原则——关于这个话题，我想罗尔斯已经写得非常令人信服了[37]，那么，我们在动物中也可以采用一些类似的原则。这种对个体的关注并没有排除这样一种观念：其他的原则无论是美学的、伦理的或科学的，都可能会规定将物种的延续本身看作一种善。

那么，这种观点就是个体主义的，它将现存生物（而不是集体或物种）当作正义的基本对象。然而，我们现在必须考虑另一种个体主义，亦即众所周知的"道德个体主义"，它认为物种的成员本身并不具有道德相关性，而所有的道德相关性都在于个体的能力。

几乎所有关于动物权利的伦理观点都认为，不同的生命形式在道德相关性上存在差别。打死一只蚊子与杀死一只大猩猩所造成的伤害是不一样的。不过问题在于：哪种区别与基本正义相关呢？辛格追随边沁，以感知能力作为依据。许多种动物都能够感知到身体的痛苦，而给一个具有感知能力的存在物施加痛苦总是不好的。如果存在一些没有感知能力或几乎没有感知能力的动物——似乎甲壳纲动物、软体动物、海绵体以及其他一些被亚里士多德称为"静止不动的动物"，那么杀死它们就没有造成伤害或是造成微乎其微的伤害。再者，在具有感知能力的生物中，有一些能够通过自己的认知能力而受到更多的伤害：有少数动物能够预见或注意到自己的死亡，其他一些动物会有意识并感知有意愿要活下去，而这受到死亡的阻挠。对于辛格和边沁而言，无痛苦地杀死一个并不能预见自己死亡或没有意识要延续自己生命的动物，并不是一种恶；因为对他们来说，所有的恶都在于利益的损害，这也被理解为各种形式的自觉意识。[38]那么,辛格就不是在说,某些动物内在地比其他动物更加值得尊重;他只是在说,如果我们同意他说所有的伤害都源于感知能力,那么该生物的生命形式就限制了它能够在实际上遭受伤害的那些条件。

汤姆·雷根(Tom Regan)维护了一种基于权利的动物权利观[39],他拒绝承认在所考察的那组动物内部存在内在价值上的差别——这些动物包括所有已满1岁的哺乳动物。他认为,所有这些动物都具有内在价值,而内在价值与程度无关。然而,他在自己关于内在价值的说明中也非常看重自觉意识;他论证说所有已满1岁的哺乳动物都具有内在价值,这在很大程度上支撑了他的一个主张,即它们的确都具有内在价值。

詹姆斯·雷切尔(James Rachels)的观点综合了功利主义和亚里士多德主义的元素[40],他像辛格一样,认为当我们考虑什么样的对待方式是可允许的、什么样的是不可允许的时候,生物的生命形式所具有的复杂性和层次性会产生不同。不过,他考虑的那些伤害并不像辛格主张的那样,存在于感知能力中,因此,他会将对自由活动的某些形式的限制看作有害的,而无论该动物是否意识到这些是有害的或限制性的,也无论该动物是否有意识要自由活动。然而,在普遍地说明生命形式之复杂性起作用的**方式**时,他与辛格是一样的。从宇宙中更为独立的观点来看,没有哪些生物在本质上是更加奇妙而可贵的。(这可能是亚里士多德所相信的。)与此相反,一个生物的复杂性影响了什么能够成为对它的伤害。与痛苦的伤害相关的是感知能力;与某种具体的痛苦的伤害相关的是某种具体的感知能力（如想象自己死亡的能力）；与自由的减弱这种痛苦相关的是一种自由或意志自由的能力。如果我们抱怨说一条虫被剥夺了意志自由或一只兔子被剥夺了投票权，那是毫无意义的。

综上所述，由辛格和雷切尔提出的那种道德个体主义，引发了两种主张，我们现在必须对这两种主张进行评价：第一个主张是，能力的不同并不是通过构建价值或重要性的等级，而只是通过影响什么能够成为对这个生物有利或有害，而影响了权利；第二主张是，物种成员本身在影响什么能够成为对这个生物有利或有害的这一方面，并没有什么意义——只有个体的能力才重要。

这第一个主张是有力的，能力进路能够轻而易举地与之达成共识。我们不应该追随亚里士多德，说存在一种关于生命形式的自然的次序，有些存在在本质上就比其他存在更值得支持或钦佩。在某些关于良善生活的完备性的观念中，关于内在价值的考量可能会具有某种其他道德意义。当一种完备性道德观念做出如下判定时，似乎是合理的：某些行为与快乐是"更高的"而有些是"更低的"，有些生命更为富饶而有些更加贫瘠；如果对生命的选择是一种连贯的思想实验，那么像大猩猩那样生活比像虫子那样生活就更好。然而，以下这一点看起来却是可疑的：这些考量应当影响基本正义问题和正义原则（在这些正义原则中，我们要构建出一种进路来解决那些问题）。

那么，此处我们应当同意雷切尔，但要用一种稍稍不同的方式来表述他的观点。因为能力进路在基本（固有）能力的显露和盛行中发现了道德意义，这些能力被看作好的而且是至关重要的；它也会在这些能力受到阻碍或妨害时发现伤害。更复杂的生命形式拥有更多的复杂的（好的）能力以受到阻碍，因此，它们会遭受到更多不同的伤害。我们会同意雷切尔说，当一只兔子被剥夺了投票权、一条虫被剥夺了宗教自由时，并没有什么受到了阻碍。生命的层次之所以具有相关性，并不是因为它赋予不同的物种不同的本质性价值，而是因为一个生物所能遭受的痛苦的类型和程度随着它的生命形式的不同而有所不同。

那么，有没有一个临界点，在它之下的那种对能力的阻碍就并不是一种伤害呢？打死一只蚊子看起来是最小的恶，因为似乎蚊子不会感觉到痛苦。辛格要解释这一结论是很容易的，而能力进路要解释就更加困难了，因为善存在于各种繁荣的机会中，而不仅仅存在于感知能力中。为什么蚊子要继续存活的能力不能成为一种不能被消除的能力呢？此处，我认为，能力进路应当承认功利主义中的智慧。[41]感知能力不是对基本正义而言唯一至关重要的东西，然而，似乎我们能够合理地认为，拥有感知能力是成为某种共同体成员的基本条件，这些共同体成员拥有基于正义的各种权利。如果我们抛开蚊子对其他动物造成的伤害（我将在下文考察这一点），那么投入大量精力来打死蚊子就似乎是一件荒唐而令人不愉快的事情。我们也没有必要杀死那些具有类似能力的无害昆虫。不过，这是与基本正义有关的事情吗？是政治原则应该涵盖的事情吗？我认为，如果我们暂且将注意力集中于有感知能力的生物，那么我们就已经有足够的要考虑的对象了。

对于能力进路而言，快乐与痛苦并非唯一具有内在价值的东西，考虑到这一事实，该进路严格地说不应当认为，感知快乐与痛苦的能力是道德身份的一个必要条件。相反，我们应当采取一种析取性的进路：如果一个生物具有感知快乐与痛苦的能力，**或从一处到另一处的活动能力**[42]，**或表达情感与依恋的能力**，**或理性能力**等（我们还可以加上玩耍、使用工具等能力），那么该生物就具有道德身份。科幻小说提醒我们，有一些高智商生物没有感知快乐与痛苦的能力。宗教也是如此：在很多传统观念中，上帝是一个理性存在，它缺乏感知能力。不过，我们所了解的自然并不像科幻小说和宗教。所有具有上述某种其他重要能力的生物，都会具有感知快乐与痛苦的能力。亚里士多德提醒我们，这并非偶然：因为感知能力对于运动、依恋、情感和思想而言，是至关重要的。不过，我们可能会为了理论上的目的，而认可科幻小说所说的那种可能性。

现在，让我们转向第二个主张。对于功利主义者和雷切尔而言，一个生物所隶属的那个物种并没有道德上的相关性。功利主义的作者喜欢把猿猴和儿童以及有精神障碍的人放在一起比较。与此相反，能力进路由于其关于独特活动与生命形式的理论，似乎会赋予这种物种成员某种重要性。我在第三章讨论过，塞莎所隶属的物种在描述社会应当扩展给她什么样的能力（无论是直接地还是通过监护）时，会具有道德上的相关性。

首先，我们应当承认，我们需要比目前了解更多的关于动物能力的知识。其次，我们应当承认，我们可以从对生命延续的反思中学到很多。雷切尔对达尔文主义及其伦理意义的研究，以一种非常令人信服的方式向我们表明：这个世界并不是像斯多葛学派和犹太-

基督教传统说的那样，人类与自然的其他部分截然分开。[43]能力是纵横交错、相互重叠的；一只黑猩猩可能会比一个幼小的孩子或一个大一点的但患有孤独症的儿童，具有更多的同情和洞察的思维能力；而且，人们经常自大地认为只有自己才拥有的那些能力，在自然界中也广泛地存在：雷切尔生动地解释了达尔文的一篇重要的关于扁形虫之实际智力的论文。这种反思帮助我们更加正确地、不那么自大地认识自己；它帮助我们将理性看作一种动物能力，其尊严并不与动物性背道而驰，而是内在于动物性；它还帮助我们将同情和利他主义看作在自然界广泛存在的特征，而不是上帝赐予的道德自然界的特殊产物。[44]

另外，似乎要从这种考察中得出"物种成员在道德上和政治上不具有相关性"这一结论是错误的。一个精神上受到严重损害的儿童，实际上也与一只黑猩猩是迥然不同的，尽管在某些方面她的能力可能与之相当。她是作为人类共同体而不是其他共同体的成员而生活的；在人类共同体中，她可能繁荣发展或相反。在这个共同体中，她繁荣的可能性根据物种的规则而定。塞莎和杰米无法选择离开人类并在一个不需要语言的灵长目共同体中生活。由于这个原因，他们在语言能力方面的障碍必须由社会来解决：在杰米的情形中，可以通过特殊设计的教育和理疗来加以解决；在塞莎的情形中，则要通过形成监护的关系来加以解决。再者，他们的残障给物种特有的繁荣方式造成了障碍，这一事实给社会形成了一种道德必要性：在可能的情况下，我们应当探讨并解决这种障碍，即便这种探讨的代价十分昂贵。肤浅地将塞莎和杰米与黑猩猩做比较，会使这些问题变得模糊。根据人类科学家的理解，对于黑猩猩来说，语言的使用是一种无用的装饰；它们在自己共同体中的那种独特的繁荣模式并不依赖它。对于塞莎和杰米来说，获得某种语言能力（最好是通过自己的发展，但这是不可能的，而要通过监护），对于一种有尊严的生活而言则是至关重要的。他们都只能作为人类而发展，他们不能选择作为快乐的大猩猩而繁荣。

亚瑟的情形给这个问题增加了一个新的维度。根据洞察性思维实验，亚瑟以前所具有的社会能力比某些黑猩猩还少。但没有人类动物能够与亚瑟相提并论，他的语言和数学能力相当发达。道德个体主义似乎会说，出于规范的目的，我们应当将亚瑟看作独具一格的存在，不能真正地符合任何一种；我们应当仅仅发展他所具有的那种混合能力，而不在任何一个领域做出特别的努力。然而，在实际上，亚瑟如果发展的话，他也是作为人类而发展；这一事实表明，我们必须做出特别的努力以发展他的社会能力。很显然，如果没有这种努力，他就不会形成有意义的、更宽泛的社会关系以及有用的政治关系。这种缺乏对亚瑟来说很重要，因为人类共同体是他的共同体。他无法选择离开并在宇宙的某处寻找一个有着高智商但拥有最低社会能力的外星人共同体（如史派克先生①）。人类对他有所期望，因此，教育就必须培育这些能力，即使要设计这样的教育是极其昂贵的。物种范式的相关性在于，它界定了背景、政治和社会共同体，其中人们要么发展要么不发展。因此，他们需要提供支

---

① 《星际迷航》中的人物。——译者注

撑，以便像政治上界定的那样，获得那些组成物种范式之一部分的核心能力。

简言之，物种范式（经充分评估的话）告诉我们什么是恰当的基准以判定一个既定生物是否拥有体面的发展机会。同样的事情也适用于非人类动物：在每一种情形中，需要的都是一种具体到物种的、关于核心能力的说明（这可能会包括特殊的种际关系，如传统的狗与人类之间的关系），也需要一种认同，以使该物种的成员达到那种规范，即便在这个过程中存在特殊的障碍。

让我们以贝尔为例。贝尔是一只智商很高、充满友爱的德国牧羊犬，它在凯斯·桑斯坦（Cass Sunstein）和艾伦·罗迪克-桑斯坦（Ellen Ruddick-Sunstein）的家里生活了八年。当贝尔慢慢变老的时候，它的臀部开始滑落。它并不觉得痛，但它不能像以前那样活动了；逐渐地，它不得不拖着自己的后腿与臀部。由于它并不感觉到痛苦，因而道德个体主义很可能不会提议要为贝尔提供任何特殊的对待。但它家人的想法却与此相反，他们为它配置了一辆新近研发的给狗坐的轮椅来支撑它的后腿和臀部，以使它能够通过用前腿走路来移动自己的身体。贝尔与杰米和塞莎相似：三者都需要不同寻常的支持，以尽可能多地获得一种具体到物种范式的发展。可活动性是狗的发展中至关重要的一部分，对于海绵体则并非如此。对于贝尔来说，能够活动是有尊严地生活的重要组成部分。思考这种独特的活动和狗的这些交互影响能够帮助我们明白：何处需要不同寻常的对残障个体的帮助和支持。

这样说并不意味着，人类应当有责任以这种直接的方式或某种干涉主义的方式去支持所有动物的能力。然而，对于狗而言，少有例外地，它们无法选择在一个全是狗的共同体中发展；它们的共同体总是包含了亲密的人类成员，因此，很显然，人类对它们之能力的支持，在道德上是可允许的而且在某些情形中也是必需的。道德个体主义在这些事务上无法指导我们。

七、评价动物能力：没有自然崇拜

在人类情形中，能力的观点拒绝直接从一些与人类本性有关的事实中抽象出各种规则。我们应当尽可能地了解人类特有的能力；而这一信息是有价值的，它能告诉我们：我们的机会是什么，我们面临的危险可能是什么。不过，我们必须从评价人类所特有的这些力量开始，询问哪些是好的，哪些对于体面繁荣、有人类尊严的人类生活而言是至关重要的。因此，在最开始的时候，不仅要将评价还要将道德评价纳入该进路。许多在人类生活中能够发现的事情并没有都被列入能力清单。政治观念并没有职责要培养贪婪或给罪恶和残忍提供滋生的机会，尽管所有的这些活动都肯定是以人类力量为基础的。繁荣的观念完全是评价性的、伦理性的，它认为，某些趋势遭到挫败不仅与繁荣相容，而且实际上是繁荣需要的。[45]

任何一种理论中都存在某种危险，它暗示着一个物种独特的繁荣和生活形式。这是使自然浪漫化的危险，抑或是暗示着，如果我们人类不加干涉的话，事物会如其所是地保持自己的秩序。当我们从人类情形转向动物情形的时候,这种危险似乎变大了——在人类情形中,我似乎不可避免地要进行一些道德评价,而在动物情形中,如果可以进行评价的话,那也是难以捉摸的。至少某些环保主义者的著作内含着某种图景,在这一图景中,自然和谐且睿智;而人类则是野心勃勃、自不量力的,如果我们能够融入这种精妙的和谐,那么我们会生活得更好。约翰·斯图亚特·密尔在《自然》("Nature")一文中,对这种自然图景已经进行了非常理智的攻击;他的这篇论文指出,自然远不是符合道德规范的;相反,它实际上非常粗暴、对道德规范毫不在意、挥霍浪费、充满矛盾:

> 完全就事实而言,几乎人类对他人所做的所有要被处以绞刑和收监的事情,其实是自然界中的日常行为。杀害——这一被人类法律认定为最严重的犯罪行为,自然对每个生物都会实施一次;并且,在大多数情形中,在长时间的折磨之后,只有我们知道的那些最大的野兽才能对那些活生生的动物下手。如果出于一种随意的保留,我们拒绝将任何行为认定为谋杀,除非缩短了人类寿命所应该有的长度;除了一小部分生命之外,自然也会对所有生物做这一点,而且以各种形式去这样做,无论是暴力地还是悄无声息地——其中最坏的人剥夺了他人的生命。自然把人们刺死,碾压人们,把人们丢出去让野兽狼吞虎咽地吃掉,把人们烧死,用石头把人们碾碎(就像基督教的第一位殉道者那样),把人们饿死,把人们冻死,用她所散发出来的那些快性的或慢性的毒液将人们毒死。还有上百种其他的令人惊骇的备用死法,比如纳比派(Nabis)或图密

善（Domitian，罗马帝国皇帝）都从未超越的、经过精心设计的残忍。[46]

我们可能会补充，自然不仅会对人类做这些令人不愉快的事情，也会对其他动物做这些事情，它们彼此之间的关系、与自然环境之间的关系，绝非和谐的。

密尔对于事物的看法，也并不仅仅是他以人类为中心这一视角的产物。这种观点存在于许多现代生态学思维中。让我们引用环境保护方面的一位领军人物丹尼尔·波特金（Daniel Botkin）的一段话：

> 在环境科学中有一场革命，这场革命的核心从自然之稳定性这一古老的观念转移开来，这种观念是自然之平衡这一古老神话的一部分。简而言之，自然之平衡这一神话具有三个基本特征。第一，自然不会受人类影响，会达到一种形式上和结构上的恒定性，这种恒定性会无限期地存留。第二，这一永久性条件，对于自然而言是最好的条件，对其他生物、对环境、对人类都是最好的条件。第三，一旦脱离这种恒定性状态，自然就会回归于它。自然之平衡这种观念深深地植根于我们的历史、文化和宗教中……不幸的是，这个自然之平衡的神话并不是真实的。在过去的 30 年中，这已经被表明是环境科学革命的一部分。[47]

波特金接着以多种方式支持这一主张，他论证，我们应当特别注意，许多我们认为是这样的自然生态系统，实际上都只是由于各种形式的人类干涉才得以维持到这种程度。他总结：我们不能不管自然，而指望她自己管理自己；相反，我们必须精确地了解每一个物种，精确地知道我们的目的应当是什么，并用细致标准的论证加以支撑。在这一过程中，他认为，我们不应该拒绝接受人类的改变，而将其看作在定义上就是不好的，因为他们可能是使生态系统得以维持的事物。

这些问题将我们带离动物权利问题，后者才是我们关注的焦点。不过，它们的确告诉我们：一种不做评价的观点会从观察动物那些独特的生活方式中直接抽象出各种规范；它很可能不会成为促进动物之善的一种有益途径。与此相反，我们需要谨慎地评价"自然"和那些可能的改变。尊重自然不应当也不能意味着就让自然如其所是，而必须包括谨慎规范地论证那些合理的目的可能是什么。如果我们从自己所能想出的最好的研究着手，那将会是有意义的，即研究：当我们让动物采取自己的策略时，它们会做什么？它们会如何想象自己的繁荣或它们会怎样追求繁荣以及它们会不会想要繁荣？不过，这只是评价的开始，而不是结束。

在人类中，首要的领域就是伤害他人的领域，在该领域中，政治观念禁止或没有促进那些在人类生活中普遍存在的趋势。当然，动物也无所不在地既对自己物种的成员也经常对其他物种的成员造成伤害。这种造成伤害的能力可以分为两种。在一种情形中，某个动物经常由于食物而直接地攻击或杀害另一个动物；姑且让我们将这称为肉食动物的情形。在另一种情形中，该动物的某些特殊行为对其他物种造成伤害（如携带疾病、糟蹋农作物等），即便该动物只是在过自己的生活，而没有恶意或怀有敌意的行为；让我们将这称为蚊子的情形。

在这两种情形中，能力理论家将会强烈地倾向于认为，那些造成伤害的能力并不能位于政治和社会原则应当保护的那些能力中。然而，要这样说——如果我们要保护那种适用于人类之核心能力的一般观念——就需要我们判断，这些能力及其发挥相关的作用，对于该生物作为这种生物过一种繁荣、有尊严之生活的能力而言并不重要。然而，如果我们让主观性经验参与判定何谓一个生物的繁荣，那么以上判断就并不那么容易得出。能力进路并不是功利主义的，也并不认为所有的善都是能被感知的；它也不会从人类的欲望和偏好中直接抽象出规范。相反，它采取一种独立的道德论证来支撑自己关于能力和有人类尊严的生活这两者之间联系的主张。然而，欲望并没有被完全否认：（在人类中）该进路的确将最广为人知的欲望进路的结果，用来再次确认能力清单并基于这样一种假设：没有哪一种系统地阻挠人类欲望的观点能够长久地保持稳定。[48] 如果我们将这一进路应用于其他物种，那么我们将很难坚持认为，一个由于自己食肉能力被禁止而感到挫败和痛苦的生物，是在过着一种繁荣的生活。我们可以期望一个人不通过杀人就能学着去过一种繁荣的生活；我们甚至还可以希望他不要杀害动物。然而，如果一头狮子没有实施捕食动物这一能力的自由，那么它似乎就会受到巨大的伤害；并且，它还没有机会通过教育或文化渗透来消除这种痛苦。

然而，这种能力的观点在此处区分了能力的两个方面。杀害小动物的能力（按照这种定义）并没有价值。基本政治原则可以忽略它甚至禁止它。不过，实现自身捕食动物本性的能力则避免了饱尝挫败的痛苦；如果这种挫败的痛苦很严重的话，那么这种能力就可能具有很大的价值。动物园已经了解该如何做出这种区分。由于意识到自己并没有给肉食动物提供足够的机会来实现捕食动物这一能力，他们现在不得不允许这一能力的实现，而面对那种对小型动物所造成的伤害问题。他们应当让老虎咀嚼一只更纤弱的羚羊吗？布朗克斯动物园已经发现，它能够给老虎提供一个系在绳子上的大球，这个大球的反抗和重量象征着那只羚羊。老虎似乎对此很满意。那些养着肉食性动物的人会对这样的花招比较熟悉。（在人类中，竞争性运动似乎也起到了类似的作用。）无论肉食性动物是否直接依赖人类的支持和控制而生存，这些方法在道德上都似乎是最合理的。

至于另一种情形：动物并没有意识到要杀死任何生物，但它们的日常行为能传播疾病或杀死植物。某些这样的动物是位于感知能力这一临界值之下的，它们也不具备任何其他的能力，以被我们的那种关于道德身份的析取性的论证计算在内。因此，如果杀死它们是保护我们自身和他者的一种手段，那么我们不应当过于介意。另外，如果可以使它们失去生育能力并以这种方式（而不是通过杀害）防止它们传播，那么这样做反而更好。至于那些位于感知能力这一临界值之上的动物，例如老鼠，在我看来也可以接受功利主义的智慧而认为，首要的目标应当是无痛苦的、人道的杀害（如果需要有杀害的话——可能会要有杀害），以防止疾病的传播或者对人类儿童及其他动物造成伤害。再者，绝育手术或其他非暴力的方式在道德上也是可取的。

除了这些对他人造成伤害的问题之外，似乎人类最好不要过多地预测动物的能力，而是要根据每一个生物的所作所为，试图去观察它实际上认为什么是重要的。那些歪曲——使以偏好为基础的进路在人类情形中成为极度不可靠的——是在复杂的人类社会中进行社会化的结果，同时伴有他们的等级制度和关于何为恰当与合适的准则。尽管我们的确在一些动物的生活中发现了这种适应性偏好，这些动物生活于广泛的人类影响中；但这种适应性偏好在其他动物的生活中很可能并不常见。尊重其他物种的一部分，就是愿意观察、研究以及倾听一个动物共同体的内在节奏，以及它们的生活方式所表达出来的那种价值感。

八、积极的与消极的、能力与作用

在人类传统中，对积极的和消极的义务有着明确的区分，似乎有必要对其进行批评。传统道德认为，通过攻击或欺骗去伤害另一个人是不对的；不过，让一个人饿死或病死在道德上则并没有什么问题，即便更加公平地分配社会资源就能够解决这些问题。我们有严格的不要做出恶行的义务，但我们没有相应严格的消除饥饿或疾病抑或出钱来阻止它们的义务。[49]

能力进路引入了两个问题：一个是积极/消极的区分，另一个是内含于其中的那个正义问题和物质援助问题的区分。所有的人类能力都需要花钱来维系，这与保护财产权和个人安全、医疗、政治和公民自由以及提供足够的安身之所需要花钱是一样的。正如我们在第五章所看见的，能力进路批判了人权进路，后者只是根据"消极自由"以及"第一代权利"和"第二代权利"之间的区分来界定权利，这种区分经常与政治权利观念中的"消极自由"联系在一起。一个保护能力的国家在每个领域都肩负着肯定性的任务，而在每个领域这些工作都需要钱，这些钱一般都是通过税收而来的，这在某种程度上也就是再分配。我们如果要取得进展的话，就需要批评这种在政府行为与非干涉之间以及在正义与物质援助之间做出的区别。即便是我刚刚援引的再分配的观念，也需要对其进行质疑，因为它基于一种先在的规定，即人们拥有他们所持有的那些不平等的份额。哲学史上许多所有权的观点，从格劳秀斯到密尔都质疑了上述判断并认为，当一部分个人所拥有的财物被用来支持社会（在格劳秀斯那里是世界）上的其他成员时，这部分实际上是为那些需要它们的人所拥有，而不是为那些目前持有的人所拥有。

然而，似乎在动物中进行积极/消极的区分有着某种意义。似乎我们至少能够连贯地说，人类共同体有义务不要对动物做出某些极端的恶行；不过，这并不是说人们有义务支持动物的所有福利，如保证它们获得足够的食物、栖身之所和医疗。履行我们的消极义务，并不足以保证所有动物都能有机会以自己的方式追求繁荣；不过，在道德上对我们也没有更多的要求了：这些物种自身要承担余下的任务以追求自己的繁荣。我们可能会进一步维护这样的结论，理由是：如果我们试着成为这个世界的仁慈的君主，那么我们就会把动物的生活弄糟。更为充分地，我们可能会这样说以维护这种结论，即人类对动物进行仁慈专制、满足它们需求的观念本身在道德上就是自相矛盾的：动物的主权和国家主权一样，具有道德分量。对于一个生物来说，繁荣的一部分就在于自己确定某些重要的事情而不受人类干涉，哪怕是一种仁慈的干涉。

在这种假想的论证中，有很多真实的成分。当然，如果我们的政治原则只是阻止了针对动物的多种恶行，那么它们做得也非常多了。然而，对它们的反驳以及这种反驳所暗示的那种在消极义务和积极义务之间所做的区分，则不能完全被接受。首先，大量的动物生活于人类的直接掌控下：家养动物、农场动物以及动物园和其他囚禁形式中的那些野生动物。人类对这些动物的营养和健康医疗负有直接的责任，正如甚至是我们现有的、有缺陷的法律体系也认可的那样。[50] 那些在"野外"的动物似乎不受人类的影响而自在地生活着，但在当今的世界，在很多情况下这几乎是不可能的。人类已经广泛地影响到了动物的栖息地，并决定了它们获取营养、自由活动以及繁荣之其他方面的机会。即便是在本世纪之前，如果一个人想要否认我们对野外动物所负有的责任，也应该承认我们广泛地介入了动物繁荣发展的条件，这赋予我们如今这样的责任。

再者，正如波特金所指出的，在很多情形下，人类的干涉实际上对于维持"自然之平衡"是必需的。例如，保存物种就需要人类的行为，即便对该物种造成威胁的并非人类。人类应当在可能的时候不保护动物吗，除非和直等到断定这些动物所面对的问题来自人类？在很多情形下的确如此，然而，有时候相关因素数目众多以至于我们无法判定。因此，我们可以仍然坚持认为，人类对动物之责任的首要领域就是禁止做出一系列恶行（这将在第十节进行讨论），但我们并不能合理地到此为止。我们有能力做出无数选择，以破坏或保护动物的栖身之所。在很多情形下，我们也有力量挽救动物，否则它们可能会死于疾病或自然灾害。如果我们认为自己在这些情形中没有提供物质援助的责任，那似乎是不合理的；问题只应当在于，这些责任的范围有多广，我们该如何在这些责任和对物种之自主性的恰当尊重之间取得平衡。这个问题在形式上与国外援助的问题非常类似，而且同样，这个问题应当被谨慎地处理，要小心地在各种相关因素之间获得平衡。正如在国外援助中那样，最好的援助就是，保护并增强自主性而非增加依赖性的援助。如果所有动物最后都进入动物园、完全靠人类来安排，那这个结果就是非常糟糕的。

在人类情形中，我们尊重自主性的一种方式就是将合法的政治目标放在能力而不是发挥作用上。不过，我们也坚持认为，对于儿童以及在某种情形中对于那些终生患有精神残障的人而言，把目标放在发挥作用上或者将选择权留给监护人是合适的。总的说来，当个体的选择能力和自主性受到损害时，家长式的对待总是合适的。这一原则表明，当我们与非人类动物打交道时，家长式制度通常是恰当的。然而，只有当我们事先接受了这一观念，即物种在追求繁荣时的自主性是非人类动物的一部分善，上述结论才是合格的。这两个原则是否可以连贯地结合呢？如果可以的话，该如何完成呢？

我认为，如果我们接受一种家长式制度——这种家长式制度对于不同物种所追求的不同形式的繁荣有着高度的敏感，那么上述两个原则是可以结合的。如果人类行为无所不在地影响着老虎的繁荣或生存的可能性，那么我们说我们应当让老虎以自己的方式去繁荣，就是没有用的。在这种情形下，唯一体面的替代那种完全忽视老虎之繁荣的方式，就是这样一种策略：它详细思考老虎之繁荣及其需要什么样的栖身之地。（这样一来，对于实际存活着的老虎的那种体面的对待，事实上的确与该物种的维系联系在一起。）

在很多情形中，睿智而小心谨慎地运用动物园和动物中心，能很好地成为一种旨在给这些物种的成员提供体面生活的策略。许多动物在一个富有想象力且运转良好的动物园里，要比在野外过得更好，至少在当前这种充满威胁和物质缺乏的条件下是如此。尤其是当国家 A 不能影响国家 B 对待动物的行为或不能保证在国家 B 这些动物能够在自然的栖息地中获得繁荣发展时，国家 A 建立的那些动物园便可能具有非常宝贵的功能。如果设计合理的话，动物园也能够通过推动对年轻人类的教育而建立起种际间的友谊。然而，政策的长期目标应当总是在于至少部分地保护该生物的原始栖息地，而如果没有持续性的人类干涉的话，是不可能做到这一点的。

家养动物引发了特殊的问题。关于家养动物，有一种浪漫的观点，大概是这样的：这些动物被人类囚禁，并被仅仅当作财产而加以对待；对它们而言，最好的事情就是放开它们，让它们生活在野外，就像自然所期望的那样。2002 年上映的电影《小马王》（*Spirit*）就是这样的一种幻想：那匹野马冲破通往自由之路的重重障碍；只有当它回到山中与它的那些野马同类在一起的时候，它才是快乐的。

然而，在现实中却有很多种动物在野外是不可能繁荣地生存的，因为它们与人类已经共同生活了若干千年。狗、家猫以及大多数血统的马都属于这种情形，许多农场动物和鸟类也是这样。这样的动物当然不应当仅仅被当作供人类使用和掌控的对象：它们自身的繁荣和目的应当被看作连贯的。不过，这并不等于说，我们应当让它们跑走而不加人类控制。在道德上更合理的替代方案是将它们当作需要慎重监护但拥有权利（尽管这些权利是通过监管而得以实现的）的同伴。换言之，我们可以像目前对待儿童和患有精神残障的人那样去对待它们，这些人拥有很多权利，而且远远不是"财产"，尽管这些权利必须通过人类的监管才能得以实现。（在我看来，通过买卖来交换对动物的监护权一点儿也不罪恶，只要它们的权利以这种方式得到保护。）

这种浪漫的幻想也认为，我们也不应当迫使动物做那些我们希望它们去做的事情。这也是一个很微妙的问题。与此对应的关于儿童的浪漫幻想，迄今为止遭到了彻底的反驳，在这个意义上，我们现在明白，孩子们在那些允许他们自己选择想要学什么的学校里并不能学到什么。孩子们甚至都不会养成自己上厕所的习惯。我们一般会觉得，忽视训练我们的孩子自己大小便以及其他众多约束和教育的方式，是应当受到谴责的；因为繁荣的生活需要选择和变得优越的可能性，而这只有通过义务教育才能被开发。一种好的教育对孩子的个体性会很敏感，不会过于僵硬，也不会残忍而侮辱人；不过，它的确会具有目标和标准，具有明确而值得尊重的规则，经常能很恰当地引导孩子们实现这些目标。为什么我们在思考非人类动物时应当有所不同呢？大多数家养动物都能在某些训练和约束中获益匪浅。另外，还有一些家养动物如果得到恰当训练的话，能够获得卓越的运动本领。当然，我们应当谴责那些残忍的训练形式，而我列举的喀拉拉那里的那个马戏团，听起来的确极度残忍。但我们并不能从此得出结论说：我们不应当教马去跨越树篱和围墙、进行花式骑术训练抑或赛跑；我们也不应当将那些有着复杂本领的狗，如边境牧羊犬，训练得能够展示这些卓越的本领。此处，一种睿智的、有物种敏感性的家长式制度，似乎应当能够给出正确的答案。这种家长式制度会仔细考虑每一种动物之繁荣的本质，它不但要考虑物种的独特成就，还要考虑种群的独特成就，并设计出一种与那些卓越的机会相适应的教育和整个生活形式。

个体动物的能力与个性也应当被考虑。我们应当把那个逐渐老去的善于跳跃的马牵出牧场吗？这不是一个简单的问题，它与这样一个问题非常类似：一个逐渐老去的运动员应当继续从事他/她擅长的那种运动吗？在理论上，对此并没有合理的答案：玛丽娜·纳芙拉蒂洛娃（Martina Navratilova）是一种情形，但也有很多其他的情形。如果认为对于动物（与逐渐老去的人们）而言，在牧场里混日子是它们唯一的善，那就有点居高临下的感觉了。在大多数情形下，继续从事某种活动要比混日子好，即便该动物并不能完全靠自己发起这种必要的活动。

一种睿智的、心怀敬意的家长式制度会为选择培养相应的空间。动物是活动的中心，如果不允许它们自己以某种方式、在某种程度上发起某种活动的话，那么这种对待就是不够尊敬的。一种限制过多的生理环境是不利于繁荣的；任何一种不允许玩耍和进行非强制性社交互动的日常生活，同样不利于繁荣。再一次，这里的标准应当是一种令人尊重的对物种之繁荣的考量，是一种恭恭敬敬的对个体能力的关注。

在控制与自由这个棘手的问题上，能力进路经过适当的扩展而为动物的繁荣发展提供了各种可能性，这比功利主义提供的那些优越得多，后者只是单纯地关注痛苦与快乐（或者有意识的利益得到了满足）。对物种范式的考量帮助我们设定家长式制度的形式，后者尊重动物的需要，即便这些需要是多样的、在质上是不同的，而且未必呈现在该动物的意识中。

我已经说过，不干涉并非人类的合理选择，在这个世界上，人类的选择不可避免地影响着动物的生活，因此，需要某些积极的保护。这种观察对于我们在上一节提出的那种伤害问题，有什么含义呢？认为我们不应该给动物园里的老虎提供羚羊以供其享用，这是一回事；但那些生活在野外的老虎又怎样呢？人类应当治理动物世界，保护肉食性动物不伤害那些易受攻击的动物吗？

在某种意义上说，这似乎是荒唐的。对于能力进路和功利主义来说，关键在于受害者发生了什么而不是谁做了这件坏事。就一只羚羊被痛苦地折磨而死而言，该羚羊被老虎折磨而死与被人折磨而死是一样糟糕的。这并不意味着，由老虎造成的死亡是同样值得谴责的，显然并非如此。不过这的确表明，我们有同样的理由来阻止它发生，如果我们可以阻止且不造成更大伤害的话。能力进路是以权利为基础、以结果为导向的。一种防止一些动物惨遭其他动物之毒手的方法就是，将所有易受攻击的动物（抑或是将所有的肉食性动物）保护性地扣留起来。不过，这种选择可能会造成更大的伤害，它隔绝了那种在野外繁荣的可能性。因此，这个问题仍然非常棘手，尤其是考虑到这种掠夺造成的死亡可能比饥饿或疾病造成的死亡更加惨烈。如果说，相对于保护家养的狗和猫而言，我们对羚羊负有更少的保护责任，那么这是合理的；因为我们是这些狗和猫的监护人，它们与我们共同生活。然而，如果我们能够保护羚羊而同时又不进行大量的可能会造成伤害的干涉的话，那么我们是应当这样做的。问题在于，我们也应该考虑那些肉食性动物的需要，我们并不能选择去给野生老虎一个漂亮的、系在绳上的球以供其玩耍。

在这个方面，一个非常复杂的问题在于，通过引入"自然的肉食性动物"来控制动物的数量：例如，通过引入狼来控制麋鹿的数量。这种方法实际上比打猎更有效吗？人类可能保持了道德上的纯洁性，但麋鹿则死得更加痛苦。另一种备选方案也不会让麋鹿好死——让它们的数量无限扩张，我们对死不加控制，从而让它们由于缺乏营养而死。再一次，任何控制数量的非暴力的方法（如通过绝育手术），都比暴力的方法更为可取。然而，如果这些方法不可行的话，那么最少痛苦的死亡则是可取的。黑尔（R. M. Hare）谨慎地支持那种受周密控制的人类捕食，这似乎是合理的；这当然并不等同于接受狩猎可以像目前这样作为一种运动，这时并不是由于数量过多的问题而猎杀动物，而且同时还产生了极端的恐惧和痛苦的死亡。[51]

关于这个棘手的问题,无论我们说些什么,它都再一次向我们表明:积极和消极的区分并不能以其经典的形式而在任何事物中得以维持。人们一直在干涉动物的生活,而相应的问题只能是:这种干涉应当采取什么样的形式。一种睿智的、心怀敬意的家长式制度远胜于忽视。

九、平等与充分

有些研究动物权利的作者,尤其是大卫·德格拉齐亚(David DeGrazia),他在那本令人印象深刻的书[52]中已经强调了平等考量的问题:动物的利益与我们人类的利益是同等的吗?我们已经说过,动物拥有与人类不同的利益,而这些利益影响了什么可能成为对一个动物的伤害。因此,否认投票权或否认宗教自由,对于非人类动物而言并非一种伤害。不过,这仍然没有回答德格拉齐亚的问题。

对于功利主义者(这里我将德格拉齐亚也算在内,尽管他的功利主义在形式上比其他人的更微妙,更具有多重价值)而言,回答这个平等的问题是很重要的;由于功利主义者通过相加来得出关于社会福利的论证,所以,我们就必须知道,每一个生命和每一个生命内的利益应当算作多少。在某种程度上说,能力进路具有完全不同的结构。由于它是基于临界值的,所以,它关注充分而不是平等，在人类情形和动物情形中都是如此。这就是说，我们具体规定一种最小值，低于它就没有达到正义。正如我经常指出的，该进路还没有表明立场说，它在这一临界值之上，必须要追求多大程度的财富和收入上的平等；因此，它还只是一个部分的而非完备的正义理论，甚至在它所讨论的那些问题上也是如此。那么，在一定程度上，能力进路就不会遇到德格拉齐亚的那个问题。所谓的最低正义，就是在某种最低程度上，保证每种动物都获得各种核心能力（这将会具体划分）。人类与动物一样，可能会发生冲突，物种间也会发生冲突。然而，如果正确地设定了临界值，那么没有在最低程度上保证能力，就是没有达到正义；我们应当努力建设一个世界，在这个世界不会发生这些冲突。我将会在第十一节回到这个问题。

不过，我在第五章已经论证过，在人类情形中，有些能力并没有得到**充分的**保障，除非它们被**平等地**加以保障。我认为，宗教自由、政治自由以及受教育权等都可以归为此类。我还论证，该进路的核心观念并不是光秃秃的人类尊严的观念，而是**平等的**人类尊严的观念；某些能力上的不平等连累了这种平等。就其他能力（如住房权、就业权等）而言，恰当的社会目标就是充分而并非平等；因为这些能力与尊严并没有内在的联系。现在，我们必须要问：有没有一些动物能力像人类的政治自由一样？也就是说，除非它们被平等地加以保障，否则它们不可能得到充分的保障呢？这仅仅是物种内部的平等，还是充分本身就要求物种间的平等呢？

在人类情形中，我们之所以要坚持某些领域的平等，是因为这关系到平等的尊严和平等的尊重。不平等的投票权和不平等的宗教自由，表明一个社会没有平等地尊重人们；而在充分这一要求范围内的住房上的不平等，很可能并非如此。这些能力在本质上与平等的尊严相联系的原因，与似乎是人类独有的不受侮辱和互惠的观念有关；当然，这些能力一般只对人类而言是重要的。我们很难想象一个非人类动物的对应物，其中一种能力的不平等分配会影响到平等的尊重和互惠。我倾向于认为，动物权利的迫切问题更多地与充分而非平等分配有关。如果我们为医疗保护和体面的工作条件设定了恰当的临界值，那么这就是正义所要求的，尽管这个临界值应当是充足的。

然而，我们还没有遇到那个更为宏大的问题：在非人类动物情形中，我们应该将尊严的观念理解为一种完全平等之尊严的观念吗？尽管我们更多地根据充分而不是平等来考虑具体的权利，但我们仍然要考虑这一抽象的问题，而且考虑这个问题似乎很重要。它实际上是两个问题：我们是不是应当将每个物种内的尊严理解为平等的尊严？是不是应当将生物的那种超越物种界限的尊严看作完全平等的尊严？前一个问题似乎不那么紧迫，一个肯定的回答也并不会产生任何棘手的问题。后一个问题则很明显地暗示了冲突的情形。

由于能力进路与德格拉齐亚的进路在结构上完全不同，所以，那个抽象的关于平等的问题在我们这里并没有起到根本性的作用，而在他那里则必须起到根本性的作用。他必须思考一种社会运算以便将所有生物的利益相加，因此，他必须一直思考并且从一开始就要思考，每一个生物在这种运算中应当算多少。与此相反，由于我们关注的焦点在于将每一个生物都提升至一种具体到每一个物种的能力临界值之上，而不在于简单相加；所以，在很多情形下，这种进路能够避免这个问题；从构建一种重叠共识的角度看，这个问题是极具威胁力的。我们需要面对的问题与特殊生物的特殊能力有关。当与这些问题有关时，似乎一种对充分度要求较高的进路是正确的进路。另外，由于许多思想家认为，当发生冲突的时候，人类的利益总是要优先于动物的利益[53]，这是一种似乎要否认物种间具有平等尊严的立场，我们需要讨论一下这个问题。

似乎没有一种体面的方式来否认不同的物种具有同等的尊严。另外，很明显的是，一种关于动物能力之基本最低值的重叠共识已经很难形成了；如果我们给它提供这样一个基础的话，那么它会更加难以形成。因此，在这一点上，我愿意将平等尊严的问题看作一个形而上学的问题，基于这个问题，公民可以持有不同的立场而同时接受一些基本的、实质性的、关于动物权利的主张，后者随后在这里就能得出。当涉及人类时，平等尊严的观念就不是一个形而上学的观念，而是政治观念中的一个核心要素，它一直盛行于现代民主中。要人们赞同它，并不等于要人们抛弃自己的宗教或其他完备性学说中的那些核心要素。我认为，物种间的事情是有所不同的：一种跨越物种的尊严观念并不是一种政治观念，后者易于被公民接受，而这些人本来在形而上学的观念上可能会持有不同的意见。它是一种分离性的形而上学观念，并与许多宗教性的灵魂等观念抵触。因此，让我们简要地说，平等的跨越物种的尊严观念是有吸引力的，从许多方面来看也的确是引人入胜的；但我们在政治重叠共识中并不需要依赖它。相反，我们可以依赖一种更为宽松一点的观念，即所有生物都有权获得充足的机会来过一种繁荣的生活。

十、死亡与伤害

至此，我们一直在避免一个重大的问题：对于不同的动物来说，哪种伤害是死亡以及什么样的伤害是由杀害造成的？功利主义通常认为，对于一个动物来说，无痛苦死亡并不是一种伤害，因为动物并不能拥有将来的有意识的利益，这些利益由于无痛苦杀害而被损害。因此，边沁反对所有形式的残忍行为，但允许出于有用的目的而无痛苦地杀死动物。同样，黑尔认为我们为了食物而杀死某些动物是可允许的，只要这种杀害真的是无痛苦的。因此，他会从当地的鱼贩那里买鱼，这些鱼贩会用一根木棍敲鱼的头以使它们完全昏迷；但他不会去吃那些以日常的那种痛苦的方式抓来的鱼。

这些功利主义的论证具有的一个问题就是，关于动物的利益，它们可能是错误的。某些动物至少在某种程度上，很可能随着时间的推移和叙事的延伸，的确能够感知自己的生活。任何一个拥有记忆（与死记硬背的重复相对）的动物，都很有可能拥有这样的感知。因此，死亡看起来对这些生物是一种伤害，尽管与活在痛苦和衰老中相比较而言，它经常是一种较小的伤害。人们在对待他们心爱的动物如狗、猫或马时，会体现出他们的恰当判断，该判断与死亡的伤害以及杀害的相应伤害有关，也就是：当备选项是一种痛苦的、没有尊严的生活（比如一种大小便失禁的生活，对此动物会感到羞耻和尴尬）时，杀害在道德上似乎是合宜的；但这并不能仅仅出于人类的方便而加以选择，就像我们不应当杀死自己的父母以避免照顾他们的麻烦一样。与对人实施安乐死相比较而言，对年老的动物实施安乐死很可能经常是可允许的：人类如果没有严重地精神错乱的话，就有权对任何一个这样的程序表示同意与否；而且，人类也拥有更多的生命利益，后者与身体上的疼痛和衰老是相容的。因此，一个人可能会觉得，过一种痛苦而多病的生活是值得的，而动物可能并不值得过这样一种生活。

不过，边沁和黑尔对很多动物的认识很可能是正确的：它们拥有有意识的利益，不过这些利益并不能以某种方式延展到未来以至给它们提供某种暂时扩展的目标，而突然死亡则会挫败这种目标。那么，我们要是为了食物而杀死这些动物又如何呢？出于其他原因（如为了防止给人类和其他动物带来健康问题而杀死老鼠，或者无痛苦地杀死一些原本要在野外饿死或被其他动物撕成碎片的动物），人道地杀死动物又如何呢？当边沁和黑尔认为无痛苦死亡对这些动物并不是一种伤害以及人道地屠宰在结果上并不是有害的时候，他们是对的吗？

与功利主义观点相比较而言，能力进路更难达到这一结论，因为我们认为，很多善与恶并不能构成情感意识的形式。例如，能够自由活动的能力，对于一个动物来说是无比珍贵的，即便它并不能感觉到没有这种能力是一种痛苦。与其他动物和人类形成友爱互助关系的能力是一种善，即使这个独自长大的动物并不能意识到它的丧失或为此感到痛苦。因此，我们需要提出一个与功利主义不同的问题：在这些动物的生命中，是否有一些至关重要的能力被突如其来的无痛苦死亡打断了呢？如果是这样的话，那么施行这种死亡就是一种伤害。

我们已经得出结论说，如果备选项是一种痛苦而老朽的生活，那么无痛苦死亡就可能是无伤害的。我们也得出结论说，杀害一个没有感知能力的生物，在道德上并不是一种意义重大的伤害。[54]然而，我们为了食物而杀害的大多数动物都是有感知的，而且通常是在盛年甚至是在青年时期被杀害的，这距离它们痛苦而老朽的生活甚是遥远。我们能够承认，我们目前对那些被当作食物来饲养的动物造成的伤害，主要在于我们在它们活着的时候对待它们的方式；同时毫不隐瞒，这样的动物在过一种繁荣的、自由放养的生活之后，对它们实行无痛苦死亡根本就不是伤害。

此处有很多不同的情形。一个生物拥有的能力水平影响了什么能够成为对它的伤害。具有更复杂感知能力的动物，会比具有不怎么复杂感知能力的动物遭受更多的、不同的伤害。试以奶牛和虾为例。似乎奶牛在死亡时会遭受很多虾体会不到的痛苦：被剥夺了社会关系、被剥夺了运动和进食的各种快乐、被剥夺了活动。一只虾甚至很可能都不会感到痛苦；当然，它拥有有限的功能，但很少能够意识到这些功能。与功利主义进路不同，能力进路并不完全关注感知能力，当一个具有最低感知能力的生命终止时，它仍然能够看到某种伤害；但这种伤害似乎不那么严重，由于感知能力至关重要，而虾也并不具有其他某种重要的生命功能（就像我们的科幻小说中描绘的那种没有感知能力但能够思维的存在）。对一个具有感知能力的存在施加痛苦，是一种尤为重大的伤害；终止很多不同的活动也是一种重大的伤害。这些似乎在虾这里都不存在。黑尔那里的鱼贩是一个更为复杂的情形，因为根据他自己的论证，鱼是具有某种感知能力的。因此，无痛苦死亡也剥夺了某种积极的善，亦即享受和活动的机会，假定这条鱼不会在濒于年迈老朽的时候被杀死。能力理论会比功利主义更加认真地对待这种剥夺。然而，无痛苦地杀死一条鱼所造成的伤害，似乎不同于杀死一头奶牛所造成的伤害，至少可能没有那么严重。

这些都是非常狡猾的问题。我们应该承认，此处我们很可能是自私自利的，并且偏向于我们自己的生活形式。然而，似乎功利主义在某种程度上是对的：无论是活着还是死去的时候，不造成痛苦都是很重要的。至于无痛苦死亡，它会造成伤害，但这种伤害似乎因所涉及的生物之本性的不同而有所不同，而且它有时候很可能在道德上比施加痛苦所造成的伤害更小。

同样，当我们杀死某些可能会造成伤害的动物时（比如消灭城市里的老鼠），我们能说，杀害所造成的伤害因所涉及的生命形式的不同而有所不同；杀死老鼠所造成的伤害，是不能与杀死一条健康的狗所造成的伤害相比较的；老鼠所拥有的被打击的利益和能力要少得多——尽管我们已经说过，这并不意味着它的生命在本质上也具有较少的价值。然而，如果对这个问题有不同的解决方案，如绝育手术，那么这在道德上显然是更为可取的，这与政治正义中的道德满足原则是相关的；即便无痛苦地杀死一个相对简单的动物，如老鼠,也造成了某种伤害。

十一、一种重叠共识?

能力进路是政治自由主义的一种形式:它依赖这样一种观念,即随着时间的推移,会出现一种关于合理的完备性学说的重叠共识以支持和维系这种政治观念。为了表明这一点并因此证明这种观念是正当的,我们并不需要表明现在就有这种共识;不过我们的确需要表明,在现有的自由主义民主的观念中,它有着充分的基础以及我们能够合理地认为,随着时间的推移,这种共识会出现。由于政治观念并不依赖形而上学理论,而是一直依赖各种道德判断;因此,它们作为公民能够共享的那种判断是很重要的。

我们在转向动物时必须要面对两个棘手的问题:其一,谁参加了这种共识?其二,我们是否能够合理地期望,随着时间的推移,动物权利能够成为一种重叠共识的对象?

谁参加了?通过借用重叠共识的观念,能力进路至少在某种程度上与社会契约论重合,因为在这一点上,正是对这些观念而言至关重要的合理共识观念,在我们自己的进路中起到了重要的作用。实际参与这种共识的各方必须是人类,这一点似乎很明显;同样明显的是:即便只是假设,我们也不应该试图想象动物可能会"合理地"赞同什么。这个问题与我们之前反驳过的那个问题——它们在自然状态下会形成什么样的契约——是同样不切实际的。不过,我们能够询问的是：一位被指派来保护这种生物之权利的监护人会代表它们而合理地赞同什么？因此，托管制度这种解决途径，似乎以一种有限的方式是一个反对这种合并的理论家有权使用的途径——如果该契约的构建者与契约论进路中那些正义的首要主体是一样的，那么这种解决途径就不是令人满意的。

这个事实——共识的成员在那种意义上都是人类——并不意味着动物并不是正义理论的直接主体，它们当然是；但这也的确意味着，人类的共识在正当性证明中有着特殊的地位，因为只有当我们能够表明，一种观念是由一系列合理的广泛学说支撑的，其稳定性才能得以保障。我们这里说的广泛学说是那些人类主张的学说，还有那些（通过想象）可能会归因于自己所体现的学说：也就是它们自己诚恳地为了每种动物而对善观念进行的估量。

一种正当性证明寻求一种反思平衡并运用重叠共识的观念——整个这种想法就是一种以人类为中心的观念。我和罗尔斯共享的那种伦理整体论，在这一点上可能会受到一个理性的功利主义者的反驳，后者会坚持认为，我们在对待动物方式上的改变，并不是与人类理论和判断一致的或甚至是由合理共识和重叠共识支撑的；相反，它实际上是完全外在于人类的，亦即是动物所遭受的。这一质疑引发了深刻的形而上学的问题，这些问题超越了本书的这些论证；它们也超越了我目前的理解。我认为，我们有很好的理由去努力达到罗尔斯式的那种整体论的正当性证明，但我们没有必要思考，其他具有感知能力的生物所具有的感知和经验是如何进入何为正当性证明的论证中的；迄今为止，我对这个问题的回答并不能令自己满意。

我们能否期望在动物权利这个问题上达成重叠共识呢？这里我预见到两个问题：一个与动物间的关系中的那些动物观念有关，另一个与人类观念有关。首先，即便是在虚构或者托管制度中，我们能够想象一个动物会支持那些它对之怀有敌意的物种获得一种体面的生活吗？一只老虎的受托人会正当地怪罪那种支持羚羊获得体面生活的观念吗？自然并不公正，而物种也并不都是友善的。我们并不能希望它们变得友善或者支持自己天敌的善。不过，我认为，这对于政治观念来说并不是一个非常严重的问题；因为在这个时候，那个托管人可以说：这只老虎的观念是不合理的，因为它旨在寻求羚羊的死亡；而我，作为托管人，只在它是合理的时候才会在政治上促进它。政治观念的稳定性在此处并没有受到威胁：可以说，如果我们不迫使老虎改变主意，那么我们就总是可以掌控它们。

真正的稳定性问题是人类的问题。大多数现存的宗教性的、世俗性的完备性学说，都离我们这里维护的立场十万八千里。印度教、耆那教以及佛教传统都包括了很多我所提议的元素，早期柏拉图主义也是如此。不过基督教、犹太教、伊斯兰教以及大多数世俗的完备性学说，都在形而上学的层面将人类放置在比其他物种高的位置，并赋予人类出于各种目的而使用动物的世俗权利。

即便在这些传统中也会禁止残忍行为，并有道德托管制度以及诸如鲍姆加登在他那本书中所推进的那些观念，这本书遭到了康德的批判。我认为，任何基于这些宗教的观念都没有排除大量的关于动物权利的认可：它们只是不坚持罢了。实际上，如果我们集中讨论基础性文本的话，此处的重叠共识似乎比关于两性平等的重叠共识更有希望形成。每一种重要宗教的核心文本都会以各种方式对性别从属问题发表意见，这给自由主义的改革带来了麻烦。即便如此，这场改革在很大程度上还是发生了，而各种宗教也改变了自己的认知以支持这种政治共识。与此相反，宗教文本通常并没有说人们**必须**或应当穿皮草或皮革制品，也没有说人们**不应**当成为一个素食主义者。这一领域是开放的，而且在每一种重要的宗教里，都有人正大光明地支持动物权利。当然，正如鲍姆加登所指出的，无论是在食品工业中还是在生活的其他领域中，残忍地对待动物都与主要宗教的文本中对待动物的方式不符。至此，我已经根据能力的临界值表述了这种经过扩展的能力进路的核心观念，也搁置了那个棘手的关于平等的形而上学问题；我希望自己已经表明：我们能够大力推进这种进路，而同时不会使主要宗教的任何核心的形而上学共识陷入危险境地。我们必须接着强调，我们促进的各种原则是政治的而非形而上学的；我们是以一种实践的（尽管是道德的）、在形而上学层面适中的方式来表达它们的，并有意不要与主要宗教的重要形而上学学说冲突。

边沁写到，对动物的压迫最终看起来似乎与奴役一样，在道德上是极为可耻的；但此时人们在实践层面还没有接受边沁认为应该接受的那种指令。人们经常甚至都不愿意认真地考虑这个问题，因为他们喜欢吃肉，他们感觉自己需要肉，而且他们也确信，对动物进行的研究延长了人类的寿命。很显然，动物权利的支持者要解答这些人心里所疑惑的"人类生命该怎样存活"的问题，这是他们义不容辞的责任。不过，当人们积累了更多的对待动物的知识并且获得了那种能够更明智地作为消费者而进行选择的能力时，似乎我们最终能够合理地期望那些反对残忍行为的呼声会增加；同时，有些（如果不能是所有的话）我暂且提议的内容能够成为重叠共识的对象。

在这个方面，欧洲近来在动物法方面取得的进展是相当鼓舞人心的，尤其是澳大利亚在 2004 年 5 月通过的那种严格的新型法律，它禁止把家禽关在笼子里养殖，禁止在马戏表演中使用野生动物，禁止一系列攻击性的行为，如修剪耳朵和割短尾巴。到 2006 年，德国已经逐步淘汰了用笼子养鸡的大规模养殖；意大利也正在酝酿一项法律，以禁止在赛马结束竞赛生涯后把它们送进屠宰场。欧洲正在采用一些更为严格的、对残忍地对待动物的惩罚措施。如果这些都能发生在以基督教为主导的国家里，那么我们就有理由认为，其他的那些经常在形而上学层面更加支持动物生命的宗教也能够加入这种重叠共识。

十二、朝向基本政治原则：能力清单

要详细列出这一领域的那些政治原则的具体内容，时机似乎还尚未成熟；但没有内容的话，我们也无法进一步深入。因此，让我们来看看，能否运用能力进路的人类基础来高度试探性地、概括性地描绘出某些基本政治原则，以引导那些与动物相关的法律和公共政策。

正如我们已经说过的，该进路的核心是：动物有权获得广泛的发挥作用的权利，这些对于过一种繁荣的、值得每一个生物尊敬的生活而言至关重要。基于正义，动物拥有各种权利。

动物的权利是具体到各个物种的，并且依托于它们独特的生活形式和繁荣的形式。然而，让我们来看看，在什么程度上我们能够运用现有能力清单上的核心内容来为政治原则勾勒出一些指示。尽管更为具体地说明每一种能力将最终会形成清单的多元化，但清单上的那些概括性的类别似乎给出了很好的指导。

1. 生命。功利主义进路只关注感知能力，因此，它并没有赋予动物生命权，除非延续生命的利益是它们的一种有意识的利益。而在能力进路中，所有动物都有权延续自己的生命，无论它们是否具有这样一种有意识的兴趣，除非或直到痛苦和衰朽使死亡不成为一种伤害。当我们与昆虫或其他没有感知能力或具有最低程度感知能力的生命形式打交道时，这种权利要求就不那么强烈。无缘无故地杀死它们仍然是错误的，可能法律在某些情形中应当加以制止（例如为了学校的规划而杀死蝴蝶）。不过，当人们有很好的理由去杀死它们时（例如，防止对植物或人类及动物造成伤害，防止造成痛苦甚至是获得必要或有用的食物），那么就并没有侵犯那种基于正义的权利。

对于有感知能力的动物而言，事情就有所不同了。所有的这些动物都具有稳固的、不被为了运动而杀害的权利。为了奢侈品如皮草而进行的杀戮就属于这一类，并且应当被禁止；在为了食品而养殖动物的过程中发生的那些残忍的行为和痛苦的杀害，都应当被禁止。另外，睿智的、心怀敬意的家长式制度认为，当年迈的（或幼小的）动物的痛苦是不可逆的时候，可以对它们施行安乐死。正如我们之前所见到的，在这中间有很多非常棘手的情形，包括无痛苦杀害（无论是为了食物还是为了控制数量）。明智的做法似乎是从一开始就将焦点放在禁止所有形式的、针对活生生动物的残忍行为上，然后再逐渐转向一种共识，这种共识反对为了食物而杀死那些具有较为复杂的感知能力的动物。我们所能采取的最有效的措施就是，坚持根据动物的饲养环境而在所有的鲜肉上打上明确的标签。通常的做法千差万别，而消费者又缺乏足够的知识以在此基础上做出道德上负责任的选择。那些强调要寻求这种知识的半素食主义者和素食主义者，能推进公共政策的目标。

能力进路比功利主义多出来的另一个优势，在此处就显现出来了。与功利主义者不同，为了知道某种权利是否被侵犯了，我们并不需要进行复杂而模糊的关于福利的计算。如果有人在肉类产业失去了工作，这一定是功利主义者要关心的，但并不是我们要关心的：因为他们并没有权利获得那些剥削和专横的工作。与此相反，动物的确拥有各种权利，这也正是我们关于它们的那些政策所要关注的。

那种为了控制数量而进行的无痛苦杀害，与麋鹿可能要遭受的其他死法（如饿死或被狼群吞噬）相比较而言，可能反而是更好的。但这并不意味着，无痛苦地杀死一个正处于盛年的生物并没有造成伤害。因此，如果我们能够构建一个未来，其中我们的选择栏里包括了某些不会造成伤害的选项，如绝育手术，那么就更好了。

2. 身体健康。 在动物所拥有的权利中，最重要的一项就是拥有健康生活的权利。相对而言，当动物被人类直接掌控的时候，这包含了什么政策是较为明确的：禁止残忍地对待和忽视动物的法律，禁止在肉类和皮草产业中约束与恶意地对待动物的法律，禁止残酷地或残忍地对待用于工作的动物（包括从事马戏表演的动物）的法律，管理动物园和强制保证足够营养及空间的法律。很多这样的法律已经存在了，尽管它们没有得到很好的执行。[55]现行做法中的那种令人惊讶的不对称性在于，我们并没有像保护家养动物那样去保护那些为了食物而饲养的动物。我们必须消除这种不对称性。概言之，人类是那些与我们生活在一起的动物的监护者，我们可以照着那些规定父母对子女之责任的法律，制定出那些规定可允许之对待方式的法律。

3. 身体完整。 在能力进路中，动物具有直接的权利以保护自己的身体完整，不受暴力、虐待以及其他伤害性对待方式的侵犯——无论相关的对待方式是不是痛苦的。因此，这一规定很可能会禁止将猫的爪子剪掉，因为这阻碍了猫按照自己独特的方式去发展，即便人们可能是以一种无痛苦的方式去剪的，并且不会造成后续性的痛苦。[56]其他的那些毁损——只是为了使动物让人觉得更加好看——同样是不合适的。[57]另外，那些尽管有所约束但却能够让它们展示某些卓越性（这些卓越性是其特殊能力的一部分）的训练形式，则不应该被消除。另外，在能力进路中，赛马最初被缰绳惹恼并不是一件负面的事情，就像人类的孩子在义务教育学校感到烦扰也不是一件负面的事情一样。它能够促进人类/动物的成长和提高人类/动物的能力，这能证明其是正当的。

在人类情形中，这种权利的积极的一面就是获得繁殖和性满足的机会。那么，在动物中我们该如何表述这一点呢？当其他事物平等的时候，保护动物的这种能力看起来是好的；不过，阉割某些雄性动物（如马、狗和猫）似乎（从长久来看）与这些动物的繁荣是相容的——会带来更多的活动形式，而且没有痛苦；同时，在生活中经常还会对其他动物产生较少的暴力行为，这些暴力行为通常会对雄性动物造成痛苦和伤害。然而，对一个凶暴的人施行阉割手术似乎是完全不合适的，是一种"残忍而不同寻常的惩罚"；对一个非人类动物进行阉割看起来是完全不同的，因为这些动物拥有较少的改变性格和选择的能力。人们不可能让一条有攻击倾向的狗做出改变并在行为上有所不同。因此，在很多情形下，阉割对于该动物自身的以及其他动物的繁荣而言是最适宜的方案。这些情形需要经过仔细检查，并要逐项进行正当性证明。

在其他例子中，绝育手术不会对个体动物的生活产生特别的影响，还可能会为未来的动物创造更好的生活，因为这会防止数量过剩从而造成物质匮乏和被疏于照看。这是不是将某个动物当作实现其他动物之善的手段呢？如果对母狗或母猫的绝育手术与该动物的繁荣及其特有的那种尊严不相容的话，那么上述问题就是反对这种政策的一个重要诘难。我倾向于认为，该问题的答案是否定的。对人类施行绝育手术之所以是值得反驳的，是因为这侵犯了某些自由和选择的权利，后者在人类生活中是至关重要的。[58] 我倾向于认为，这些考量在动物的繁荣中并不是至关重要的。

4. 感知、想象和思考。 这种能力产生出广泛的权利：获得适当教育的权利、言论自由或风雅地表达的权利以及宗教自由的权利。它还包括了一种更为宽泛的、获得快乐体验而避免毫无益处之痛苦的权利。至此，我们应该相当清楚，在思考动物的时候，这后一种观点要将我们带向何处：建立严格的法律以禁止残酷地、残忍地、虐待性地对待动物，并保障它们能够获得快乐的源泉，如在一个环境中能够自由活动会使它们的感官感到快乐。[59]它还意味着要禁止为了运动而进行猎杀和捕鱼，这会给动物造成痛苦的死亡。该能力的这种与自由相关的部分并没有精确的类似物；不过，我们可以通过询问在每一种动物中，什么样的选择和自由领域对它们而言是至关重要的，从而想出它们各自恰当的类似物。很显然，这种反思会引导我们反对囚禁，并管理那些地方，使所有动物都能被养在宽敞的、有光照的、有遮阴的地方；同时，也给动物提供各种机会，以使它们能够进行各种显示特性的活动。[60]大多数动物园最大的缺点就在于其单调性，这对动物的繁荣机会构成了很残忍的打击。能力进路似乎再一次显示出它比功利主义更为优越，它能够认可这些权利：因为有极少数的动物会具有一种有意识的利益，比如参与各种活动或生活在一个不单调乏味的环境中。

有些动物也有权获得适当教育的权利。一只边境犬要是没有经过训练，就是被摧残了；很多种赛马也是如此。所有家养动物，如鸡，要是没有被训练得能够控制大小便（也就是展示一种处理自己排泄物的方式），那也是被摧残了，因为动物将清洁与没有羞耻联系在一起。

"生在野外"的那些动物有权得到一种环境,其中它们能够有个性地繁荣,因此,保护这种能力也意味着保护动物环境。

5. 情感。动物拥有各种情感。所有的或几乎所有的有感知能力的动物都会有恐惧感。许多动物能够体会到愤怒、不满、感激、悲伤、嫉妒和快乐。一小部分动物(它们能够富有洞察力地进行思维)能够体会到同情。[61]与人类一样,它们有权过这样一种生活,其中它们能够自由地与其他动物建立关联、去爱护和关心其他动物,同时不用拥有另一些情感,后者被那些强制性的孤独或有意施加的恐惧感扭曲了。当我们讨论的是我们所珍视的那些家养动物时,我们便能够很好地理解;奇怪的是,我们并没有把同样的考量扩展到那些我们认为是"野外的"动物。直到最近,动物园也没有考虑到动物的情感需求;那些被用于实验的动物,在这方面得到的也是相当淡漠的对待,它们处于孤独与囚禁中,尽管人们很容易给它们提供一种体面的、有情感的生活。[62]有些非常著名的动物实验也充满着类似的忽视:在那些实验中,猴宝宝们得不到妈妈的拥抱,最终在情感上会有所失常;马丁·塞利格曼用狗来做实验,诱使它们进入一种类似于沮丧的"知道自己无法获得帮助"的状态中。[63]我们会在下一节的内容中讨论做研究的这一难题;不过,在情感领域,至少有一些看上去是侵犯了权利。

6. 实践理性。这是人类具有的一项重要的构造性权利,它渗透并告知所有的他者要完全符合人性地进行追求。在非人类动物情形中,并没有与它一样的对应物。在每一种情形中,我们都得询问：在何种程度上，该生物具有一种构建目标和计划并规划自己生活的能力？当具有这种能力时，它应当获得支持，而这种支持需要能力 4 所表明的那些相同的政策：有足够的活动场地，有各种活动机会。

7. 依存。 在人类中，这种能力包括两个部分：一部分是人际的（能够与他人一起或挨着生活），另一部分则更具公共性，它以自尊和不被羞辱为主要关注点。在我看来，这两个部分与非人类动物同样是有关联的。动物有权获得机会以建立各种关联（如能力 5 所示），并参与各种形式的关系纽带和相互联系；在有人类的地方，它们也有权与人类建立有益的、互惠的而非专横的关系。同时，它们有权生活在一种世界公共文化中，这种文化尊重它们，并将它们当作有尊严的存在。这种权利并不仅仅意味着保护它们不会受到羞辱，后者让它们感到痛苦。能力进路在此处要比功利主义扩展得更广，它认为动物有权获得一些世界性的策略，这些策略将给予它们各种政治权利以及作为有尊严之存在的合法身份。无论它们是否能够理解这种身份，这都会构建一个世界，在这个世界中，动物获得不同的看待和对待。

最开始，能力进路只是作为一种评价性的进路，它并没有保护动物实际上与他者所具有的各种形式的关联。我们已经说过物种间的那些有害的行为，那么物种内部之间的伤害又是怎样的呢？这是一个非常复杂的问题。存在着一些我们能够直接加以反对和阻止的伤害，如父母对幼仔的攻击，对病弱、残疾或年迈物种成员的残忍政策等。无论是在家养动物还是"野外的"动物中，人类都有责任去干涉、阻止这些恶行。然而，等级次序和不平等又如何呢？动物世界充满了强者对弱者的欺凌，有时候动物为了获得交配机会而进行暴力角逐。动物并不总是或一般而言并不追求"被当作与其他人具有平等价值的、有尊严的个体来对待"的那种人类能力。显然，人类要是对此加以干涉并力求改变，尤其是那些"野外的动物"，就会极大地扰乱物种的生活秩序。很可能这是这样一种情形，在这种情形中，我们必须说，只有那些对弱势物种成员造成极大伤害的，才是必须被制止的；而其他各种形式的等级制度是可以容忍的，尽管我们不会将后者当作重要的动物能力而加以保护。人类在与动物打交道时，至少要尊重地关注每一个物种成员，并受制于这样一种观念，即它们中的每一个都应当获得一种繁荣的生活。

8. 其他物种。 如果人类有权"与其他动物、植物和自然界共同生活并关心它们"，那么其他动物也有权与不是自己物种的动物共生，包括人类和其他的自然界。从人类和动物的角度看，这种能力需要逐渐形成一个相互依存的世界，其中所有物种都能够享有各种合作性的、相互支持的关系。自然并不是这样的，也从来都不会这样。因此，这就需要以一种非常概括的方式用公正取代自然。

9. 玩耍。 这种能力显然对于所有具备感知能力的动物而言，都是至关重要的。它要求我们已经讨论过的很多政策：保证栖身之处有足够的空间、光照和感官刺激，另外，还要有其他物种的成员。

10. 对某种环境的控制。 在人类情形中，这种能力分为政治的和物质的这两个方面。政治的方面是根据积极的公民身份和政治参与的权利而界定的。对于非人类动物而言,重要的就是要成为政治观念的一部分,这种政治观念被构建得能够尊重它们并能够公正地对待它们。然而,动物直接地在这种观念中拥有权利也是至关重要的,哪怕(如同孩子一样)其人类监护者必须走上法庭去维护这些权利。在物质的这一方面,这种能力在人类中包括了某些对财产权和工作权(这又包括组成工会、自由选择职业等权利)的保护。对于非人类动物而言,与财产权对应的就是尊重它们栖身之地的领土完整,无论是家养动物还是野生动物;与工作权对应的就是让动物在有尊严的、能获得尊重的环境中劳作。

经过适当的具体分类之后,还有没有其他的动物权利没有被包括在这个清单中呢?如果有的话,我们进一步在整体层面和具体到物种的层面进行研究时便会逐渐发现它们。

概言之,能力进路表明:每一个国家都应该在宪法或其他关于原则的基础性文件中,将动物纳入政治正义的主体,并承诺会将动物看作有权有尊严地活着的存在。这种宪法还可能会根据这一能力清单而勾勒出某些非常概括的原则。余下的那种保护动物权利的工作能通过适当的立法和法庭案例而得以完成,这些法庭案例要求在法律没有得到执行的地方得以执行。如果动物的确被赋予了这些权利,那么它们就有资格提起诉讼(由监护人提出),目前它们还没有这种权利。[64]

与此同时,这一进路所涵盖的很多问题都不能由哪个国家单独解决,而只能通过国际合作来解决。因此,我们也需要各种国际协议使世界共同体承诺要保护动物的栖息地,并根除残忍的行为。

十三、冲突的恒在性

在人类情形中，我们经常会面临某种能力与另一种能力之间的冲突问题。但在人类情形中，如果能力清单及其临界值是经过适当设计的话，那么我们应当说，一种能力与另一种能力之间的冲突标志着这个社会在某个地方出了问题。[65]我们应当将注意力放在长期规划上，以构建起一个世界，在这个世界中所有公民都能得到所有的能力。因此，在索福克勒斯（Sophocles）的《安提戈涅》（*Antigone*）中体现出来的那种在公民秩序与宗教自由之间的冲突，已经由于一些社会团体的创建而被消除了［在黑格尔式的意义上被消除（aufgehoben）了］，这些社会团体尊重每一个个体的宗教自由，并将其看作构成政治领域及其基本价值的一部分。如果父母面临着获得维持生命的食物和给孩子提供教育之间的冲突，亦即只有将他们的孩子送去整日劳作才能维持家庭的生存，那么这再次表明，这个社会并没有被很好地设计。即便在非常穷困的地区，明智的规划也能使人们获得健康的生活，同时也给自己的孩子提供教育。（例如印度的喀拉拉邦，这是一个相对贫困的邦，但它通过灵活的上学时间和其他有创造性的政策，使全邦99%的男孩和女孩都能识字。）

在讨论人类的能力时，我已经论证过，我们在设定每一种能力的临界值时要考虑到其他能力。例如，在界定教育能力时，如果我们询问，我们能够期望传递什么与所有其他能力的传递兼容的东西，这是非常明智的。一方面，我们不应该用某种乌托邦式的或不现实的方式来界定每一种能力的临界值：我们必须询问，在合理的好的条件下，我们能够希望把什么样的混合体传递给人们。另一方面，我们也不应该将自己的标准定得过低而遵从现有的这些糟糕的安排。因此，如果我们因为在某些管理糟糕的国家不能实行普遍性的中小学教育，就得出结论说对于一种正义的公共政策而言，普遍性的中小学教育并不是一个好的目标，那么这就是错误的。

在我们生活于其中的这个世界，人的幸福与动物的幸福之间有着持久性的并且经常是悲剧性的冲突。有些时候，我们消除对动物的虐待（如为了皮毛而采用动物，残忍地、禁闭式地对待那些用来食用的动物等）可以不对人类的幸福造成严重的损失。一般而言，为了食物而使用动物是一种更加复杂的情形，因为没有人真的知道，完全转向植物蛋白会对世界环境产生什么样的影响，以及这样的饮食在何种程度上能够与世界上所有孩子的健康相符。在这种情形下，最好的方案似乎就是，一开始就将焦点放在生前好好对待和无痛苦屠杀上；一开始将临界值设在这里，这显然与保护人类的所有能力兼容，并且没有很明显地侵犯动物的某种重大能力（这取决于我们如何理解无痛苦死亡对于各种动物的伤害）。这种临界值即便在目前看来是一种乌托邦，也似乎是一种现实的乌托邦。

然后，这样一种黑格尔式的进路并不能解决所有问题。我们需要面临的一个问题就是代价的问题。如果动物（即便是那些直接生活在人类控制下的动物）的医疗需要我们降低人类的医疗标准，那么我们该如何考虑这种交换呢？我认为，我们面对这些问题时，应当全面考虑一整套的能力，而不是认为，医疗代价就必须总是用医疗代价来交换。很可能还有其他的一些代价，它们与根本性的权利无关，并能在我们不得不削减一些人的医疗之前就已经被削减了。这是每个国家在给所有主要能力设定临界值时，需要自己考虑的那种问题。我们还没有开始很好地对这些问题进行慎议，我认为现在要是说这种慎议的确切结果会是什么，还为时尚早。不过，支持奢侈品肯定会是我们要反对的第一个目标。例如，如果人们不再驾驶运动型多用途汽车了，那么就会有很多收获，其中最大的收获就是减少了在汽油上的开支，这会省出一些钱以用作他途，并与根本性的权利相关——从两个方面来看，医疗都终将获益。

最为明显的、尚未解决的冲突领域，就是在研究领域使用动物。一方面，那些使用动物的研究，对于促进人类和动物的医疗而言至关重要。它还会给出很多其他方面（从抑郁到依恋的本质）的信息。另一方面，这些研究会缩短动物的生命，并且经常会对它们施加其他的伤害。

在不禁止有意义的研究的情况下，我们可以做很多努力来改善用于研究的那些动物的生活。正如斯蒂芬·怀斯（Steven Wise）所表明的，当那些用于研究的灵长目动物被用作医疗对象时，经常都生活在污秽、孤单的环境中。这种境遇当然是完全没有必要并且在道德上是不可接受的；在不结束研究的情况下，可以结束这一状况。我们可以终止一些没有必要的研究：例如，在兔子身上试验化妆品，有些化妆品公司已经避开了这一试验，同时在质量上也没有影响。然而，很多对人类和其他动物的生命与健康会带来重大后果的重要研究，即便是在最好的条件下，也至少会给某些动物造成疾病、痛苦和死亡。

那么，我们应当承认，在人和动物的关系中会存在一种不可消除的余孽。我们应当允许一些研究以促进人类的健康和安全，但这些研究会继续给动物带来疾病、痛苦和过早死亡的危险。作为一种理想的权利理论，这种研究在道德上是恶的；作为当前的一种措施，我并不赞同立即停止这样的研究。我赞同的是：第一，询问该研究对于促进人类或动物的重要能力而言，是不是真的有必要。第二，主要考虑在可能的时候，使用一些不具有复杂感知能力的动物，因为它们会在这样的研究中遭受更少、更轻的伤害。第三，改善被用于实验的那些动物的条件，这包括：当动物染上某种不治之症的时候，要对它们进行保守性的治疗；让它们与人和其他动物建立支持性的互动。第四，消除那种心理上的残忍行为，在实验中有很多对待动物的行为都包含了这种残忍行为。[66]第五，谨慎、认真地选择主题，以便没有动物在没有机会获得重要益处的情况下，由于轻率的理由而受到伤害。第六，一种有活力的、公开的对发展实验方法（如计算机模拟）的基金支持，这些实验方法不会产生糟糕的后果。

概言之，我的进路赞同要对这些问题进行持续不断的、公开的哲学上的讨论，并同时承认：在实验中这样使用动物是悲惨的，在某些情形下的确侵犯了动物的基本权利。即便是在我们与动物共享的非黑格尔式的世界中，这种公开的承认也并不是毫无用处的。首先，它表明在道德上什么是对的，并因此承认动物的尊严以及我们对它们是有愧的。其次，它重申：在没有这些紧迫的危急情况干涉时，我们该怎样妥善地安置它们。最后，它为我们准备了一个世界，其中至少有一些相关研究可以通过其他方式来进行，例如通过使用计算机模拟来进行。它告诉我们要积极地寻求这样一个世界，并利用任何一种进步来减少对动物的虐待。

十四、通向一种真正的全球正义

长期以来，对全球正义的追求显然要排除很多人和群体，如穷人、底层人物、宗教人士、部落和少数民族的成员、女性等，他们之前并没有被当作完全平等的正义主体。社会契约传统中的那些经典的自由主义进路，被设计出来解决这些不平等；在大多数层面上，它们解决得很好。在该传统众多的缺点中，最令人不满意的地方就在于，它们没有充分考察机会和益处在家庭成员中的分配，也没有把家庭当作一个场所，其中正义要么实现要么没有实现。

最近，另一个更大的、由不同的人（那些暂时或终生肢体残障和精神残障的人）组成的公民团体，开始日益明显地要求充分而平等的正义。经典的社会契约论——即便是罗尔斯的那种微妙且在道德上比较敏感的理论——都不能充分地解决与残障者相关的正义问题，或者相关的照顾依赖他人者的问题，后者是由我们社会中存在残障者和年迈者造成的。能力进路似乎能够很好地提出一种卓有成效的方案。

几个世纪以来，对全球正义的追求要求政治哲学远离那些能够自给自足的城邦的范式，要求政治哲学思考一个国家在与其他国家打交道的过程中需要何种正义。直到20世纪后期，一份完整的国际协议和世界性的正义就显然必须不仅要讨论传统的战争与和平的话题，而且还要涉及经济正义和物质分配等问题。传统的社会契约论并不能很好地解决这些问题，即便是罗尔斯的那种大胆而吸引人的进路也不足以胜任。我再一次表明，能力进路提供了一种有益的途径；我已经论证过，只有一种以结果为导向的进路才能很好地面对这个令人困惑的、日新月异的世界，因为它能够不停地转变自己的制度形式。

然而，一种真正的全球正义，不仅要在这个世界上寻求其他也有权过一种有尊严的生活的同类。还要求人们将目光投向自己国家内和全世界范围内的那些具有感知能力的存在，我们的生活与这些动物的生活紧密相连并相互交叉。传统正义理论的契约论进路并没有（以其形式也不能）将这些问题当作正义问题而加以解决。功利主义的进路对此进行了大胆的尝试，揭露了虐待行为，并促使人们开始在伦理上对此给予充分的关注；在这一点上，功利主义应该受到极大的表扬。但到最后，这种进路却过于同质化（在不同的生活中和每一种生活的不同构成中都是如此），以至于不能给我们提供一种恰当的动物正义理论。能力进路从一开始就对每一种形式的动物生命表达了伦理上的钦佩，它提供了一种模式，以便公平地对待动物生活的复杂性及其对繁荣的追求。这里，我只是概括性地描述了这一进路最终可能会讨论什么，不过概述也是一种进步，它能够通往一种完整充分的全球正义理论。

第七章 道德情感与能力进路

> 当我们思考，在很好的教育环境中，对于国家的热爱会变成怎样热烈的一种道德情感时，我们不能判定说，对更大的国家、对世界的热爱，可以被培育成类似的力量，既作为高尚情感的源泉，也作为一种义务的原则。
>
> ——约翰·斯图亚特·密尔《宗教的功用》

与我刚刚辩护的那种基本正义的进路相比较而言，社会契约的传统具有一个重要且明显的优势，即它并不需要广泛的仁慈。它从互利的观念中推导各种政治原则，同时并不假定人类之间具有深厚的、强有力的关系。对于该传统中的大多数思想家而言，这一简约的起点看起来是一个巨大的优势，因为他们对道德情感心存怀疑。

霍布斯认为，最强有力的情感都是自私自利的，其他的情感都太过微弱而不能稳定持久地促动人们的行为。康德当然也对欲望和倾向持悲观态度，他的那种"根本恶"（radical evil）理论也表明，嫉妒和攻击性很可能是存在于任何一个社会的重大问题。尽管他的确认为人们能够不受限制地遵从道德法则，但他也认为，对他人的那种持续性的道德行为很可能不会大范围地发生，除非人们加入了某种正确的教会，而事实表明这种教会从来都没有存在过。洛克对道德情感持有一种更为乐观的态度，但他似乎也怀疑这些情感能够产生与正义的政治原则相符的行为。无论如何，他是基于互利而非仁慈推导出社会契约的，尽管他在说明自然状态中的那些义务时非常强调仁慈。最后，休谟（尽管他并不是一个契约论者，但却是现代契约论的主要源泉，也是该传统中最为机敏的道德心理学家之一）认为，仁慈的情感基本上不会在社会中广为流行，除非有那些基于互利观念的传统和法律辅佐。

　　罗尔斯则持一种更加复杂的立场，因为在构建政治原则的时候，无知之幕将道德上的不偏不倚植入其中；他认为这种植入方式与一种不偏不倚的〔"心之纯洁"（purity of heart）〕立场一致，一个真正的人任何时候都能采取这种立场，尽管我们并不这样做。再者，他在说明有秩序的社会时，花费了大量的笔墨来关注情感的教育，后者将逐渐使这种政治观念更为稳定。尽管罗尔斯在写《政治自由主义》的时候，开始有些怀疑《正义论》中这部分的某些具体细节，认为这有些过度依赖一种单一的关于善的完备性学说；但他还是在这本书中阐发了一种政治心理学并强调其重要性，认为一个社会要想保持稳定，就要在某种程度上公开培养这种情感。

能力进路对人类的要求颇高，它比经典的社会契约论要求得更多，在某种程度上也高于罗尔斯对良序社会中那些公民的要求，尽管罗尔斯在这里的要求已经非常多了。我们要解决那三个尚未解决的问题，就要求人们具有极大的同情心和仁慈，并长时间地保持这些情感。就像在罗尔斯那里，各种制度在使仁慈更加稳定方面发挥了巨大的作用；在确切地描述仁慈需要什么时，各种制度也起到了重要作用。然而，除非人们想要，否则制度不会自行产生；人们不想要它们的时候，它们也就终止了；美国新式社会民主的死亡，就向我们清楚地表明了这一点。

那么，能力进路是不是完全不现实呢？只有时间和尝试才能回答这个问题。不过，我们可以通过表明经典理论家在对待道德情感时所犯的严重错误来开始回答这个问题；他们所犯的严重错误在于，没有充分关注文化的演变和教育的作用。霍布斯、洛克、康德甚至包括休谟似乎都认为，公民具有的全部情感能力是非常固定的；在边缘地区，社会可能会影响到一些事物，就像休谟所构想的社会教导人们要将情感依附于正义的有用性，康德的理性宗教获得了更多的拥护者以推动人们支持道德法则。不过，从整体上看，这些思想家似乎并不认为个人能有多大的改变余地，以及那些支持这种改变的社会性努力能有多大的空间。康德的确认为，我们能够希冀和平，这部分地是因为这对所有人有利；但他并不认为我们能够期望这样一种仁慈，它为世界上的所有公民甚至是一个国家中的所有人维持基本的生活机会。这种道德野心的缺乏是令人惊讶的，因为所有这些思想家都是位于基督教文化氛围中的或在某些情形中与之相关，而这种基督教文化明显倡导人们在仁慈和其他基本情感方面进行精神上的变革与做出自我改变。

的确，卢梭是唯一一位长期关注道德情感的延展性，并通过教育来培养它们的经典社会契约论的思想家；他的《爱弥儿》（*Emile*）将当前的很多不正义归咎于有悖于常情的教育，并倡导一种基于同情的、支持社会正义的教育。《爱弥儿》的第四版与亚当·斯密的《道德情操论》（*Theory of the Moral Sentiments*）、约翰·斯图亚特·密尔的论文《宗教的功用》一起，是我们进一步思考该问题的极为丰富的思想源泉。它是一个真正富有洞见的文本，它与培养情感这个问题有关，这将支持社会急剧地朝向正义和平等尊严而变化。

罗尔斯追随卢梭，认为一个公正的社会能够进行大量的情感教育以支持其各种原则。他在《正义论》和《政治自由主义》中关于道德情感的高明讨论表明，他将各种情感看作明智的态度，它们是能够被社会培养的；而且，如果经过适当的教育，它们能够将社会原则当作对象。因此，在事后看来，他的理论几乎与我的一样具有野心：一个正义社会的稳定，取决于它反复给人们灌输正确观点和情感的能力，后者会支持对现有善物的分配制度进行广泛的变革。当然，由于罗尔斯是在构建一种完美的理论，而不是在提出一种向真实新体制的转变方案，所以他并没有论及支持激烈变革的内容。然而，如果我们试着去想象一下，与他的理想接近的那些事物要怎样转为现实，那么这种转型就显然需要进行广泛的情感教育。

迄今为止，心理学明确地告诉我们，我们情感生活的很多方面都是由社会形成的，反过来亦是如此。即便像厌恶这样明显是"固有的"情感，都具有强烈的父母和文化教育的成分。[1]愤怒、悲哀、恐惧——所有这些都是由社会形成的，这包括：它们关于对象的选择、它们的表达模式、它们表达的准则、它们包含的关于这个世界的信念，甚至一个既定社会将包含的那些情感的具体变形。[2]约翰·斯图亚特·密尔认为小孩子就是一块白板，社会想要的任何情感都能够成功地灌输给他们；但现在我们可能并不是处于他所认为的那种境地。当然，密尔从他父亲那里借鉴得来的心理学联想论是极其天真的，它既忽视了情感生活的演进基础，也忽视了一种方式，其中开始于婴儿期的发展过程形塑了情感的全部内容。因此，当密尔总结，我们可以教导人们认为，世界上所有人的幸福都是他们自身幸福的一部分时，这个结论下得过于仓促，没有充分抓住人类心理中执拗的一面。

然而，在同情和仁慈方面，密尔的理论至少在某种程度上是真实的：周边环境能够对人们体验到的情感及其功效造成极大的影响。丹尼尔·巴特森（Daniel Batson）关于利他主义的重要研究表明，当人们聆听他人生动地描述自己的困境并且相关重点被戏剧性地强调时，他们会感受到同情，并最终提出救助计划。[3]我们的基本素养会表现为更加卢梭式的，而不是霍布斯式的：如果以正确的方式让我们知晓另一个人正在受苦，那么我们会去帮助他/她。问题在于，大多数时候，我们的注意力是分散的，并没有经过很好的训练以理解他人的困境；而且（卢梭和巴特森都以不同的方式强调）我们并没有被引导着通过想象教育而生动地向他人描绘这些痛苦。我们还可以增加一点，这一点是卢梭而不是巴特森非常重视的：如果人们在成长过程中一直认为自己是享有特权的甚至是自给自足的、不受伤害的，那么人们就经常不能充分地意识到自己人类的脆弱性。

一个自由社会的公共教育能在多大程度上培养那些补充和支持能力进路的情感呢？在一个厌恶教化、厌恶限制言论自由的社会中，该怎样安排这种教育呢？

至少仁慈的扩展看起来是可能的，人们具有的那些与"亏欠了自己或他人什么"相关的观念实际上是非常不固定的，与相应的社会教化对应。例如，美国的普遍公共文化显然就教导了很多东西，它们妨碍着仁慈：穷人造成了自己的困苦，一个"真正的人"是自给自足的而不是贫穷的，还有很多其他有害的事实捏造充斥于我们的大众文化中。另外，美国大众文化中的一些有害的情感也逐渐被一些观念和信念批判与替代。因此，通过重视对孩子的培养及早期教育，种族仇恨和厌恶、对女性的仇视和厌恶在我们的大众文化中已经消失了。被一些人轻蔑地称为"政治纠正"的那种对语言和形象化描述的重视具有重要的政治目的，这让孩子们能够将他人看作一个个体而不是某些被侮辱的团体的成员。在某种程度上，在谈论和教导那些残障者的公共方式中，这种有益的改变正在进行。将残障儿童与其他孩子放在同样的教室进一步推动了这种变化；这种做法会使孩子们明白，一个残障的孩子是一个独立的个体，他具有很多人类的情感并能从事很多活动。

以这些和其他的一些方式，一个自由的社会能够培养一些人的观念和人类关系的观念，并使之成为至关重要的；这些观念反过来又能够支持其基本政治原则。尽管它不应当压制相反的意见，但它能够在公共教育和公共辩论中赋予支持性观点声望，正如当富兰克林·德拉诺·罗斯福（Franklin Delano Roosevelt）将穷苦的美国人描述为有尊严的、被灾难困扰的公民，而不是没出息的懒汉时；当马丁·路德·金（Martin Luther King）用感人的词语描述一个种族平等和世界公民的未来时；当残障者的拥护者展示出这些人生活的复杂性和多样性以及他们爱的能力与成就时。

如果要在这个世界上实现能力进路，我们就需要理解并追随这些事例。一个想在我刚刚提到的那三个方面追求正义的社会，就必须持久地关注道德情感，并注重在儿童发展阶段、在公共教育中、在公共辩论中、在艺术中培养道德情感。我已经表明，这本书的规范性谋划所需要的那种情感的扩展和延伸是可能的；当然，我并没有表明这**如何**可能。这种失语并不是因为我没有兴趣讨论这些问题或者这些问题是无解的，而是因为我决定要将这些问题作为另一本书讨论的主题。[4]

尽管我还没有表明，我所理解的那种正义是可以实现的；但我认为，我在此处的论证消除了一种障碍，这种障碍认为它是不可能实现的。因为它证实了，关于我们是谁、政治社会是什么的独特景象，曾经羁绊并阻碍了我们去想象其他的方式，其中人们能够聚集在一起并决定生活在一起。如果我们想当然地认为，对于自由主义的政治文化而言，互利是唯一的黏合剂，那么我们就会冷嘲热讽地谈论"乌托邦式的"谋划，就像我在那三个正义前沿领域中提出的那些一样。然而，我已经表明，这种景象具有特定的历史源头，且并非唯一可得到的图景。至此，我们应当能够明白，这是霍布斯和洛克非常熟悉的图景，而不是真实的关于人们是什么、必须成为什么样的人的描述。当我们将其看作一幅图景时，我们就能够询问：该图景为我们做了什么，它怎样充分地表达了我们，以及我们是想用这幅图景还是其他的来表明我们对于政治社会的期望？

通过这种方式，对重大哲学问题的回答就具有了实际的意义。[5]这些回答让我们明白什么是可能的，并给我们提供了一些术语，其中规定了我们自身以及我们的政治关系。社会契约论的图景在很多方面是硕果累累并令人艳羡的，但它限制我们去解决那三个尚未解决的问题，后者我认为将会是正义的前沿问题。我们不应该搁置这些理论，同时应该也能够运用哲学论证来为我们的想象打开一扇窗户。没有充满想象力的勇气，我们很可能在这三个前沿领域所提出的巨大挑战面前沦为公共的犬儒主义并陷入绝望。不过，拥有了一些新的关于什么是可能的图景后，我们至少能够接近这些前沿问题，并富有创造性地认为，在一个比哲学理论认可的更为复杂、更加相互依存的世界中，正义可能是什么样的。

注　释

导　论

[1] 关于我在政治辩护中的立场的细节解释，参见 Nussbaum（2000a）第二章和 Nussbaum（2004d）。

[2] 参见 Nussbaum（2000a），第四章。

[3] 在第一章，我将论证洛克的理论实际上避免了困扰罗尔斯的一些问题，但这仅仅是因为洛克的理论是一种强烈信奉前政治的自然权利和仁慈的自然义务的混合理论。

[4] 关于我自己对这一罗尔斯/亚里士多德式的概念的借用，参见 Nussbaum（2000a）第二章和 Nussbaum（2004d）。

第一章

[1] Hobbes（1651/1991），第十三章。然而，霍布斯可能受到伊壁鸠鲁和卢克莱修的影响（尤其参见卢克莱修：《物性论》，第5卷）。关于古代社会契约理论的历史，参见 Goldschmidt（1977）。

[2] Locke（1679－1980?/1960），《政府论（下篇）》，第二章第4段，第八章第98段。除非用罗马数字 I 特别指出，所有关于洛克的引用都是指《政府论（下篇）》。《政府论（上篇）》和《政府论（下篇）》正处于争论中，但是彼得·拉斯利特（Peter Laslett）已经令人信服地论证它们的创作比我们先前认为的早得多，参见 Locke，第15~135页，尤其是第66~79页。

[3] 并非所有传统的倡导者都以政治正义理念的形式来谈及他们的计划。既然我将集中于罗尔斯的传统版本，当然他是集中于政治正义的，那么我希望读者能宽恕这一时代错误。

[4] 当然，还有什么其他的包含在"等等"中，是值得在传统中关注的问题之一。正如我们看到的那样，对罗尔斯而言，种族和性别是这一清单上非常重要的部分，但是生理和精神不健全却不可能是。参见本书第二章。

[5] 然而，我将论证，历史传统没有使用罗尔斯的"纯粹程序正义"的理念，而是相反，从一种严格的自然权利或资格解释开始。

[6] 当然，霍布斯没有在那种方式上使用它；尽管他对自由主义传统有深刻的影响，但他却不是自由主义者。参见本章第四节。

[7] 有一个脚注表明：尽管霍布斯的版本很伟大，但它却呈现了特殊的问题。

[8] 有趣的是，在《正义论》第十一章注释 4，通过列出他的主要历史前辈的文本，罗尔斯提到了洛克的《政府论（下篇）》和卢梭的《社会契约论》，却没有提到康德的政治著作，但是他的"伦理著作开始于《道德形而上学基础》"。

[9] 其中一个迹象是：在关于教育的分类讨论中，理论家劳伦斯·柯尔伯格（Lawrence Konlberg）的道德意识阶段的解释宣扬皮亚杰的发展阶段论，即随着不断成熟，儿童经过了不同的发展阶段——在发展阶段论中，社会契约教义是四阶段论，功利主义是五阶段论，康德主义是六阶段论。罗尔斯说他追随柯尔伯格关于道德发展的观点，正如罗尔斯明确表示出的那样，他不能批判功利主义，因为从定义上看他处于一个较低的发展阶段，并且对柯尔伯格而言，批判主义要求从第一阶段开始是批判性的。我记得我对罗尔斯把自身置于第四阶段而不是第六阶段感到吃惊。

[10] 关于"不健全"、"残障"和"残疾"的使用，参见本书第二章注释 5。

[11] 霍布斯没有遗漏女性，并且在许多方面，对于性别问题，他是一个令人吃惊的例外。康德遗漏了相当多的人，因为他的独立状况要求财产，以及导致在"积极"公民和"消极"公民之间做出区分的假设，参见本章第四节。

[12] 参见 Nussbaum (2000a)。

[13] 正如米歇尔·福柯的文献所记录的疯癫的例子那样，在

19世纪总体上这变得更糟；在这之前，排斥不如这么严重，许多残障者也能在公共生活中扮演重要角色。想想尤利乌斯·恺撒，他患有癫痫；罗马皇帝克劳狄斯的行动受到严重损伤，并且有其他一些不确定的先天性残障；哲学家塞涅卡患有慢性疾病，正如他所记录的，他仍然是帝国的摄政者。毫无疑问，还能从其他时代和文化中找到许多与这些相似的例子。

[14] 在此，和别处一样，查尔斯·狄更斯是批判主义的先锋，在《大卫·科波菲尔》(*David Copperfield*) 中，他创造了迪克先生的复杂形象，参见 Diamond (1995)。我们也应该提到威尔基·柯林斯 (Wilkie Collins)，在此和其他别处一样，是激进的：在《无名者》(*No Name*) 中，一个具有严重精神不健全的女性是这部小说的道德中心。

[15] 用这种方式提出问题，我要归功于芭芭拉·赫尔曼 (Barbara Herman)。

[16] 在我即将出版的著作中，我探讨了对这一传统的解释。

[17] 参见《正义论》，第17页。在那里，他声明，包括他自己的契约论在内的契约论，"没有解释在面对动物和其他自然物时，我们如何处理我们的行为……我们必须认识到作为公平的正义的有限领域，以及它所代表的一般观念形态。一旦理解这些其他问题，它的结论就必须被修正到何种程度，是不能被提前决定的"；并且他在《正义论》第512页写道："这里我们应该回顾正义论的局限"。他提到对待缺乏正义感能力的人，正义论没有对正确行为给予解释。这似乎可能既包括非人类动物这一罗尔斯的临时主体，也

包括有严重精神残障的人。

[18] Nussbaum（2000a）。

[19] Gauthier（1986）。

[20] 在描述社会契约的文本中并不经常使用这一短语，但是相关的理念确实出现在洛克和康德之思想的中心，也出现在与他们差异甚大的休谟之理论的中心。

[21] 在此传统的领军人物中，洛克似乎最关心发现自然状态的不同因素的历史相似物；但是，他这样做是为了阐释这并非不现实，而不是因为他认为原本的历史真相是这一进路的重要特征。

[22] Locke（1679－1980?/1960），第八章第 95 段。

[23] 康德：《理论与实践》（"Theory and Practice"），in Kant（1970），第 74 页。

[24] 同上书。康德文章的这个部分的副标题是"反对霍布斯"，另外需要提醒的是，我们不应该以一种简单的方式猜测霍布斯属于这一传统——尽管也应该坚持霍布斯关于自然状态中权利的解释是复杂的。

[25] Hobbes（1651/1991），第十三章。

[26] Locke（1679－1980?/1960），第二章第 4 段。

[27] Smith（1776/1784/1981），第 28～29 页；Rousseau（1762/1979），bk. 4。

[28] Locke（1679－1980? /1960），第八章第 95 段。

[29] Hobbes（1651/1991），第十四章。

[30] 关于西塞罗的观点，参见 Nussbaum（1999b）。

[31] 普芬道夫于 1672 年出版了《论自然法和万民法》(*On the Law of Nature and Nations*)，1673 年出版了《根据自然法论人类和公民的义务》(*On the Duty of Man and Citizen according to Natural Law*)。

[32] 关于这些紧张的、最出色的处理，参见 Green (2003)。

[33] 参见 Simmons (1992)。他论证，洛克的理念在形式上是结果主义的。

[34] 关于洛克论证中上帝所扮演角色的争论，我故意不表明立场；有一种重要的处理，参见 Simmons (1992)。

[35]《有关教育的思考》(*Some Thoughts Concerning Education*)，第 31 页。对后一种观点的出色讨论，参见 Simmons (1992)，第 44 页。

[36] 在《人性论》中，休谟批评了过度强调这一特征的哲学家，他说，他们像"我们在寓言和传说中遇到的怪物，具有广泛的自然性"。

[37] 尽管康德没有明确提到这一范畴，但是他谈及"普遍意义上的任何人，为了他的支持（生命存续和保护），必须依赖的不是其自身的事业，而是他人的安排"。这一门类必须包括所有具有严重精神不健全的人，以及鉴于其日常状况许多具有严重生理不健全的人。国家使从消极状态到积极状态成为可能的限制性条款，真的意味着国家应该对这些不健全的人做出精心安排，结果他们实际上能够富有经济生产力吗？一种现代康德式契约论可能会运用这一语境；但是，这一理念显然与康德自己的想法有很大差距。

[38] 对此传统内一些重要区别的出色讨论，参见 Stark（2000）。

[39] 在这里，无知之幕和权利概念的正式限制（《正义论》，第 130～136 页）都是重要的。

[40] 有人可能会推测罗尔斯与新古典经济学家的对话形成了其理论的这个方面。他非常在意使经济学家和那些被这些经济学家影响的人信服：一种信奉公平的理论有着严格的和令人信服的基础。也许这一论证性的语境解释了他在选择状况的最初形成时对古典契约形象做出的让步。随后，罗尔斯的辩论焦点转移了，他尤其关注使宗教信仰者信服：一个多元自由社会有合理的基础；但他从未拒绝或极大改变《正义论》中的构成性因素。

[41] Scanlon（1999）。他使用了"契约论"（contractualism）这个术语。

[42] 尽管我不能宣称我了解，但是据说费希特期望这一进路。

[43] 另参见 Nussbaum（2000a），第二章。

[44] Barry（1995）.

[45] 在《政治自由主义》中，罗尔斯使用了"政治自由主义""重叠共识""综合观念"等术语。

[46] 关于这一问题的一个令人信服的论证，参见 Drèze and Sen（1995）（1997）中的地区比较。

[47] 《正义论》第 156～173 页讨论了平均效用及其困难。

[48] 参见 Nussbaum（2000a），第二章。

[49] Nozick（1974），第 42～45 页。

[50] Marx（1844/1978），第 88 页、第 91 页；翻译有改动。

[51] 稳定显然是一个这样的价值，但是稳定已经被包含在对能力清单本身的辩护中，因为我论证了只要表明它能保持稳定，我们就能为任何一种核心政治义务的解释进行辩护，参见 Nussbaum (2000a)，第二章。

[52] 在 Nussbaum (1995b) 中，我对情感和实践理性详细地做出了这一论证。

[53] 参见本书第三章和 Nussbaum (2003b)。

[54] 例如参见 Nussbaum (2000a)，第一章。

[55] 另参见 Nussbaum (2003b)。

[56] 参见我在 Nussbaum (2000a) 第一章对这一问题的讨论。

[57] 参见 Nussbaum (2000f)。我回应了理查德·阿内森对活动所做的辩护。

[58] 在这里，我仅仅谈及《正义论》中罗尔斯自己的程序。他也提供了一种对程序相当独特的解释，通过这种解释，人们为了达到"反思平衡"，对所有理论和其自身"被思考的判断"进行苏格拉底式的仔细审查。(《正义论》，第 40~43 页) 这并非一种纯粹的程序性解释，其在方法上更接近我自己的解释；蕴含在能力进路中的对罗尔斯的辩护方法的使用，参见 Nussbaum (2000a)，第 2 页。

[59] 在这里，我并未使用罗尔斯的术语，因为我认为它是令人疑惑的。他把其自身的"纯粹程序正义"与"完美程序正义"（蛋糕分配）和"不完美的程序正义"（刑事审判）进行比较。但其实，诉求以上任何一种程序理论似乎都是具有误导性的。因此，我倾向于把它们称为结果导向理论，这明显是罗尔斯的意图。

［60］罗尔斯关于正义的"完美的"和"不完美的"结果导向解释之间的讨论，存在进一步的区分。蛋糕分配意味着前者，因为我们能可靠地获得正确的结果；刑事审判意味着后者。能力进路可能只呈现了一种不完美的正义，这仅仅是因为我们能够设想的制度中没有什么可以保证所有公民在所有时刻都享有他们的所有权利——尽管我们假设对那些已经被剥夺权利的人制定了一些补救措施。

［61］通过对目标为反思平衡的辩护进行跨度解释，罗尔斯表达了这一关心：因为结果（和程序）将被用来检验我们慎重考虑的判断，正如我们所考虑的其他理论一样。

［62］显然，这并不十分正确，因为厨师可能做了太长时间，等等。

［63］参见 Nussbaum（2000a），第二章。

［64］尽管只有休谟使用"人为的"这一词语，但似乎所有古典社会契约理论家都相信，我们能够设想：没有政治社会，人类也能过一种完全的和可辨识的人类生活。

［65］关于亚里士多德的友谊观和可分享的目的观，参见 Sherman（1989）。

［66］参见 Nussbaum（2001a），第六章和第八章。随后讨论了同情与能力进路的关系。

［67］参见本书第七章和 Nussbaum（2003c）。

［68］然而，性别平等不可能得到充分阐释，除非对家庭进行全面批判，在这一传统中没有哪个理论家愿意这样做，其原因也许

不仅是偶然地与他们对契约教义的拥护相联系。在第二章中，我们会看到进一步的细节性解释，参见 Nussbaum（2000a），第四章。出于两个不同的原因，源于性别取向的不平等证明了对讨价还价理论的抵制：因为论述它们需要对当代家庭形式进行基本的批判，还因为社会中女同性恋和男同性恋的出现——在收入和财富方面，他们还处于不错的境况，但是考虑到自尊的社会基础，他们却处于糟糕的境况——对罗尔斯的首要善理论与他用收入和财富作为衡量相对社会地位的指标造成了巨大压力。

第二章

［1］参见 Kittay（1999）。此处我对塞莎形象的描述来自当时那本书中的描述。

［2］他还有很多生理残障，尤其是非常严重的食物过敏。

［3］这是阿瑟在 2000 年的情况；正如我们看到的那样，在那之后，事情已经改变了很多。

［4］参见 Bérubé（1996）。此处杰米的形象源于此书中的描述。

［5］关于术语的注释：在残障的文字表达中，"不健全"（impairment）是一种正常身体功能的丧失；"残障"（disability）是指作为一种结果，在你所处的环境中，你不能做某事；"残疾（或缺陷）"（handicap）是指作为结果的竞争性的不利。随后，我将试图发现它们之间的区别，尽管很难划定不健全和残障之间的界限，尤其当社会环境不是固定的而是向辩论开放时。正如我要论证的那样，我们无法防止所有的残障：因为即使在一个正义的社会环境

中，一些不健全也将持续影响功能的发挥。我们要做的就是防止有关社会资格方面的缺陷。

这种语言尤其区分了主要被视为一种情感无序的"精神疾病"（mental illness）和被视为仅仅包括理性而不包括情感的"认知不健全"（cognitive impairments）或"智力残障"（intellectual disabilities）。我相信这一区分是误导性的：精神疾病的核心案例如精神分裂症，既包括认知也包括情感的不健全；"认知不健全"如自闭症和阿斯伯格综合征尤其包含了情感方面。而且，如果某人像我一样坚持情感包含认知，那么他就不会想要使用鼓励人们把这两者分开的语言。出于所有这些理由，我使用"精神不健全"和"精神残障"的术语来涵盖由"认知"残障和"精神疾病"所包括的领域：它们与"生理不健全"和"生理残障"是相通的（尽管当然这不意味着精神不健全没有生理基础）。

[6] 洛克是第一阶段的源泉，罗尔斯是第二阶段的源泉（《政治自由主义》，第 20 页、第 21 页、第 183 页和其他地方）；参见本章第二节的讨论，关于洛克的讨论，参见本书第一章。

[7] 再一次，我谈论的仅仅是把互利作为契约要点的理论。

[8] 事情不总是这样：收容制度（institutionalization）开始于美国国内战争，在欧洲和英国稍早一点。

[9] 由两个患有唐氏综合征的人做出的政治辩护的杰出例子，参见 Levitz and Kingsley（1994）和 Levitz（2003）。

[10] 关于尊重关怀劳动的一般问题，参见 Ruddick（1989）。书中引用了 1975 年美国政府的研究——根据所涉工作的"复杂性"

和技能来对各种不同类型的工作进行排列。最高分被给予了外科手术。最低分被给予了那些做养育母亲和保育学校教师的人,这些人是一群"拌泥巴的帮助者"和清除鸡肉内脏的人。

［11］"正常人"的术语源于 Goffman（1963）。对其耻辱理论的论述,参见 Nussbaum（2004a）。

［12］按照美国劳动部妇女局提供的数据,到 1998 年 5 月,估计有 2 240 万个家庭——每 4 个家庭中有 1 个——对其超过 50 岁的家庭成员和朋友提供家庭关怀。关于这些和其他数据,参见 Harrington（1999）。

［13］正如不断增加的生命所意味的那样,即使考虑到不断增多的离婚事件,婚姻持续的时间也比 19 世纪婚姻持续的时间长,老年人患有残障的时间会逐渐增加,很快就将超过过去的平均寿命。

［14］关于这一区分,参见《作为公平的正义:正义新论》,这在本章第六节中予以讨论;话说回来,罗尔斯也是借鉴 Daniels（1985）。

［15］这是近来女性主义著作的一个主要话题,特别参见 Kittay（1999）、Folbre（1999）（2001）。早期在这一领域有影响的著作包括 Fineman（1991）（1995）、Ruddick（1989）、Tronto（1993）、Held（1993）、West（1997）。从不同的女性主义视角出发的两本出色的论文集：Held（1995）、Kittay and Feder（2002）。

［16］参见 United Nations Development Programme（1999）,第 77～83 页。它论证：和在发达国家一样,在发展中国家,即使

在新的全球经济中——女性逐渐出去工作取代了家务工作，情况也是如此，并且这样的未付费的工作是女性处于不利地位的主要源泉。

［17］原初状态中的各方也具有同样的以首要善的形式加以定义的福宁观。他们知道其所代表的人具有不同的善观念。一些这样的综合性观念当然可能包括其他相关的利益和附加物，但是既然各方在制定契约时不会意识到他们自身的特定观念，那么当他们制定契约时那些利益也就不能进入他们的关注中。

［18］这里有趣的是，我们是否应该在一定的语境中（免于严重不健全）或者在反对一些标准化语境（在一些"正常"人类语境中免于严重残障）的背景下思考这些能力，这显然是完全不清楚的。古典契约论思想家没有设想到，社会语境的变化在一定程度上可能影响我所称的不健全与我所称的残障之间的关系。

［19］就像康德的政治理论。

［20］Locke（1679 - 1980?/1960），第八章。然而，正如我们所见，洛克在他对各方的解释中给予仁慈极高的地位；在那种程度上，他的理论不会受到我本应做出的一些反对。

［21］Gauthier（1986）第 18 页谈到了在一个社会中所有"降低平均水平的人"。

［22］同上书，注释 30；参见本章开头的引语。

［23］也包括残障？再一次，不健全是否被设想为反对普遍人类生活环境的理念，并且因此被设想为在那种普遍化语境中产生残障，这显然是完全不清楚的。

［24］实际上，对我的评论而言，印度政治思想史是我唯一足够了解的非西方传统，参见 Nussbaum（2002a）。

［25］参见 Nussbaum（2002a），第四章。

［26］Sen（1990）; Agarwal（1997）.

［27］Okin（1989）.关于罗尔斯在《回顾公共理性理念》中对他立场的再次声明，参见 Nussbaum（2001a），第四章。家庭最终被视为一种与教堂或大学相似的自愿的机构，政治正义对其规范仅仅在于外部。

［28］Nussbaum（2000a），第四章; Nussbaum（2000c）。

［29］参见《政治自由主义》，第 51 页：他说，在原初状态中，合理性由信息限制塑造，它与各方的理性解释保持着明确的分离，在追求他们各自独特的善观念时，理性与其利益相联系。也参见《政治自由主义》，第 103～105 页：良序社会中的公民拥有两种道德能力，即追求正义感的能力和追求善观念的能力。形成善观念和由善观念引导的能力在原初状态中由各方的理性形塑；追求正义感的能力由各方的大致对称和信息限制形塑。因此，似乎是如别处所定义的那样，它们反映了理性和合理性。

［30］通过指出在自由政治思想中这一问题的中心地位，罗尔斯为这一论断——这一问题是基础性的——辩护。（《政治自由主义》，第 22 页）这样的安排对于确立其重要性而言也许是充分的，但是它很难确立被传统忽视的其他问题也具有同等重要性。

［31］伊娃·基太在一次出色的讨论［Kittay（1999），第 88～99 页；也参见 Kittay（1997）］中论证，在罗尔斯的理论中有五个

地方不能面对那些自然而然可能面对的不对称需要：（1）他对正义环境的解释假设人与人之间的大致平等；（2）他的作为"充分合作的"公民的理念把残障者和依赖者放在一边；（3）他的社会合作观基于平等者之间互惠的理念，并且没有为极端依赖者之间的关系留有确定的位置；（4）他对首要善的解释——被介绍为一种对被定义为具有"充分合作"能力的公民之需要的解释——没有为许多人实际的关怀需要留有位置；（5）他以作为各种有效要求的自证之源来解释公民自由，忽视了可能不像那种人所享有的任何自由。

[32] Sen（1980）；对这一路径的其他很好的解释，参见 Sen（1993）（1995）（1992），尤其是第一、三、五章。

[33] 参见《正义论》，第 440～446 页。

[34] 这一点是正确的，罗尔斯认为增加一种优先原则（甚至优先于基本自由）的可能性明确规定"要求满足公民的基本需求，至少在公民的基本需求满足对于他们理解并有效实践这些权利和自由必不可少的情况下必须如此"（《政治自由主义》，第 7 页）。在原初状态中，他没有追问那个问题，他也没有表明这一原则是如何产生的。但是，即使应该增加那种类型的原则，也很难达到一种既是我的理论进路也是以这种方式来思考分配的现代国家所要求的意义上的"充分的社会最低限度"：对公民而言，即使他在健康、教育、工作权利、拥有财产等方面处于很低的水平，他也可能完全能够履行政治权利和自由。在印度，决定 2004 年 5 月选举结果的乡村投票者就是这样的公民：民主积极、有效的参与者，在信奉和高效的高层次上履行他们的基本自由。然而，没有人能够说他们享有"充

分的社会最低限度"。实际上，这正是他们不满的地方。

［35］鉴于在残障文字表达中所使用的定义，从严格意义上讲，这些缺陷不是不健全，因为它们并不是"正常身体功能的丧失"。尽管在这里我想捕捉的是这一理念，即我们都有给我们带来局限甚至疼痛的身体限制和弱点。

［36］Tenbroek（1966）.

［37］休产假是个例外，但是考虑到大量女性工作者和她们的生产力，这一点很容易基于有效性而得到辩护。

［38］关于差异，例如爱普斯坦说："尽管正常来讲很少，如果存在任何公共承载或公共住宿想要对种族或……性别予以歧视的私人理由，那么《美国残疾人法案》就不能说同样的话，它要求火车、公共汽车、飞机场和所有其他公共设施的主要花费从公共财政进行预算，而不是对残障者征收特殊费用。"［Epstein（1992），第48页］爱普斯坦坚持，关于种族和性别的反歧视法案是不必要的，市场能够解决这些问题。

［39］Gauthier（1986），第18页注释30。

［40］Epstein（1992），第481页。

［41］在《政治自由主义》第183页之后，罗尔斯关于森的讨论没有明确区分这两种情形，但是其论证却完全可以用相似的方式应用于两者。

［42］这是我对《政治自由主义》第183页之后关于森的隐含讨论的解读。

［43］参见Kittay（1999），第77页。"在希望接纳所有人存在

于其领域的平等主义理论中,从任何事业的开始,我们就必须面对依赖。"直到这一阶段,用来阐述残障问题的具体策略(法律要批准轮椅通道,像《残疾人教育法》)才能被很好地保留下来;但是,必须从一开始就要认可诸如公民体验对关怀之需要的事实,以及认可论述这些关注的信奉。

[44] 对这些花费的详细解释,参见 Bérubé (1996)。

[45] Mill (1850/1988),第 86 页。

[46] Sorabji (1993)。

[47] Regan (1983) 第 177～185 页出色地讨论了相关段落。

[48] 另一种提出这一点的方式在康德的讨论中很普遍,是说对康德而言最相关的类——在此之下,我们把人类进行分类——是理性存在者的类;与我们大致相当的类成员是天使和可能存在的任何这样的更高级的理性存在者。在这一类中,我们是动物物种:是动物理性,而不是理性动物。当然,康德只关注我们人类的某些方面,而不关注构成人类价值和尊严的其他方面,这恶化了这一问题。

[49] 参见《伦理学史讲义》,尤其是第 253～290 页。

[50] Kittay (1999),第 93 页。

[51]《正义论》,第 505 页:"假设这(强调两种道德能力)排除了动物;它们当然也有某种保护,但它们的地位不是人类的地位。"

[52] Scanlon (1999),第 177～187 页。我非常感谢斯坎伦的来信,它使他处理这些情形的复杂进路变得清楚明了。

[53] 再一次,强调这是罗尔斯的事业而非斯坎伦的事业非常

重要，并且斯坎伦并没有推荐以这种方式来应用它。

[54] 或者，在《政治自由主义》的例子中，是具有相似力量和能力的公民的被委托人。

[55] 例如，终极性是关于政治原则的一个正式条件（参见《正义论》，第135页）；并且，对两条原则的论证确切地表明同意"是终极的，是永恒的"以及"这没有第二次机会"（第176页）。罗尔斯对直觉主义的反对主要集中于这一问题，例如参见《正义论》，第35～36页。

[56] Kittay（1999），第102～103页。

[57] 基太也对这一提议表示同情。

[58] 在Nussbaum（2000c）中我并不理解这一点。

[59] Nussbaum（2000a），第一章；Nussbaum（2000c）。

[60]《作为公平的正义：正义新论》，第168～176页。尽管这本书是时间上最晚出版的，但是也不明确在罗尔斯的思想上是不是最后阶段；它似乎在很大程度上基于1980年以来的讲义；相关评论，参见Samuel Freeman, *Fordham Law Review 72*（2004），2028 n.19。

[61] 这一语言实际上从一开始就存在于理论中；例如，在《正义论》第90～95页，为了差异原则而进行的比较是以"首要社会善的期望值"（第92页）的术语出现的。但是，仅在这一后期的著作中，他才使用这一洞见来解决暂时残障问题。

[62] 因此，尽管艾伦·格沃斯（Alan Gewirth）的康德式人权理论缺乏社会契约理论的结构问题，但它在残障问题上却面临困境，正如它在动物资格问题上面临困境一样，因为它过分强调对人

的康德式理解，正如我在后面第五章所讨论的那样。参见 Gewirth (1978) (1996)。

［63］Scanlon (1999)，第 168 页；参见第 391 页注释 21 中关于来自弗朗西斯·卡姆（Frances Kamm）和朱迪思·贾维斯·汤姆森（Judith Jarvis Thomson）的反对；在那里，斯坎伦似乎赞同（例如）痛苦具有独特的重要性，并且任何关于行为为什么会导致痛苦的解释都可以被合理地拒绝。

［64］同上书，第 170 页。

［65］在通信中，斯坎伦也坚持这一点。

［66］通信中提到的。

［67］因此，在谈论国际发展的目标时，斯坎伦为被他称为"基本善"或"基本清单"理论的观点辩护，这并不奇怪；参见 Scanlon (1993)。

［68］Barry (1995)，第二章。

［69］同上书，第 60 页、第 272 页注释 28。

［70］"实际"因为在《政治自由主义》中，对善的解释非常类似于对人的康德式解释。

第三章

［1］然而，这种实际评价只具有有限的价值。这是因为各种政治传统没有详细说明人类尊严的观念，所以它在康德式理性主义诠释与我的更具包容性的解释之间是模糊的——除非我们把在第六章考察的动物案件中喀拉拉邦高级法院（Kerala High Court）的判决

理解为对印度宪法第二十一条所做的明确解释。(这个问题尚未得到解决。)

[2] 参见 Nussbaum（2001a），第二章。

[3] 参见上书，第六至八章。

[4] Sen（1980）.

[5] 我们要再次谨记，罗尔斯已在词汇上确立了自由的优先性。但这种优先性不应该使我们感到满足，原因有二：第一，自由本身完全依赖于经济分配和再分配，因此，在进而转入经济问题之前，解决自由问题的整个方略是有问题的；第二，许多能力没有被纳入罗尔斯的自由清单，基于此，收入和财富不是罗尔斯自身的自尊之善以及追求健康、教育、行动等的能力的好的替代物。

[6] 在这一点上，我赞同森之观点的详细论证，参见 Nussbaum（2003a）。

[7] 参见 Nussbaum（2000d）。

[8] 足够明确的是，能力可能通过多种方式被个体化；只要内容被保留下来，清单采取的确切形式就不应被教条化。

[9] 在挪威，当我到某一离海滨较近的山丘林木覆盖区徒步旅行时，我偶然遇到一车行动不便的老年人，他们被带到那里去享受森林小径的风光。他们的轮椅被卸下来，而他们则在清新的山间被推着前行。

[10] 塞莎目前已离开她的家人，住进了集体之家；对她而言，这种改变是非常让人激动的。

[11] Arneson（2000）.

[12] 参见 Nussbaum（2000a），第一章。

[13] 参见《正义论》，第 48~51 页，以及 Nussbaum（2000）第二章关于我本人对罗尔斯方法的运用。

[14] Larmore（2003）。

[15] 参见 Nussbaum（2000d）。

[16] 与之相似的是亚里士多德在界定每种美德时所采用的方式：在这样做时，他考虑了对其他美德之论述的影响。

[17] 参见 Nussbaum（1995b）。

[18] 因此，我修改了我在 20 世纪八九十年代写的文章中得出的一些表述，它们可能会被解读为，如果任何一种能力被完全剥夺了，那么这样的生活就不再是人类生活。

[19] 关于机遇和正义的问题，参见 Buchanan（2000）等。关于社会方面和自然方面的问题，参见 Nussbaum（2000a）第一章对罗尔斯社会方面和自然方面的首要善的讨论。就像罗尔斯从"自尊的社会基础"的角度界定正义——当然可能有其他决定因素——那样，我也在健康和想象等领域界定相关的任务：提供这些能力的社会条件。但由于我在论述什么是"社会的"问题时，把家庭结构涵盖在内，所以，我理解的"社会的"在某种程度上比罗尔斯的理解更为宽泛。因此，就能力上的失败源于法律重构范围内的家庭结构的某个方面而言，到目前为止，提升结构而使之更让人满意是国家应该承担的工作。

[20] 在考虑儿童的地方是否应该允许这种信息限制提出了非常难以解决的问题，我在 Nussbaum（2000a）第四章讨论了这一

点。在此，以充分的教育选择和退路选择为背景，我只讨论业已选择生活在这一团体中的成年人。

[21] 这些其他成员可能理所当然地存在于一个多元化的民主社会中，而且他们的选择会得到保护；但由于他们的观点没有表达对其公民同胞之不同观点的尊重，所以它不算是一种合理的完备性观点。

[22] 这种策略跟罗尔斯在《政治自由主义》第139页及其他地方提供的策略相似。我再度接纳其政治自由主义理论的基本结构。

[23] 参见 McMahan（1996）。

[24] 正如迈克马汉（McMahan）正确地指出的，那是我在早期的一些文章中就这一点所暗示的立场。

[25] 因此，请迈克马汉原谅，我的"物种标准的说法"不要求指出，由于离物种标准最远，故而无脑儿童是处境最差的人［参见 McMahan（1996），第12~13页］。我赞同，与拥有塞莎之能力的儿童相比，认为这类儿童更不幸的看法是错误的。但我认为，我们不需要放弃这种观点，即物种标准至少可以在没有导向这种结论的情况下为我们做些事情；这是因为，坚持认为这样一名儿童的生活是人类生活当然只能是武断的，尽管塞莎的生活显然是这样一种生活。

[26] 事情发生的年代顺序并不是完全线性的：更久之前，失明和失聪是如此普遍的现象，以至于可能更少出现处于这种境况的人被边缘化的情况。

[27] 参见 Tenbroek (1966)。

[28] Goffman (1963)，第 5 页及以后各页。

[29] 同上书，第 15 页。

[30] 当然，这提出了个人身份的问题，但我在另一场合才讨论那类问题。在此，我赞同迈克马汉关于"个体可能性的说法"：通过考虑她"本可与生俱来的"（第 14 页）最好生活，我们判定某人运气的好坏。因此，他赞同跟塞莎残障水平相当的小孩是不幸的，即便一个有着相似认知水平的非人类动物并不是不幸的。

[31] 参见 Levitz and Kingsley (1994)；Levitz (2003)。

[32] 比如，*In re Nelda Boyer*，636 P. 2d 1085，1091 (Utah 1982)："尽管授予监护人的权力可能是非常广泛的，法院有权确定监护人的权力以满足受监护人的具体需求……但这种程序应当是个体化的，并且建立在仔细考虑监管之特殊需求的基础上。"对于这条参考信息，我要感谢莱斯利·弗朗西斯（Leslie Francis）。

[33] Herr (2003)，第 431 页。

[34] 同上书，第 435 页。

[35] 同上。

[36] 同上书，第 445 页。

[37] 这些材料与关于以色列和德国之法律的论述都出自 Herr, Gostin and Koh (2003)。

[38] Herr (2003)，第 431～438 页。关于其他支撑服务及"残障者"之定义的详尽讨论，参见 Herr (2003)，第 438～439 页。

[39] 同上书，第 441～442 页。

[40] Herr, Gostin and Koh (2003),"导论"第 6 页。

[41] Francis and Silvers (2000),"导论"第 19 页。

[42] *Watson v. Cambridge*, 157 Mass. 561 (1893). 据说,沃特森"没有能力在日常生活中从生理上体面地照顾自己"。*State ex Rel Beattie v. Board of Education of the City of Antigo*, 169 Wisc. 231 (1919). 威斯康星州最高法院支持把贝蒂排除在外。显然,贝蒂在心理上没有缺陷,但即便如此,他的个案也典型地代表了侮辱,而这种侮辱经常影响心理上有障碍之人的生活。

[43] 343 F. Supp. 279 (1972). 但法院减轻了原告的负担,认为即便接受不那么严格的合理性基础的考验,他们也已然在宪法上有一说法:他们不需要为了要求获得自身的平等保护权而表明教育是一项基本权利。原告人的看法占据上风,即排斥行为既违背了适当程序,也违背了平等保护。

[44] 348 F. Supp. 866 (D. C. C. 1972),第 876 页。从技术的角度看,由于该地区在法律上的地位是特别的,所以他们认为,根据第五修正案,它违背了适当程序,而应用于教育的平等保护条例是"对地区具有法律约束力的适当程序的组成部分"。

[45] 397 U. S. 254 (1969),第 266 页。

[46] 同上书,第 264~265 页。

[47] 在这里,我们能听到洛克在与尊严相关的方面所给予的回应(我在第一章已经提到了这一点),它与他的自然权利理论相关,而没有被包含在现代形式的契约论中。

[48] 可以说,"不健全"和"残障"这两个词如今通常被用于

描述这些儿童的前社会状态,"残疾"一词被用于描述他们在社会上的不利地位。

[49] 我希望能感谢这部法规的作者之一约翰·巴瑞德马斯(John Brademas),因为他讨论了这部法规的背景和历史,而该讨论对我很有帮助。

[50] 473 U. S. 432 (1985),第 449 页。

[51] 同上书,第 446 页、第 449 页、第 450 页。

[52] 一起名为《帕尔默诉斯多迪案》[*Palmore v. Sidoti*,466 U. S. 429 (1984)]的平等保护案件在早年提出了一个相关问题。这起案件涉及一名儿童的监护权,这名儿童的母亲跟一名非洲裔美国人再婚,并已获得了监护权。这名儿童的父亲试图得到监护权,他引证的理由是,这名儿童会因成为被侮辱家庭的成员而遭受偏见。由于该案件涉及种族问题,所以,它与以理性为基础的标准无关,而关乎严格的审查。而法院的分析是相关的:它认为,法律一定要拒绝把个人偏见转化为系统化的公共不利因素:"个人偏见可能是法律触碰不到的,但法律不能直接或间接地让它们产生影响。"《帕尔默诉斯多迪案》的这部分论述被审理《克莱伯恩市诉克莱伯恩生活中心案》的法院引用,与之相关的裁决是,"城市不能通过遵从国家中的某一小部分人的愿望或反对而回避(平等保护)条例的结构"(473 U. S. 448)。

[53] 相同的方法被运用到《罗姆尔诉伊文思案》[*Romer v. Evans* (2000)]。在这起著名的案件中,否认当地社区有权通过保护男同性恋者和女同性恋者免受歧视的法律的科罗拉多州第二修

正案，被判定为违背宪法。同样，这个法案被认为缺乏合理性基础，它只不过建立在反对不受欢迎群体的"仇恨"的基础上。

[54] 875 F.2d 954, 960 (1st Cir.1989), cert. denied 493 U.S.983 (1989). 对于这起案件以及在零抛弃原则问题上进行的深刻讨论，我要感谢 Ladenson (2004)。Minow (2002) 第 80~86 页对整个问题做了深刻讨论。

[55] 在 1975 年和 1997 年，联邦政府被授权支付每个州在教育残障儿童方面产生的额外费用，其费用支付比例高达 40%；而在 2004 年，拨付比例不超过 16%。在参议院于 2004 年春考虑重新授权法案期间，获得两党支持的《哈金-黑格尔修正案》(Harkin-Hagel Amendment) 提出要在未来 6 年逐步提高资助额度，使之达到 40%的大关。但由于没有包括补偿性削减来支付它原来要求的增长，所以，它违背了预算规则，而放弃这项规则所需要的 60 票并没有出现：修正案以 4 票之差没有通过。但参议院的确以 95 票对 1 票授权一个相互矛盾的修正案。这个修正案会授权而非要求，带有任意性的资助到 2011 年增至 40%的大关。

[56] 参见 Kelman and Lester (1997)。他们引用了一位来自密西西比州的特殊教育者的观点："是否有小孩要承受失误带来的痛苦？是的……我认为每年我们都一直在这么做。我们打算重新评价，看看我们在某些地方是否不能容纳那种差异性。'我们是否已经做到了呢？他如今是否在成就上已经远远落后，以至于我们能使他有资格接受特殊教育呢？'……我认为，终有一天我们所有人将不得不以某种方式指出，这是我们的孩子，我们需要做的是教育这

个孩子。不管它是普通教育——教师在集体中教他某一门科目,还是特殊教育,它都是必要的。"(第 100 页)

[57] 这是凯尔曼(Kelman)与勒斯特(Lester)的结论,这个结论建立在他们对涉及有学习障碍之儿童的《残疾人教育法》的广泛研究的基础上。

[58] 当然,它只是照顾儿童这个更大议题的一部分;但对绝大多数老年人而言,他们仅在一方面或更多方面具有残障时,才需要看护,因此,在照顾老年人方面,它涵盖了绝大部分的问题。

[59] 参见 Nussbaum(2000a),第四章。

[60] Kittay(1999)。

[61] 参见 Nussbaum(2002c),"附录"。

[62] 根据 1986 年的数据,瑞典有 46% 的职业女性从事兼职,而女性有 52 天休假;Williams(2000),第 51 页及参考书。

[63] 这个问题,参见 Ehrenreich(2001)。

[64] 参见 Nussbaum(2000a),第一章。

[65] 参见我在 Nussbaum(2003b)中就这一点对森提出的批评。

[66] 参见 Nussbaum(1998)。

[67] 在政治策略方面,Kittay(1999)第一章第三节的标题是"某位母亲的子女"。

[68] 集中论述个体选择和独立之需求的段落,参见 Kittay(1999)第 34~35 页、第 53 页、第 98 页、第 192 页注释 32。

[69] 同上书,第五章。

［70］参见上书，第六章。

［71］伊娃·基太在 2003 年 3 月的私人交流中发表的看法。

［72］Bérubé（1996），第 264 页；Levitz and Kingsley（1994）。

［73］Bérubé（1996），第 264 页。

第四章

［1］这个段落的所有数据均来自 United Nations Development Programme（2003），第 237～240 页。所列举的数据是 2001 年以来的数据。即便在出现艾滋病病毒/艾滋病之前，塞拉利昂在预期寿命方面也从未超过 40 年，但在过去一年，很大程度上是基于艾滋病病毒/艾滋病的原因，它在预期寿命方面已经从 38.9 年跌至 34.5 年。在加权人类发展指数方面，美国总体上位居第七，排在挪威、冰岛、瑞典、澳大利亚、荷兰和比利时之后。在预期寿命方面，它名列第二十五位，排在大多数一般意义上的高级国家之后，但也排在哥斯达黎加、马耳他、新加坡和中国香港之后。

［2］参见 Nussbaum（2000a）"绪论"中的讨论。关于教育问题，参见 Nussbaum（2004b）。

［3］另参见《万民法》，第 4 页："这种正义观建立在社会契约的类似观念基础之上。"

［4］Kant（1797/1999），第 343 页、第 307 页（科学院版）。

［5］康德正确地指出，"Law of Nations"是用法不当：它应该是"Law of States"（用拉丁文来说就是 *ius publicum civitatum*）。

［6］康德在《普遍历史观》（"Idea for Universal History"）中

提到"已确立起来的国家的野蛮自由"[Kant（1970），第 49 页]；在《理论与实践》中提到"一种国际权利状态，通过跟个体中的公民权利和政治权利状态类比，国际权利状态建立在每个国家必须服从的、能够强制实施的公法基础之上"（第 92 页）；在《永久和平论》中谈到国家之间"纯粹战争的无法状态"，并继续指出，"像单个个体一样，它们必须宣布放弃它们的蒙昧与缺乏法律的自由，使自己接纳具有强制性的公法"（第 105 页）。[这些作品的所有译文都来自 Kant（1970）。页码是按照那个版本标注的，而不包括科学院版。]

[7] 同上书，第 104 页。

[8] 在某种程度上，罗尔斯对"基于良知而拒绝"之问题的后续关注说明了这种内容空乏的看法。就此而言，对国际法的讨论处于初级阶段。

[9] 像我们看到的那样，罗尔斯也关注合乎理性的非自由民族。但即便如此，罗尔斯还是强调，这种考虑的目的是"从一个非自由的视角，向我们自身确保自由民族之外交政策的理想和原则也同样是合乎理性的"（《万民法》，第 10 页）。

[10] 在这里，他引用了 Sen（1980）的观点。但是，他错误地描述了森的结论。森的确认为，在阻止饥荒问题上，出版自由和政治民主是极为重要的因素，但他并没有认为它们通常足以说明问题。此外，森的分析只用于饥荒，而不用于说明营养不良及其导致的不健康等问题。

[11] 在《政治自由主义》中，罗尔斯引入了"完备性观念"

这一术语，以此把政治观念跟公民在生活意义、伦理要求等方面形成的总体宗教观和世俗观区分开来。

［12］正如妮斯（Kniss）已论证，在善物观念的基本要素问题上，门诺派——常常作为一个规模小且同质的宗教而被引证——的教徒也有许多激烈的争论。参见 Kniss（1997）。

［13］比如，参见《正义论》，第 264～265 页。"我们想通过以个人主义为基础的正义观来解释社会价值，解释制度、共同体及交往活动的内在善。为使他人清晰起见，我们不想依赖一个未加阐明的共同体概念或假设社会是一个有自身生命、跟其所有成员有所不同且高于所有成员的有机整体……从这种观念来看，不管它可能看起来是多么个人主义，我们最终都必须解释共同体的价值。"

［14］谁属于"负担沉重的社会"？对这个概念缺乏说服力的阐释使罗尔斯再一次表明了他缺乏现实性。据说，这些社会"缺乏政治传统和文化传统、人力资本和专业技能，并且通常缺乏成为良序社会所需要的物质资源和技术资源"（《政治自由主义》，第 106 页）。这种说法是非常含混不清的。关于经济援助的一个极为有趣的进一步评论，参见 Rawls and Van Parijs（2000）中罗尔斯写的信。

［15］这是清楚无误的，因为罗尔斯参考了《世界人权宣言》，指出他的权利集合包含了第 3～18 条（尽管它未能真正完全包含第 7 条法律面前的平等），但排除了《世界人权宣言》在接下来的条款中列举的权利。

［16］这一规定也限制了原初状态中各方的无知程度。

［17］参见 Stiglitz（2002）。斯蒂格利茨（Stiglitz）描述了一

张众所周知的照片。在这张照片中，国际货币基金组织的一名法国代表双臂交叉地站立着，紧盯着一名坐着的印度尼西亚领导，以一副居高临下的、带有殖民优越感的姿态就富裕国家及其机构的想法发表演说。

[18] 在这个领域，对罗尔斯理论的评价是，它最初的问题在于其历史模糊性。罗尔斯并未谈及当今世界实际存在的等级制社会。(他的虚构例子源于奥斯曼帝国。)就像在早期的作品中那样，在《万民法》("LP")中，罗尔斯以一个特别"西式的"传统为基础提出他自己的自由原则，并把自由主义本身描绘成"西方的"，甚至建立在"西方的个人主义"基础之上。为了严谨地区分自由国家和非自由国家，该文不提及西方国家。但罗尔斯似乎依然一直主要考虑西方民主国家，而不是考虑印度、孟加拉国等。当我们谈到宽容原则时，删除这些社会的做法是引人注目的。这是因为，如果他对"体面的等级制社会"采用不置可否的态度的根本原因包括了这样一种观点——它们有一套不同的历史传统，并且不能合乎情理地期待它们是自由的——那么，那种根本原因的说服力就会为许多非西方国家已然接受自由宪法的事实所削弱，如果这种事实会被承认的话。(当然，在"西方的"和"非西方的"之间做出的划分本身恰恰是一个西方构想，它不是思考这些有其异质传统的社会的有用途径。)除此之外，大家知道，罗尔斯政治理论的核心思想深深根植于其他政治传统中：比如，在宗教宽容方面，印度在欧洲之前早已有一种发展完善且政治上有效的观念；参见 Sen (1997)。就罗尔斯通过诉诸历史的差异性来证成他宽松地对待某些非自由社会

的做法而言，不可能产生也不会产生这些说法。

［19］这种表述参见《政治自由主义》第 144～145 页。"政治观念是一个构件，一个根本的构件，它以不同的方式适合于各式各样在由它规导的社会里长期存在的合理的完备性学说，并且能得到哲学学说的支持。"

［20］《万民法》第 65 页明确指出，财产权是基本人权清单的一部分，但罗尔斯小心翼翼地避免坚称平等的财产权。

［21］参见《万民法》，注释 2。"这种信仰自由可能既不是范围广泛的，也不是对所有社会成员都是平等的：比如，一种宗教或许合法地支配着国家政府，而另一种宗教尽管被宽容对待，但它占据某些地位的权利却可能被拒绝承认。"

［22］参见《万民法》，第 71 页。"体面的等级制社会中的人既不被看作自由平等的公民，也不被看作应获得平等代表者之身份的独立个体（根据一人一票的准则）。"

［23］在《万民法》（"LP"）中，这是标准表述。在《万民法》中，它为"体面的协商等级制"的表述所取代。

［24］众所周知，《万民法》中对"形式平等（即类似情况类似处理）"（第 65 页）的要求不足以说明不存在歧视，这是因为常常产生某些存在于女性和男性之间的相关差异，参见 MacKinnon（1987）中的《差异与支配》。在介绍卡扎尼斯坦（Kazanistan）时，罗尔斯说少数派不会"遭受武断的歧视"，但正是那个字眼允许某些类型的歧视纯粹是武断的，而其他类型的歧视可以通过差异性得到正当性证明。

[25] 对这个问题的更详尽的论证,参见 Nussbaum (2002b)。

[26] 比较《正义论》,第 27 页、第 29 页、第 185~189 页。

[27] 在他的阐释中不存在退路,这是因为社会被假定是封闭的。

[28] 难道不是时候宣布要中止使用"个人主义"一词及其多种含糊性吗?如果它意味着(心理学的或伦理学的)自我主义,甚或是一种关于自给自足是最好的信念,那么很少有西方思想家持这样一些看法。如果它意味着每个人都应当被看作目的,那么许多西方思想家都持有这种观点(正如很多"非西方的"思想家也这么认为),而它看来是一种合情合理的想法;我们不太可能把"每个人都是目的的观念"看作一种被滥用的说法,仿佛一提到它就会使论证变得不必要。参见 Nussbaum (1999a) 中的《女性主义者对自由主义的批评》("The Feminist Critique of Liberalism")。

[29] 另参见 Agarwal (1994)。

[30] 参见 Nussbaum (forthcoming) 中我对格劳秀斯的理解。以这样的方式加以表述,这种观点听起来像一个完备性学说。如同我(和罗尔斯)可能会做的那样,格劳秀斯没有区分政治自主权和道德自主权。因此,我所描述的格劳秀斯的论证会反过来指出,通过赋予他们自身法律,人类维护政治自主权——即便是在完备性的道德自主权之价值方面有不同看法的公民,也赞同这种自主权是重要的。

[31] 参见 Agarwal (1994)。法律会因省份(或邦)而异,因宗教而异。基督教财产法(规定给女儿的财产份额是给儿子份额的

1/4）已被声明不适用于喀拉拉的基督教女性；但在很多邦，印度财产法依然保留了大量的不平等，它给女性更小的份额，并在某些情况下以这样一种方式把财产和共同拥有的大家庭连接起来，以至于离开家庭的女性无法从中摆脱出来与独立支配她的份额。阿加沃尔（B. Agarwal）的后续作品已表明了，土地所有权和抵制国内暴力的能力之间存在高度关联，所以这个问题是不止一种能力造成的结果。

［32］参见 Nussbaum（2003c）。

［33］凯瑟琳·麦克金农（Catharine MacKinnon）在《女性的"9·11"》（"Women's 9/11"）中非常有说服力地详尽阐述了类似观点，参见 2004 年 10 月在芝加哥大学法学院所做的一场杜威讲座。

［34］在印度人民党政府的治理下，教育政策的主心骨是重新书写国家教科书，从而使它们跟印度右派对历史和文化的看法一致；教育部部长乔什（M. Joshi）是一名对社会持有印度至上主义想法的坚定支持者。在新政府的管理下，这项令人感到遗憾的政策正在被废止。

［35］关于这些问题，可进一步参见 Nussbaum（2001b）。

［36］罗尔斯从未彻底指出，一套更完整的规范不能被证明是正当的。但他确实提出建议认为，基于这个原因，我们应关注的不是整个《世界人权宣言》，而是一些紧急权利。

［37］Beitz（1979）；Pogge（1989）.

［38］Pogge（1989），第 247 页。

［39］这里存在年代顺序问题。但在出版其著作之前，斯坎伦

多年来一直致力于他的理论，并且已以论文形式出版了该书极为重要的部分；此外，博格原本可以独立地朝着那个方向推进，比如，通过宣称他一直保留罗尔斯理论中的康德式要素，但抛弃它的社会契约成分与它对休谟正义环境的拥戴。

[40] 参见 Drèze and Sen（2002），第 257～262 页。

[41] Pogge（2002）。

[42] 由于霍布斯至少意识到正义的某种作用和自然状态下的道德义务，所以他本人的方法更复杂，尽管他也认为这些考虑将于事无补；参见本书第一章。

第五章

[1] O'Neill（1996）。

[2] Shue（1996）；Jones（1999）。

[3] 同样，奥尼尔的那种基于义务的进路至少内在地涉及了需求。例如，在这种进路的构想中，暴力和欺骗是一种恶；而如亚里士多德所说的那样，这类事情对上帝来说并不是恶，因为它不需要承诺、契约等。

[4] 伍德（Wood）对这个例子做了一个精彩无比的处理，参见 Wood（1999）。

[5] 我对此有更深入的讨论，参见 Nussbaum（1999b）。

[6] Nussbaum（2000a），第二章。

[7] 第六章将会在讨论动物权利时体现一种更加详细的、对功利主义进路的批判。罗尔斯（尽管不仅仅是他一个人）提出了一些

具有影响力的对功利主义的批判，这一点将会日益明显。

［8］Singer（1972）；Murphy（2000）。

［9］参见 Nussbaum（2000a），第二章及其引文。

［10］这里我搁置了密尔的那种多元价值的功利主义，他的功利主义与我所要维护的立场非常接近。

［11］参见 Nussbaum（2000a）第二章中关于森和埃尔斯特（Elster）的讨论。

［12］*San Antonio Independent School District v. Rodriguez*，411 U. S. 1（1973）。

［13］参见 Nussbaum（2000a），第四章。

［14］参见 Nussbaum（2003b）。

［15］我非常感谢查尔斯·拉莫尔，他说服我面对这一问题；也感谢他建议我如何面对这一问题。

［16］参见马歇尔大法官的不同观点：*San Antonio*，411 U. S. 70（1973）。

［17］参见 Frankfurt（1988）（1999）。

［18］参见 Dworkin（2000），第七章。德沃金的这一批评是针对森的，尽管森从来都没有说过能力的平等是正当的社会目标；他只不过是说，就一个社会将平等作为一种社会目标加以追求而言，能力的平等是一种正确的空间，其中能够做出相应的比较。

［19］收入和财富根本不在这个清单上，因为它们就不是能力；所以，我们经常讨论的收入和财富上的平等问题，只是通过一些关于核心能力的认可而被间接地触及。

［20］对此我有更为详尽的说明，参见 Nussbaum（2003b）。

［21］参见 Nussbaum（2000a），第一章。

［22］参见 Nussbaum（2000a）。在这本书中，我的确是结合世界上的国家来使用罗尔斯的观念。要了解对这种应用的批评，参见 Barclay（2003）以及我的回应［Nussbaum（2003d）］。我在一本简短的关于《政治自由主义》的书中对此进行了深入的讨论，该书将由哥伦比亚大学出版社出版。

［23］参见 Sen（1997）。

［24］参见 Maritain（1951）（1943）。

［25］参见 Glendon（2001）。

［26］参见 Stiglitz（2002），尽管他并没有足够明确地质疑互利的观念。

［27］参见 Murphy（2000）。

［28］参见 Green（2002）。

［29］威廉姆斯以某种形式雄辩地表达了这类反对意见，参见 Williams（1973）。

［30］另参见 Nagel（1991）。

［31］这种区分有时候又与公/私区分相联系，不过两者不尽相同。许多完备性学说都是共享的、公共的（也就是说它们是社会的一部分）；而政治领域本身也承担着保护家庭中女性和儿童之核心能力的责任，而这一领域通常又被看作私人性的。

［32］此处我要感谢艾里斯·杨（Iris Young），是她让我着手讨论这个问题。

[33] 参见 Nussbaum（2000a），第三章。其中讨论了一些与宗教有关的一般性的平衡原则，这些原则又可以经过调整而支配民族-国家的关系。

[34] Nussbaum（2004b）.

[35] 2004年9月下旬，英国发表声明要偿还较贫困国家约20％的债务；这是一种颇具希望的信号，也是颇具创意地以一种非支配的方式进行援助。

[36] 例如，参见 Stiglitz（2002）和 Friedman（2002）。

[37] 此处参考2002年4月我与前世界银行首席经济学家勃德根（Bourguigon）的谈话。

[38] 参见 Pogge（2002）。

[39] 例如，在很多情形中，《消除对妇女一切形式歧视公约》中的性别平等准则一直保存在那些签认该公约的国家之中，这影响了法律争论的结果，并产生出新的法律。

[40] 参见 Nussbaum（2000a），第四章；Nussbaum（1999a），第二章。

[41] 因此，我反对儿童婚姻和未经同意的婚姻；但当包办婚姻涉及的对象超过某种理性的合法的、能够表达同意的年龄，能够选择，没有被强迫并且同意这种安排的时候，我并不反对包办婚姻。

[42] 要了解印度和西方传统在这个方面的对比，参见 Nussbaum（2000a）。

[43] 参见 Nussbaum（2004a）。

[44] 参见 Stiglitz（2002），xii，其中分析了一些国际性发展

政策的失败："当时争论的……是一些**观念**以及那些来自这些观念的关于政府之作用的观念。"

第六章

［1］这一事件的记录，参见 Pliny, *Natural History* 8.7.20-21; Cicero, *Ad Familiares* 7.1.3。另参见 Dio Cassius, *History* 39, 38。与此相关的讨论，参见 Sorabji (1993)。

［2］我将会经常这样讨论其他的动物，我对"动物"这个词的使用应当被理解为这种更长更精确术语的一种简略的表达方式。

［3］参见 Sorabji (1993)。他谴责我们后来对斯多葛主义过于迟钝，而没有足够地看重犹太-基督教的资源，后者影响了哪些希腊观点可能会得到重视。

［4］霍布斯和洛克没有说过任何有意义的与动物相关的话语，因此，康德式传统是唯一的证据，以说明什么样的社会契约论对此有过论述。

［5］这些讲义编自学生笔记，可能是康德在 1775—1780 年讲授的；《道德形而上学基础》出版于 1785 年；《实践理性批判》出版于 1788 年；《道德形而上学》（及其对社会契约的说明）出版于 1797—1798 年。

［6］参见 Kant (1963)，第 239～240 页。

［7］要了解这种论证在 18 世纪尤其是在英国的历史，参见 Lee (2002)；其中还讨论了荷加斯的版画所具有的影响。李 (Lee) 还考察了当代心理学在这个问题上的发现，并得出结论说，至少有一

些证据支持"残忍成习"这一主张。

[8] 参见 Gewirth（1978），其在康德式的道德理论背景下讨论了一种人对动物所具有的更加广泛的义务；这比罗尔斯的理论更进一步，它认为由于动物在某些方面与人类相似，所以它们具有某些有限的权利。

[9] 这些义务应当成为政治领域的一部分吗？这一点我们尚不清楚。因为在区分政治原则和完备性道德学说方面，《正义论》并不像《政治自由主义》那样明确。我暂且推论说，对于罗尔斯而言，这些义务是完备性道德学说的一部分，而并不是政治领域中构成"重叠共识"的那部分。因此，在《政治自由主义》的术语中，他可能不会很自如地根据这些观念来构建各种政治原则。

[10] 相关分析参见 Nussbaum（2001a），第六章。这部分分析总结了悠久的传统，它是没有争议的。

[11] 当罗尔斯对比"人类的爱"和"正义感"（《正义论》，第190页及以后）时，他论述到，人类的爱更加广泛，并促进我们去做一些超出职责的、正义的行为。关于这一比较，我想说的是，我们对动物负有的义务中，至少有一些不仅是超出职责的，而且是由动物的合法道德权利产生出来的要求。

[12] 参见 Sen and Williams（1982）。

[13] 参见 Bentham（1789/1823/1948），第1页："对与错的标准，牢牢地绑在它们的宝座上。"

[14] 参见 Singer（1980），第12页。雷根对此做了极为精辟的分析，参见 Regan（1983），第206～208页。

［15］参见 Singer（1980），第 238 页。

［16］参见 Nussbaum（2000e）。

［17］这可能仅仅意味着，没有显然更好的东西：结果主义能够允许不完全的排序；如果它要包括那些多元的和不可公度的善物的话，它就必须允许。

［18］参见 Nussbaum（2000a）；*PL*；Larmore（1996）。

［19］并不是所有形式的功利主义都要求行为者要作为结果主义者来进行选择。西季威克（Sidgwick）的那种间接的功利主义主张，普通人通常应当遵守传统的德性，只有一小部分专家应当使用功利主义的算计。由于缺乏公众性，这种功利主义似乎是有缺陷的。规则功利主义主张行为者要遵守那些能够得到功利主义证明的规则，它并没有上述缺陷，但它却有另一个缺陷：如果一个行为者知道功利主义的算计会得出一个不同的结果，那么他就没有理由遵守这个规则。因此，规则功利主义似乎沦落成了行为功利主义，并制定了一些在信息不完全的情形下应用各种规则的规则。

［20］另参见 Nussbaum（2000a），第二章。

［21］参见 Seligman（1975）。

［22］Coetzee（1999），第 21 页。

［23］参见 Nussbaum（2004c）。

［24］此处我并没有评论植物和一般的自然界的问题，尽管我的确认为，能力进路可以被进一步扩展以解决这些问题。

［25］*Parts of Animals* 645a26－27. 亚里士多德接着说，我们在看见组成人类身体的鲜血、骨头等时，不可能不感到恶；他似

乎只是要在对形式和结构的关注中寻找奇妙之处。这里，他没有像他自己的观点所主张的那样接受所有的生命，包括其物质材料。

[26] 参见 Nussbaum（2000a），第二章，其中我本人详尽地讨论了罗尔斯的观点。

[27] 关于这一点，参见 Richardson（1994）。

[28] 在《正义论》中，罗尔斯认为慎议是以苏格拉底的方式由每一个个体实施的；在《政治自由主义》中，他增加了公共认可这一条件；参见本书第五章。

[29] 在这样的实践中，叙述性的小说通常是非常珍贵的，参见 Nussbaum（1990）（1995a）。

[30] 参见 Okin（1989）。

[31] 参见 Lee（2002）。

[32] Proust（1954），第 105 页。

[33] 我关于这一观念的讨论，参见 Nussbaum（1995a）。

[34] Coetzee（1999），第 45 页。

[35] 因此，持有不同理论的罗尔斯、西季威克和亚里士多德都使用了这一方法。

[36] 406 U.S. 205 (1972).

[37] 参见《政治自由主义》，第 20 页、第 244 页、第 273~274 页。

[38] Singer（1980）.

[39] 参见 Regan（1983），第 240~241 页。

[40] Rachels（1990）；我对此的讨论，参见 Nussbaum（2001c）。

[41] 参见 DeGrazia（1996），第 226 页及以后。

[42] 这里，我们或许应该排除具有运动能力的单细胞生物。这里，我在亚里士多德的意义上将集中考虑运动，在这一意义上，它包括远距离地意识到一个好的东西、想要这个东西并在结果上朝它活动的能力。

[43] Rachels（1990）；对这些问题的精彩论述，参见 DeGrazia（1996）。

[44] 参见 de Waal（1996）。与此类似，大卫·休谟也试图使读者将人类和动物的理性与情感看作一种普遍能力。

[45] 我认为这也是亚里士多德的进路，参见 Nussbaum（1995b）。无论人们是否接受这一观点，它都表明了我自己的进路是什么。

[46] Mill（1850/1988），第 28~29 页。

[47] Botkin（1996），第 26~27 页。

[48] 参见 Nussbaum（2000a），第二章。

[49] 我对此做了相应的批判，参见 Nussbaum（1999b）。有一些论文讨论了当今的法律安排及其问题，参见 Sunstein and Nussbaum（2004）。

[50] 参见 Sunstein（2004）。

[51] 参见 Hare（1999）。

[52] DeGrazia（1996）. 我非常感谢德格拉齐亚在一份草稿上对这部分内容的精彩评论，当时这部分内容被当作泰纳讲座的讲稿。

[53] 例如，参见 Gewirth（1978）。

[54] 此处，我们必须附加前文提到的说明：如果有一个生物，它没有感知能力，但具有另一种重要的生命功能，如思维、与他者形成关系等，那么杀死这样的生物也是有问题的。不过，在现实世界，我们并没有发现这样的情形。

[55] 正如前文所提到的，澳大利亚于 2004 年 5 月开始实施的新的动物权利法，要求鸡能够自由地活动，禁止将狮子和老虎用于马戏表演；同时，还为家养和非家养的动物制定了一系列其他的保护措施。

[56] 猫被剪了爪子之后就不能（很好地）攀爬和跳跃，这两者对于它独特的生命形式而言都是至关重要的成分。一头不能撕食羚羊而只能得到一个大球的狮子，仍然能够将东西扯成碎片，也能够不受阻碍地活动。因此，这两种情形并不雷同。即便它们有类似之处，猫之所以被剪掉爪子是因为人们想要保护自己的地毯和家具，而禁止狮子得到羚羊确实是为了保护羚羊不遭受极度的痛苦。

[57] 澳大利亚的那项新的法律禁止修剪狗的耳朵和尾巴。

[58] 参见 Sen（1999）。

[59] 澳大利亚新的法律再一次给我们指明了方向，它要求人们允许所有的农场动物每年至少有三个月能自由地漫步。

[60] 澳大利亚的法律禁止将小狗和小猫养在狭窄的、通风不畅的宠物店里。

[61] 关于这一些，参见 Nussbaum（2001a），第二章。

[62] 参见 Wise（2000），第一章。

[63] 关于那些猴子，参见 Nussbaum（2001a），第四章；关于

这些狗，参见 Seligman (1975)。

[64] 参见 Sunstein and Nussbaum (2004)。

[65] 参见 Nussbaum (2000d)。

[66] 这是否意味着禁止一些实验呢？这些实验的主题就具有心理上的残忍性，比如鲍尔比（Bowlby）报道的塞利格曼的那些实验及其相关研究。答案似乎是肯定的，尽管我们从塞利格曼的研究中获得了重要的启示，其成果能够构建起更好的对待人类和动物的模式。我们将不得不研究一些限制，这些限制与我们在讨论对人进行心理研究时已经讨论过的那些限制是一样的。

第七章

[1] 参见 Nussbaum (2004a)，其中讨论了关于厌恶的心理学研究。

[2] 参见 Nussbaum (2000a)，第三章。

[3] Batson (1991)；相关的评论，参见 Nussbaum (2001a)，第六章。

[4] 这本书名为 *Capabilities and Compassion*，即将由剑桥大学出版社出版。

[5] 此处我有意模仿罗尔斯在《政治自由主义》（平装本）"前言"中所做的结尾。

参考文献

Agarwal, Bina. 1994. *A Field of One's Own: Gender and Land Rights in South Asia*. Cambridge: Cambridge University Press.

——1997. "'Bargaining' and Gender Relations: Within and beyond the Household." *Feminist Economics* 3: 1-51.

Amundson, Ron. 1992. "Disability, Handicap, and the Environment." *Journal of Social Philosophy* 23: 105-118.

——2000a. "Biological Normality and the ADA." In Francis and Silvers (2000): 102-110.

——2000b. "Against Normal Function." *Studies in History and*

Philosophy of Biological and Biomedical Sciences 31 C: 33 – 53.

Arneson, Richard J. 2000. "Perfectionism and Politics." *Ethics* 111: 37 –63.

Asch, Adrienne, Lawrence O. Gostin, and Diann Johnson. 2003. "Respecting Persons with Disabilities and Preventing Disability: Is There a Conflict?" In Herr, Gostin, and Koh (2003): 319 – 346.

Barclay, Linda. 2003. "What Kind of Liberal Is Martha Nussbaum?" *Sats: Nordic Journal of Philosophy* 4: 5 – 24.

Barry, Brian. 1995. *Justice as Impartiality.* Oxford: Clarendon Press, 1995.

Batson, C. Daniel. 1991. *The Altruism Question: Toward a Social-Psychological Answer.* Hillsdale, N. J. : Lawrence Erlbaum Associates.

Becker, Lawrence C. 2000. "The Good of Agency." In Francis and Silvers (2000): 54 – 63.

Beitz, Charles. 1979. *Political Theory and International Relations.* Princeton: Princeton University, Press.

Bentham, Jeremy. 1789/1823/1948. *An Introduction to the Principles of Morals and Legislation.* New York: Hafner. (The text is based on the 1823 edition.)

Bérubé, Michael. 1996. *Life as We Know It: A Father, a Family, and an Exceptional Child.* New York: Pantheon.

Botkin, Daniel. 1996. "Adjusting Law to Nature's Discordant Harmonies." *Duke Environmental Law and Policy*, Forum 7: 25 – 37.

Brock, Dan W. 2000. "Health Care Resource Prioritization and Discrimination against Persons with Disabilities." In Francis and Silvers (2000): 223 – 235.

Buchanan, Allen, Dan W. Brock, Norman Daniels, and Daniel Wikler. 2000. *From Chance to Choice: Genetics and Justice*. New York: Cambridge University Press.

Coetzee, J. M. 1999. *The Lives of Animals*. Ed. Amy Gutmann. Princeton: Princeton University Press. Coetzee's Tanner Lectures: pp. 15 – 69.

Daniels, Norman. 1985. *Just Health Care*. Cambridge: Cambridge University Press.

——2000. "Mental Disabilities, Equal Opportunity and the ADA." In Francis and Silvers (2000): 255 – 268.

DeGrazia, David. 1996. *Taking Animals Seriously: Mental Life and Morel Status*. Cambridge: Cambridge University Press.

de Waal, Frans. 1996. *Good Natured: The Origins of Right and Wrong in Humans and Other Animals*. Cambridge, Mass. : Harvard University Press.

Diamond, Cora. 1995. *Realism and the Realistic Spirit*. Cambridge, Mass. : Bradford Books. Reprint edition.

Drèze, Jean, and Amartya Sen. 1995. *India: Economic Development and Social Opportunity*. Oxford: Oxford University Press.

——, eds. 1997. *Indian Development: Selected Regional Perspectives*. Oxford: Oxford University Press.

——2002. *India: Development and Participation*. Oxford: Oxford University Press.

Dworkin, Ronald. 2000. *Sovereign Virtue: The Theory and Practice of Equality*. Cambridge, Mass.: Harvard University Press.

Ehrenreich, Barbara. 2001. *Nickel and Dimed: On (Not) Getting By in America*. New York: Metropolitan Books.

Epstein, Richard. 1992. *Forbidden Grounds: The Case against Employment Discrimination Law*. Cambridge, Mass.: Harvard University Press.

Fineman, Martha A. 1991. *The Illusion of Equality*. Chicago: University of Chicago Press.

——1995. *The Neutered Mother, the Sexual Family and Other Twentieth Century Tragedies*. New York: Routledge.

Folbre, Nancy. 1999. "Care and the Global Economy." Background paper prepared for United Nations Development Programme (1999).

——2001. *The Invisible Heart: Economics and Family Values*. New York: New Press.

Francis, Leslie Pickering, and Anita Silvers, eds. 2000. *Americans* with Disabilities: Exploring Implications of the Law for Individuals and Institutions. New York: Routledge.

Frankfurt, Harry G. 1988. "Equality as a Moral Ideal." In Frankfurt, The Importance of What We Care about: Philosophical Essays. Cambridge: Cambridge University Press. pp. 134 – 158.

——1999. "Equality and Respect." In Frankfurt, Necessity, Volition, and Love. Cambridge: Cambridge University Press. pp. 146 – 154.

Friedman, Benjamin. 2002. "Review of Stiglitz (2002)". New York Review of Books, August 22.

Gauthier, David. 1986. Morals by Agreement. New York: Oxford University Press.

Gewirth, Alan. 1978. Reason and Morality. Chicago: University of Chicago Press.

——1996. The Community of Rights. Chicago: University of Chicago Press.

Glendon, Mary Ann. 2001. A World Made New: Eleanor Roosevelt and the Universal Declaration of Human Rights. New York: Random House.

Goffman, Erving. 1963. Stigma: Notes on the Management of Spoiled Identity. New York: Simon and Schuster.

Goldschmidt, Victor. 1977. La doctrine d'Epicure et la droit. Paris: Vrin.

Green, Michael. 2002. "Institutional Responsibility for Global

Problems." *Philosophical Topics* 30 (2002): 79-96.

―――2003. "Justice and Law in Hobbes." *Oxford Studies in Early Modern Philosophy* 1: 111-138.

Grotius, Hugo. 1625/1646/1925. *De Iure Belli ac Pacis Libri Tres/On the Law of War and Peace.* 2 vols. Vol. 1: Latin text; vol. 2: translation. Trans. Francis W. Kelsey. Oxford: Clarendon Press. (The text is based on the 1646 edition.)

Hare, R. M. 1999. "Why I Am Only a Demi-vegetarian." In Jamieson (1999): 233-246.

Harrington, Mona. 1999. *Care and Equality.* New York: Knopf.

Held, Virginia. 1993. *Feminist Morality: Transforming Culture, Society, and Politics.* Chicago: University of Chicago Press.

―――, ed. 1995. *Justice and Care: Essential Readings in Feminist Ethics.* Boulder: Westview.

Herr, Stanley S. 2003. "Self-Determination, Autonomy, and Alternatives for Guardianship." In Herr, Gostin, and Koh (2003): 429-450.

Herr, Stanley S., Lawrence O. Gostin, and Harold Hongju Koh, eds. 2003. *The Human Rights of Persons with Intellectual Disabilities.* Oxford and New York: Oxford University Press.

Hobbes, Thomas. 1651/1991. *Leviathan.* Ed. Richard Tuck. Cambridge: Cambridge University Press.

Holton, Richard, and Rae Langton. 1999. "Empathy and Animal Ethics." In Jamieson (1999): 209 – 232.

Hume, David. 1739 – 1740/1978. *A Treatise of Human Nature*. Ed. L. A. Selby-Bigge. 2d ed. revised by P. H. Nidditch. Oxford: Clarendon Press.

——1777/1975. *Enquiries concerning Human Understanding and Concerning the Principles of Morals*. Ed. L. A. Selby-Bigge. 3d ed. revised by P. H. Nidditch. Oxford: Clarendon Press.

Jamieson, Dale, ed. 1999. *Singer and His Critics*. Oxford: Basil Blackwell.

Jones, Charles. 1999. *Global Justice: Defending Cosmopolitanism*. Oxford: Oxford University Press.

Kant, Immanuel. 1797/1999. *Metaphysical Elements of Justice*. Ed. and trans. John Ladd. Indianapolis: Hackett.

——1963. *Lectures on Ethics*. Trans. L. Infield. Indianapolis: Hackett.

——1970. *Kant: Political Writings*. Ed. Hans Reiss. Cambridge: Cambridge University Press.

Kavka, Gregory S. 2000. "Disability and the Right to Work." In Francis and Silvers (2000): 174 – 192.

Kelman, Mark, and Gillian Lester. 1997. *Jumping the Queue: An Inquiry into the Legal Treatment of Students with Learning Disabilities*. Cambridge, Mass.: Harvard University Press.

Kittay, Eva Feder. 1997. "Human Dependency and Rawlsian

Equality." In *Feminists Rethink the Self.* Ed. Diana T. Meyers. Boulder: Westview. pp. 219 - 266.

——1999. *Love's Labor: Essays on Women, Equality, and Dependency.* New York: Routledge.

Kittay, Eva Feder, and Ellen K. Feder, eds. 2002. *The Subject of Care: Feminist Perspectives on Dependency.* Lanham: Rowman and Littlefield.

Kniss, Fred. 1997. *Disquiet in the Land: Cultural Conflict in American Mennonite Communities.* New Brunswick, N. J. : Rutgers University Press.

Ladenson, Robert T. 2004. "The Zero-Reject Policy in Special Education: A Moral Analysis." Manuscript cited by permission of the author.

Larmore, Charles. 1996. *The Morals of Modernity.* Cambridge: Cambridge University Press.

——2003. "Public Reason." In *The Cambridge Companion to Rawls.* Ed. Samuel Freeman. New York: Cambridge University Press. pp. 368 - 393.

Lee, Jadran. 2002. "Bentham on Animals." Ph. D. diss. , University of Chicago.

Levitz, Mitchell. 2003. "Voices of Self-Advocates." In Herr, Gostin, and Koh (2003): 453 - 465.

Levitz, Mitchell, and Jason Kingsley. 1994. *Count Us in: Grow-*

ing up with Down Syndrome. New York: Harcourt Brace.

Locke, John. 1679 – 1680?/1960. *Two Treatises of Government*. Ed. Peter Laslett. Cambridge: Cambridge University Press.

MacIntyre, Alasdair. 1999. *Dependent Rational Animals: Why Human Beings Need the Virtues*. Chicago: Open Court.

MacKinnon, Catharine. 1987. *Feminism Unmodified*. Cambridge, Mass. : Harvard University Press.

Maritain, Jacques. 1943. *The Rights of Man and Natural Law*. New York: Scribner's.

——1951. *Man and the State*. Chicago: University of Chicago Press.

Marx, Karl. 1844/1978. *Economic and Philosophical Manuscripts of 1844*. In *The Marx-Engels Reader*. Ed. Robert C. Tucker. New York: Norton. pp. 66 – 125.

McMahan, Jeff. 1996. "Cognitive Disability, Misfortune, and Justice." *Philosophy and Public Affairs* 25: 3 – 35.

Mill, John Stuart. 1850/1988. "Nature." In *John Stuart Mill: Three Essays on Religion*. Amherst, N. Y. : Prometheus Books. pp. 3 – 65.

——1869/1988. *The Subjection of Women*. Ed. Susan M. Okin. Indianapolis: Hackett.

Minow, Martha. 2002. *Making All the Difference: Inclusion, Exclusion, and American Law*. Ithaca: Cornell University Press.

Murphy, Liam. 2000. *Moral Demands in Ideal Theory*. New York: Oxford University Press.

Nagel, Thomas. 1991. *Equality and Partiality*. New York: Oxford University Press.

Nozick, Robert. 1974. *Anarchy, State, and Utopia*. New York: Basic Books.

Nussbaum, Martha C. 1995a. *Poetic Justice: The Literary Imagination and Public Life*. Boston: Beacon.

——1995b. "Aristotle on Human Nature and the Foundations of Ethics." In *World, Mind, and Ethics: Essays on the Philosophy of Bernard Williams*. Ed. J. E. G. Altham and Ross Harrison. Cambridge: Cambridge University Press.

——1998. "The Good as Discipline, the Good as Freedom." In *Ethics of Consumption: The Good Life, Justice, and Global Stewardship*. Ed. David Crocker and Toby Linden. Lanham, Md.: Rowman and Littlefield. pp. 312–341.

——1999a. *Sex and Social Justice*. New York: Oxford University Press.

——1999b. "Duties of Justice, Duties of Material Aid: Cicero's Problematic Legacy." *Journal of Political Philosophy* 7: 1–31.

——2000a. *Women and Human Development*. Cambridge: Cambridge University Press.

——2000b. "Is Privacy Bad for Women? What the Indian Constitutional Tradition Can Teach Us about Sex Equality." *Boston Review* 25 (April-May): 42 – 47.

——2000c. "The Future of Feminist Liberalism." Presidential address delivered to the Central Division of the American Philosophical Association. *Proceedings and Addresses of the American Philosophical Association* 74: 47 – 79. Reprinted in Kittay and Feder (2002): 186 – 214.

——2000d. "The Costs of Tragedy: Some Moral Limits of Cost-Benefit Analysis." *Journal of Legal Studies* 29: 1005 – 1036. Reprinted in *Cost-Benefit Analysis: Legal, Economic and Philosophical Perspectives.* Ed. Matthew D. Adler and Eric A. Posner. Chicago: University of Chicago Press. pp. 169 – 200.

——2000e. "Comment on Thomson." In Judith Jarvis Thomson, *Goodness and Advice.* Tanner Lectures. Ed. Amy Gutmann. Princeton: Princeton University Press. pp. 97 – 125.

——2000f. "Aristotle, Politics, and Human Capabilities: A Response to Antony, Arneson, Charlesworth, and Mulgan." *Ethics* 111: 102 – 140.

——2001a. *Upheavals of Thought: The Intelligence of Emotions.* Cambridge: Cambridge University Press.

——2001b. "India: Constructing Sex Equality through Law." *Chicago Journal of International Law* 2: 35 – 58.

——2001c. "Animal Rights: The Need for a Theoretical Basis." Review of Wise (2000). *Harvard Law Review* 114: 1506 – 1549.

——2002a. "Sex Equality, Liberty, and Privacy: A Comparative Approach to the Feminist Critique." In *India's Living Constitution: Ideas, Practices, Controversies.* Ed. E. Sridharan, Z. Hasan, and R. Sudarshan. New Delhi: Permanent Black. pp. 242 – 283.

2002b. "Women and the Law of Peoples." *Philosophy, Politics and Economics* 1: 283 – 306.

——2002c. "Long-Term Care and Social Justice: A Challenge to Conventional Ideas of the Social Contract." In World Health Organization, *Ethical Choices in Long-Term Care: What Does Justice Require?* Geneva. pp. 31 – 66.

——2003a. "The Complexity of Groups." *Philosophy and Social Criticism* 29: 57 – 69.

——2003b. "Capabilities as Fundamental Entitlements: Sen and Social Justice." *Feminist Economics* 9 (July/November): 33 – 59.

——2003c. "Compassion and Terror." *Daedalus*, winter: 10 – 26.

——2003d. "Political Liberalism and Respect: A Response to Linda Barclay." *Sats: Nordic Journal of Philosophy* 4: 25 – 44.

——2004a. *Hiding from Humanity: Disgust, Shame, and the Law.* Princeton: Princeton University Press.

———2004b. "Women's Education: A Global Challenge." *Signs* 29: 325 - 355.

———2004c. "Mill between Aristotle and Bentham." *Daedalus*, spring: 60 - 68.

———2004d. "On Hearing Women's Voices: A Reply to Susan Okin." *Philosophy and Public Affairs* 32: 193 - 205.

———Forthcoming. "Grotius: A Society of States and Individuals under Moral Law." In *The Cosmopolitan Tradition*. New Haven: Yale University Press.

Okin, Susan Moller. 1989. *Justice, Gender, and the Family*. New York: Basic Books.

O'Neill, Onora. 1996. *Towards Justice and Virtue: A Constructive Account of Practical Reasoning*. Cambridge: Cambridge University Press.

Pitcher, George. 1995. *The Dogs Who Came to Stay*. New York: Penguin.

Pluhar, Evelyn B. 1995. *Beyond Prejudice: The Moral Significance of Human and Nonhuman Animals*. Durham: Duke University Press.

Pogge, Thomas. 1989. *Realizing Rawls*. Ithaca: Cornell University Press.

———2002. *World Poverty and Human Rights: Cosmopolitan Responsibilities and Reforms*. Cambridge: Polity.

Proust, Marcel. 1954. *A la recherche du temps perdu*. Vol. 1: *Du côté de chez Swann*. Paris: Gallimard.

Pufendorf, Samuel. 1673/1991. *On the Duty of Man and Citizen According to Natural Law*. Ed. James Tully. Trans. Michael Silverthorne. Cambridge: Cambridge University Press.

Rachels, James. 1990. *Created from Animals: The Moral Implications of Darwinism*. New York: Oxford University Press.

Rawls, John. 1971. *A Theory of Justice*. Cambridge, Mass.: Harvard University Press.

——1980. "Kantian Constructivism in Moral Theory." *Journal of Philosophy* 77: 515–571.

——1993. "The Law of Peoples." In *On Human Rights: The Oxford Amnesty Lectures 1993*. Ed. Stephen Shute and Susan Hurley. New York: Basic Books.

——1996. *Political Liberalism*. Enl. ed. New York: Columbia University Press.

——1999. *The Law of Peoples with "The Idea of Public Reason Revisited."* Cambridge, Mass.: Harvard University Press.

——2000. *Lectures on the History of Ethics*. Ed. Barbara Herman. Cambridge, Mass.: Harvard University Press.

——2001. *Justice as Fairness: A Restatement*. Ed. Erin Kelly. Cambridge, Mass.: Harvard University Press.

Rawls, John, and Philippe Van Parijs. 2003. "Three Letters

on *The Law of Peoples* and the European Union. " *Revue de philosophie économique* 7: 1 -20.

Regan, Tom. 1983. *The Case for Animal Rights*. Berkeley: University of California Press.

Richardson, Henry S. 1994. *Practical Reasoning about Final Ends*. Cambridge: Cambridge University Press.

Rosenthal, Eric, and Clarence J. Sundram. 2003. "Recognizing Existing Rights and Crafting New Ones: Tools for Drafting Human Rights Instruments for People with Mental Disabilities. " In Herr, Gostin, and Koh (2003): 467 -501.

Rousseau, Jean-Jacques. 1762/1979. *Emile: or On Education*. Trans. Allan Bloom. New York: Basic Books.

Ruddick, Sarah. 1989. *Maternal Thinking*. Boston: Beacon.

Scanlon, Thomas. 1993. "Value, Desire, and Quality of Life. " In *The Quality of Life*. Ed. Martha C. Nussbaum and Amartya Sen. Oxford: Clarendon Press, pp. 185 - 200.

——1999. *What We Owe to Each Other*. Cambridge, Mass. : Harvard University Press.

Seligman, Martin. 1975. *Helplessness: On Development, Depression, and Death*. New York: W. H. Freeman.

Sen, Amartya. 1980. "Equality of What?" In *Tanner Lectures on Human Values*. Ed. S. M. McMurrin. Salt Lake City: University of Utah Press. Reprinted in Sen 1982: 353 - 369.

——1982. *Choice, Welfare and Measurement*. Oxford: Basil Blackwell.

——1985. *Commodities and Capabilities*. Amsterdam: North-Holland.

——1990. "Gender and Cooperative Conflicts." In *Persistent Inequalities*. Ed. Irene Tinker. New York: Oxford University Press. pp. 123 – 149.

——1992. *Inequality Reexamined*. New York: Russell Sage.

——1993. "Capability and Well-Being." In *The Quality of Life*. Ed. Martha C. Nussbaum and Amartya Sen. Oxford: Clarendon Press. pp. 30 – 53.

——1995. "Gender Inequality and Theories of Justice." In *Women, Culture and Development*. Ed. Martha C. Nussbaum and Jonathan Glover. Oxford: Clarendon Press. pp. 259 – 273.

——1997. "Human Rights and Asian Values." *New Republic*, July14/21: 33 – 40.

——1999. *Development as Freedom*. New York: Knopf.

Sen, Amartya, and Bernard Williams. 1982. "Introduction." In *Utilitarianism and Beyond*. Ed. Amartya Sen and Bernard Williams. Cambridge: Cambridge University Press. pp. 1 – 21.

Sherman, Nancy. 1989. *The Fabric of Character: Aristotle's Theory of Virtue*. Oxford: Clarendon Press.

Shue, Henry. 1996. *Basic Rights*. 2d ed. Princeton: Princeton

University Press.

Silvers, Anita. 1998. "Formal Justice." In Silvers, Wasserman, and Mahowald (1998): 13 – 146.

——2000. "The Unprotected: Constructing Disability in the Context of Antidiscrimination Law." In Francis and Silvers (2000): 126 – 145.

Silvers, Anita, David Wasserman, and Mary B. Mahowald. 1998. *Disability, Difference, Discrimination.* Lanham, Md.: Rowman and Littlefield.

Simmons, A. John. 1992. *The Lockean Theory of Rights.* Princeton: Princeton University Press.

Singer, Peter. 1972. "Famine, Affluence and Morality." *Philosophy and Public Affairs* 1: 229 – 244.

——1975. *Animal Liberation.* New York: Avon Books.

——1980. "Animals and the Value of Life." In *Matters of Life and Death: New Introductory Essays on Moral Philosophy.* Ed. Tom Regan. New York: Random House. pp. 28 – 66.

——1999a. "Response to Coetzee." In Coetzee (1999): 85 – 92.

——1999b. "A Response." In Jamieson (1999): 269 – 335.

Smith, Adam. 1776/1784/1981. *An Inquiry into the Nature and Causes of the Wealth of Nations.* Ed. R. H. Campbell, A. S. Skinner, and W. B. Todd. 2 vols. Indianapolis: Liberty Fund. (The text is based on the 1784 edition, which can be regarded as Smith's final version.）

　　Smuts, Barbara. 1999. "Response to Coetzee." In Coetzee (1999): 107 – 120.

　　Sorabji, Richard. 1993. *Animal Minds and Human Morals: The Origins of the Western Debate.* Ithaca: Cornell University Press.

　　Stark, Cynthia. 2000. "Hypothetical Consent and Justification." *Journal of Philosophy* 97: 313 – 334.

　　Stiglitz, Joseph. 2002. *Globalization and Its Discontents.* New York: Norton.

　　Sunstein, Cass R. 2004. "Can Animals Sue?" In Sunstein and Nussbaum (2004): 251 – 262.

　　Sunstein, Cass R., and Martha C. Nussbaum, eds. 2004. *Animal Rights: Current Debates and New Directions.* New York: Oxford University Press.

　　Tenbroek, Jacobus. 1966. "The Right to Be in the World: The Disabled in the Law of Torts." *California Law Review* 54: 841 – 919.

　　Tronto, Joan. 1993. *Moral Boundaries: A Political Argument for an Ethic of Care.* New York: Routledge.

　　United Nations Development Programme. 1999. *Human Development Report 1999.* New York: Oxford University Press.

　　——2000. *Human Development Report 2000.* New York: Oxford University Press.

———2001. *Human Development Report 2001*. New York: Oxford University Press.

———2002. *Human Development Report 2002*. New York: Oxford University Press.

———2003. *Human Development Report 2003*. New York: Oxford University Press.

Wasserman, David. 1998. "Distributive Justice." In Silvers, Wasserman, and Mahowald (1998): 147-208.

———2000. "Stigma without Impairment: Demedicalizing Disability Discrimination." In Francis and Silvers (2000): 146-162.

West, Robin. 1997. *Caring for Justice*. New York: New York University Press.

Williams, Bernard. 1973. "A Critique of Utilitarianism." In J. J. C. Smart and Bernard Williams, *Utilitarianism: For and Against*. Cambridge: Cambridge University Press. pp. 77-150.

Williams, Joan. 2000. *Unbending Gender: Why Family and Work Conflict and What to Do about It*. New York: Oxford University Press.

Wise, Stephen. 2000. *Rattling the Cage: Toward Legal Rights for Animals*. Cambridge, Mass.: Perseus Books.

Wood, Allen. 1999. *Kant's Ethical Theory*. Cambridge: Cambridge University Press.

索引

Activity：nonhuman animal capabilities 活动：非人类动物能力，22，94，326－327，337，344－346，355，360，362，365，374，378，386－387，395－398，448n42；Kant 康德，52，132，418n11；capabilities approach versus Utilitarianism 能力进路与功利主义，73－74，283，397；Marx 马克思，74，159，167；political 政治的，79，192，400；disabilities and impairments 残障和不健全，96，99，137，188，192，194，196－197，218，220－221，413；human capabilities 人类能力，98，125，161，167，221；characteristic of a species 物种特性，180，188，346，369，397；caregivers 关怀者/看护者，218；Mill 密尔，346；Aristotle 亚里士多德，346－347

Adaptive preferences：Utilitarianism 适应性偏好：功利主义，73，282，341，343－344；women 女性，73，283；dependency and disability 依赖和残障，189；nonhuman animals 非人类动物，343－344，371

Africa：HIV/AIDS 非洲：艾滋病病毒/艾滋病，203，269，280；education 教育，280；Sierra Leone 塞拉利昂，224，437n1. See also South Africa 另见南非

Agarwal, B. 阿加沃尔，441n31

索 引 | 483

Agency 主体性. See Choice and agency 见选择和主体性

Alzheimer's 阿尔茨海默病, 170

Americans with Disabilities Act (ADA) 《美国残疾人法案》, 118, 199, 428n38

Animals 动物. See Nonhuman animals 见非人类动物

Aquinas 阿奎那, 328

Aristotle 亚里士多德, 182, 352, 432n12, 442n3; social/political conception of the person 社会/政治个人观, 86, 87–89, 158–159, 161, 273, 356; flourishing 繁荣, 86, 346; nonhuman animals 非人类动物, 93–94, 130, 328, 333, 347–348, 359–360, 447n25; dignity 尊严, 161, 278, 333, 343, 348, 356; Rawls 罗尔斯, 174; activity 活动, 346–347; imagination 想象, 353

Arneson, R. 理查德·阿内森, 171

Arthur 阿瑟, 96–97, 112, 134–135, 194, 218, 423n2; education 教育, 97, 99–100, 128–129, 190, 206–208; care and dependency 关怀和依赖, 97, 100, 169–170, 190; productivity 生产性, 128–129; reciprocity 互惠, 134; single and universal capabilities list 单一能力和普遍能力清单, 188, 190; characteristic human form 独特的人类形式, 193, 363–364

Asia 亚洲, 249; Japan 日本, 240, 248, 303; Bangladesh 孟加拉国, 248–249, 258, 264, 441n17; South Korea 韩国, 248; Palestine 巴勒斯坦, 299; Russia 俄罗斯, 302; China 中国, 304; Singapore 新加坡, 437n1; Hong Kong 香港, 437n1. See also India; Israel; Turkey 另见印度; 以色列; 土耳其

Asperger's syndrome 阿斯伯格综合征, 97, 99, 134, 190, 193, 206, 208, 424n5

Assembly, freedom of 集会, 集会自由, 77, 248, 286, 287

Association, freedom of 结社, 结社自由, 77, 80, 212, 284, 287, 296, 298, 310, 322

Australia 澳大利亚, 248–249, 437n1

Autism 自闭症, 97, 208, 210, 424n5

Barry, B. 布莱恩·巴里, 13, 54, 59, 67–68, 151–153, 268; disabilities and impairments 残障和不健全, 68, 152

Basic liberties: liberalism 基本自由: 自由主义, 6, 163, 183; religious free exercise 宗教自由实施, 45, 76, 183,

252，292－293，401；freedom of speech 言论自由，76－77，79－80，85，180，248，252，278，283，286－287，289，294，298，347，396；freedom of association 结社自由，77，80，212，284，287，296，298，310，322；freedom of conscience 良心自由，77，80，247，298，347，440n21；freedom of assembly 集会自由，77，248，286－287；voting rights 投票权，183，195，252，259，293，297，382；freedom of the press 出版自由，183－187，283，286，316，438n10；human rights 人权，284，288

Basic political principles 基本政治原则，32，72，124，160，307；initial situation 初始状况，10－11，98，202，241；Rawls 罗尔斯，12，24，64，104，109－111，114－115，122，124，164，174，177－179，233，242－243，247，265，375，429n55，430n51；disabilities or impairments 残障或不健全，15，18，98，104，109，111；international justice 国际正义，19，224－225，233，241－243，247，306；Locke 洛克，45；capabilities approach 能力进路，70，160，172－175，202，315－324，370，392；

Hume 休谟，136；intuition 直觉，173－175；second stage of two-stage contract 两阶段契约之第二阶段，233，242－243，247

Basic structure of society 社会基本结构，98，257，261－262，341－342，409；family 家庭，1，105－106，212，432n19；disabilities and impairments 残障和不健全，98，109－110；Rawls 罗尔斯，106，109－110，136，139，232－233，238，242－244，253，409－410，426n27；capabilities approach 能力进路，212，274，307－324；international 国际的社会基本结构，225，272－305，313

Baumgarten, A. G. 鲍姆加登，329－330，390－391

Beitz, C. 查尔斯·贝茨，21；global contract 全球契约，264－270

Benevolence 仁慈. See Moral sentiments 见道德情感

Bentham, J. 杰里米·边沁，29，446n13；nonhuman animals 非人类动物，29，49，338，354，359，384－385，389，391；hedonism 享乐主义，339，344

Bérubé, J. 杰米·伯鲁比，97，99，112，134，155，194，218－219，206；care and dependency 关怀和依赖，97－98，

129，189－190，365；education 教育，97，129，190，220；productivity 生产性，128；reciprocity 互惠，134；single and universal capabilities list 单一能力和普遍能力清单，188；characteristic human form 独特的人类形式，193，363－364

Bérubé，M. 迈克尔·伯鲁比，97，100，129，155，189，206，208，219－220，222－223

Botkin，D. 丹尼尔·波特金，368，374

Brennan，W. J. 布伦南，202

Bronx Zoo 布朗克斯动物园，371

Bush，G. W. 乔治·沃克·布什，170，206

By whom/for whom, conflation of 由谁/为谁，由谁/为谁的混合，14－17，21，33，40，48，51，58，66，98，137，152，338，349，356

Caesar，J. 尤利乌斯·恺撒，418n13

Capabilities approach 能力进路，26，70－96；family 家庭，1，5，85－86，212，221，290，321－322，405，432n19；Utilitarianism 功利主义，5，7，71－74，80，83，93，270，282－283，308－309，338－346，371，378，393－394，397－398；reflective equilibrium 反思平衡，5，389；overlapping consensus 重叠共识，6，8，70，86，153，163，182，271，276，280，295，297－298，304－305，383－384，388－392，393；extending Sen's critique of Rawlsian primary goods 扩展森对罗尔斯首要善的批判，6，24，64，114－116，124－125，127，141－142，164－168，176，178，283－284；as political liberalism 作为政治自由主义的能力进路，6，70，86，153，163，221，310，340，388，432n22；dignity 尊严，7，70，74－75，78，82－87，91，99，155，159－162，166，172，174，177，180，182－184，186，204，218，274，277－279，292－295，313，346－347，355－356，370，381－384，392，398；as a human rights approach 作为一种人权进路的能力进路，7，78，284－286，290－291，355－356；overview of developments 发展评论，7－8；rights 权利，7－8，76－78，284－291，313；pluralism and toleration 多元主义和宽容，8，75－76，78－80，180，182－186，288，295－298，306，310，314；equality（moral）平等（道德的），8，161，178，218，

295；convergence with contractarianism 与契约论趋同，13，24，80－81，156，161，163－164，176－178，270－271，282，388；natural law 自然法，21，36，67，69，227，315；mutual respect and reciprocity 相互尊重与互惠，25，44，81，90，160；intuition 直觉，25，58，70，74，78，81，83－85，155，158，173－176，278－280，346，351；as a freestanding view 作为一种独立观点的能力进路，36，67，70，79，86，158，163，182，186，274，279，280－281，290，297，305，341，352，370，381，388，391；productivity 生产性，63，128－130，160，218；core human entitlements 核心的人类资格，70，72，84，155，166－167，174，182，227，275，277，279，290，313，326；basic political principles 基本政治原则，70，160，172－175，202，315－324，370，392；persons as ends 人是目的，70－71，80，216，220－221，282，342；social bases of self-respect 自尊的社会基础，73，77，80－81，98，102，142，167，172，186，292，298；Aristotelian/Marxian political, social conception of the human being 亚里士多德的/马克思的人类政治观和社会观，74，85－89，91－92，99，132，158－159，161－162，164，167，180，182，187，214，221，273－274，277－278，356；justification 正当性/正当性证明，80，154，163－164，166，255－262，295，298，316，356，389；implementation 执行，80，255－262，298，306，316；outcome-oriented conception 结果导向观，82－92，156，174，274，281，342，379，406；Circumstances of Justice 正义环境，85－87，157，160，220－221；"free, equal, and independent," "自由、平等和独立的"，87－89；equality (powers or capacities) 平等（权力或能力），88，90，157，160，292，327，445；care and caregivers 关怀和关怀者/看护和看护者，88－89，124－125，141－142，168－171，178，191，211－216，321；mutual advantage 互利，89－92，128－130，156－159，204，220，222，227，306，323－324，350；social cooperation 社会合作，89－90，156－158，220－223，227，274，306，323－324，350－351；moral sentiments 道德情感，90－92，156－159，324，408－410，412－415；rationality 合理性，92－

93，99，159，162，183，195，216，278，356；international justice 国际正义，92 - 93，226 - 227，284，290 - 291，302 - 304，306，313 - 324；nonhuman animals 非人类动物，93 - 94，325 - 407；elderly 老年人，102，127，143，168，170，321，399，406；public/private distinction 公/私区分，105 - 106，212，290 - 291，319 - 321，322；need and dependency as fundamental 作为基础能力进路的需要和依赖，132，160，167，182，214，218，274，278，356；stability 稳定性，157，163，304，312，389 - 390，421n51；women 女性，157，165，304，312，389 - 390，421n51；basic structure 基本结构，212，274，307 - 324；national sovereignty 国家主权，261 - 262，314，316 - 317，319 - 320，323，373；duties 义务，281；Principles for the Global Structure 全球性结构原则，315 - 324；imagination 想象，355，414 - 415. See also Capabilities (human)；Capabilities (nonhuman animal)；Sen, A. 另见能力（人的）；能力（非人类动物的）；阿玛蒂亚·森

Capabilities (human) 能力（人类的），431n8，432n18；education 教育，7，157 - 158，212，220 - 222，278 - 279，322 - 324；equality and adequacy 平等和充分，8，291 - 295，380 - 382；universality and the single list 普遍能力和单一能力清单，70，75，78，80，166，176，179 - 195，216，274，291，323，342；functioning 发挥作用/活动，71，74 - 75，79 - 80，93，133，159 - 160，168，171 - 173，184 - 186，191，193 - 194，199，218，277，283，290，297 - 298，352，375，424n5；threshold level 能力门槛/最低水平/临界值，71，75，167，173，176，179 - 182，188，190，193，281，290 - 295，310，315 - 316，342，381，401 - 402；plural, distinct goods 多元的、不同的善物，72，74，84，166 - 167，175，178；trade-offs or balancing of goods 善物的交换或平衡，72 - 73，85 - 86，166 - 167，175 - 176，178，283，401 - 402；as a minimum for justice 作为一种底线正义的能力，74 - 75，85，155，158，166 - 168，178 - 179，218，248，274，279，281；mutually supportive 相互支持的能力，75；abstract and incomplete 抽象的和不完全的能力，75，79，155，158，164，296；imagination 想象，76，142，168，323；

activity and choice 活动和选择, 76 – 77, 98, 125, 161, 167, 180, 184 – 186, 188 – 189, 217, 221, 284, 298, 310, 350, 396, 400; central human capabilities list 核心的人类能力清单, 76 – 78; basic liberties and 基本自由和能力, 77, 298, 347; material aspect of 能力的物质方面, 77 – 78, 88, 169, 179, 194, 216, 267, 287, 289 – 290; flourishing 繁荣, 86, 94, 182 – 183, 187, 190, 192, 222, 278, 347, 364, 366 – 367; practical reasoning 实践理性推理能力, 159, 162, 183, 195, 216; disabilities and impairments 残障和不健全, 169, 180, 186 – 223; characteristic human form 独特的人类形式, 180 – 182, 186 – 188, 191 – 194, 277, 285, 288, 346 – 347, 362 – 366, 433n25; via guardianship 通过监护, 192 – 194, 198 – 199, 218, 285, 347, 363 – 364, 433n32. See also Capabilities approach 另见能力进路

Capabilities (nonhuman animal): activity and movement 能力（非人类动物的）：活动和运动, 22, 94, 326 – 327, 337, 344 – 346, 355, 360, 362, 365, 369, 374, 378, 386 – 387, 395 – 398, 448n42;

trade-offs and balancing 交换和平衡, 94, 344, 351, 402 – 405; characteristic forms of life 独特的生活方式, 94, 346, 349, 351, 356, 361, 363 – 366, 369 – 370, 378, 392, 397, 449n56; intelligence 智力, 325, 332, 362 – 363; relationships 关系, 326, 332, 344, 357, 386, 397 – 400; play 玩耍, 326, 400; flourishing 繁荣, 327, 337, 346 – 347, 349, 351, 357, 361, 365, 367, 369 – 370, 374 – 378, 384, 392 – 393, 395 – 397, 407; functioning 发挥作用/活动, 344, 347 – 349, 363, 370, 373 – 375, 386 – 387, 392, 449n54; plural 多元的, 344, 351 – 352, 355, 378; individual, versus species assessment 个体能力与物种评估, 357 – 365, 378; threshold of sentience 感觉界限, 361 – 362, 371, 449n54; disjunctive approach to 分离性能力进路, 362; harmcausing 导致伤害, 369 – 371, 379; via guardianship 通过监护, 373 – 377, 379, 388 – 389, 394 – 395, 400 – 401; human support versus autonomy 人类支持与自主性, 373 – 380; capability threshold 能力门槛/最低水平/临界值, 381 – 383, 391; equality and adequacy 平等和充分, 382 –

384；animal capabilities list，动物能力清单 393–401. See also Capabilities approach；Nonhuman animals 另见能力进路；非人类动物

Care and dependency 关怀和依赖，2，33，87–88，105，139–140，160，171，178，215–216，294，321，425n12，427n31；elderly 老年人，88，101–102，125–127，144，168，170，196，321，406，431n9，436n58；capabilities approach 能力进路，88–89，124–125，141–142，168–169，321；impairments or disabilities 不健全或残障，96–103，128–129，169–170，188–191，196–197，212–213，219，222，429n43，436；caregivers 关怀者/看护者，99–100，102–103，170–171，212，214，217–218，424n10；women 女性，100，102，171，212，214–215，321，425nn12，16，436n62；children 儿童，100–101，127，168–169，209–210，212–214，217，321；over a "normal" life 超出一种"正常"人的生活，101，140，144–145，172，190–191；choice and agency 选择和主体性，102，168，170–172，215，375；family 家庭，107，212–215，217–218，321，425n12；employment and social arrangements 雇用和社会安排，109–110，199，214–216；individualized 个性化的关怀和依赖，169–170；adaptive preferences 适应性偏好，189；policy and law 政策和法律，195–198，200–204，212–215，431n9；Kittay 基太，212，217–220，427n31；nonhuman animals 非人类动物，365，403–404. See also Guardianship of capabilities 另见能力监护

Central America 中美洲. See South and Central America 见南美洲和中美洲

Children 儿童，322，376，411；initial situation 初始状况，14，33；education and disabilities/impairments 教育和残障/不健全，99，128–129，134，188–190，199–211，219–220，364–365；care and dependency 关怀和依赖，100–101，127，168–169，209–210，212–214，217，321

Choice and agency：political 选择和主体性：政治的，15，18，77，161，184–186，350；disabilities and impairments 残障和不健全，15，18，168，194，196，199，217–218，350，375；rational choice 理性选择，29，59，132，

329；capabilities approach versus Utilitarianism 能力进路与功利主义, 73 - 74, 283, 308 - 309；central human capabilities 核心的人类能力, 76 - 77, 217, 284, 298, 310, 396, 400；political/social conception of the person 政治/社会个人观, 88；care and caregivers 关怀和关怀者/看护和看护者, 102, 168, 170 - 172, 215, 375；diverse forms 各种形式, 189；dignity 尊严, 183, 186, 196, 329；pluralism 多元主义, 184 - 186；nonhuman animals 非人类动物, 378, 396

Cicero：Stoic conception of the person 西塞罗：斯多葛学派的个人观, 36, 273；international justice 国际正义, 36 - 37, 273, 276, 281；nonhuman animals 非人类动物, 325

Circumstances of Justice 正义环境, 38, 60 - 61, 85, 160, 249, 270, 334；Rawls 罗尔斯, 12, 26 - 28, 85, 103 - 104, 108, 119, 127, 141, 145, 147, 156 - 159, 227, 235 - 236, 248 - 250, 267 - 268, 271, 363；Hume 休谟, 12, 45 - 49, 85, 87, 103；rough equality of powers and capacities 权力和能力的大致平等, 19, 27 - 28, 47 - 49, 85, 103 - 104, 119, 127, 141, 147, 156 - 157, 227, 235 - 236, 248 - 250, 363, 267 - 268, 271, 427n31；moderate scarcity 适度缺乏, 27, 47, 85 - 86；capabilities approach 能力进路, 85 - 87, 157, 160, 220 - 221；two-stage contract 两阶段契约, 235 - 236, 248 - 250, 267 - 268, 363；global contract 全球契约, 267 - 268, 270

Claudius 克劳狄斯, 419n13

Clinton, B. 比尔·克林顿, 261

Coetzee, J. 约翰·库切, 345, 355

Collins, W. 威尔基·柯林斯, 419n14

Compassion 同情. *See* Moral sentiments 见道德情感

Conscience, freedom of 良心, 良心自由, 77, 80, 247, 298, 347, 440n21

Darwin, C. 查尔斯·达尔文, 363

DeGrazia, D.：equality of nonhuman animals 大卫·德格拉齐亚：非人类动物的平等, 380 - 381；Utilitarianism 功利主义, 381, 383

Dependency 依赖. *See* Care and dependency 见关怀和依赖

Dickens, C. 查尔斯·狄更斯, 282, 419n14

Difference Principle 差异原则, 64, 114 -

115，122，124，146，164，177-178，265，430n61

Dignity 尊严，17，53，274，411；nonhuman animals 非人类动物，2，94，131-132，325-327，330，351，356，383-384，398，405；capabilities approach 能力进路，7，70，74-75，78，82-87，91，99，155，159-162，166，172，174，177，180，182-184，186，204，218，274，277-279，292-295，313，346-347，355-356，370，381-384，392，398；rationality 合理性，7，93，99，330，329；equality 平等，17，25，292-295，381-382；Rawls 罗尔斯，25，75，80，173-174，176，202；Stoics 斯多葛学派，36-37；Grotius 格劳秀斯，36-38，44，230；as a source of entitlement 作为一种资格来源的尊严，43-45；Locke 洛克，43-45，82，148，434；Marx 马克思，74，132，162，277-278；human rights 人权，78；disabilities and impairments 残障和不健全，101-102，129，138，167，196-198，217，218-219；Kantian conception of the person 康德式个人观，130，153，159；Aristotle 亚里士多德，161，278，333，343，348，356；choice 选择，183，186，196，329；international justice 国际正义，250，258，382；India 印度，254，279，431

Disabilities and impairments：elderly 残障和不健全：老年人，8，101，126，144，170，196，406，431n9，436n58；productivity 生产性，14-15，96，99，102，104-105，113，117-119，125-126，128-130，135，141，143，145，421n37；initial situation 初始状况，14-18，104-105；public/private distinction 公/私区分，15；activity and choice 活动和选择，15，18，96，99，137，168，188，192，194，196，197，199，217-218，220-221，350，375，413；basic political principles 基本政治原则，15，18，98，104，109，111；equality (powers or capacities) 平等（权力或能力），15，31，92；Rawls 罗尔斯，17，23，27，32，62，65-66，104-105，107-145，156，177，332，417n3，419n17；cooperation and inclusion 合作和包含/包容和接纳，18，98，108，117-118，126-128，146，156，205；persons with as primary subjects of justice 作为正义的首要主体的残障者和不健全者，18，98，137，350；Hobbes

霍布斯, 40; Locke 洛克, 42; Hume 休谟, 46, 48-49; Kant 康德, 52, 133-135, 138, 147, 420n37, 430n62; Gauthier 哥瑟尔, 55-56, 96, 104, 107, 117, 119, 125; equality (moral) 平等(道德的), 63, 133, 194; rationality 合理性, 65-66, 98, 133-135, 138, 216, 221; guardianship 监护, 67, 192-199, 218, 285, 347, 363, 364, 375, 377, 433n32; Barry 巴里, 68, 152; flourishing 繁荣, 86, 94, 182-183, 187, 190, 192, 222; full, equal citizenship 完全的、平等的公民身份, 92, 98, 138, 169, 189-190, 194-196, 198, 219; mutual advantage 互利, 96, 98, 104, 118-119, 128-130; care 关怀/看护, 96-103, 128-129, 169-170, 188-191, 196-197, 212-213, 219, 222, 436, 429n43; children and education 儿童和教育, 97-100, 128-129, 134, 157-158, 188-190, 199-211, 206-208, 219-220, 364-365, 435n55, 436n56; basic structure 基本结构, 98, 109-110; reciprocity 互惠, 98, 133-135, 147; continuity with "normal" lives 与"正常"人之生活的连续性, 99, 101; social arrangements 社会安排, 99, 105, 109, 112-113, 116-117, 165, 167-168, 188-189, 222; dignity 尊严, 101-102, 129, 138, 167, 196-198, 217-219; charity versus justice 慈善与正义, 118, 128, 137, 148, 202; U. S. policy and law 美国政策和法律, 118, 199-211, 213, 217, 428n38, 434n42, 435nn52、53、55; Epstein 爱普斯坦, 123, 126, 428n38; rights and entitlements 权利和资格, 123, 137-138, 196-205, 432; Kantian conception of the person 康德式个人观, 133-135; individuality 个体性, 167, 191, 205-210, 219-220, 413; characteristic human form 独特的人类形式, 187-188; adaptive preferences 适应性偏好, 189; Israel 以色列, 196, 198; European policy and law 欧洲政策和法律, 196-198, 212-213, 431n9; Kittay 基太, 217-219; India 印度, 254, 279; definitions of 残障和不健全的定义, 423n5, 434n48

Down syndrome 唐氏综合征, 97-98, 101, 138, 189, 191, 193-194, 199-200, 206, 208, 210, 219

Duties 义务, 280; versus entitlements 义务与资格, 8, 276-278; to nonhuman animals 对非人类动物的义务, 22, 329, 331, 335, 337, 446n8; natural duties 自然义务, 32, 42; Locke 洛克, 32, 43-44, 148, 419n20; duties of justice versus other duties 正义的义务与其他义务, 66, 327, 335-336, 446n9; transnational duties 跨国义务, 229, 280, 307; O'Neill 奥尼尔, 273, 276-277, 281, 442n3; capabilities approach 能力进路, 281; Stoics 斯多葛学派, 329; negative versus positive 消极的与积极的义务, 372-373

Dworkin, R. 罗纳德·德沃金, 295, 443n18

Education 教育, 2, 172, 180, 289-290, 318, 377-378, 402; capabilities approach 能力进路, 7, 212, 220-222, 278-279, 322-324; moral education and moral sentiments 道德教育和道德情感, 16, 60, 64, 409-414; disabilities and impairments 残障和不健全, 97-100, 128-129, 134, 157-158, 188-190, 199-211, 206-208, 219-220, 364-365, 435n55, 436n56; women 女性, 165, 225, 279, 347; U. S. policy and law 美国政策和法律, 199-211, 294, 434n42, 435nn52-53、55; India 印度, 261, 317, 402, 441n34

Elderly 老年人, 143, 204, 222, 425n13; disabilities and impairments 残障和不健全, 8, 101, 126, 144, 170, 196, 406, 431n9, 436n58; initial situation 初始状况, 14, 33; care and dependency 关怀和依赖, 88, 101-102, 125-127, 144, 168, 170, 196, 321, 406, 431n9, 436n58; capabilities approach 能力进路, 102, 127, 143, 168, 170, 321, 399, 406; nonhuman animals 非人类动物, 170, 393, 399

Epicureans: nonhuman animals 享乐主义: 非人类动物, 130, 228

Epstein, R.: insurance and impairment 理查德·爱普斯坦: 保险和不健全, 123, 126; discrimination and disabilities 歧视和残障, 428n38

Equality (moral) 平等（道德的）, 29, 31, 68; women 女性, 1, 3, 33, 43, 48-50, 70-71, 90, 102, 221, 225, 233, 245, 255, 258-259, 287-288, 290, 442, 444nl, 423n68; capabilities approach/human capabilities 能力进路/人类能力, 8, 178, 218, 291-295, 380-382; initial situation 初始状况, 11, 13, 29, 31, 61; dignity 尊严, 17,

25，292－295，381－382；relationship to equal powers or capacities 与平等权力或能力的关系，17，30－31，42，53，68，92；Rawls 罗尔斯，29，31，65－66，133，248，331；Grotius 格劳秀斯，38；Hobbes 霍布斯，39－40；Locke 洛克，42－45；Rousseau 卢梭，50；Kant 康德，52－53；disabilities and impairments 残障和不健全，63，133，194

Equality (powers or capacities)：initial situation 平等（权力或能力）：初始状况，13，15－16，29－32，148，271；Rawls 罗尔斯，13，17－18，27，29，31，65－66，85，89，103－104，108，111，119，141，147，156－159，227，235－236，248－250，263，267－268，271；Original Position 原初状态，13，85，104，108，119，141，147，156－159，227，271；disabilities or impairments 残障或不健全，15，31，92；relationship to moral equality 与道德平等的关系，17，30－31，42，53，68，92；Circumstances of Justice 正义环境，19，27－28，47－49，85，103－104，119，127，141，147，156－157，227，235－236，248－250，267－268，271，363，427n31；nonhuman animals 非人类动物，29，31，

49，331，381－382；Hobbes 霍布斯，30，39－40，44；Locke 洛克，30，42，45；Grotius 格劳秀斯，38；Kant 康德，38，51，52－53，130；women 女性，48－50，52－53，92；assumption of for contract theory 为契约理论的假设，49，53，66；Hume 休谟，50，61，147，157，248；Rousseau 卢梭，50；capabilities approach 能力进路，88，90，157，160，292，327；second stage of two-stage contract 两阶段契约之第二阶段，235－236，248－250，263，267－268

Europe 欧洲，248－249，298－299，302，424n8，440n18；Germany 德国，79，155，197－198，213，302，392；free speech 自由言论，79，180；disabilities and impairments 残障和不健全，196－198；Sweden 瑞典，196－198，215，224，436n62，437n1；care services 关怀服务，196－198，212－213，431n9；Finland 芬兰，212－213；France 法国，213，302；Netherlands 荷兰，213，302，437n1；Austria 奥地利，213，392，449nn55，57，59－60；women and carework 女性和关怀工作，215，436n62；European Union 欧盟，234，257；Italy 意大利，244，302，392；Great Britain

英国，302，293，424n8，444n35；foreign aid 国外援助，317；Denmark 丹麦，317，212-213；Norway 挪威，317，431n9，437nl；nonhuman animals 非人类动物，392，449nn55、57、59-60；Iceland，Belgium，Malta 冰岛，比利时，马耳他，437n1

Family 家庭，85，401，405，423n68，435n53，445n41；capabilities approach 能力进路，1，5，85-86，212，221，290，321-322，405，432n19；basic structure of society 基本社会结构，1，105-106，212，432n19；public/private distinction 公/私区分，14，105-106，212，290，321-322，444n31；Mill 密尔，106，129；Rawls 罗尔斯，106，426n27；care 关怀/看护，107，212-215，217-218，321，425n12

Flourishing 繁荣，182，353；Aristotle 亚里士多德，86，346；human capabilities 人类能力，86，94，182-183，187，190，192，222，278，347，364，366-367；pluralism 多元主义，182-190；disabilities and impairments 残障和不健全，187，190，192，222，364；nonhuman animal capabilities 非人类动物能力，327，337，346-347，349，351，357，361，365，367，369-370，374-378，384，392-393，395-397，407

Foucault，M. 米歇尔·福柯，418n13

Frankfurt，H. 哈利·法兰克福，294

"Free, equal, and independent,""自由、平等和独立的"，14；Locke 洛克，9-10，25，30，42，148；initial situation 初始状况，10-11，14，28，98，148-149；Rawls 罗尔斯，14，26-28，28-34；Kant 康德，25，28-29，51-52，418n11，420n37；capabilities approach 能力进路，87-89

Functioning：human capabilities 发挥作用/活动：人类能力，71，74-75，79-80，93，133，159-160，168，171-173，184-186，191，193-194，199，218，277，283，290，297-298，352，375，424n5；nonhuman animal capabilities 非人类动物能力，344，347，348-349，363，370，373-375，386-387，392，449n54

Gandhi，I. 英迪拉·甘地，311

Gauthier，D. 大卫·哥瑟尔，13，26，159，426n21；mutual advantage 互利，13，34-35，54-56，103，117；Hobbes 霍

布斯，26；disabilities and impairments 残障和不健全，55 – 56，96，104，107，117，119，125；productivity 生产性，96，104 – 105，117 – 119，125，135，141；rationality 合理性，103

Gewirth, A. 艾伦·格沃斯，430n62，446n8

Global contract, Beitz and Pogge：distribution 全球契约，贝茨和博格：分配，264，269；Original Position 原初状态，264 – 270；human rights 人权，265，267，270；nation-state 民族-国家，266 – 267；primary goods 首要善，267；rough equality/Humean Circumstances of Justice 大致平等/休谟的正义环境，267 – 268，270

Goffman, E.：disabilities/impairments and individuality 埃尔文·戈夫曼：残障/不健全和个体性，191，210

Greek gods 希腊众神，87

Gross National Product (GNP) per capita, use as measure of quality of life 人均国民生产总值，用作生命平等的衡量标准，71 – 72，282 – 283

Grotius, H. 胡果·格劳秀斯，12，21，36 – 39，44，227，245，256，270，273，275，441n30；natural law 自然法，12，21，36，38 – 39，230 – 231；human rights 人权，19；international relations 国际关系，19 – 20，36 – 37；natural rights or entitlements 自然权利或资格，36 – 37；dignity 尊严，36 – 38，44，230；laws of war 战争法，37；outcome-oriented theory 结果导向理论，37；mutual advantage 互利，37；equality (moral) 平等（道德的），38；equality (powers or capacities) 平等（权力或能力），38；state of nature 自然状态，38 – 39；national sovereignty 国家主权，230，247，257 – 258；intervention 干涉，256

Guardianship of capabilities：human 能力监护：人类，192 – 194，198 – 199，218，285，347，363 – 364，433n32；nonhuman animal 非人类动物，373 – 377，379，388 – 389，394 – 395，400 – 401

Hare, R. M.：nonhuman animals 黑尔：非人类动物，384 – 385

Hegel, G. W. F. 格奥尔格·威廉·弗里德里希·黑格尔，254，401，403，406

Heraclitus 赫拉克利特，348

Hindu：property law in India 印度人：印度财产法，258，441n31；Hindu right

印度人的权利，259，261，317，442n34；religion and nonhuman animals 宗教和非人类动物，328，390

Hobbes, T. 托马斯·霍布斯，9，12，26，30，34-35，39-42，418nn6-7、11，420n24，442n42；state of nature 自然状态，9-10，39-40；Gauthier 哥瑟尔，26；equality (powers or capacities) 平等（权力或能力），30，39-40，44；mutual advantage 互利，34，40，56；moral sentiments 道德情感，34-35，39-40，106，408，410，412，414；natural law 自然法，39-40；equality (moral) 平等（道德的），39-40；initial situation 初始状况，39-41，418n11；disabilities and impairments 残障和不健全，40；rationality 合理性，103；women 女性，418n11；nonhuman animals 非人类动物，445n4

Hogarth, W. 威廉·荷加斯，330，446n7

Hooker, R.; Locke 理查德·胡克尔；洛克，43-45

Human Development Index 人类发展指数，437n1

Human Development Reports《人类发展报告》，72，291

Human rights 人权，20，146-147，260，285，289，372；capabilities approach 能力进路，7，78，284-286，290-291，355-356；Grotius 格劳秀斯，19；intervention 干涉，19，256，260；overlapping consensus 重叠共识，78，163，280，304-305；dignity 尊严，78；Rawls 罗尔斯，163，230，236，242-243，247-248，250，252-253，263，267，299，303，439n15，440n20，442n34；Universal Declaration of Human Rights《世界人权宣言》，163，248，265，267，305，439nl5，442n36；freestanding view 独立的观点，163，305；United States 美国，256，259-260；Gujarat, India 古吉拉特，印度，259；South Africa 南非，259-260；Pogge/Beitz global contract 博格/贝茨的全球契约，265，267，270；Shue 舒，275；Jones 琼斯，275；basic liberties 基本自由，284，288；women 女性，290；Maritain 马里顿，305；World Court 国际法庭，315，320；Gewirth 格沃斯，430n62

Hume, D. 大卫·休谟，12，26-27，38，45-49，50，103，119，136，151，221，227，249，268，419n20，422n64，448n44；Circumstances of Justice 正义环境，12，45-49，85，87，103；mutual advantage 互利，45-46，61-62，85，409；disabilities and impairments 残障和不健全，46，48-49；moral sentiments 道德情感，46-49，90，157-158，409-411；women 女性，48-49；nonhuman animals 非人类动物，48-49，53-54，157，409-410；equality (powers or capacities) 平等（权力或能力），50，61，147，157，248；basic political principles 基本政治原则，136

Imagination：central human capability 想象：核心的人类能力，76，142，168，323；Aristotle 亚里士多德，353；reflecting on lives of nonhuman animals 对非人类动物生命的反思，353-355，389；moral sentiments 道德情感，353-355，412，414-415；capabilities approach 能力进路，355，414-415

Impairments 不健全．See Disabilities and impairments 见残障和不健全

Income and wealth as index of social position 作为社会地位指数的收入和财富．See Primary goods 见首要善

India 印度，244，258，261，280，312，317，426n24；dignity 尊严，254，279，431；women 女性，258，288，441n31；

Hindu property law 印度财产法，258，441n31；Gujarat 古吉拉特，259；Hindu right 印度人的权利，259，261，317，442n34；education 教育，261，317，402，441n34；pluralism and toleration 多元主义和宽容，288，299，303；Ashoka 阿育王，303；Gandhi, I. 英迪拉·甘地，311；Nair v. Union of India and Kerala High Court《奈尔诉印度联邦案》和喀拉拉邦高级法院，324-326，328-329，343，431nl；Joshi, M. 乔什，442n34

Individuals with Disabilities Education Act (IDEA)《残疾人教育法案》，203，205-211，429n43，436n57

Initial situation：mutual advantage 初始状况：互利，3，10-11，17，34-35，44，51，61-62，85，136；procedural justice 程序正义，10-12，53-54，81；basic political principles 基本政治原则，10-11，98，202，241；Locke 洛克，10，28，30，32，41-45；parties as "free, equal and independent," 作为"自由、平等和独立的"各方，10-11，14，19，28-34，51-52，98，148-149；equality (moral) 平等（道德的），11，13，29，31，61；equality (powers or capacities）平等（权力或能力），11，13，29，31，61；reciprocity 互惠，11，13，42；women, children, and elderly 女性、儿童和老年人，14，16－17，33，40，48，50，52，418n11；productivity 生产性，14，33－34，62－63，115，119，122；conflation of "by whom" and "for whom," "由谁"和"为谁"的混合，14－17，40，48，51－53，58，137－138，152，338；impairments and disabilities 不健全和残障，14－18，104－105；rationality 合理性，16，53－54，66，92－93，103－104，147；between nations 国家之间，18－19，32，271；nonhuman animals 非人类动物，21－22，29，31－32；Hobbes 霍布斯，39－41，418n11；Kant 康德，50－52，418n11；moral sentiments 道德情感，90－91，156－157. See also Original Position 另见原初状态

International justice 国际正义，18－21；Rawls 罗尔斯，12，18－19，23，62，103，119，226－272，283，438n8，439nn14－15，442n36；initial situation 初始状况，18－19，32，271；Kant 康德，18－19，225－226，231－232，242，256－258，275，437nn5－6；state of nature 自然状态，18－19，225－227，231，268，271；intervention 干涉，19，80，233，242，247，255－261，298，316；basic political principles 基本政治原则，19，224－225，233，241－243，247，306；versus charity 国际正义与慈善，19，250，318；Grotius 格劳秀斯，19－20，36－37；war 战争，20，37，41，229，231，233－234，236，238，242，406；mutual advantage 互利，20，226－227；colonialism 殖民主义，21，240，250，252；inequality and hierarchy 不平等和等级制度，32，224，236，239－240，247，252，259，264，282，316；Stoics 斯多葛学派，36－38，230，273，276，281；natural law 自然法，36－37，227，230－231，315；cooperation 合作，62，226－227，250；social cooperation 社会合作，62，250；GNP per capita 人均国民生产总值，71－72，282－283；treaties and agreements 条约和协定，78，93，225，228，233－234，236，238，242－243，260，262，266，272，299，304－305，307，314－316，319－320；capabilities approach 能力进路，92－93，226－227，284，290－291，302－304，306，313－324；

foreign aid 国外援助，203，269，280，317，322，375；women 女性，225，233-234，243-244，252，254-255，258-261，287-288，281，321；global actors and institutions 全球行动者和机构，225，234-235，272-305，313；Utilitarianism 功利主义，226，237，253，270，282-283；transnational duties 跨国义务，229，280，307；national sovereignty 国家主权，230，236，247，256-258，261-263，314-320，373；Pufendorf 普芬道夫，230-231；dignity 尊严，250，258，382；productivity 生产性，268；overlapping consensus 重叠共识，271，275，280，295，297-298，305；entitlements versus duties 资格与义务，275-281；O'Neill 奥尼尔，276-277；Sen 森，315-316；global public sphere 全球公共领域，319-320，322. See also Global contract；Human rights；Society of Peoples；Two-stage contract 另见全球契约；人权；万民社会；两阶段契约

International policies and organizations 国际政策和组织，20，93，225，234-235，238，260，305，307，314-324；UN Development Programme 联合国开发计划署，72，224，291，320，427，437n1；nongovernmental organizations (NGOs) 非政府组织，93，225，238，307，315，317，322，325，328；World Bank 世界银行，234，314，319；International Monetary Fund 国际货币基金组织，234，314，319，439n17；International Labour Organization（ILO）国际劳工组织，234，315，320；Convention on the Elimination of All Forms of Discrimination against Women（CEDAW）《消除对妇女一切形式歧视公约》，243，321，444n39；United Nations 联合国，257，315；World Court 国际法庭，314-315，320；World Health Organization 世界卫生组织，320；UNICEF 联合国儿童基金会，320；UNESCO 联合国教科文组织，320

Intervention：human rights 干涉：人权，19，256，259-260；capabilities approach 能力进路，80，298，316；Rawls 罗尔斯，233，242，247，255；Grotius 格劳秀斯，256；national sovereignty 国家主权，257；Gujarat, India 古吉拉特，印度，259；South Africa 南非，259-260；nonhuman animals 非人类动物，366，368，373-380

Intuition：capabilities approach 直觉：能力进路，25，58，70，74，78，81，83-85，155，158，173-176，278-280，346，351；outcome-oriented views 结果导向观点，37，82-85；Rawls 罗尔斯，50，57-58，63，84，115，124，164，173-177，430n55；procedural views 程序观点，83-85；basic political principles 基本政治原则，173-177

Israel 以色列，299；disabilities and impairments 残障和不健全，196，198

Jamie 杰米. See Bérubé 见伯鲁比

Jones, C. 查尔斯·琼斯，275

Justice as fairness 作为公平的正义，13；failure to extend to disabilities/impairments and nonhuman animals 未能扩展到残障者/不健全者和非人类动物，3，23，32，120，124，35，419n17；intuition 直觉，173；procedure 程序，173；international justice 国际正义，229，238

Kant, I. 伊曼努尔·康德，5，29，50-52，54，93，95，149，151-152，161，225，347，390，408，410；Rawls on 罗尔斯论康德，11-13，25，50，54，61，107，128，133，137，145-147，

162，226-228，231-233，242，335，418n8；international justice 国际正义，18-19，226，231-232，242，256-258，275；nonhuman animals 非人类动物，22，131-133，159，176-177，327，329-330，429n48，445n4，446n8；freedom 自由，25，28-29，51，131，146；"free, equal, and independent,""自由、平等和独立的"，25，28-29，51-52，418n11，420n37；equality（powers or capacities）平等（权力或能力），38，51，52-53，130；initial situation 初始状况，50-52，58，418n11；natural law 自然法，51；state of nature 自然状态，51；mutual advantage 互利，51，220-221；partial proceduralism 不完全程序主义，51-53；activity 活动，52，132，418n11；disabilities and impairments 残障和不健全，52，133-135，138，147，420n37，430n62；productivity 生产性，52，421n37；equality（moral）平等（道德的），52-53；women and children 女性和儿童，52，418n11；moral sentiments 道德情感，408，410. See also Kantian conception of the person 另见康德式个人观

Kantian conception of the person 康德式个

人观，67，147，133-135，220，228，332，429n48；Rawls 罗尔斯，12-13，23，50，58，64-67，103，107，119，127-128，130，133-135，137-141，146-147，149，161-162，174，177，228，332-335，430n70；persons as ends 人是目的，71，127，150，216，221，282；reciprocity 互惠，107，130，133-135，137，138，146-148；social cooperation 社会合作，109，112，128，131，135，146，220，331；doctrine of primary goods 首要善的教义，109，112，147，161，162；two moral powers 两种道德能力，130，137-138，141，147，161，332；dignity 尊严，130，138，147，153，159，177；rationality 合理性，130，138，147，153，159，177，347；nonhuman animals 非人类动物，132-135，137，146-147，177，331-333，335；disabilities or impairments 残障和不健全，133-135；Gewirth 格沃斯，430n62，446n8

Kelman, M. 凯尔曼，436nn56-57

King, Jr., M. L. 马丁·路德·金，413

Kittay, E. 伊娃·基太，96，100，194；critique of Rawls 对罗尔斯的批判，140-142，146，427n31；care and dependency 关怀和依赖，212，217-219，220

Kittay, J. 杰弗瑞·基太，96，100

Kittay, S. 塞莎·基太，96，99，112，433n30；care and dependency 关怀和依赖，96，100，169，194，207，219，364-365，431n10；productivity 生产性，128；reciprocity 互惠，134；capabilities 能力，134，169，187，192，194，219-220，285；characteristic human form 独特的人类形式，187-188，192-193，285，363-364，365，433n25

Kniss, F. 妮斯，438n12

Kohlberg, L. 劳伦斯·柯尔伯格，418n9

Larmore, C. 查尔斯·拉莫尔，174，244，340

Lee, J. 李，446n7

Lester, G. 勒斯特，436nn56-57

Liberties 自由. See Basic liberties; Human rights; Natural rights; Rights 见基本自由；人权；自然权利；权利

Locke, J. 约翰·洛克，9，11-12，25，28，30，33，41-45，50，419n20，420n34；"free, equal, and independent,""自由、平等和独立的"，9-10，25，30，42，148；initial situation 初始状况，10，28，30，32，41-45；natural law 自然

法，12，44；equality（powers or capacities）平等（权力或能力），30，42，45；state of nature 自然状态，30，43-45，409，419n21；moral sentiments 道德情感，32，34-35，43-45，90，122，147-148，156，408，410，414，417n3，426n20；duties 义务，32，43-44，148，419n20；disabilities and impairments 残障和不健全，42；nonhuman animals 非人类动物，42，445n4；equality（moral）平等（道德的），42-45；social cooperation 社会合作，43-44；reciprocity 互惠，43-44；natural rights 自然权利，43-46，82，148，417n3，434n47；dignity 尊严，43-45，82，148，434n47；mutual advantage 互利，44-45，156；basic political principles 基本政治原则，45；partial proceduralism 不完全程序主义，82

Lyon, J. 珍妮特·里昂，97

MacKinnon, C. 凯瑟琳·麦克金农，440n24、442n33

Maritain, J. 雅克·马里顿，305

Marshall, T. 马歇尔，289

Marx, K. 卡尔·马克思，284，346；political/social conception of the person 政治/社会个人观，74，85，132，159，277-278；dignity 尊严，74，132，162，277-278；activity 活动，74，159，167；work 工作，277

McMahan, J. 迈克马汉，433nn24-25、30

Mill, J. 詹姆斯·密尔，411

Mill, J. S. 约翰·斯图亚特·密尔，5，297，340，373；family 家庭，106，129；moral sentiments 道德情感，106，408，411-412；nonhuman animals 非人类动物，338，367-368；qualitative pleasures 质的快乐，344，346

Moghul Empire 莫卧儿帝国，303

Moral sentiments 道德情感，26，414；Rawls 罗尔斯，16，34-35，53，57，63-64，90-91，103，105-106，108，121-123，136-137，140-141，147，156，158，227-229，409，411；education 教育，16，60，64，409-414；Locke 洛克，32，34-35，43-45，90，122，147-148，156，408，410，414，417n3，426n20；Hobbes 霍布斯，34-35，39-40，106，408，410，412，414；mutual advantage 互利，34-35，122，408；Hume 休谟，46-49，90，157-158，409-411；initial situation 初始状

况，90-91，156-157；capabilities approach 能力进路，90-92，156-159，324，409-410，412-415；nonhuman animals 非人类动物，325-326，336-338，351，363；imagination 想象，353-355，412，414-415；Mill 密尔，406，408，411-412；Kant 康德，408，410；Rousseau 卢梭，410-412；Smith 斯密，411；United States 美国，413

Mutual advantage 互利，2-3，14，17，53-54，58，68，118-119，151；initial situation 初始状况，3，10-11，17，34-35，44，51，61-62，85，136；productivity 生产性，4，34，62，96，104，118，128-130；Rawls 罗尔斯，13-14，33-34，56，58-62，96，103-104，107，118，122-123，128-130，141，145，147，156，227，242，249，263-264，271；Gauthier 哥瑟尔，13，34-35，54-56，103，117；as core idea of social contract 作为社会契约核心理念的互利，16，53，66，123，156，271；reciprocity 互惠，16，59-60，90；international justice 国际正义，20，226-227；social cooperation 社会合作，33-56，58-59，61，66，136，202，220，242，249，263-

264，271，306；Hobbes 霍布斯，34，40，56；moral sentiments 道德情感，34-35，122，408；Grotius 格劳秀斯，37；Locke 洛克，44-45，156；Hume 休谟，45-46，61-62，85，409；Kant 康德，51，220-221；capabilities approach 能力进路，89-92，128-130，156-159，204，220，222，227，306，323-324，350；disabilities or impairments 残障或不健全，96，98，104，118-119，128-130；second stage of two-stage contract 两阶段契约之第二阶段，242，249，263-264，271

National sovereignty：Grotius 国家主权：格劳秀斯，230，236，247，257；intervention 干涉，257；Rawls 罗尔斯，247，258，263；capabilities approach 能力进路，261-262，314，316-317，319-320，323，373

Natural duties 自然义务. See Duties 见义务

Natural law 自然法，38-39；Grotius 格劳秀斯，12，21，36，38-39，230-231；Pufendorf 普芬道夫，12，38，230-231；Locke 洛克，12，44；capabilities approach 能力进路，21，36，67，69，

277，315；Stoics 斯多葛学派，36，38，131，230；Hobbes 霍布斯，39－40；Kant 康德，51

Natural rights：Rawls 自然权利：罗尔斯，12，29，46；Grotius 格劳秀斯，36－37，231；Pufendorf 普芬道夫，38－39，231；contract theories 社会契约，38－39，231；Locke 洛克，43－46，82，148，417n3，434n47

Navratilova, M. 玛丽娜·纳芙拉蒂洛娃，378

Nonhuman animals 非人类动物，29，31，66；dignity 尊严，2，94，131－132，325－327，330，351，356，383－384，398，405；as subjects of justice 作为正义主体的非人类动物，17，21，93，326－327，331－332，335－337，345，349，351，355－357，389，392，400，446n11；initial situation 初始状况，21－22，29，31－32，333－334，349；Rawls 罗尔斯，22－23，32，61－62，65，120，133，135，156，330－335，419n17，429n51；cruelty 残忍，22，49，61，324－330，331，333，335－336，343，345，354，364，367，384，390－394；Kant 康德，22，131－133，159，176－177，327，329－330，429n48，445n4，446n8；charity versus justice 慈善与正义，22，327；duties 义务，22，329，331，335，337，446n9；equality (powers or capacities) 平等（权力或能力），29，31，49，331，381－382；Locke 洛克，42，445n4；Hume 休谟，48－49，53－54，157，409－410；rationality 合理性，54，93，130－133，135，327，329－333；rights and entitlements 权利和资格，65，359，380－382，388，391，400，449n55；Aristotle 亚里士多德，93－94，130，328，333，347－348，359－360，447n25；capabilities approach 能力进路，93－94，325－407；sentience 感知，94，285，326，331，339，345，351－352，359－362，370－371，385－387，393－394，397；Epicurean tradition 伊壁鸠鲁传统，130，328；Kantian conception of the person 康德式个人观，132－135，137，146－147，177，331－333，335；reciprocity 互惠，135；elderly 老年人，170，393，399；Stoic tradition 斯多葛传统，325，328－329，363，445n3；moral sentiments 道德情感，325－326，336－338，351，363；circuses 马戏团，325－326，343，377，392，394，449n55；

as food 作为食物的非人类动物, 328, 384–386, 391, 393–394, 402; Hindu, Jain, Buddhist traditions 印度教传统、耆那教传统、佛教传统, 328, 390; Judeo-Christian, Islamic traditions 犹太-基督教传统、伊斯兰教传统, 328–330, 363, 390, 445n3; guardianship 监护, 335, 376–377, 379, 388–390, 394–395, 400–401; Utilitarianism 功利主义, 338–339, 343–346, 351, 353–354, 359–363, 367–368, 371, 378–379, 384–387, 389, 391, 393–394, 397–398; adaptive preferences 适应性偏好, 343–344, 371; harm 伤害, 345, 357, 359–362, 369–373, 379–380, 384–388, 393–394, 402–403; human imagination 人类想象, 353–355, 389; endangered species 濒临灭绝的物种, 357–358; Rachels 雷切尔, 359–363; Darwin 达尔文, 363; care and dependency 关怀和依赖, 365, 403–404; human intervention 人类干涉, 366, 368, 373–380; zoos 动物园, 370–371, 374–376, 379, 394, 397; sterilization 绝育, 371, 380, 387, 394–396; guardianship 监护, 373–377, 379, 388–389, 394–395, 400–401; choice 选择, 378, 396; hunting 狩猎, 380, 396; DeGrazia 德格拉齐亚, 380–381, 383; overlapping consensus 重叠共识, 383–384, 388–392, 393; Hare 黑尔, 384–385; fur 皮草, 391, 393–394, 402; European law and policy 欧洲法律和政策, 392, 449nn55–57、59–60; research 研究, 403–404; Hobbes 霍布斯, 445n4. See also Capabilities (nonhuman animal) 另见能力(非人类动物的)

North America 北美洲, 249, 298–299; Canada 加拿大, 248, 302. See also United States 另见美国

Nozick, R. 罗伯特·诺齐克, 73

Nussbaum, M., *Women and Human Development*, 努斯鲍姆, 《女性与人类发展》, 5–6, 8, 24, 70, 81, 171, 175, 279

Okin, S. M. 奥金, 426n27

O'Neill, O. 欧诺拉·奥尼尔, 281; duties versus entitlements 义务与资格, 273, 276–277, 442n3; international justice 国际正义, 276–277

Original Position 原初状态, 27, 107, 124, 126, 152, 173, 176, 425n17, 427n34,

439n16；moral sentiments/impartiality and the Veil of Ignorance 道德情感/公正和无知之幕，12，16，53，56-57，62-64，91，103，107-108，121-123，136-137，140-141，156，158，227-228，229-230，409，426n29；rough equality of parties/Humean Circumstances of Justice 各方的大致平等/休谟的正义环境，13，85，104，108，119，141，145，147，156-159，227，271；parties with abilities in the "normal range,"在"正常范围"内的能力各方，17，27，104，108-116，118，125，143；parties as representatives 作为代表的各方，17，104，353；interests of parties in/mutual advantage 原初状态中的各方利益/互利，33，34，56，60-61，103，119，121，128，227-228，271；Scanlon's proposal for 斯坎伦对原初状态的建议，135-138；second stage of two-stage contract 两阶段契约之第二阶段，229-230，232-233，237，240-241，247；Beitz/Pogge global contract 贝茨/博格的全球契约，264-270. See also Kantian conception of the person；Procedural conception of justice 另见康德式个人观；程序正义观

Outcome-oriented conception of justice：Grotius 结果导向正义观：格劳秀斯，37；intuition 直觉，37，82-85；versus procedural/contractarian conception of justice 结果导向正义观与程序正义观/契约正义观，37，82-85，87，156，173-174，338，422n60；Locke 洛克，82；capabilities approach 能力进路，82-92，156，174，274，281，342，379，406；Utilitarianism 功利主义，338-339，342

Ottoman Empire 奥斯曼帝国，303，439n18

Overlapping consensus：capabilities approach 重叠共识：能力进路，6，8，70，86，153，163，182，271，276，280，295，297-298，304-305，383-384，388-393；human rights 人权，78，163，280，304-305；Rawls 罗尔斯，121，163，298-304，421n45，446n9；Universal Declaration of Human Rights《世界人权宣言》，163，305；international justice 国际正义，271，275，280，295，297-298，305；nonhuman animals 非人类动物，383-384，388-392，393

Peace of Westphalia《威斯特伐利亚和约》，303

Plants 植物，77，328，371，399，447n24

Pliny 普林尼，325

Pluralism and toleration：capabilities approach 多元主义和宽容：能力进路，8，75-76，78-80，180，182-186，288，295-298，306，310，314；religious pluralism 宗教多元主义，27，67，183-186，296-297，303；flourishing 繁荣，182-190；choice and agency 选择和主体性，184-186；Society of Peoples 万民社会，233，241-242，247，251-257，263，295，296，439n18；South Africa 南非，248，302-303；Turkey 土耳其，248，302-303；India 印度，288，299，303

Pogge, T. 托马斯·博格，21，442n39；global contract 全球契约，264-270；Universal Declaration of Human Rights《世界人权宣言》，267

Political/social conception of the person：capabilities approach 政治/社会个人观：能力进路，74，85-89，91-92，99，132，158-159，161-162，164，167，180，182，187，214，221，273-274，277-278，356；Marx 马克思，74，85，132，159，277-278；Aristotle 亚里士多德，85-89，158-159，161，187，273，278，356；choice and agency 选择和主体性，88

Pompey 庞培，325

Press, freedom of 出版自由，183-187，283，286，316，438n10

Primary goods 首要善，6，24，33，139，146，276；doctrine of 首要善的教义，Rawls and measuring relative social position by income and wealth 罗尔斯和通过收入和财富来衡量相对社会地位，64，84，89，107，113-115，124，140，142-143，146，151，164，167，176，178，228，283-284，423n4，431n5；Sen's critique of Rawls on 森对罗尔斯首要善的批判，64，114，116，124-125，127，141-142，164-165，167，176，178，283-284；Rawls's doctrine and contractarianism 罗尔斯的教义和契约论，66，116，146；Kantian conception of the person in 首要善中的康德式个人观，109，112，147，161-162；extending Sen's critique of Rawls on 扩展森对罗尔斯首要善的批判，115-116，164-168，176；Kittay's critique of Rawls on 基太对罗尔斯首要善的批判，140-141；and Scanlon 首要善和斯坎伦，149，271；in second stage of two-stage contract 两阶段契约之第二阶段的首要善，235-

236; and Pogge 首要善和博格, 267

Procedural conception of justice 程序正义观, 12, 51, 53, 231; moral impartiality in 在程序正义观中的道德公正, 10, 12, 81; initial situation 初始状况, 10-12, 53-54, 81; equality 平等, 11, 29, 338; reciprocity 互惠, 11, 25; Rawls 罗尔斯, 12, 16-17, 29-30, 54, 81-82, 422nn58-61; as defining outcomes 作为定义结果的程序正义观, 12, 54, 81-82, 422n61; versus an outcome-oriented conception 程序正义观与结果导向观, 37, 82-85, 87, 156, 173-174, 338, 422n60; partial proceduralism of classical contract theories 古典契约理论的不公正程序主义, 38-39, 51-53, 82, 231, 417n5; Kant 康德, 51-53; difficulties of 程序正义观的困难, 56; Locke 洛克, 82; intuition 直觉, 83-85, 174. See also Original Position; Two-stage contract 另见原初状态; 两阶段契约

Productivity 生产性, 4, 268; mutual advantage 互利, 4, 34, 62, 96, 104, 118, 128-130; women, children, elderly 女性、儿童和老年人, 14, 33, 102; initial situation 初始状况, 14, 33-34, 62-63, 115, 119, 122; disabilities and impairments 残障和不健全, 14-15, 96, 99, 102, 104-105, 113, 117-119, 125-126, 128-130, 135, 141, 145, 421n37; Rawls 罗尔斯, 34, 62-63, 105, 108, 115, 122, 125-126, 145; Kant 康德, 52, 421n37; capabilities approach 能力进路, 63, 128-130, 160, 218; Gauthier 哥瑟尔, 96, 104-105, 117-119, 125, 135, 141; care 关怀/看护, 99, 102, 141; international justice 国际正义, 268

Proust, M. 普鲁斯特, 354

Public/private distinction: equality for women 公/私区分: 女性的平等, 1, 3, 290, 444n31; family 家庭, 14, 105-106, 212, 290, 321-322, 444n31; Rawls 罗尔斯, 3, 105-106, 321; disabilities and impairments 残障和不健全, 15; capabilities approach 能力进路, 105-106, 212, 290-291, 319-321, 322; global public sphere 全球公共领域, 319-320, 322

Pufendorf, S.: natural law tradition 萨缪尔·普芬道夫: 自然法传统, 12, 38, 230-231; state of nature 自然状态, 38-39, 231; natural rights or entitlements

自然权利或资格，38 - 39，231；international justice 国际正义，230 - 231

Rachels, J.：nonhuman animals 詹姆斯・雷切尔：非人类动物，359 - 363

Rationality：reciprocity 合理性：互惠，2，93，130 - 133，135，147，177，355；dignity 尊严，7，93，99，329，330；initial situation 初始状况，16，53 - 54，66，92 - 93，103 - 104，147；nonhuman animals 非人类动物，54，93，130 - 133，135，327，329 - 330，331 - 333；Rawls 罗尔斯，64 - 66，103，107，123，130，135，159 - 161，221，332，426n29；disabilities and impairments 残障和不健全，65 - 66，98，133 - 135，138，216，221；capabilities approach 能力进路，92 - 93，99，159，195，278，356；Hobbes 霍布斯，103；Gauthier 哥瑟尔，103；Kantian conception of the person 康德式个人观，130，138，147，153，159，177，347

Rawls, J.：Circumstances of Justice 约翰・罗尔斯：正义环境，2，26 - 28，85，103 - 104，108，119，127，141，145，147，156 - 159，227，235 - 236，248 - 250，363，267 - 268，271；PL《政治自由主义》，3，6，17，22 - 23，27，59 - 61，63，65 - 66，79，108，110，120 - 121，133，135，138，143，175，179，229，238，244，253，289，298，300 - 302，411，426，428 - 430，432，434，440 - 442，446，448 - 450；Utilitarianism 功利主义，3，13 - 14，72 - 73，253；equality（powers or capacities）平等（权力或能力），3，17 - 18，27，29，31，65 - 66，85，89，103 - 104，108，111，119，141，147，156 - 159，227，235 - 236，248 - 250，263，267 - 268，271；social cooperation 社会合作，3，57 - 62，103 - 104，107 - 111，118 - 121，123，135 - 136，138，147，242，249，263 - 264，271，429；public/private distinction 公/私区分，3，105 - 106，321；women 女性，3，300，411；TJ《正义论》，11 - 13，17，24，27，29，33，45，50，57 - 66，75，81，103，108，122，133，173 - 174，227，228 - 230，232 - 234，238，240 - 243，246 - 247，253，267，288，301，331 - 332，407，411，416，419n17，421n40，429nn57、55，430n61，438n13，446n11，447n28；Kant 康德，11 - 13，25，50，54，61，107，128，133，

137，145 - 147，162，226 - 228，231 - 233，242，335，418n8；Kantian conception of the person 康德式个人观，12 - 13，23，50，58，64 - 67，103，107，119，127 - 128，130，133 - 135，137 - 141，146 - 147，149，161 - 162，174，177，228，332 - 335，430n70；procedural conception of justice 程序正义观，12，16 - 17，29 - 30，54，81 - 82，422nn58 - 61；basic political principles 基本政治原则，12，24，104，109 - 111，174，177 - 179，233，242 - 243，247，375，429n55；natural rights 自然权利，12，29，46；state of nature 自然状态，12，103，119，227；mutual advantage 互利，13 - 14，33 - 34，56，58 - 62，96，103 - 104，107，118，122 - 123，128 - 130，141，145，147，156，227，242，249，263 - 264，271；"free, equal, and independent," "自由、平等和独立的"，14，26 - 28，28 - 34；moral sentiments 道德情感，16，34 - 35，53，57，63 - 64，90 - 91，103，105 - 106，108，121 - 123，136 - 137，140 - 141，147，156，158，227 - 229，409，411；disabilities and impairments 残障和不健全，17，23，27，32，62，65 - 66，104 - 105，107 - 145，156，177，332，417n3，419n17；international justice 国际正义，18 - 19，23，62，226 - 272，283，438n8，439nn14 - 15，442n36；LP《万民法》，21，23，63，226，228，230，237 - 248，250 - 251，254，267，299，437n3，40nn20 - 22、24；nonhuman animals 非人类动物，22 - 23，32，61 - 62，65，120，133，135，156，330 - 335，419n17，429n51；future generations 后代，23，34，120，136；dignity 尊严，25，75，80，173 - 174，176，202；equality (moral) 平等（道德的），29，31，65 - 56，133，248，331；natural capacities 自然能力，29，65；productivity 生产性，34，62 - 63，105，108，115，122，125 - 126，145；intuition 直觉，50，57 - 58，63，84，115，124，164，173 - 177，430；reciprocity 互惠，62 - 65，86，105，107，119，130，133 - 138，145，151，177，332 - 333，427n31；Difference Principle 差异原则，64，114 - 115，122，124，146，164，177 - 178，265，430n61；rationality 合理性，64 - 66，103，107，123，130，135，159 - 161，221，332，426n29；basic structure of society 基本社会结构，106，109-110，136，139，232-233，238，242-244，253，409-410，426n27；commitment to simplicity 信奉简单性，107，142，146-148；two moral powers 两种道德能力，109，111-112，130-131，135，141，161，331-332，429n51；social bases of self-respect 自尊的社会基础，109，114-115，142，235，423n68，431n5；DL《道德理论中的康德式建构主义》，110；overlapping consensus 重叠共识，121，163，298-304，421n45，446n9；JF《作为公平的正义：正义新论》，143，145，425n14，430n60；human rights 人权，163，230，236，242-243，247-248，250，252-253，263，267，299，303，439n15，440n20，442n34；Aristotle 亚里士多德，174；"LP"《万民法》，252，254；intervention 干涉，233，242，247，255；national sovereignty 国家主权，247，258，263；justification 正当性/正当性证明，298-301，422n58；reflective equilibrium 反思平衡，299，362，389，422nn58、61；stability 稳定性，300，411；IPRR《回顾公共理性理念》，426n27；LHE《伦理学史讲义》，431n49。See also Justice as fairness；Original Position；Primary goods；Society of Peoples；Two-stage contract；Well-Ordered Society 另见作为公平的正义；原初状态；首要善；万民社会；两阶段契约；良序社会

Raz, J. 约瑟夫·拉兹，297

Reciprocity 互惠，160，162；rationality 合理性，2，93，130-133，135，147，177，355；initial situation 初始状况，11，13，42；procedural justice 程序正义，11，25；mutual advantage 互利，16，59，60，90；capabilities approach 能力进路，25，44，81，90，160；Locke 洛克，43-44；Rawls 罗尔斯，62-65，86，105，107，119，130，133-138，145，151，177，332-333，427n31；disabilities or impairments 残障或不健全，98，133-135，147；Kantian conception of the person 康德式个人观，107，130，133-135，137-138，146，147，148；nonhuman animals 非人类动物，135

Reflective equilibrium：capabilities approach 反思平衡：能力进路，5，389；Rawls 罗尔斯，299，362，389，422nn58、61

Regan, T. 汤姆·雷根，359

Religion 宗教，5，27，100；liberalism 自

由主义，6，163，183；religious pluralism 宗教多元主义，27，67，183－186，296－297，303；religious free exercise 宗教自由实施，45，76，183，252，292－293，401；persecution 迫害，77，242，312；Amish 阿米什，79，182－185，297，358；Rawls 罗尔斯，163，179，239，298，312；Judaism 犹太教，184－185，328－330，363；Islam 伊斯兰教，251，289，390；Roman Catholic 罗马天主教，251，297；Buddhist 佛教徒，251，303，390；Wars of Religion and Reformation 宗教战争和改革，298，302；Christian/Protestant 天主教徒/清教徒，314，328，390，392，441n31；Hindu 印度教徒，328，390；nonhuman animals 非人类动物，328－330，363，390，445n3；Jain 耆那教，390；Mennonite 门诺派，438n12

Rights：capabilities approach 权利：能力进路，7－8，76－78，284－291，313；nonhuman animals 非人类动物，65，359，380－382，388，391，400，449n55；disabilities and impairments 残障和不健全，123，137－138，196－205，430n62；basis of a rights claim 权利诉求基础，285；first-generation and second-generation rights 第一代权利和第二代权利，286，288－289，372；and negative versus positive liberty 权利和消极自由与积极自由，286－288. See also Human rights；Natural rights 另见人权；自然权利

Robinson, M.：guardianship and disabilities/impairments 玛丽·罗宾逊：监护和残障/不健全，198－199

Roosevelt, F. D. 富兰克林·德拉诺·罗斯福，413

Rousseau, J.-J. 让-雅克·卢梭，11，25，30，49－50，412，418n8；equality (moral) 平等（道德的），50；equality (powers or capacities) 平等（权力或能力），50；women 女性，50；moral sentiments 道德情感，410－412

Ruddick, S. 罗迪克，424n10

Ruddick-Sunstein, E. 艾伦·罗迪克-桑斯坦，365

Santorum, R. 里克·桑托鲁姆，210

Scanlon, T. 托马斯·斯坎伦，13，54，67－68，83，135－139，146－147，149－152，156，160－162，164，268，271－272，274－275，429nn52－53，430nn63、65、67，442n39

Self-respect, social bases of 自尊, 自尊的社会基础, 176; capabilities approach 能力进路, 73, 77, 80–81, 98, 102, 142, 167, 186, 172, 292, 298; Rawls 罗尔斯, 109, 114–115, 142, 235, 423n68, 431n5

Seligman, M. 马丁·塞利格曼, 344, 449n66

Sen, A. 阿玛蒂亚·森, 64, 140, 143, 255, 285; critique of Rawlsian primary goods 对罗尔斯首要善的批判, 64, 114, 116, 124–125, 127, 141–142, 164–165, 167, 176, 178, 283–284; extending Sen's critique on Rawlsian primary goods 扩展森对罗尔斯首要善的批判, 115–116, 164–168, 176; international justice 国际正义, 315–316

Seneca 塞涅卡, 419n13; Stoic conception of the person 斯多葛学派的个人观, 36; international justice 国际正义, 275

Sesha 塞莎. See Kittay, S. 见塞莎·基太

Shue, H. 亨利·舒, 275–276

Sidgwick, H. 亨利·西季威克, 352, 447n19, 448n35

Singer, P. 彼得·辛格, 338; imagination 想象, 353–354; nonhuman animals 非人类动物, 338, 353–354, 360–361;

preference Utilitarianism 偏好功利主义, 339, 341, 343–345

Smith, A. 亚当·斯密, 30, 279, 293, 411

Social cooperation 社会合作, 2, 26, 34, 221, 232; disabilities and impairments 残障和不健全, 18, 98, 108, 117–118, 126–128, 146, 156, 205; mutual advantage 互利, 33–34, 55–56, 58–59, 61, 66, 136, 202, 220, 242, 249, 263–264, 271, 306; Rawls 罗尔斯, 33, 57, 58–62, 103–104, 107–111, 118–121, 123, 135–136, 138, 147, 242, 249, 263–264, 271, 427n31; Locke 洛克, 43, 147; international justice 国际正义, 62, 250; capabilities approach 能力进路, 89–90, 156–158, 220–223, 227, 273–274, 306, 323–324, 350–351; Kantian conception of the person 康德式个人观, 109, 112, 128, 131, 135, 146, 220, 331; second stage of two-stage contract 两阶段契约之第二阶段, 242, 249, 263–264, 271

Society of Peoples 万民社会, 238–239, 247, 255, 261, 264; toleration and pluralism 宽容和多元主义, 233, 241–

242，247，255，251-257，263，295，296，439n18；concept of "people" "万民"概念，244-246，258，261-262；human rights 人权，247-248

Sophocles 索福克勒斯，401

South Africa：economy 南非：经济，71-72，249，263-264；liberal toleration 自由主义宽容，248，302-303；intervention and apartheid 干涉和种族隔离，257，259-260

South and Central America：Argentina 南美洲和中美洲：阿根廷，240；Peru 秘鲁，244；Costa Rica 哥斯达黎加，437nl

Species norm and the capabilities approach：characteristic nonhuman animal form 物种规范和能力进路：独特的非人类动物形式，94，346，349，351，356，361，363-366，369-370，378，392，397，449n56；characteristic human form 独特的人类形式，180-182，186-188，191-194，277，285，288，346-347，362-366，433n25. *See also* Activity；Capabilities（human）；Capabilities（nonhuman animal）；Flourishing；Functioning 另见活动；能力（人类的）；能力（非人类动物的）；繁荣；发挥作用/活动

Speech, freedom of 言论自由，76-77，79-80，85，179-180，248，252，278，283，286-287，289，294，298，347，396

State of nature 自然状态，3，11，28，68，85，118-119，147-148；Hobbes 霍布斯，9-10，39-40；Rawls 罗尔斯，12，103，119，227；between nations 国家之间，18-19，225-227，231，268，271；Locke 洛克，30，43-45，409，419n21；Grotius 格劳秀斯，38-39；Pufendorf 普芬道夫，38-39，231；Kant 康德，51. *See also* Initial situation；Natural rights 另见初始状况；自然权利

Stiglitz, J. 斯蒂格利茨，439n17，445n44

Stoics：conception of the person 斯多葛学派：斯多葛学派的个人观，36，38，130，273，328-329；dignity 尊严，36-37；international justice 国际正义，36，38，230；natural law tradition 自然法传统，36，38，230；nonhuman animals 非人类动物，38，130，328-329，363；freedom 自由，131；duties 义务，329

Sunstein, C. 凯斯·桑斯坦，365

Tenbroek, J. 雅各布·坦布鲁克，117

Toleration 宽容. *See* Pluralism and toleration 见多元主义和宽容

Tourette's syndrome 图雷特综合征, 97, 206

Turkey 土耳其, 244; liberal toleration 自由主义宽容, 248, 302–303; economy 经济, 249

Two-stage contract 两阶段契约, 18–19; human rights 人权, 163, 230, 236, 242–243, 247–248, 250, 252–253, 263, 267, 299, 303, 439n15, 440n20, 442n34; economic redistribution 经济再分配, 226, 229, 235, 242, 262; Kant 康德, 226–228, 231–233, 242; symmetry between first and second stage/analogy between states and persons 第一阶段和第二阶段的对称/国家和个人的类比, 228–229, 233, 236–237, 242, 247, 263; nation-state as unit 作为单元的民族-国家, 228, 262; parties in second stage as fixed and final 作为固定的和最终的两阶段契约之第二阶段中的各方, 229, 232, 234–237, 238–239, 242–243, 262, 271; thin approach 薄的进路, 229, 234–236, 247–248; second-stage Original Position and Veil of Ignorance 第二阶段的原初状态和无知之幕, 229–230, 232–233, 241, 247; toleration and intervention 宽容和干涉, 233, 241–242, 247, 251–257, 263, 295, 296, 439n18; second-stage basic political principles 第二阶段的基本政治原则, 233, 242–243, 247; self-sufficiency and dependency of states 国家的自足和依赖性, 234; problem of representation 代表的问题, 234, 263; primary goods 首要善, 235–236; Circumstances of Justice/rough equality of states 正义环境/国家间的大致平等, 235–236, 248–250, 263, 267–269; burdened societies 负担沉重的社会, 239–240, 247, 249–250, 263–264; mutual advantage and cooperation 互利和合作, 242, 249, 263–264, 271; excluded parties 被排斥的各方, 247–250, 264, 269. See also Society of Peoples 另见万民社会

United Nations Development Programme 联合国开发计划署, 72, 224, 291, 425n16, 437n1

United States 美国, 115, 215, 224, 236, 244, 248–249, 259, 280, 294, 302, 304, 312–313, 410, 424nn8、10, 437nl; Lawrence v. Texas《劳伦斯诉得

克萨斯州案》，115；Americans with Disabilities Act（ADA）《美国残疾人法案》，118，199，428n38；Bush，G. W. 乔治·沃克·布什，170，206；disabilities/impairments and guardianship 残障/不健全和监护，195；disabilities/impairments and education 残障/不健全和教育，199-211；*Watson v. Cambridge*《沃特森诉剑桥案》，200，434n42；*State ex Rel Beattie v. Board of Education of the City of Antigo*《热尔·贝蒂所在州诉安提哥市教育局案》，200，434n42；*Pennsylvania Association for Retarded Children v. Pennsylvania*《宾夕法尼亚州弱智儿童联合会诉宾夕法尼亚州案》，200-201，434n43；*Brown v. Board of Education*《布朗诉教育局案》，201；*Goldberg v. Kelly*《金伯格诉凯利案》，201-202；*Mills v. Board of Education*《米尔斯诉教育局案》，201-203，434n44；Brennan，W. J. 布伦南，202；Education for All Handicapped Children Act（EAHCA）《全体残疾儿童教育法》，203；Individuals with Disabilities Education Act（IDEA）《残疾人教育法》，203，205-211，429n43，436n57；*City of Cleburne v. Cleburne Living Center*《克莱伯恩市诉克莱伯恩生活中心案》，203-205，435n52；*Timothy W. v. Rochester New Hampshire School District*《蒂莫西诉罗切斯特新罕布什尔州学区案》，207；Santorum，R. 里克·桑托鲁姆，210；Family and Medical Leave Act of 1993《1993年家庭与医疗休假法》，213，217；Aid to Families with Dependent Children《对抚养无自理能力儿童的家庭的援助计划》，213，217；human rights 人权，256，259-260；Clinton，B. 比尔·克林顿，261；foreign aid 国外援助，261，317；Marshall，T. 马歇尔，289；Department of Education 教育部，311；Environmental Protection Agency 环境保护局，311；*Wisconsin v. Yoder*《威斯康星州诉约德尔案》，358；moral sentiments 道德情感，413；Roosevelt，F. D. 富兰克林·德拉诺·罗斯福，413；Women's Bureau of the U. S. Department of Labor 美国劳动部妇女局，425n12；*In re Nelda Boyer*《尹·热·内尔达·博伊尔案》，433n32；*Palmore v. Sidoti*《帕尔默诉斯多迪案》，435n52；*Romer v. Evans*《罗姆尔诉伊文思案》，435n53

Universal Declaration of Human Rights：

Rawls《世界人权宣言》：罗尔斯，163，248，439n15，442n34；overlapping consensus 重叠共识，163，305；as freestanding doctrine 作为独立教义的《世界人权宣言》，163，305；Pogge 博格，265，267

Utilitarianism 功利主义，418n9，443n7，447n19；Rawls 罗尔斯，3，13–14，72–73，253；capabilities approach 能力进路，5，7，71–74，80，83，93，270，282–283，308–309，338–346，371，378，393–394，397–398；preference satisfaction 偏好的满足，72–74，282，339，341–346；sum-ranking 总和排序，282，342–345；women 女性，73；adaptive preferences 适应性偏好，73，282，341，343–344；agency 主体性，73–74，283，308–309；international justice 国际正义，226，237，253，270，282–283；Mill 密尔，338，340，344，346，443n10；as outcome-oriented 作为结果导向的功利主义，338–339，342；nonhuman animals 非人类动物，338–339，343–346，351，353–354，359–363，367–368，371，378–379，384–387，389，391，393–394，397–398；Bentham 边沁，338–339，344，354，359，384–385，389；hedonism 享乐主义，39，344–345；consequentialism 结果主义，339–346，446n17；imagination 想象，353–354；DeGrazia 德格拉齐亚，381，383；Sidgwick 西季威克，447n19

Voting rights 投票权，183，195，252，259，293，297，382

Watson, J. 约翰·沃特森，200，434n42
Wealth and income as index of social position 作为社会地位指数的健康和收入. *See* Primary goods 见首要善
Well-Ordered Society 良序社会，426n29；moral education 道德教育，16，60；Veil of Ignorance 无知之幕，57，62；reciprocity 互惠，60–62；mutual advantage 互利，60–62；social cooperation 社会合作，61–62，104；moral sentiments 道德情感，64，91，409；overlapping consensus 重叠共识，121；disabilities/impairments and nonhuman animals 残障者/不健全者和非人类动物，135，156
Williams, J. 琼·威廉姆斯，214–216，436n62

Wise, S. 斯蒂芬·怀斯, 403-404

Women 女性, 53, 54-55; sex equality 性别平等, 1, 3, 33, 43, 48-50, 70-71, 90, 102, 221, 225, 233, 245, 255, 258-259, 287-288, 290, 425n68, 442, 443n31; Public/private distinction 公/私区分, 1, 3, 290, 443n31; Rawls 罗尔斯, 3, 300, 411; initial situation 初始状况, 14, 33, 40, 48, 50, 52; productivity 生产性, 14, 33, 102; Locke 洛克, 43; equality (powers and capacities) 平等（权力和能力）, 48-50, 52-53, 92; Hume 休谟, 48-49; Rousseau 卢梭, 50; Kant 康德, 52, 418n11; India 印度, 58, 288, 441n31; Utilitarianism 功利主义, 73; adaptive preferences 适应性偏好, 73, 279, 283; work 工作, 100, 102, 113, 212, 214-216, 425n16, 436n63; care 关怀/看护, 100, 102, 171, 212, 214-215, 321, 425nn12, 16, 436n62; pregnancy 怀孕, 113, 125, 144, 165, 428n37; capabilities approach 能力进路, 157, 65, 304, 312, 389-390, 421n51; education 教育, 165, 225, 279, 347; international justice 国际正义, 225, 233-234, 243-244, 252, 254-255, 258-261, 279, 281, 287-288, 321; women's groups 女性群体, 279, 321; human rights 人权, 290; Hobbes 霍布斯, 418n11

译后记

翻译意义之重大，人们鲜有异议。尽管大家都知道翻译的价值、意义和社会影响，但热衷于译事者并不多。一来是由于翻译之多艰，如果有人统计，"译事不易"应该是出现在译后记中的高频词。二来是由于学术翻译未被纳入现行职称评定体系，与其费时费力翻译著作，还不如发表几篇学术论文。尽管如此，拿到《正义的前沿》这本书时，我们仍然忍不住手痒，这里既有对翻译意义的肯认和持执，也有对努斯鲍姆这位当代著名政治哲学家的尊重和敬仰。

有人说，翻译是一项语言转换工作，这话又对又不全对。说它对，是因为翻译确实在语词、语义、语用、语句结构上要忠实于作者之原意，在某种程度上，译者不过是把一种语言转换成另一种语言；说它不全对，是因为不同的译者翻译同一句话，往往大相径庭，在文义准确的前提下，译者对信、达、雅的追求永无止境，结果翻译就成了译者语言创作的智慧结晶，正如著名翻译家迈克尔·亨利·海姆所言："译者首先是作者。"有的翻译，虽不能说不准确，但读之拗口，如嚼压缩饼干；然而，有的翻译，行云流水，精准传神，读来如饮甘饴。归根结底，翻译好不好，不仅仅是外文好不好的问题，更是中文好不好的问题。这一点，我们越来越有深刻体会。有时候一个单词、一个词组，明明知道所谓何意，但就是很难寻到一个合适的中文词语进行翻译。在本书的翻译中，我们多次讨论一些核心词汇，力图表达精准，但仍存在力有不逮之处。通篇进行了三次大的修正，但由于学识所限、资质所囿，错误在所难免，敬请各位方家批评指正，所存在的一切错误均由译者负责。

本书的翻译，具体分工如下：陈文娟翻译导论，第一、二章，索引；谢惠媛翻译第三、四章；朱慧玲翻译致谢，第五、六、七章。

这本书的出版，首先要感谢中国人民大学出版社的杨宗元编审，感谢她对我们的信任，把努斯鲍姆这样女神级人物的著作交给我们同门三姐妹来翻译。感谢责任编辑罗晶，在一遍一遍校稿中，她总是无比耐心，并从出版发行的专业角度给予我们建议。感谢万俊人教授，从入师门翻译《20世纪西方伦理学经典》中的文章开始，十年来，我们仨笔译不辍，或译文或译著，虽产量不多，但一直谨遵恩师教导，把翻译当作西学训练中的基本功之一。感谢"厚德载物"微信群成员对我们核心概念翻译给予的支持、帮助和启发。历经三年，译稿终于杀青，我们姐妹仨也在相互砥砺、相互探讨中收获了至真至纯的友情。我们相信，友爱是我们所处的共同世界中最值得珍惜的情感。

陈文娟　谢惠媛　朱慧玲
谨记于清华拾年咖啡

Frontiers of Justice: Disability, Nationality, Species Membership
by Martha C. Nussbaum
Copyright © 2006 by the President and Fellows of the Harvard College
Published by arrangement with Harvard University Press
Through Bardon-Chinese Media Agency
Simplified Chinese translation copyright © 2024 by China Renmin University Press Co., Ltd.
All Rights Reserved

图书在版编目(CIP)数据

正义的前沿 /（美）玛莎·C. 努斯鲍姆
(Martha C. Nussbaum) 著；陈文娟，谢惠媛，朱慧玲译
. --北京：中国人民大学出版社，2024.2
 ISBN 978-7-300-32573-6

Ⅰ.①正… Ⅱ.①玛… ②陈… ③谢… ④朱… Ⅲ.
①正义-研究 Ⅳ.①D081

中国国家版本馆 CIP 数据核字（2024）第 020731 号

正义的前沿
[美] 玛莎·C. 努斯鲍姆（Martha C. Nussbaum） 著
陈文娟 谢惠媛 朱慧玲 译
ZHENGYI DE QIANYAN

出版发行	中国人民大学出版社	
社　址	北京中关村大街 31 号	邮政编码　100080
电　话	010 - 62511242（总编室）	010 - 62511770（质管部）
	010 - 82501766（邮购部）	010 - 62514148（门市部）
	010 - 62515195（发行公司）	010 - 62515275（盗版举报）
网　址	http://www.crup.com.cn	
经　销	新华书店	
印　刷	北京联兴盛业印刷股份有限公司	
开　本	890 mm×1240 mm　1/32	版　次　2024 年 2 月第 1 版
印　张	16.875 插页 4	印　次　2024 年 2 月第 1 次印刷
字　数	362 000	定　价　128.00 元

版权所有　侵权必究　　印装差错　负责调换